HISTOIRE DE LA GASCOGNE

DEPUIS LES TEMPS LES PLUS RECULÉS

JUSQU'A NOS JOURS.

—

TOME I.

HISTOIRE
DE LA
GASCOGNE

DEPUIS LES TEMPS LES PLUS RECULÉS

JUSQU'A NOS JOURS,

DÉDIÉE

A MONSEIGNEUR

L'ARCHEVÊQUE D'AUCH

ET A NOSSEIGNEURS

LES ÉVÊQUES

DE BAYONNE, D'AIRE ET DE TARBES.

Par l'Abbé J. J. MONLEZUN,

CHANOINE HONORAIRE D'AUCH.

TOME PREMIER

AUCH,

J. A. PORTES, Imprimeur de la Préfecture et Libraire.

—

1846

A Monseigneur
NICOLAS-AUGUSTIN
DE LA CROIX D'AZOLETTE,
ARCHEVÊQUE D'AUCH,

Et à Nosseigneurs

François-Adélaïde-Adolphe **LANNELUC**,
ÉVÊQUE D'AIRE,

François **LACROIX**,
ÉVÊQUE DE BAYONNE,

Bertrand-Sévère **LAURENCE**,
ÉVÊQUE DE TARBES.

Nosseigneurs,

Prêtre et Pasteur des âmes, je viens avec bonheur déposer à vos pieds le long et pénible travail entrepris sous l'inspiration de l'Autorité Ecclésiastique, et hautement protégé par votre paternelle bienveillance. Daignez en agréer l'hommage avec le nouveau tribut de la vénération profonde, et s'il m'était permis de l'ajouter, de l'amour filial avec lesquels je suis,

Mosseigneurs,

Votre très-humble
et très-obéissant serviteur,

J. J. MONLEZUN,
Chanoine honoraire d'Auch.

PRÉFACE.

En parcourant les annales des peuples, on a dû le remarquer comme nous : les études historiques ne fleurissent jamais autant qu'après les agitations politiques et surtout après les convulsions qui amènent les transformations sociales. Le savant est alors naturellement entraîné à ressusciter par ses veilles, ou du moins à explorer ce qui fut. Le publiciste, l'homme d'état et tous ceux qui s'occupent des grands intérêts des peuples sentent le besoin d'interroger les écueils pour éviter de nouveaux naufrages. Enfin, l'enfant du sol aime à jeter un dernier regard sur ce qui eut toutes les sympathies de ses aïeux, arma leurs bras et protégea leur tombe après avoir défendu leur berceau, à peu près comme le voyageur se plaît à parcourir des ruines qui lui offrent des souvenirs personnels, ou le vieillard à rappeler les années de son enfance. Ainsi s'explique l'ardeur qui précipite la génération actuelle vers les temps qui nous ont précédés. De là l'apparition presque simultanée de l'histoire de la plupart de nos provinces, alors qu'elles sont allées toutes se perdre dans l'unité du royaume, et que leur nom a disparu de notre organisation politique.

Dans ce travail général, la Gascogne n'a pas encore pris la part qui lui revient, et cependant aucune de ses sœurs ne devrait se hâter autant qu'elle. Reléguée par sa position topographique aux extrémités des Gaules, loin du centre où s'agitèrent presque continuellement les destinées de la nation, elle ne se mêla guère, nous ne dirons pas à la France, mais aux provinces du nord, qu'après la guerre des Albigeois. Nos grands historiens, ne la trouvant jamais sous leurs pas, n'ont ni dû ni pu l'associer à leurs récits. Partagée d'ailleurs, comme elle l'était, entre sept ou huit seigneurs, tous égaux de rang et de puissance, elle n'eût offert à leur investigation qu'un intérêt secondaire.

Ce morcellement, en amoindrissant l'importance de la Gascogne, rendait son histoire particulière plus difficile. Elle fut néanmoins tentée dans les premiers jours du xviie siècle. Le Père Mongaillard, né à Aubiet et recteur du collége d'Auch, que dirigeait alors la compagnie de Jésus, en prépara les matériaux, mais la mort le surprit avant qu'il y eût mis la dernière main, et nul de ses confrères n'acheva son œuvre. Oihénard, plus heureux, nous donna vers la même époque la Notice des deux Gascognes, mais c'était moins une histoire qu'un travail de haute et large érudition. Il fixa des dates, dissipa des ténèbres, assit de solides fondements, et laissa à d'autres le soin d'élever l'édifice. Le président Marca, tour-à-tour l'honneur et la gloire de la magistrature et du sacerdoce, eût pu l'entreprendre avec succès, mais il se borna au Béarn et même il s'arrêta au milieu de sa course, et laissa son lecteur presqu'au seuil du xive siècle.

Enfin, vers le milieu du siècle dernier, dom Brugelles, un Bénédictin de Simorre, publia les chroniques d'Auch, gros in-4° lourdement écrit, où l'on désirerait plus de méthode et de critique, mais qui, malgré des défauts trop réels, n'en est pas moins un monument infiniment précieux pour le département du Gers. D'autres essais s'élaboraient alors. M. d'Aignan du Sendat, vicaire général sous trois de nos archevêques, et collecteur infatigable, entassait des documents, et commençait à rédiger une histoire assez complète. Un autre prêtre, l'abbé Duco et le docte Larcher, avaient réuni les annales du Bigorre;

à Condom, un théologal de Bossuet, M. DE LAGUTÈRE; à Dax et à Bayonne, un avocat du présidial, M. COMPAIGNE; à St-Bertrand, un chanoine dont le manuscrit nous a été promis, laissaient des matériaux qui n'attendaient qu'une main pour les coordonner. Mais tout à coup la monarchie de St-Louis, vainement protégée par nos mœurs, par nos institutions et par neuf ou dix siècles d'hommages presque unanimes, s'affaissa sur ses bases et disparut bientôt dans une effroyable tempête, entraînant avec elle l'ordre social tout entier.

Trente ou quarante ans après, quand les études historiques se réveillèrent et qu'on voulut s'assurer des richesses que l'on possédait encore, on s'étonna du nombre et de l'importance des documents échappés à la faux du temps ou au vandalisme des hommes. Pour ne parler que de la Gascogne et de ce que nous avons eu ou que nous avons actuellement sous la main, outre les manuscrits du Père MONGAILLARD, de MM. D'AIGNAN, COMPAIGNE, DUCO et LARCHER, et des cartulaires de Gimont et de Berdoues, Auch a conservé ses livres noir et vert et une copie de son nécrologe. Les archives de l'hôtel-de-ville sont complètes. Condom a perdu les livres du chapitre, mais il possède encore quatre ou cinq grandes chartes, les procès-verbaux des jurandes et le manuscrit de M. l'abbé DE LAGUTÈRE. Si Lectoure déplore la perte des archives du chapitre et du sénéchal, elle a du moins l'original de ses coutumes et presque toutes ses chartes particulières. Tarbes a peu de chartes, mais en revanche elle possède aux archives de la préfecture le cartulaire de St-Bertrand de Comminges avec quelques titres de trois ou quatre monastères, et à l'hôtel-de-ville 22 volumes de glanages, recueillis par LARCHER et par M. l'abbé DE VERGÈS, historiographe de France. Pau conserve une foule de chartes, et les archives de l'évêché de Bayonne, les plus complètes peut-être que l'on puisse montrer dans toute la France. L'évêché de Bayonne, dépouillé de ses archives, a du moins un manuscrit annoté et complété par un jeune prêtre que les travaux des missions menacent d'enlever aux lettres dont il eût été un des ornements. Oleron et Dax ont aussi un manuscrit. Aire possède l'histoire de tous ses prélats jusqu'à la fin du siècle dernier, et tout porte à croire que ce travail était destiné à voir le jour. La chronique Bazadoise est connue. A ces trésors ajoutons l'immense chartier du Séminaire d'Auch, composé de quinze ou vingt mille pièces, quelques-unes originales et les autres authentiques.

Nous nous sommes aidé aussi de quelques essais

récens, presque tous heureux, sur les diverses parties de la Gascogne. MM. Faget de Baure, Mazure, Davezac-Macaya, Castillon, l'abbé Oreilli, l'abbé Pezet, nous ont fait connaître le Béarn, le Bigorre, le Bazadois, les comtés de Comminges et de Foix. Jusqu'ici nous n'avons signalé que des ouvrages spéciaux. Nous avons fouillé encore dans Rymer, l'Art de vérifier les dates, les Grands officiers de la couronne, dom Bouquet, dom d'Achéri, dom Vaissette, la *Gallia christiana*, les Bollandistes, le Père Labbe, la Collection des Mémoires de l'Histoire de France, etc. etc. Du reste, nous citerons au bas de chaque page les autorités que nous aurons consultées. A part quelques exceptions bien rares, nous avons vérifié nous-même tous les titres originaux dont nous nous étayons.

On le voit, les matériaux ne manquaient pas si une main moins inhabile eût su les disposer. A défaut d'art et de talents, nous avons cherché à offrir à nos lecteurs ce que leur promet tout historien, mais ce que leur doit rigoureusement un prêtre, une courageuse et constante véracité. Pour mieux atteindre ce but, nous avons visité toute la province, exploré tous les hôtels-de-ville et tous les évêchés, et demandé des renseignements partout où notre voix a pu se faire entendre. Hautement protégé par un prélat dont l'âme douce et pure ne respire que pour le bien sous quelque face qu'il se présente à ses yeux et dont l'épiscopat laissera d'ineffaçables souvenirs parmi nous, avoué par ses suffragants qui, à l'exemple de leur métropolitain, poussent de tous leurs efforts à la restauration des études ecclésiastiques, nous avons trouvé chez les premiers magistrats de nos cités une bienveillance et un empressement auxquels nous sommes heureux de payer ici le tribut de notre reconnaissance. Tarbes, Dax, Mont-de-Marsan, Toulouse, Toulouse surtout, la reine du Midi, la ville de la science et de l'urbanité, réclament à cet égard un souvenir particulier. Nous ne dirons rien de notre département et de la collaboration de ces jeunes professeurs du Séminaire qui promettent un si brillant avenir à notre Diocèse : ici c'était un frère allant à des frères, le concours était assuré.

Notre histoire comprendra tout le pays renfermé entre les Pyrénées, l'Océan et la Garonne, et par conséquent les quatre départements du Gers, des Landes, et des Hautes et Basses-Pyrénées, avec une légère portion des départements adjacents. Elle s'ouvrira à Annibal et se poursuivra jusqu'en 1789. Quand l'assemblée nationale aura décrété l'abolition des provinces, nous briserons notre plume. La fin du dernier siècle est une ère à part dont la saine appréciation ne nous paraît pas encore possible. Laissons ce jugement à la lente et impartiale postérité. Jouissons des bienfaits conquis. Livrons à l'admiration publique les vertus sublimes que firent éclater nos dissensions civiles, mais couvrons les aberrations et les violences du voile de l'indulgence. La marche calme et régulière de notre société actuelle nous laisse à peine soupçonner tout ce que l'effervescence des passions populaires apporte de ténèbres dans les esprits et d'hésitation dans les consciences. Il faut souvent plus que des intentions droites et des sentiments vertueux pour résister à des circonstances extraordinaires. Quoiqu'il en soit, ce ne serait jamais l'enfant de la Gascogne et moins encore le ministre des autels qui irait remuer au fond de leur tombe des cendres à peine refroidies ou affliger des enfants dans la mémoire de leur père. Plaignons les hommes condamnés à vivre au milieu des commotions politiques, et ces commotions, prions le ciel de les détourner à jamais de notre bien-aimée patrie.

Barran, le 5 mai 1846, fête de St-Orens d'Auch

HISTOIRE DE LA GASCOGNE
DEPUIS LES TEMPS LES PLUS RECULÉS JUSQU'A NOS JOURS.

LIVRE PREMIER.

CHAPITRE Ier.

INTRODUCTION.

L'Aquitaine, — ses divers Noms, — ses premiers Habitants, — leur Origine, — leurs Mœurs, — leur Religion.

La Gaule primitive, *Galteach*, pays des Gals, se divisait en trois parties inégales : la Belgique au nord, la Celtique au milieu, et au midi l'Aquitaine, dont nous entreprenons l'histoire (1). Celle-ci, adossée à l'Océan, s'appela d'abord *Armorique* (2) (de *ar*, sur, vers, et *muir*, *moir*, ou *mor*, mer), nom générique, à ce qu'il paraît, parmi nos ancêtres, de tous les pays que baignaient les mers. Les Romains changèrent son nom et l'appelèrent *Aquitaine*. Quelques écrivains

---

(1) César, Pomponius-Mela, Pline. — (2) Pline et César.

veulent qu'ils l'aient ainsi appelée d'une de ses nombreuses peuplades, dont on ne saurait trop assigner la place certaine, mais qu'on croit généralement avoir habité les environs de Dax. On a vu souvent les conquérants et les navigateurs donner à tout un pays inconnu, le nom de la première tribu soumise à leurs armes, ou de la première plage ouverte à leurs investigations. Pline dit expressément : « Les peuples Aquitains sont (*) les Poitevins, les Saintongeois et les Aquitains qui ont donné leur nom à la province. » Mais l'opinion la plus commune et la plus vraisemblable veut que les Romains l'aient nommée Aquitaine, à cause de l'abondance de ses eaux. Dans Aquitaine on trouve, en effet, *eau*, *aqua* en latin, et *tania*, mot grec-barbare, ou plutôt mot parasite, portant en soi l'idée de pays, comme Mauritania, Britania, pays des Maures, des Bretons. Nous voyons l'Aquitaine baignée par la mer et sillonnée par de nombreuses rivières.

S'il fallait en croire certains écrivains, dont l'opinion paradoxale n'a d'autre mérite que celui de rappeler un fait trop méconnu de nos jours, même dans notre pays, on eût d'abord prononcé *Équitaine* (1) du latin *equus*, cheval, parce que la contrée était féconde en chevaux renommés. Le temps, suivant eux, eût amené un léger changement, et d'Équitaine on eût fait Aquitaine. Enfin, ce dernier nom lui-même s'est transformé en Guienne, altération qui ne date guère que du règne de saint Louis. Ce serait, suivant quelques sentiments (2), ces fiers Guillaume, dont la cour

---

(*) *Gentes Aquitaniæ sunt Pictones, Santones et Aquitani unde nomen provinciæ.*

(1) Dom Martin. — (2) Haute-Serre.

jeta tant d'éclat dans le moyen-âge, qui lui auraient imposé leur nom. Guienne nous présenterait alors une variante de Guillelme, ou pays, héritage de Guillaume. Mais outre qu'à l'époque où nos chroniqueurs commencèrent à se servir de ce nom, la postérité de Guillaume s'était éteinte ou plutôt fondue dans la maison des Plantagenets, Guienne n'est évidemment qu'une variation locale d'Aquitaine. *Eau* se prononçant chez nous *aïgo*, l'Aquitaine, à la naissance de la langue Romane, se sera dite l'*aïgotaine*, d'où, par euphonie, sera advenue l'*aïgoaine*, et enfin la Guienne. Toutefois à cette dernière époque, nous le verrons, ce n'était guère plus l'Aquitaine primitive. Celle-ci, occupée presque entièrement par les Gascons, était devenue la Gascogne.

Quoiqu'il en soit, l'Aquitaine n'eut pas toujours la même étendue. Bien inférieure à la Belgique et à la Celtique qui s'étendaient, l'une du Rhin à la Seine et à la Marne, et l'autre de la Seine à la Garonne, notre patrie était renfermée entre ce dernier fleuve, l'Océan et les Pyrénées (1). Pour réparer cette inégalité, Auguste porta ses limites jusqu'à la Loire. Plus tard, un de ses successeurs la partagea, comme il partagea les deux autres grandes divisions (2). On forma alors une première, une seconde et une troisième Aquitaine. La seconde, dont Bordeaux fut la capitale, retint plus particulièrement le nom d'Aquitaine, et se transforma dans la suite en Guienne. La troisième fut plus connue sous le nom de *Novempopulanie*; elle renfermait, à peu de chose près, tout ce que comprenait l'Aquitaine des premiers Romains. C'est donc propre-

(1) César, Pline. — (2) Strabon.

ment à la Novempopulanie que nous consacrons notre travail. Mais quand nous la verrons soumise par les Gascons, nous adopterons, pour ne plus le changer, le nom plus précis et plus naturel de Gascogne. On ignore sous quel règne s'opérèrent les changements que nous avons indiqués. La plupart les attribuent à Adrien, d'autres les reculent jusqu'à Constantin (1). Mais peut-être serait-il plus exact de les placer entre ces deux empereurs. Voulut-on, en morcelant ainsi ces grandes provinces, briser toute résistance et façonner plus facilement au joug, des peuples qui s'en montraient impatients, ou seulement affaiblir l'autorité des gouverneurs qui, si loin du centre de l'empire, eussent pu profiter de leur éloignement et de leur puissance pour se rendre indépendants et revêtir la pourpre? Chercha-t-on, au contraire, en créant des dignités nouvelles, à satisfaire plus d'ambitions et à acheter plus de dévouements? Essaya-t-on enfin, en formant d'autres provinces, de remplacer celles qui devenaient tous les jours la proie des barbares, et de couvrir ainsi les plaies de l'empire? nous ne saurions l'affirmer; mais ce qui est constant, c'est que sous les fils de Théodose la division était consommée. La Notice des provinces (2), que fit paraître Honorius, porte à dix-sept les provinces des Gaules. On y lit: la première, la seconde Aquitaine et la Novempopulanie (*). Nous trouvons dans la notice de l'empire, éditée sous le même règne, Aquitaine première, seconde et Novempopulanie; et on y donne à chacune un gouver-

---

(1) Marca, Haute-Serre. — (2) *Notitia provinciarum.*
(*) *Aquitania prima, Aquitania secunda et Novempopulana.*

neur particulier (1), *Præsides Aquitaniæ*, *Secundæ* et *Novempopulanorum.*

Quarante peuplades environ se partageaient l'Aquitaine. En voici la nomenclature par ordre alphabétique (2) : Ambilatri, Atures, Auscii, Basabocates, Belendi, Benarnenses, Becoriates, Bigerriones, Bipedimni, Bituriges-Vivisci, Boates, Boii, Camponi, Caracates, Corasates, Convenæ, Dotii, Ecolismenses, Elusates, Garites, Garumni, Helvii, Meduli, Monesi, Onobrisates ou Onobusates, Oscidates-Campestres, Oscidates-Montani, Preciani, Sennates, Sibutzates, Sibillates, Sotiates, Successes, Tarbelli, Taruzates, Tornates, Vaccei, Vasates, Vassei, Venami, auxquels il faut ajouter les Conserani qui, quoique placés sur la rive droite de la Garonne vers sa source, ont toujours fait partie des Aquitains. Il serait difficile d'assigner les lieux précis qu'occupaient ces peuples, moins encore pourrait-on fixer les limites de leur territoire, tant il y a d'obscurité dans les historiens qui nous ont transmis leur nom et d'incertitude dans les savants qui ont apprécié les récits des historiens : on n'est pas même d'accord sur les neuf principaux qui donnèrent leur nom à la Novempopulanie. Parmi ces nombreuses tribus, deux étaient incontestablement d'origine Gauloise (3), et leur voisinage servait, suivant Strabon, à mieux faire ressortir la différence tranchée des races. Elles habitaient l'une et l'autre les côtes de l'Océan, vers l'embouchure de la Gironde. La première était celle des Boii ou Bogs (*) *les terribles*, de race Kemrique, les

---

(1) *De dispos. præfect. pr. Gall.* — (2) Guérard, Dom Martin.
— (3) Dom Martin, liv. 1ᵉʳ.

(*) *Buw*, la peur, *buwg* ou *buq*, terrible.

mêmes qui conquirent l'Italie et habitent encore la Bavière et la Bohême (1) (Boyo-Haemen, demeure des Boii). Suivant quelques auteurs ils occupaient d'abord seuls l'Aquitaine (2); mais épuisés par les colonies qu'ils envoyèrent au loin, ils furent réduits aux étroites proportions d'une faible tribu. Déchus de leur puissance, ils renoncèrent à la guerre et bornèrent leur industrie à extraire la résine des bois de pins, qui croissaient sur leur territoire. A leur côté, mais un peu plus au nord, vivaient les Bituriges-Vivisques (3), peuplade Celtique qui, à l'époque de l'invasion des Kemris, se détacha des Bituriges-Cubes (les habitants du Berry actuel). Placés sur les bords d'un fleuve (la Gironde) et les côtes de l'Océan, ils se livrèrent avec succès à la marine.

Les autres 38 ou 39 tribus étaient-elles autocthones, ou venaient-elles du dehors ? et surtout dans quel grand centre de population faut-il les ranger ? L'histoire a longtemps hésité à le dire, et peut-être hésite-t-elle maintenant plus que jamais. Il est même probable que l'obscurité qui enveloppe cette grande question, ne sera jamais complètement dissipée.

A une époque où l'on aimait à rejeter dans la nuit des temps l'origine des peuples, des écrivains voulurent faire descendre les Aquitains du fils de Zamothès (4), de ce Magog qui a tant exercé les veilles des anciens docteurs. D'autres, un peu moins ambitieux (5), virent dans nos ancêtres les descendants des Troyens

---

(1) Tacite, German. ch. 28. Strabon, liv. 7. D. — (2) Dom Martin, liv. 1er. — (3) Ptolomée. Strabon, liv. 4. Amédée Thierry. — (4) Chronique d'Alexandrie. Haute-Serre. (5) *Galfridus*, liv. 1er. Haute-Serre. Dupleix.

qui, chassés de l'Asie, allèrent chercher une nouvelle patrie sur les rives de l'Océan. Ils vous donnent les noms des princes qui parmi eux portèrent le sceptre et le nombre des années qu'ils occupèrent le trône. Il ne tient pas à ces écrivains, que vous ne connaissiez non seulement les entreprises qui signalèrent leur règne, mais même les princesses qui partagèrent leur couche, et jusqu'aux jeux qui amusèrent leurs loisirs. Signaler ces fables, c'est en avoir fait justice. Un auteur plus grave, Dom Martin, dans son histoire des Gaules (1), donne aux Aquitains pour pères les Phéniciens de *Dor* ou *Dora*, ville située à égale distance de Tyr et de Césarée de Palestine. Fuyant l'extermination dont Josué menaçait toutes les races de Chanaan, ils auraient abandonné la Phénicie, passé la mer, traversé l'Espagne en empruntant ses mœurs, et se seraient arrêtés sur le versant septentrional des Pyrénées. Qui ne sent tout ce qu'a d'arbitraire et de conjectural un pareil système! aussi n'a-t-il pas été admis. Deux autres plus heureux se partagent aujourd'hui le monde savant : les uns veulent que les Aquitains aient toujours appartenu à la grande famille des Gals ou Gaulois, dont toutes les histoires de France nous donnent l'origine et les migrations armées à travers l'Europe et l'Asie. Les raisons qu'ils invoquent sont plausibles, si elles ne sont certaines. Les Gaules, à toutes les époques connues, s'étendirent du Rhin aux Pyrénées; mais elles se seraient bornées à la Garonne, si après ce fleuve on n'eût plus trouvé de tribu Gallique. Puis entre des peuples divers, surtout dans les pre-

_____
(1) Liv. 1er, page 151.

miers âges où la lutte et la guerre semblaient l'élément naturel, il fallait des barrières imposantes. On conçoit le Rhin, les Alpes, les Pyrénées, la Loire peut-être; mais la Garonne, aux rives si étroites, au lit si peu profond, aux flots si lents et si paisibles, qui eût-elle arrêté ? Enfin admettre une origine étrangère, c'est presque abdiquer la France pour patrie, et les cœurs méridionaux la revendiquent pour mère, pour le moins autant que les populations du Nord (*).

On conçoit sans peine que cette opinion, qui s'appuyait d'ailleurs de l'autorité de César et d'une foule d'historiens Grecs et Latins, ait été embrassée par presque tous les auteurs qui ont écrit jusqu'au xix° siècle.

Toutefois, les Aquitains, invoquant une tradition qui, chez eux, n'avait été jamais ni altérée ni affaiblie (1), se disaient originaires d'un autre pays et descendus d'un peuple différent de celui que reconnaissaient pour auteurs de leur race les Gals ou les Celtes. Strabon observe d'ailleurs (2), qu'ils ne ressemblent en rien aux Gals leurs voisins; mais qu'à leurs traits, à leur taille, à leurs mœurs, à leur langage, on les prendrait plutôt pour des Ibères. Enfin l'histoire est là pour attester que lorsque les Aquitains avaient une guerre à soutenir, les Cantabres et les autres tribus Ibériques accouraient à leur secours; et que lorsque les Cantabres et leurs voisins étaient attaqués, les Aqui-

---

(*) Au Midi, nous aimons à le rappeler d'avance, est due la gloire d'avoir sauvé notre nationalité contre les invasions de l'Angleterre sous les règnes de Charles VI et de Charles VII.

(1) Dom Martin, liv. 1, page 153. — (2) Strabon, liv. 4.

tains étaient appelés et allaient partager leur fortune (1). Cette confraternité d'armes, cette communauté de revers ou de succès, cette ressemblance si complète, indiquaient naturellement un berceau commun. Aussi vers le milieu du siècle dernier, Freret (2) et Ménard (3) commencèrent à soupçonner que les Aquitains pouvaient bien être, dans les Gaules, un peuple à part, détaché de la nation Ibérique. Guillaume de Humbold (4), s'emparant de ces conjectures, leur a imprimé le sceau de sa vaste érudition : il s'est surtout étayé d'une foule de noms qu'on retrouve à la fois sur les deux versants des Pyrénées, et d'une quantité de lieux, qui, dans l'Aquitaine, présentent une étymologie évidemment ibérienne. Ses raisons ont entraîné l'école historique de nos jours, qui nous paraît incliner presque tout entière à nous donner pour ancêtres les Ibères, dont l'origine est à peu près certaine.

Josèphe appelle Ibériens, les descendants de Thubal ou Thobel, cinquième fils de Japhet ; et Ptolomée nomme les Ibériens Thobelliens (5). Il est d'ailleurs constant que, dans l'antiquité la plus reculée, on trouve deux peuples connus sous le nom d'Ibériens : l'un placé aux environs du Caucase, dans l'ancienne Arménie, et l'autre habitant la partie la plus occidentale de l'Europe, appelée d'abord Sétubalie (*) et au-

---

(1) César, liv. 3. Orose, liv. 6. ch. 8. — (2) Réponse aux doutes de M. Ménard. — (3) Histoire de la ville de Nismes. — (4) Humbold, dans son ouvrage sur la langue des Basques : Berlin, 1821. — (5) Essai sur l'origine et la noblesse des Basques. Arias Montanus, Josèphe, Varron et Pline ont partagé le sentiment de cet auteur.

(*) Sétubalie, *sem, tubal, lia* ou *ria*, pays de la postérité de Tubal, en langue basque.

jourd'hui Espagne. Il est donc plus que probable que les premiers habitants de l'Espagne ou Ibériens occidentaux, sont originairement sortis des Ibériens orientaux, et que les uns et les autres sont la postérité de Thubal. Ce qui confirme cette probabilité, c'est la conformité des noms ; car, ainsi que l'Arménie, l'Espagne a son Ébre, son Araxe, son Ararath. Mais à quelle époque eut lieu la séparation entre les deux branches de la même souche, et quand les Ibères occidentaux vinrent-ils occuper l'Espagne ? on l'ignore complètement. Cet évènement dut suivre de près la dispersion générale des descendants de Noé, puisqu'ils avaient devancé dans cette contrée les Phéniciens, qui abordèrent dans la péninsule 1500 ans avant l'ère chrétienne, et même les Celtes dont l'apparition sur la terre espagnole était antérieure aux Phéniciens. L'histoire a encore moins enregistré l'époque où les Ibères franchirent les Pyrénées et vinrent se fixer dans l'Aquitaine, si toutefois ils l'envahirent jamais.

Du reste, rien de plus opposé que les mœurs et les habitudes des Gals et des Ibères (1) : ceux-ci graves, sérieux, recueillis, presque taciturnes ; ceux-là gais, légers, insatiablement avides et curieux, parleurs terribles et infatigables, se riant de leur parole et de leur foi : à eux le courage de l'attaque, comme aux premiers celui de la résistance (2). Les deux peuples étaient trop voisins pour ne pas se rencontrer, et avec des caractères si différents, la lutte était inévitable, et avec la lutte devait naître souvent la guerre. Une d'elles surtout fut longue et terrible. A la fin, les

---

(1) Dom Martin. — (2) Michelet, tome 1er.

deux races affaiblies et fatiguées se rapprochèrent et s'unirent. De ce mélange, disent les historiens, sortit la nation Celtibérienne (1), mixte de nom comme d'origine, mais dans laquelle le sang ibérien prédomina. C'est d'elle, s'il nous était permis d'avoir une opinion, que nous ferions descendre les Aquitains, et nous nous étonnons qu'avertis par les difficultés qu'offre chacun des autres systèmes, on n'y ait pas songé avant nous. Cette opinion s'accorde avec l'antique tradition qui sépare l'Aquitain du Gal, et répond à toutes les objections que soulèvent les deux autres sentiments. D'un autre côté, la faiblesse du rempart qu'opposait la Garonne se prêtait au mélange, et elle l'explique naturellement. Enfin, nous trouvons dans notre pays des noms et des mœurs qui appartiennent à l'une et l'autre nation. Si *Illiberris*, Eauze, (*Illi*, ville, *Berris*, nouvelle); si *Bigorra*, Bigorre, (*bis*, deux, *gora*, hauteur) (deux fois haute); si *Bassoa*, Bassoues (*Bassoa*, forêt, broussailles); si ces noms sont ibériens, *Bardunum*, Berdoues, et une foule d'autres sont celtiques. L'Ibère était attaché au sol qui l'avait vu naître, le Celte était naturellement *gabeur*. A ce double trait, qui ne reconnaît le vrai Gascon! La religion et le culte des deux peuples nous offriraient d'autres traits de ressemblance avec les Aquitains. Voici comment les anciens auteurs nous peignent les Celtibériens : Amis des combats comme tous les peuples éloignés de la civilisation, ils souriaient au bruit des armes, mais pleins de confiance en leur valeur, ils auraient rougi de devoir leur

---

(1) Isidore de Séville, Pline, et surtout Diodore de Sicile, liv. 4.

triomphe à la ruse; il leur fallait un combat loyal, où le courage seul obtînt la victoire. Mourir sur un champ de bataille, était la destinée qu'ambitionnait tout guerrier (1). Honte ou pitié s'attachait à la mort naturelle. Bons et hospitaliers pour l'étranger (2), le suppliant et le malheureux, à l'exemple des Gals, ils se montraient féroces et implacables envers leur ennemi; mais différent des Gals qui marchaient au combat avec le premier fer que saisissait leur bras, le Celtibérien éprouvait longtemps la trempe et la bonté de ses armes. Une institution qui lui est particulière et qui est étrangère (3) aux Gaulois, est celle des Solduriens ou plutôt Saldunes (de l'Escualdunal (*) *zaldi*, ou *saldi*, cheval, *salduna*, qui a un cheval, cavalier, *l'Eques*, romain); on nommait ainsi des soldats qui se vouaient à un chef, partageaient à jamais sa destinée, ou plutôt s'identifiaient tellement avec lui qu'il n'est pas d'exemple qu'un seul lui ait jamais survécu (4). Dès que le chef succombait, on les voyait chercher dans la mêlée une mort glorieuse, et s'ils ne pouvaient l'y trouver ils revenaient se percer sur le corps de celui qui eut leur foi. Le nombre des braves attachés à un seul chef était illimité. Nous verrons bientôt Adcantuan, roi des Sotiates, en compter jusqu'à six cents. Il n'est aucun trait de cette peinture qui ne s'applique aux Aquitains aussi bien qu'aux Celtibères. Il est temps d'esquisser leur vie, peut-être

---

(1) Strabon.—(2) Diodore de Sicile.—(3) César, *de Bello Gallico*, liv. 3.

(*) L'Escualdunal est la langue des Basques actuels.

(4) César, *id*.

n'avons-nous que trop insisté sur leur origine, et néanmoins nous n'osons pas nous flatter d'avoir été plus heureux que nos devanciers et d'avoir porté quelque jour sur l'obscurité qui la couvre.

La vie des Aquitains était la vie de Clan, vie isolée et indépendante, féconde en rivalités qui nous paraissent avoir survécu aux diverses formes de gouvernement qu'a subies notre pays et amené ces surnoms, si peu gracieux, dont chaque paroisse gratifiait naguère encore la paroisse voisine, et que celle-ci lui rendait à son tour : les *limaçons*, les *lapins*, les *rats* (*). Les tribus les plus puissantes se partageaient en plusieurs districts, mais aucune ne commandait aux autres (1). Chacune s'administrait souverainement et avait son conseil et son chef. Celui-ci, chez quelques-uns, portait le titre de roi ; chez les Sotiates et les Nitiobriges (*habitants de Sos et d'Agen*) (2) : mais chez la plupart c'était un simple citoyen revêtu du titre de *vergobret* : et encore parmi ces républiques, les unes obéissaient à l'élément démocratique et les autres à l'aristocratique. Néanmoins toutes les tribus, malgré la diversité de leur état constitutif, admettaient des lois générales et fondamentales ; et quand un danger les menaçait (3) toutes, ou que l'intérêt général le commandait, elles se réunissaient en confédération pour élire un chef unique, devant lequel s'effaçait toute autorité particulière. L'élection de ce chef se faisait par les députés de chaque tribu. Mais le roi ou le vergobret était

---

(*) Lous Limaquès, lous lapiès, lous sernaillès, lous arratès.
(1) Dom Martin, Histoire des Gaulois. — (2) Le même. — (3) Dom Martin, Histoire des Gaulois.

nommé par les trois ordres dont la tribu se composait (1) : les prêtres, les nobles et le peuple. Nos lecteurs s'étonneront comme nous de retrouver presque la constitution qui régit la France jusqu'en 1789. Dans les élections, tous les suffrages étaient libres et égaux. La voix du dernier membre avait autant de poids que celle du seigneur le plus puissant. L'autorité du chef unique ou dictateur expirait avec les circonstances qui avaient provoqué sa nomination. Celle du vergobret ne durait qu'un an. Le roi seul était presque toujours à vie. Mais nulle dignité n'était héréditaire, et loin que le sang donnât des droits à y être élevé, il était dans plusieurs peuplades un titre formel d'exclusion. Les assemblées générales n'avaient pas de lieu fixe; il était déterminé par les circonstances ou par la puissance de la tribu prédominante. Les assemblées particulières se tenaient toujours ou du moins presque toujours au chef-lieu du Clan. Tous les membres en âge de porter les armes étaient tenus d'y assister (2). Il en coûtait quelquefois un membre ou même la vie à celui (3) qui arrivait le dernier. Le chef, roi ou vergobret, se devait tout entier à la tribu qui l'avait placé à sa tête; rarement il lui était permis d'en franchir le territoire. Son autorité avait des bornes; en essayant de les dépasser, il s'exposait aux plus rudes tourments, et presque toujours à la mort. Un sentiment dominait tous les sentiments des Aqui-

---

(1) Dom Martin, liv. 1ᵉʳ, Histoire des Gaulois et surtout, tome 1ᵉʳ, de la Religion des Gaulois. C'est au docte Bénédictin que les auteurs modernes ont emprunté, ainsi que nous, les détails les plus curieux sur les mœurs, le gouvernement et la religion des Gaulois. — (2) Amédée Thierry, tome 2. — (3) César, liv. 5.

tains ou plutôt de tous les Gals, l'amour de la liberté, à laquelle ils sacrifiaient leur fortune, leurs enfants et leur vie.

La plus grande partie de la tribu s'agglomérait sans ordre ni symétrie sur un terrain élevé assez voisin d'une rivière ou d'un ruisseau (1); ainsi, Auch, Lectoure, Oleron, Bazas, Dax, Sos, Eauze, Aire, St-Bertrand, toutes les villes que nous avons visitées. Les autres membres de la tribu se posaient aux environs, choisissant de préférence les hauteurs. Ce choix était commandé par l'état d'incessante rivalité dans laquelle on vivait; il fallait se précautionner contre les incursions de ses voisins. Du reste, toutes les habitations étaient isolées; on n'oserait pas assurer que les cités, que nous trouvons dans les premiers historiens, ne fussent pas de simples villes de refuge (2), vides d'habitants et où l'on courait se réfugier pour échapper au danger du moment, à peu près comme ces vastes souterrains que l'on découvre quelquefois dans les entrailles de la terre. Leurs maisons, si nous pouvons donner ce nom aux misérables huttes qui les renfermaient, étaient de terre durcie au soleil et couvertes de chaume. C'est encore dans une grande partie de la province la demeure, non-seulement du pauvre, mais encore d'une foule de personnes aisées. Ils y prenaient leur repas assis sur des siéges adossés aux murailles (3). La place d'honneur était donnée à l'âge ou à la dignité. Le mets unique qu'on y servit longtemps, était porté successivement devant chaque convive. Outre

(1) Dom Martin, liv. 1er. — (2) Dom Martin et Michelet, tome 1er. — (3) Strabon, liv. 1er.

le fruit de leur pêche et de leur chasse, ils se nourrirent d'abord de glands, et puis de millet. Ils y substituèrent ensuite le blé que les Phéniciens leur apportèrent, avant qu'il ne fût connu du reste des Gaulois. Plus tard le beurre (1) remplaça pour eux l'huile des côtes de la Méditerranée. Le vin était rare; ils s'en servaient à fêter leurs parents (2); et au milieu de la joie que versait dans leur cœur ce nectar délicieux, on les voyait se lever tout-à-coup et sauter au son de la flûte; ou au bruit plus aigre du fifre ils menaient des rondeaux, durant lesquels ils s'élançaient en l'air, en pliant leurs genoux, et retombaient droits et fermes; c'est la danse favorite de nos paysans. Presque toujours couverts d'une saye, espèce de casaque (*le manteau, compagnon inséparable de l'Espagnol*), ils la portaient même durant leur sommeil, qu'ils prenaient sur un tas d'herbes ou de feuilles desséchées en guise de lit. Le noir ou le brun était la couleur ordinaire de leurs habits (3). Les femmes y ajoutaient des fleurs écarlate, qui tranchaient par leur éclat sur un fonds obscur. La monnaie leur était inconnue; ils payaient en nature, ou donnaient un morceau d'argent laminé. Méprisant les dangers, ils combattaient souvent nus, et le plus souvent ils ne couvraient que le haut de leur corps (4). Leurs armes offensives étaient des haches, des couteaux de pierre et des flèches garnies d'une pointe d'acier, et le plus souvent de silex ou de coquillage. Les armes de métal les remplacèrent, mais elles ne

---

(1) Dom Martin, Discours. Strabon, liv. 3. — (2) Dom Martin, Discours sur les mœurs et coutumes des Gaulois. — (3) Strabon, liv. 3. — (4) Silius Italicus, Strabon, Dom Martin.

firent jamais oublier les premières ; aussi trouve-t-on les unes et les autres presque toujours réunies dans la même tombelle. Pour toute défense ils ne connaissaient qu'une cuirasse de lin, peu se servaient de casques. Leur cavalerie était infiniment supérieure à leur infanterie (1); d'ordinaire on fortifiait celle-ci en les mêlant. Les sièges étaient simples. Ils ignoraient l'usage et même le nom des machines. Ils ne connaissaient que la mine, qu'ils avaient apprise en extrayant les métaux (2) dont abondaient leurs montagnes. Ils lançaient une grêle de pierres sur les murs, dont ils écartaient ainsi les défenseurs, et puis ils montaient à l'assaut. Présenter l'épaule nue, était déposer les armes et s'avouer vaincu. Les femmes découvraient leur sein et jetaient aux ennemis de l'argent et des robes. Comme les premiers Egyptiens, ils exposaient les malades sur les routes, afin que les passants les soulageassent de leurs conseils (3). Cet usage dura peu ; les Druides se firent leurs médecins, et le plus souvent leur médecine ne fut que de l'astrologie, mêlée au plus grossier empirisme. La justice était prompte et sévère comme elle l'est toujours au berceau des peuples. Ils précipitaient les criminels ordinaires du haut de leurs rochers (4), mais les parricides, ils les traînaient au-delà du territoire de la tribu et les lapidaient. Presque aussi implacables pour l'infortuné que la victoire livrait entre leurs mains, ils le massacrèrent longtemps sans pitié ; cependant un siècle avant la conquête romaine ils se contentaient déjà de

---

(1) Dom Martin. Discours, tome 1er. — (2) Dom Martin. Amédée Thierry. — (3) Dom Martin. — (4) Strabon. Dom Martin.

le priver de la liberté et de le condamner à l'esclavage. Ce sera la condition la plus douce du vaincu, jusqu'à ce que les maximes humanitaires du christianisme aient pénétré la société.

Le peuple, quoique libre, ne pouvait prétendre aux dignités, qui étaient le partage exclusif de la noblesse (1). Celle-ci habitait presque toujours les champs, près des bois ou des marais (2), pour s'y livrer aux plaisirs de la pêche ou de la chasse dont elle faisait, après la guerre, ses délices et son unique occupation. Elle ne rasait que ses joues et laissait croître le reste de la barbe qui tombait épaisse et nourrie jusqu'à la poitrine (3). Le peuple au contraire se rasait entièrement, et ne conservait qu'une barbe courte et légère. Au-dessus des nobles eux-mêmes, s'élevait l'ordre sacerdotal, puissante et habile corporation, connue sous le nom de druidisme. Nous ignorons si elle s'introduisit dans l'Aquitaine aussitôt que dans le reste des Gaules, mais elle l'envahit aussi. Berdoues, Monbardon, *Bardunum*, *Mons Bardorum*, le martyre de saint Taurin massacré au milieu d'un sacrifice, dans la forêt d'Aubiet, et une foule de monuments, ne laissent aucun doute à cet égard. Elle se recrutait dans tous les rangs de la société, mais principalement parmi la noblesse. Elle se composait de trois classes distinctes : les Bardes, les Eubages, et les Druides (4).

Les Bardes (*Bard* ou *Bardd* ou *Barz*, chantres) (5),

---

(1) Dom Martin. — (2) Le même et Strabon. — (3) Dom Martin.
(4) *Idem*. De la Religion des Gaulois, tome. 1. Amédée Thierry.—
(5) Festus.

étaient les historiens et les poètes de la nation. Dans les assemblées générales, au foyer domestique ou à la table des chefs, ils célébraient les exploits des héros(1), et quelquefois ils censuraient le vice ou la lâcheté avec une hardiesse (2) qu'expliquait seule l'indépendance d'un ministère sacré. Leur voix enflammait le courage sur le champ de bataille, quelquefois même elle arrêta le carnage, et ramena la paix entre les tribus divisées. Mais leur vie, trop ouverte au plaisir, altéra insensiblement le respect qu'inspira d'abord leur ministère; et à la fin on ne vit dans eux que de vils parasites (3), vendus aux caprices des grands qui les nourrissaient. C'est des Bardes, nous le croyons du moins, que sont venus les bouffons que nous retrouverons dans les bagages de la royauté, et de tout ce qui en affecta les airs, jusqu'au xviie siècle.

Au-dessus des Bardes étaient les Ovates, Eubages ou plutôt Eubates. Chargés de la partie matérielle du culte, ils vivaient au sein de la société et en dirigeaient les mouvements sous l'impulsion du corps (4) dont ils étaient les interprètes journaliers. Nulle cérémonie publique ou privée, nul acte civil ou religieux où leur présence ne fût non-seulement appelée, mais même indispensable.

Plus haut encore et au sommet de la hiérarchie, étaient les Druides ou hommes des chênes (de *derwidd derw*, *deru*, *dair*, chêne). Diodore de Sicile (5) les nomme *Sarodines*, d'un mot grec qui a la même signification. Ils passaient leur vie loin du monde, au

---

(1) Strabon. Diodore de Sicile. Lucain. Ammien Marcellin. — (2) Diodore de Sicile. — (3) Athénée, liv. 6. — (4) Dom Martin, liv. 1er. Amédée Thierry, tome 2. — (5) Liv. 5, ch. 20.

milieu des forêts (1), et offraient tous leurs sacrifices au pied de cet arbre, ou du moins sous une de ses branches ou quelques-unes de ses feuilles (2); de là le nom qui leur fut donné. Leur retraite eût mis obstacle à leur puissance, ou l'eût bientôt anéantie, si en s'éloignant de la société, ils n'avaient eu soin de s'en réserver les fonctions les plus importantes. Interprêtes des Dieux et ministres de leurs autels, la religion leur appartenait. La justice était entre leurs mains. Ils s'étaient constitués les arbitres de toutes les causes (3), les juges de tous les différends. Ils prononçaient aussi en dernier ressort sur la paix et sur la guerre, et si quelqu'un osait contester leurs sentences, ils le privaient des sacrifices (4); c'était le livrer à l'animadversion publique et presque le bannir de la société. Peu contents de présider ainsi à la religion, à la justice et à la politique, ils étaient encore chargés de l'éducation de la jeunesse qu'ils élevaient au fond de leurs forêts (5). Leurs leçons purement orales se formulaient en vers. Soit qu'ils cherchassent à soustraire leur doctrine à tout contrôle sérieux, ou qu'ils voulussent en dérober la connaissance aux profanes, il était défendu d'en rien écrire. Avec tant d'emplois, les Druides possédaient l'art de guérir, mais ils y mêlèrent la superstition (6). Leurs plantes favorites étaient le *samolus* ou *samolum*, notre mouron d'eau, excellent remède pour les animaux, pourvu qu'il fût cueilli à jeun, de la main gauche et sans le regarder (7); le

---

(1) Pomponius Mela, liv. 3. Lucain, liv. 1er. — (2) Dom Martin, liv. 2, ch. 3. — (3) Diodore de Sicile. — (4) César, liv. 6. — (5) Pomponius Mela, Lucain, César. Voir dom Martin, liv. 1er, ch. 13. — (6) Dion Chrisostôme. — (7) Pline, liv. 5. Dom Martin, liv. 1.

sélage, la chamœpuce, plus salutaire encore, mais qu'il fallait cueillir, sans couteau, de la main droite, les pieds nus et sous un habit blanc (1); la verveine, également propre à dissiper les maux du corps et la tristesse de l'âme, capable même de faire descendre du ciel toutes les faveurs qu'on en attendait (2); mais elle devait être cueillie au lever de la canicule et après avoir offert à la terre des fèves et du miel en sacrifice d'expiation. Ils avaient encore l'œuf sacré (3), qui rappelle l'œuf des mythologies orientales et qui paraît n'avoir été qu'un échinite ou pétrification d'oursin de mer. Ils le disaient formé de la bave d'une multitude de serpents entortillés, dont les sifflements l'avaient fait voler en l'air. Un homme apposté le recevait dans un linge, avant qu'il eût touché la terre, et s'élançant sur un cheval, il fuyait à toute bride, jusqu'à ce qu'il eût mis un fleuve entre lui et les serpents qui se précipitaient furieux à la poursuite du ravisseur. Avec ce talisman on s'assurait le gain des procès et la faveur des princes. Mais la panacée universelle, comme ils l'appelaient (4), ce qui réunissait à lui seul la vertu de tous les autres remèdes, était le gui, plante parasite, qui croît sur une foule d'arbres, mais si rarement sur le chêne, qu'un de nos célèbres botanistes, M. de Candolle, qui a longtemps herborisé dans toute la France, ne l'y a jamais trouvé. Ses feuilles d'un vert foncé, ses fleurs taillées en cloches jaunes et ramassées, se montrant sous la neige des hivers quand tous les arbres

---

(1) Pline, liv. 24. Dom Martin. —(2) Pline, liv. 25. Dom Martin. —(3) Pline, liv. 29. Dom Martin. — (4) *Omnia Sanantem*, Pline, liv. 16.

sont dépouillés, quand la nature entière sommeille, présentent le symbole naturel d'une vie à venir, de l'immortalité sur la tombe, dogme favori des Druides; de là sans doute l'efficacité qu'on lui attribuait. Les rites, pour le cueillir, étaient particuliers. Au sixième jour de la lune, à minuit, quand l'année s'ouvrait, on se répandait en foule dans les bois pour chercher la plante aimée du ciel, en jetant aux échos, pour cri ou signe de ralliement : *au gui l'an neuf*. Dès qu'elle était trouvée, les Druides préparaient sous le chêne privilégié un grand sacrifice et un grand festin, puis ils s'avançaient en pompe (1), conduisant deux taureaux blancs, attachés alors par les cornes pour la première fois. Derrière eux se formait la longue procession des initiés. Un prêtre, revêtu d'une robe blanche, montait sur l'arbre, et de sa faucille d'or il abattait le gui, que d'autres Druides recevaient dans une saie blanche, car il ne devait pas toucher la terre. Aussitôt on immolait les taureaux, en conjurant Dieu (*Deus*, le dieu inconnu ou sans nom) de rendre son présent salutaire à ceux qui en seraient honorés (2). Le festin commençait ensuite, et le reste du jour était consacré aux réjouissances (*). En nous étendant sur ces remèdes nous avons cru peindre les mœurs.

(1) Pline, liv. 16. Amédée Thierry. — (2) *Tum deinde victimas immolant precantes ut suum donum deus prosperum faciat iis quibus dederit....* Plin. lib. 26, cap. 44.

(*) On retrouve une partie de cet antique usage dans l'arrondissement de Lectoure. Seulement, en traversant les temps et des pays chrétiens, il a dû s'empreindre de christianisme. Peu de jours avant la Noël, des jeunes gens se présentent durant la nuit devant chaque maison, en chantant *aguillouné*, au gui l'an neuf. Puis ils entonnent des couplets où la naissance du Sauveur se marie à l'arrivée de trois cavaliers, *les rois mages*, où ils s'épuisent en

On ignore si, comme les riches Gaulois (1), les Druides étaient couverts d'or et de soie, et chargés de bracelets ; mais du moins ils étaient toujours revêtus d'habits blancs (2) dans les cérémonies religieuses. Leur profession exemptait de la guerre et de tout impôt (3). Leur chef ou l'archidruide, était élu à la pluralité des voix, et plus d'une fois l'élection fut si vivement disputée, qu'on y vit couler le sang (4). D'abord assez peu connus, les Druides furent bientôt renommés dans l'univers au-dessus de tous les philosophes de l'antiquité (5). Tout les recommandait aux regards publics : leur vie austère et retirée, aussi bien que leurs maximes grandes et nobles, qui ne tendaient qu'à rendre l'homme équitable et vaillant (6). Les points fondamentaux de leur doctrine se réduisaient à trois : adorer les dieux, ne jamais faire le mal, se montrer braves dans toutes les occasions. C'est un auteur payen, Diogène Laërce (7), qui la résume ainsi : on sait que le polythéisme ne fut jamais très-difficile en appréciations morales, et qu'il y a toujours grandement à rabattre sur la peinture qu'il nous a laissée des doctrines philosophiques. Les leçons des Druides ne sauvèrent pas du moins les premiers Aquitains de deux vices in-

---

vœux souvent aussi ridicules qu'outrés, et où reparait de temps à autre l'*aguillouné*. Plus souvent l'un d'eux, comme l'ancien coryphée des Grecs, chante le couplet, et tous ses compagnons reprennent la moitié de son chant, ou se contentent de répéter le mot sacramentel l'*aguillouné*.

(1) Strabon, liv. 4. Pline, liv. 16. — (2) Dom Martin, liv. 1, ch. 13. — (3) Lucain, liv. 2. César, liv. 6. — (4) César. — (5) Polyhistor, Diogène Laërce, Origène, St-Clément, St-Cyrille. — (6) Dom Martin, liv. 1, ch. 25. — (7) Liv. 1er.

fâmes, l'ivrognerie et un libertinage hideux. Honneur toutefois à eux! Ils proclamèrent l'immortalité de l'âme, d'où naissait la certitude d'une vie à venir. César et quelques autres écrivains ont voulu y ajouter la métempsycose, mais l'usage assez général où l'on était de prêter pour être payé dans l'autre monde, et tout ce qui se passait dans les funérailles, démentent cette assertion.

Les Druidesses partageaient avec les Druides l'administration et l'intendance du culte; on les divisait en trois classes (1). Les unes gardaient toujours la virginité comme les prêtresses de l'île de Saine, d'autres, quoique mariées, devaient garder la continence et ne pouvaient qu'une fois l'an déserter les temples qu'elles desservaient (2). Alors, comme les Amazones des bords du Thermodon, elles allaient visiter leurs maris pour en avoir des enfants. Une troisième classe vivait parmi les Druides, partageait leur couche, et élevait leurs enfants. Leurs prédictions étaient célèbres dans l'antiquité: on venait les consulter de toutes parts. On dit qu'elles prédirent à Alexandre Sévère (3) sa défaite et sa mort, et à Dioclétien (4) son élévation à l'empire.

Les Aquitains avaient la même religion que les Gals. Si nous ne nous trompons point, cette religion, supérieure à celle de la plupart des autres peuples, s'étendit plus loin que les Pyrénées. Elle paraît n'avoir d'abord admis qu'un dieu suprême, invisible, immense, qui ne pouvait être représenté sous aucune

---

(1) Pomponius Mela, liv. 3, ch. 6. — (2) Dom Martin, liv. 1, ch. 27. — (3) Lampside. — (4) *Idem.*

forme ni enfermé dans aucune enceinte (1). De là l'absence de tout temple et de toute statue (2). De là sans doute aussi leur morale plus pure que celle du reste de l'univers, la Judée exceptée, puisque la morale a toujours sa base et sa règle dans le culte presqu'autant que dans les croyances. Plus tard la pureté de ces notions s'altéra (3). L'altération était déjà sensible, quand César parut dans les Gaules. Le peuple, après avoir adoré sur les montagnes, aux rives des fleuves, aux bords des fontaines, près des marais, dans les profondeurs des bois, adora les arbres, les marais, les montagnes, les fleuves, les fontaines surtout. En les déifiant, il réalisait les symboles, et personnifiait les divers attributs de la divinité primitive. Les Druides, dont la puissance longtemps souveraine s'affaiblissait, en même temps que s'altéraient les croyances publiques, n'osèrent point commettre l'autorité qui leur restait, et contents de garder pour eux leur doctrine intacte, ils tolérèrent des abus qu'ils craignaient de ne pouvoir réprimer. Telle fut l'origine de ces quelques divinités purement Gauloises qu'adorèrent nos pères. Ces divinités (4) restèrent toujours à part des autres divinités du paganisme, quoique en aient écrit la plupart de nos historiens modernes qu'on dirait s'être plû à confondre ce qui fut toujours distinct.

A la tête des dieux Gaulois étaient Esus, Heus, Hésus, le dieu en langue celtique, d'où César (5) en Etrusque, le dieu sans nom, le Jehu ou Jehovah des

---

(1) Dom Martin, liv. 1, page 62 et 80. — (2) Le même, page 62, et ch. 13, page 109 et suivantes. — (3) Le même, ch. 6. — (4) A consulter tout le second liv. de la Religion des Gaulois, Dom Martin. — (5) Esus, dans la Biographie de Michaud, tome 54.

Juifs, le Zéus des premiers Grecs, le dieu inconnu des anciens, le dieu terrible, de *heus* peur, épouvante, le Seigneur Dieu des armées, des enfants de Jacob (*). Comme longtemps le Tout-puissant dans la Judée, il n'était honoré dans aucun temple. On le vénérait seulement dans le chêne, et cette vénération était si profonde que les Druides s'étaient fait une loi d'établir leur demeure dans un bois de chênes, d'y tenir leurs assemblées, d'y placer leurs colléges, et de n'offrir jamais un sacrifice, même aux autres dieux, que sous un chêne ou entier ou en rameaux (1) : ce qui fait dire à un poète que le chêne tenait lieu aux Gaulois de divinité. Plus tard il parait qu'on l'adjoignit dans le culte à Theutatès et à Thanaris pour former une Trimourti. On représente Esus avec une serpe, s'apprêtant à couper le gui sacré, ou avec une hache prêt à frapper.

Après Esus on adorait Theutatès (2), Theut, Thogt, Thot, le Theut ou Thot des Phéniciens et des Egyptiens, l'inventeur des arts, le guide des voyageurs, le protecteur du commerce, peut-être même le maître de la victoire : répondant aussi à trois divinités romaines, Mercure, Hercule et Mars. Quelques-uns le confondent avec Ogmius ou plutôt Oghan, *puissant sur mer*, vieillard à la tête chauve et aux rides pro-

---

(*) On sait que la foudre étant tombée sur une statue d'Auguste au bas de laquelle on avait gravé son nom adoptif, et en ayant effacé la première lettre, « Je commence à devenir Dieu », dit tristement l'héritier du dictateur, songeant à l'apothéose qui suivait souvent les funérailles. Suétone, Vie de César.

(1) Dom Martin, liv. 2, ch. 2. — (2) Mythologie, dans la Biographie de Michaud, tome 53.

fondes, portant arc, carquois et massue, et tenant attachée à sa langue, par des fils d'ambre et d'or, une multitude de gens qui se pressent volontairement sur ses pas (1). Alors Theutatès serait encore le dieu de l'éloquence, qui n'eût jamais été mieux caractérisée (2). On le représentait sous la forme d'un javelot, lorsqu'on lui demandait la victoire, et sous l'emblême d'un tronc de chêne, lorsqu'on le priait d'inspirer de sages avis. Les Aquitains avaient encore Bélénus (3), le Baal des Ammonites, le Bel des Assyriens, *Bel-en*, blond en langue celtique; l'inventeur de la médecine, le dieu guérissant les maux: suivant d'autres, *belos*, flèche, l'Apollon flèche; le soleil jeune et plein de force, le soleil des signes ascendants. Un savant (4) le fait dériver du Breton, *Bœlen* ou *Belen*, peloton, boule. Ainsi Bélénus serait le dieu boule, l'univers personnifié. Ils vénéraient aussi Camélus, de camp, combats et de wlw, feu, étincelle, chaleur du combat, le dieu des batailles. On le représentait armé d'une pique et d'un bouclier. Ajoutons la déification des éléments, le tonnerre (*), Taran ou Tanaris, les montagnes ou les forêts qu'ils dédiaient à une divinité, laquelle prenait alors le nom de ces forêts et de ces montagnes, (ainsi *Arduena*, la déesse des Ardennes), mais surtout les lacs (5) et les fontaines dans lesquels

---

(1) Lucain. — (2) Dom Martin, liv. 2, ch. 9 à 21. — (3) Dom Martin, 21 et suivants, et Biographie, tome 53. — (4) Eloi Johanneau.

(*) C'est de la vénération pour ce Dieu, que vient le serment fréquent même encore parmi les habitants du Bigorre: *Pet dé périclé.*

(5) Strabon, liv. 4.

on jetait, avec des provisions et des habits (1), de l'or et de l'argent si communs dans les Pyrénées, ou sur le bord de nos rivières, l'Ariège, *Aurigera*, l'Adour, et que nul n'eût osé toucher quoiqu'il fût exposé à tous les regards (2). Maintenant on s'expliquera pourquoi, presque à tous nos sanctuaires révérés, nous trouvons une source ou une fontaine. Quand la religion s'établit parmi nous, elle comprit qu'elle ne pourrait pas facilement détruire ces souvenirs gravés dans l'esprit d'une société grossière et ignorante. Alors elle chercha à les sanctifier. Elle y plaça une madone, une croix, l'image d'un Saint cher au pays : et bientôt les populations vinrent demander à la foi et à la piété ce qu'elles attendaient jadis de la superstition. Seulement l'Eglise s'efforça, par ses enseignements et sa discipline, d'éclairer les esprits et d'épurer les croyances. Mais, malgré ses prescriptions, quelque chose des anciens usages s'est quelquefois perpétué jusqu'à nous. C'est ainsi qu'à Bassoues, près de Mirande, on jette encore du pain et des sous en grand nombre dans la fontaine de St-Frix.

Heureux les Aquitains, s'ils n'avaient offert à leurs dieux que les hosties pacifiques dont nous venons de parler, ou le sang des animaux dont ils furent toutefois si avares qu'on trouve ces derniers sacrifices à peine mentionnés dans les anciens auteurs (3) ! Mais ils firent couler à grands flots sur leurs autels, le sang humain, et c'est là la souillure qui flétrira à jamais le druidisme. C'est sur le corps palpitant d'un et quelquefois de

(1) Eutrope, liv. 5. — (2) Strabon, Orose, Aula Gelle, Cicéron, et surtout Diodore de Sicile, liv. 5. — (3) Dom Martin, ch. 11.

plusieurs de leurs semblables immolés, qu'ils statuaient sur la paix et sur la guerre; et souvent après la victoire ils vouaient à la destruction tout le butin (1). Hommes, femmes, enfants, vieillards, tout était massacré. Quand on avait égorgé les animaux, on s'attaquait aux objets divers dont s'était servi l'ennemi. On sacrifiait encore des victimes humaines, pour obtenir la guérison des maladies (2). On dirait une vague idée d'une des vérités primordiales du monde, de la rédemption humaine, mais idée faussée par l'erreur et dénaturée par la superstition. On choisissait de préférence, il est vrai, les criminels ou les captifs, mais, à leur défaut, on prenait des innocents. Les Gascons croyaient même servir ainsi leurs victimes, dont l'âme épurée, disaient-ils, par cet acte religieux, était pour ainsi dire déifiée (3). Ces sacrifices furent si fréquents et si atroces, qu'ils éveillèrent la pitié de l'affreux Tibère lui-même. Il enchérit sur Auguste qui n'avait défendu qu'aux chevaliers Romains le druidisme, et étendit la défense à tous les citoyens (4). Claude renouvela le décret de Tibère, et y ajouta des peines si terribles, que Suétone lui attribue l'honneur de l'avoir aboli (5). Mais le druidisme n'avait fait que s'effacer un instant devant la sévérité de la nouvelle loi; il reparut bientôt aussi cruel qu'auparavant. Nous le retrouverons au fond des forêts dans le IVe siècle; il ne disparut complètement qu'avec le paganisme. Ici encore la religion

---

(1) Diodore de Sicile, Orose, Eutrope, César. Voir Dom Martin, page 90 et 494. — (2) César. — (3) Prudence, Dom Martin, Histoire des Gaulois, tome 1, page 641. — (4) *Tiberii Cæsaris principatus sustulit.* Pline, liv. 30. — (5) *Druidarum religionem apud Gallos diræ immanitatis sub Augusto introductam penitùs abolevit.*

chrétienne, plus puissante que les édits des empereurs, viendra défendre efficacement l'humanité et purger notre pays de ces abominables rites.

On ignore quelle forme eurent d'abord les autels Aquitains (1). Les plus anciens que nous connaissions ne paraissent pas remonter à César. Ils furent quelquefois formés d'une seule pierre élevée, si du moins les menhirs, *men* ou *maën* pierre, *hir* longue, les *peulvans*, *peul*, piliers, *van ou vahen*, pierre, les pierres branlantes, etc., etc., furent des autels comme le prétendent quelques-uns de nos antiquaires. Plus souvent ils s'élevèrent sur deux ou trois quartiers de roche, (les *lichaven*) et ordinairement sur plusieurs pierres, tantôt en plan incliné et tantôt horizontal (les *dolmen*). Mais toujours ils formaient un carré ou un parallélogramme. Si on en trouve quelqu'un de rond, il est plus récent et fut fait à l'instar des autels Romains pour plaire au goût du vainqueur (2). On appelait *mallus*, l'enceinte sacrée qui les protégeait. Dans les premiers temps les flèches et les coutelas suffirent pour les sacrifices. Les autres instruments furent adoptés plus tard (3).

Tout porte à croire que les Aquitains n'eurent pas de temples proprement dits jusqu'à la conquête romaine. Les statues s'introduisirent les premières (4). On les assit d'abord sur un simple piédestal qui servait d'autel, puis on les plaça sur de hautes colonnes, enfin on abrita la colonne et la statue par une maçonnerie de pierres polies qui s'élevait en dôme (5). Enfin, on

(1) Dom Martin, liv. 1, ch. 19. — (2) Le même. — (3) Le même, ch. 12. — (4) Le même, ch. 15. — (5) Pline, liv. 34. Grégoire de Tours. Sulpice Sévère.

substitua à la colonne une sorte de maçonnerie en forme de tour pleine, au haut de laquelle une niche ouverte à l'Orient abritait la statue. Telle est, selon nous, l'origine de ces constructions Gallo-Romaines que l'on rencontre dans les champs, et où l'on voit à une grande hauteur une simple niche, comme dans la plaine de Biran, près d'Auch, ou dans le bois de St-Lary, près de Jegun. Mais enfin l'imitation des maîtres du monde entraîna les esprits. Les temples s'élevèrent dans les Gaules comme dans toutes les autres provinces conquises. Alors le polythéisme fut consommé.

La religion ne fut chez presque aucun peuple étrangère aux funérailles. Les Aquitains déployaient la plus grande pompe dans cet acte suprême (1). Ils brûlèrent longtemps les morts. Les cadavres étaient portés au bûcher, enveloppés de larges draps blancs, qu'on laissait flotter au souffle des airs (2), et à côté d'eux on plaçait ce que le mort avait le plus chéri dans la vie, ses armes, son cheval de bataille, ses esclaves les plus affidés, afin qu'il put retrouver les objets de son affection dans le monde nouveau où il entrait (3). On jetait encore dans le bûcher un compte exact de ses affaires pour qu'il pût s'aider ailleurs de son ancienne position (4), et même des lettres, pour qu'il les lût durant les éternels loisirs qui l'attendaient (5). Les amis, les parents, les veuves surtout, s'y précipitaient quelquefois volontairement. On ne pouvait supporter l'absence, et on était assuré

---

(1) César, liv. 6. — (2) Sulpice Sévère. — (3) César, *ibid.* — (4) Pomponius Mela, liv. 3. — (5) Diodore de Sicile, liv. 6.

de se retrouver au-delà de la tombe, pour ne plus se perdre (1). Aucune de ces pratiques ne peut s'allier avec la métempsycose. On recueillait les cendres avec soin, et on les déposait dans un tombeau avec tout ce qu'on avait jeté dans le bûcher.

Ces tombeaux étaient de deux sortes. Les uns, composés d'un grand nombre de pierres, dont quelques-unes s'élevaient en pointe, se nomment *galgals* ; nous n'en connaissons point de cette espèce dans la province. Les autres, formés de terre ou de cailloux, et élevés en cône plus ou moins hardi et plus ou moins étendu, sont connus sous le nom de *barrow*, de *tumulus* ou de *tombelle*. Ceux-ci sont encore très-communs dans la Gascogne, comme dans tout le reste de la France. Quand on enterra les morts, ce qui se fit au plus tard sous le christianisme, on bâtit en rond la partie qui devait entourer la tête, ou bien on en détermina la forme et le contour à l'extrémité de la pierre où se creusa la tombe; et suivant le document qui nous a servi de guide, à cette maçonnerie (2) on reconnaît un tombeau Gaulois.

(1) César, liv. 6. — (2) Dom Martin.

CHAPITRE II.

Premiers Aquitains sous Annibal, à Trasimène, à Cannes, — les Kimris, Sertorius, Pompée, Preconinus et Manilius défaits, — Conquêtes par Crassus, César.

L'histoire des Aquitains ne remonte qu'au IIIe siècle avant l'ère chrétienne. Leur premier monument authentique se rattache à Annibal (1). Lorsque du fond des Espagnes, ce célèbre général s'élança vers l'Italie pour y terrasser l'orgueilleuse rivale de Carthage, il dut s'ouvrir un passage à travers les Pyrénées, et longer les côtes de l'Aquitaine. Quarante peuples se partageaient alors le pays. Il en soumit quelques-uns par la terreur des armes; il en gagna un plus grand nombre par ses présents et ses insinuations. « Il n'apportait point des intentions hostiles à leur patrie. Son juste ressentiment ne poursuivait que les Romains, ces cruels oppresseurs de la liberté des nations. Ils devaient voir en lui non un ennemi, mais un hôte disposé à respecter et leurs personnes et leurs propriétés. » Et les faits répondaient à ses paroles. Quelques différends s'étant élevés entre lui et ces peuples, il ne balança pas à les soumettre au jugement des matrones Aquitaines (2); car bien différents des autres peuples, les Gals et les Ibères consultaient volontiers leurs compagnes, les appelaient même au grand con-

---

(1) Tite-Live, 3e décade. Polybe, Silius Italicus. — (2) Plutarque, du cour. des femmes.

seil de leur nation, et laissaient quelquefois à leur décision les affaires que n'avait pu terminer la prudence de leurs chefs.

Une conduite aussi habile ne pouvait qu'obtenir le plus grand succès. Non seulement les Aquitains n'inquiétèrent pas les Carthaginois, mais ils coururent se ranger sous leurs étendards. Parmi ceux dont Annibal enchaîna ainsi la valeur, l'histoire signale les Auscitains, *Auscitanos.* Ses nouveaux alliés formèrent l'élite des troupes qui franchirent les Alpes. C'est avec leur sang que furent achetées les victoires qui mirent Rome à deux doigts de sa perte. Silius Italicus nous les montre dans ses vers, combattant avec courage à Trasimène et dédaignant de se couvrir du casque, tant ils bravaient le danger (1). Il les nomme encore entre les vainqueurs de Cannes, et parmi les traits héroïques que vit cette journée si fatale aux Romains, il cite le jeune Paul-Emile arrachant un guerrier au fer meurtrier des Gascons.

Avant de s'éloigner, Annibal avait laissé aux gorges des Pyrénées Hannon, un de ses généraux, avec dix mille fantassins et mille cavaliers. Hannon devait contenir les peuples voisins, dont l'attachement était trop récent pour inspirer une entière sécurité, ou plutôt il devait garder le passage, dans le cas où la retraite deviendrait nécessaire. Ce conseil dicté par la prudence, Scipion, le premier Africain, sut le rendre inutile. Envoyé en Espagne (2), il y ramène les esprits aux Romains, s'y fait de nombreux alliés, y venge

---

(1) *Cantaber et galeæ contempto tegmine Vasco.* — (2) Tite Live.

la mort de son père et de son oncle, et par ses vertus, autant que par son courage et son habileté, il gagne tellement les cœurs qu'ils demeurèrent constamment fidèles à sa cause. On ne voit pas que les Aquitains aient pris une part bien active aux guerres qui ensanglantèrent la Péninsule, et moins encore à la grande lutte, qui ne se termina que par la ruine de Carthage.

Contents d'avoir appris à se faire respecter, ils laisssèrent les deux peuples rivaux se disputer l'empire du monde. Plus d'un siècle s'était écoulé. Ils vivaient toujours paisibles, lorsque plus terribles et plus impétueux que les débordements de l'Océan, qui les chassait de leur patrie, les féroces Teutons et les Kimris ou Cimbres, plus féroces encore, vinrent porter dans les Gaules la désolation et l'effroi (1). Arrivés sur les bords du Rhône, au nombre de trois cent mille guerriers, sans y comprendre leurs familles, vieillards, femmes et enfants, qui suivaient sur des chariots, ils furent appelés dans notre Midi par les Volkes-Tectosages (les Toulousains), qui avaient une origine commune avec les Kimris (2). Aidés de leurs anciens frères, les Tectosages espéraient briser le joug que leur avaient imposé les Romains. Mais, pendant que leurs libérateurs étaient encore éloignés, le consul Cépion, accouru en toute hâte, attaque *Tolosa* (Toulouse), leur capitale, la prend par trahison et la livre au pillage. D'immenses trésors étaient accumulés dans ses murs et au fond de son lac sacré. Dépouilles du temple de Delphes, lingots arrachés aux entrailles des Pyrénées, offran-

(1) Florus, Orose, Tite-Live. — (2) Michelet, Laurentie.

des envoyées de toute la Gaule au sanctuaire révéré de Belen, tout devint la proie de l'avide consul et de ses légions; mais, ni lui ni les siens ne profitèrent longtemps de ces trésors. Les Kimris s'avançaient sans attendre les Teutons. Cépion et un nouveau consul, Manlius, allèrent leur présenter le combat. Jamais journée n'avait été aussi funeste aux Romains. Plus de cent vingt mille de leurs cadavres jonchèrent le champ de bataille (1). Cépion échappa, dit-on, seulement avec neuf des siens, à cette horrible boucherie, et alla finir ses jours en Asie, consumé de remords et de misère. L'or de Toulouse semblait avoir été fatal à ses ravisseurs.

Après leur victoire, les deux hordes devaient naturellement se jeter sur l'Italie. Le génie protecteur de Rome les détourna ailleurs. Les Kimris d'abord, et puis les Teutons, aimèrent mieux s'enfoncer dans la Provence, et de là dans l'Aquitaine. Tous les fléaux marchaient sur leurs traces. Vous eussiez dit un de ces cataclysmes qui déchirent le globe, ou une de ces effroyables tempêtes qui bouleversent la nature. A leur approche, les populations des campagnes, semblables à des troupeaux timides, couraient éperdues se réfugier dans les villes, où la disette fut quelquefois si grande, qu'on essaya de se nourrir de la chair des vieillards, et des personnes inutiles à la défense. Mais, hélas! et remparts et défenseurs disparaissaient bientôt également. Un sol nu et couvert de ruines marquait partout les pas de ces fils de la destruction et du carnage. C'est peut-être dans cette

---

(1) Paul Orose.

extermination ou dans quelqu'une des suivantes que l'antique *Climberris* (Auch), perdit le titre de cité principale des Aquitains, dont hérita une cité nouvelle comme le porte son nom *Elimberris*, ou *Illiberris* (Eauze).

Plus fermes que les Gals, les populations Pyrénéennes opposèrent à tant de férocité un courage opiniâtre. Forcés de se briser contre ces populations dures comme leurs montagnes, les Kimris se replient sur eux-mêmes et reprennent enfin le chemin de l'Italie. Les Teutons, qui les avaient précédés, avaient tous péri près d'Arles, sous les coups de Marius (1). Ils éprouvèrent eux-mêmes un semblable sort dans les plaines de Verceil. Le Dieu vengeur de l'humanité devait éteindre, jusques dans leur source, ces destructeurs de l'espèce humaine.

Quand les Kimris s'éloignèrent, les Boïes, une des tribus des Huns, et les Bituriges-Vivisques, vrais Celtes, leurs alliés, sans doute retenus par la douceur du climat et par l'avantage de la position, se fixèrent sur les côtes de l'Océan, vers l'embouchure de la Garonne (2). Leur établissement sur le théâtre de leurs dévastations fut paisible; rien du moins n'atteste qu'ils aient trouvé des ennemis dans ces Aquitains, dont le ressentiment eût été si naturel.

L'extermination des Kimris fut suivie de près de la première guerre civile. Les Romains allaient enfin venger sur eux-mêmes tant de peuples immolés à leur insatiable ambition. Durant plusieurs années, le sang le plus noble et le plus pur de la république

---

(1) Plutarque, Vie de Marius. — (2) Amédée Thierry.

coula sous le fer de Marius et de Sylla ; mais enfin, le vainqueur des Teutons dut céder à la fortune de son heureux rival. Après la mort de Marius, le brave Sertorius, l'homme le plus honorable peut-être de cette triste époque, essaya de relever en Espagne son parti abattu. Il gagna l'affection des Aquitains (1) et des Ibères de la Péninsule, nations bonnes et confiantes, et qui s'attachaient facilement surtout au courage malheureux. Soutenu par elles, Sertorius résista longtemps aux divers généraux qui vinrent l'assaillir ; et tantôt vaincu, mais plus souvent vainqueur, il pensait, dit-on, à rendre à sa patrie des jours plus heureux, lorsque, victime de la trahison, il périt lâchement assassiné par Perpenna, son lieutenant.

Loin de se laisser abattre par cette mort, les Aquitains défirent une armée Romaine qui s'avançait vers eux ; et profitant de leur victoire, un corps de volontaires sortis de leur sein et renforcés par les Ligures, peuple Ibère comme eux, marche sur Rome sous le commandement de Lepidus (2). Ce corps avait déjà atteint l'Etrurie, quand Pompée, accouru en toute hâte pour couvrir le Capitole, le contraignit à la retraite. Poursuivant ses avantages, Pompée descend dans ce qu'on nommait alors la *province*, (*provincia Romana*, à peu près la Provence actuelle), l'arrache au lieutenant de Sertorius, et comprime le soulèvement de quelques peuples voisins de l'Aquitaine, parmi lesquels nous trouvons les Volkes-Tectosages (les Toulousains d'aujourd'hui). De la

---

(1) Plutarque. — (2) Tous les historiens latins.

province il passe en Espagne, où il achève d'éteindre les dernières étincelles de la guerre civile. Pressé de retourner à Rome pour y jouir des honneurs du triomphe, et craignant l'esprit belliqueux et remuant des populations qui habitaient les gorges des Pyrénées, il les déporte en masse (1) et les force de venir s'établir à une des extrémités de l'Aquitaine, dans une ville qui, dès leur arrivée, s'appela *Lugdunum Convenarum* (Lyon des hommes réunis). C'est maintenant St-Bertrand de Comminges, comme nous l'avons remarqué ailleurs.

Les Romains, qui avaient tant de fois éprouvé la valeur des Aquitains, désiraient sans doute depuis longtemps les soumettre à leur empire. Toutefois il ne paraît pas que, ni les Scipion, ni Metellus, ni Pompée qui combattirent, et dans la *province* (la Provence), et dans les Espagnes, aient rien entrepris contre la liberté de nos ancêtres. Carthage détruite, Sertorius abattu, les Espagnes domptées, ils espérèrent triompher facilement de quelques peuplades rudes et fortes, il est vrai, mais si inférieures en nombre et plus encore en tactique militaire. Leur espoir fut d'abord cruellement trompé. Valérius Préconinus, qui vint le premier (2) les assaillir, fut complétement défait, et paya de son sang son injuste agression, car il périt dans le combat. Le proconsul Manilius (3), qui voulut venger l'honneur des armes romaines, ne fut guère plus heureux. Il trouva un ennemi prêt à lui disputer chèrement la victoire. Nous ignorons la longueur de cette lutte

---

(1) St-Jérôme, Isidore de Séville. — (2) César. — (3) César.

et les combats qui la signalèrent ; mais nous savons qu'après avoir perdu ses bagages, le proconsul put à peine ramener sur les terres de la république, son armée affaiblie par des pertes nombreuses.

Jusqu'ici, les Aquitains avaient défendu avec autant de succès que de courage leurs droits et leur indépendance ; mais, hélas ! le temps approchait où ils allaient partager le sort de presque tout l'univers connu. Déjà l'homme le plus étonnant peut-être, et certainement le plus complet de l'histoire ancienne, César, avait commencé les immortelles campagnes qui ne devaient finir que par l'asservissement de toutes les Gaules. Occupé lui-même à dompter les Armoricains (*les Bretons*), il envoie, pour soumettre l'Aquitaine un de ses lieutenants, Publius Crassus (1), fils de cet autre Crassus si célèbre par son opulence. Le jeune romain, bien différent de son père, et plus ami de l'honneur que des richesses, accepte avec joie une mission qui lui promet une large moisson de gloire. Aux revers de Préconinus, il comprend toutes les difficultés de son entreprise ; aussi il ne néglige aucune des précautions que suggérait la prudence. Il se procure d'abord des vivres en abondance ; puis aux légions que lui a confiées César, il ajoute de nouvelles recrues ; et sachant qu'il aura surtout à combattre une cavalerie forte et nombreuse, il renforce la sienne ; enfin, il attire sous ses drapeaux, de Toulouse, de Carcassonne et de Narbonne, une foule de guerriers, déjà éprouvés dans les combats. Fort de tous ces secours, il entre subitement dans le pays des Sotiates.

(1) César, Diodore de Sicile.

Nous pensons que c'étaient les habitants de Sos, près de Mézin (1); mais suivant quelques-uns, c'étaient les habitants d'Aire sur l'Adour. Suivant d'autres, et en particulier Augustin Thierry, c'étaient les habitants de Lectoure, tandis que l'historien Dupleix, notre compatriote, a cru reconnaître dans les Sotiates, les habitants des vallées d'Aure et de Lavedan, car rien peut-être n'a plus exercé la sagacité des savants, que les lieux occupés par les peuplades Aquitaines. Quoiqu'il en soit de leur vraie patrie, les Sotiates, au premier bruit de l'invasion étrangère, rassemblent des forces considérables, parmi lesquelles on remarquait une belle cavalerie, et vont fièrement présenter la bataille aux Romains.

La cavalerie qui faisait leur principale force, attaqua d'abord seule, mais ayant été forcée de plier, l'infanterie qu'ils avaient placée en embuscade dans une vallée, se déploya tout-à-coup et tomba sur les Romains, au moment où ceux-ci, se croyant assurés de la victoire, commençaient à abandonner leurs rangs pour poursuivre les fuyards. Crassus soutint sans se déconcerter cette attaque imprévue. L'action fut longue et meurtrière. De nobles considérations animaient de part et d'autre les combattants. Fiers de leur renommée et de leurs succès passés, les Sotiates pensaient qu'en leur valeur reposait le salut de l'Aquitaine entière. Les Romains étaient jaloux de montrer ce dont ils étaient capables, quoiqu'éloignés de César et des autres légions, et conduits par un général jeune et sans expérience. Mais enfin le destin de Rome l'em-

(1) Dissertation de M. de Villeneuve.

porta. Criblés presque tous de blessures, les Sotiates tournèrent le dos, laissant le champ de bataille jonché de morts.

Crassus s'empressant de mettre à profit une victoire si chèrement achetée, courut assiéger leur cité, et y trouva plus de résistance qu'il ne croyait; mais après quelques jours de tranchée ouverte durant laquelle les assiégeants avaient déployé un courage digne d'un meilleur succès, ils demandèrent et obtinrent sans peine une capitulation honorable. Le traité allait être signé, lorsque le brave Adcantuan, leur chef ou leur roi, tenta une dernière sortie à la tête de six cents de ses Solduriens. Ils se précipitent tous sur les légions ennemies, en poussant de grands cris. Là aussi l'action fut chaude, mais là encore la victoire se déclara pour les Romains. Forcé de rentrer dans la place, Adcantuan obtint de Crassus les mêmes conditions qui avaient été arrêtées avant son infructueuse tentative.

Après s'être fait livrer les armes et des ôtages, Crassus, sans perdre un instant, marche contre les Vocates et les Tarusates; c'étaient vraisemblablement les habitants du pays de Tursan (*St-Sever* et *la Chalosse actuelle*). Etonnés d'avoir vu succomber en peu de jours une place que la nature et l'art semblaient à l'envi s'être plû à fortifier, et avertis ainsi de la grandeur du péril qui menaçait leur liberté, les Aquitains envoient de tous côtés des ambassadeurs. Bientôt toute la province se ligue et prend les armes. Peu contents même d'avoir réuni leurs forces, nos ancêtres députent vers les peuples des frontières d'Espagne. Ils leur demandent des secours, et surtout des officiers pour les conduire au combat. Enfin, ils n'élisent pour chefs que des guerriers qui, ayant fait toutes les guerres de Sertorius, avaient appris de lui l'art militaire. C'était bien là tous les éléments d'une victoire assurée, et certes ils avaient jadis vaincu souvent sans avoir autant préparé leur triomphe; mais, ou l'ennemi qui les attendait était plus aguerri que celui qu'ils avaient combattu jusqu'alors, ou plutôt il est un temps marqué dans les décrets éternels, durant lequel tous les efforts humains sont impuissants. Et pourtant, pour ne rien laisser aux hasards d'une aveugle fortune, ils avaient contre toutes leurs habitudes, eux si imprévoyants et si impétueux, adopté une conduite aussi sage que mesurée. Il est vrai que leurs nouveaux chefs leur avaient enseigné l'art de se saisir d'un poste avantageux, de fortifier leur camp, d'empêcher les vivres de parvenir à l'ennemi... Une tactique pareille fit sentir à Crassus la nécessité où il était d'en venir au plutôt à une bataille réglée. Ce sentiment, il le fait partager à tous les siens, et le lendemain, dès que le jour paraît, il va présenter le combat aux Aquitains. Ceux-ci se reposant sur leur supériorité numérique et plus encore sur leur valeur, pensaient bien qu'ils pouvaient l'accepter sans péril; mais dociles à la voix de leurs chefs, ils se persuadèrent avec raison qu'il y avait encore moins de danger à occuper tous les passages, à couper tous les vivres, et à laisser les Romains user leurs forces et leur courage contre les intempéries de la saison et l'inclémence d'un climat étranger; que pressés par la faim, ils seraient contraints à la retraite, et qu'alors on triompherait sans peine, et peut-être sans coup férir, d'une armée affaiblie par la disette, retardée par ses bagages et abattue par les obstacles. Vainement, pour les attirer au combat, Crassus déploya-t-il durant plusieurs jours consécutifs les escadrons en face de leurs retranchements, et les poursuivit-il de ses provocations; plus vainement encore, au nom de leurs aïeux indignés, accusa-t-il leur lâche timidité; inébranlables dans leur résolution, les Aquitains se tiennent renfermés dans leurs lignes.

Trompé dans son attente, Crassus prend enfin un parti désespéré. Il encourage les soldats par une courte harangue, et les conduit à l'attaque du camp ennemi. César, qui, dans ses commentaires, nous a transmis ces récits, rend une haute justice à la valeur des Aquitains. Ils reçoivent, nous dit-il, cette attaque, en hommes qui l'appelaient de leurs vœux, et renvoient fièrement la mort dans les rangs qui l'apportaient. Après plusieurs heures d'un combat opiniâtre, Crassus allait ordonner la retraite, lorsqu'il apprend que la porte décumane (*) était faiblement gardée. Il commande aussitôt à quatre cohortes qu'il avait laissées à la garde de son propre camp, et qui, par conséquent, n'ayant pas pris part à l'action, étaient encore fraîches, il leur commande de prendre un chemin plus long, de tourner le camp des ennemis, et de profiter de leur négligence. Cette disposition décida du sort de la journée, et peut-être aussi de la

---

(*) Les Romains appelaient décumane la grande porte s'ouvrant sur les derrières du camp, et près de laquelle était postée la dixième légion, *Legio decumana*.

liberté Aquitaine. Les quatre cohortes avaient forcé la porte avant d'avoir presque été aperçues. Le cri de victoire qu'elles poussent à ce succès, le carnage qu'elles font autour d'elles, raniment l'ardeur des Romains, et jettent le découragement parmi nos ancêtres. Se voyant enveloppés de toutes parts, ils désespèrent de la victoire, franchissent les retranchements, ils se font jour à travers les rangs ennemis, se débandent et fuient dans la campagne. La cavalerie romaine profite de l'avantage que lui offrait un pays plat et découvert, et les poursuit jusques bien avant dans la nuit. Quand elle rentra dans son camp, de cinquante mille Aquitains et Ibères qui avaient pris part à l'action, plus des trois quarts avaient déjà péri. A la nouvelle de ce second revers, la plus grande partie de l'Aquitaine subit la loi du vainqueur. Parmi les peuples qui envoient leur soumission, on compte les Tarbelli, les Bigerionnes, les Preciani, les Vocates, les Tarusates, les Elusates, les Garites, les Ausci, les Garumni, les Siburzates et les Cocosates. Comme l'hiver approchait, quelques peuples plus éloignés s'en dispensèrent, se flattant que la rigueur des saisons les mettrait à couvert.

Avec l'Aquitaine était tombée la dernière province des Gaules. Tout se tut désormais devant César, mais ce calme perfide cachait une violente tempête (1). Tout-à-coup, une vaste conspiration s'étend rapidement de la Seine aux Pyrénées. Ces peuples innombrables, si longtemps divisés, se lèvent comme un seul homme à l'appel de la patrie. Leurs députés

(1) César, liv. 8.

prêtent au fond d'une forêt le serment le plus solennel. Ils jurent sur les drapeaux haine éternelle au nom romain, éternel dévouement à la liberté Gauloise. Il n'entre pas dans notre plan de décrire cette grande lutte qui ne fut pas particulière à notre province. Nous dirons seulement que, pour triompher, il ne fallut rien moins que toute l'activité, tout le courage et sans doute aussi toute la science militaire et tout le bonheur de César. Battu devant Gergovie, quoiqu'il y payât de sa personne et qu'il y combattît comme un simple soldat à la tête de la réserve, presque pris dans un autre combat, ou, suivant certains auteurs, fait quelques instants prisonnier, du moins il laissa son épée entre les mains des Gaulois pour compensation de leur liberté ravie. Quand l'orage eut été dissipé, César voulut visiter en personne les provinces qu'avaient soumises ses lieutenants. Il se rendit dans l'Aquitaine, accompagné seulement de deux légions (1). A son arrivée, les divers peuples qu'elle renfermait lui envoyèrent des députés pour lui renouveler leur soumission ; mais le héros romain se défiant des sentiments qu'on lui témoignait, exigea des ôtages. Ces ôtages livrés, il ne passa que peu de temps dans nos contrées et rentra bientôt à Narbonne.

Cependant les feux de la guerre civile allaient se rallumer. Là encore nous retrouvons nos aïeux. Nous l'avons dit, c'est surtout la valeur Gauloise qui vainquit avec Annibal sur les bords de la Trebie, près de Trasimène, dans les plaines de Cannes ; c'est elle encore qui triompha avec César dans les

---

(1) César.

champs de Pharsale (1). Le vainqueur des Gaules avait composé presque toute son armée des peuples qu'il avait soumis et dont il avait ensuite tellement gagné les cœurs, que nul ne se montra ni plus dévoué ni plus fidèle à la fortune du dictateur. Plus tard, lorsque après la mort de Pompée, il poursuivit en Espagne Afranius et Pétréius, lieutenants de son rival, il employa aussi le fer et le courage des Gaulois, et en particulier des Aquitains, race supérieure, dit César lui-même (*). Un pareil hommage réfute assez les assertions d'Ammien Marcellin (2). Les peuples d'Aquitaine, dit l'auteur Bysantin, les peuples d'Aquitaine dont les ports regorgent des richesses de tous les climats, amollis par le luxe qu'entraîne le commerce, et énervés par les délices d'un sol trop fertile, n'opposèrent qu'une faible résistance à l'invasion romaine. Comme si c'était bien à un Grec dégénéré du Bas-Empire à parler de mollesse et d'asservissement.

(1) Lucain, César, Suétone, Plutarque.
(*) *Optimi generis hominum ex Aquitanis.* César, *de Bello civili*, Liv. 1er.
(2) Liv. 15.

CHAPITRE III.

Auguste, sa politique, ses premiers successeurs. — Antonius primus, — Trajan et ses successeurs. — Etat florissant de l'Aquitaine.

César ne survécut pas longtemps à l'asservissement de sa patrie. Si les vertus de la république avaient disparu, l'amour de la liberté vivait encore assez généralement au fond des cœurs. Brutus et les autres conjurés le massacrèrent dans le sein même du sénat. Les Aquitains profitèrent des troubles qui suivirent cette mort pour reconquérir leur indépendance. Ils chassèrent les garnisons romaines qui stationnaient parmi eux, et levèrent une armée pour défendre leur pays contre les agressions de leurs anciens maîtres. Le jeune Octave, le neveu et l'héritier du dictateur, occupé alors à poursuivre les meurtriers de son oncle et à lutter contre les rivaux de sa puissance, parut d'abord les oublier; mais dès qu'il vit sa vengeance satisfaite et sa puissance un peu affermie, il envoya contre eux Agrippa (1), le meilleur et le plus affidé de ses lieutenants. Quels que fussent le courage et les talents militaires du général romain, les Aquitains ne balancèrent pas à se mesurer avec lui; ils en eussent peut-être triomphé, si ce qui les avait déjà perdus n'eût encore causé leur défaite. Loin de réunir leurs forces, ils ne rendirent que des combats partiels; aussi, battus successivement, ils durent se soumettre au vainqueur.

(1) Appien, liv. 5. Eutrope, liv. 7

OEuvre de la force, cette soumission ne dura que quelques années : le joug pesait trop à ces cœurs indomptables ! ils le brisèrent alors même qu'ils avaient peu de chances de succès. Vainqueur des factions, Auguste tenait dans ses mains l'autorité suprême sous le nom vague et indéterminé d'Empereur. A la première nouvelle de ce soulèvement, il fit marcher vers nos contrées le consul Messala Corvinus, à la tête d'une armée nombreuse. Le consul fut encore plus heureux que ne l'avait été Agrippa. Il défit en plusieurs rencontres et les Aquitains et les Cantabres, et obtint pour ses hauts faits les honneurs du triomphe. Le poète Tibulle, qui partagea les fatigues de cette expédition, a célébré dans une de ses belles élégies la gloire de Messala, son général et son ami. Ce triomphe, il le rappelle souvent dans ses vers (1), et à son langage on peut juger de la haute idée qu'avaient de la valeur Aquitaine les Romains si intrépides eux-mêmes.

L'indépendance des Aquitains venait d'être à jamais anéantie. Leur nationalité ne devait pas longtemps survivre ; le même tombeau n'a jamais tardé d'ensevelir les deux sœurs. L'univers se reposait enfin de ces guerres cruelles qui depuis près de deux siècles n'avaient presque jamais cessé de l'ensanglanter, ou plutôt il attendait dans le calme de la paix la naissance de ce roi pacifique qui allait changer les destinées du genre humain. Auguste jugea le temps favorable à l'accomplissement des plans que rêvait son habile

---

(1) Tibulle, liv. 1, Élégie 8. — Liv. 2, Élégie 1re. — Liv. 4, Élégie 1re. — Appien.

politique. Il commença par donner à l'empire une nouvelle organisation. Il retint sous sa main les provinces dont l'esprit remuant et belliqueux avait besoin d'être contenu par des forces militaires, et il abandonna au sénat et au peuple romain les provinces qui, plus façonnées au joug, ne donnaient aucune inquiétude à leurs maîtres (1). Il n'agissait ainsi, disait-il, que pour épargner aux deux grands corps de l'état les fatigues d'une administration trop pénible, mais, dans la vérité, il ne leur laissait que l'ombre du pouvoir, tandis qu'il en gardait pour lui toute la réalité. Dans ce partage, l'Asie, l'Afrique, la Grèce et plus tard la *Province* ou Gaule Narbonnaise, etc., furent dévolues au sénat. L'Espagne, la Bétique exceptée, et les trois Gaules appartinrent à l'empereur. Les premières furent gouvernées par un proconsul et s'appelèrent *provinces proconsulaires;* les secondes, nommées *provinces impériales* ou *Césaréennes*, furent soustraites à l'administration civile et soumises à un régime purement militaire. Elles avaient à leur tête un lieutenant impérial, *legatus præses*, commandant les troupes, faisant les lois, rendant la justice, imposant les tributs, sous le seul contrôle de l'autorité impériale qui le nommait et le révoquait à son gré. C'était ainsi, comme le remarque M. Amédée Thierry, une vraie dictature. Mais une dictature était nécessaire aux opérations qu'Auguste projetait dans notre patrie.

Pour soutenir ces changements de sa présence, l'année même qui les vit commencer (2), il se rendit

---

(1) Dion, Strabon, Suétone. — (2) Dion, liv. 53.

lui-même dans les Gaules. Nous avons déjà vu qu'elles venaient d'être soumises lorsqu'éclata la seconde guerre civile. Domptée la dernière, l'Aquitaine n'avait jamais porté le joug qu'à demi, et plusieurs fois elle l'avait fièrement rejeté. Aussi, l'administration romaine n'avait pas été implantée dans nos contrées, ou du moins n'y avait-elle pas jeté de profondes racines. Auguste voulut les organiser à l'instar du reste de l'empire. Sous ce prétexte, mais en réalité, pour briser toute résistance et anéantir tout esprit public, il changea les anciennes limites des provinces, et porta l'Aquitaine des Pyrénées à la Loire (1). Elle comprenait ainsi l'ancien territoire Aquitain, auquel venaient s'ajouter quatorze cités Galliques ou Gallo-Kimbriques, toutes étrangères les unes aux autres, ou même divisées d'origine, de mœurs, d'intérêts et de préjugés nationaux. Parmi tant de divergences, la confédération n'était guère possible, et la confédération seule pouvait triompher de l'oppression et rejeter les Romains au-delà de leurs Alpes.

Non content d'avoir ainsi enchaîné ensemble des peuples que tout séparait, Auguste craignit ces idées de prééminence que l'ancien ordre politique Gaulois attachait à certaines nations; il craignit surtout ces souvenirs de gloire que la guerre de l'indépendance avait empreints à quelques localités. Aussi choisit-il pour les dépouiller de leurs vieux noms, celles des cités qui se recommandaient le plus aux respects de la Gaule par une grande existence avant la conquête, et par un noble rôle pendant la lutte. Les capitales

---

(1) Strabon, liv. 4. Ptolémée, liv. 2. Orose, liv. 1er.

des trois nations qui dominaient les trois grandes provinces ou divisions Gauloises, les *Trévires*, les *Eduens* et les *Ausques* ou *Auscitains*, perdirent leur dénomination primitive et se déguisèrent sous le nom d'*Augusta* (1). Notre chef-lieu ne s'appela plus désormais qu'*Augusta Auscorum*, et quelquefois simplement *Augusta*, ville *Augustale* des *Ausques*, ou simplement ville *Augustale*. Ce nom fut encore imposé à la cité des Tarbelliens, un des plus puissants peuples de l'Aquitaine. Ainsi *Aquæ Tarbellicæ* devinrent *Aquæ Augustæ*. La cité des Aturiens (Aire) fut transformée en *vicus Julii*, (bourg de Jules César).

Il est vrai que d'assez grandes concessions de droits vinrent pallier tout ce que ces innovations avaient d'humiliant. Les Eduens reçurent les priviléges des nations fédérées, en conservant le titre honorifique de frères du peuple Romain. Les Trévires furent déclarés libres ou autonomes. Les Ausques jouirent du droit latin (2). D'autres priviléges inférieurs furent encore distribués soit aux peuples, soit aux villes. Enfin, ce privilége suprême qui les couronnait tous, le droit de cité Romaine fut octroyé à des familles et à des individus. On voit que ce n'est pas d'aujourd'hui que le despotisme a appris à dorer les fers et à cacher la servitude sous des concessions fallacieuses. Ainsi donc, s'écrie un écrivain célèbre (3) dont nous avons plus d'une fois emprunté les pensées et quelquefois le langage, ainsi donc fut bouleversée dans ses fondements l'antique société Gauloise; les

---

(1) Amédée Thierry, Marca.— (2) Strabon, liv. 4. — (3) Amédée Thierry.

centres d'autorité et d'influence furent changés ou rattachés à des idées d'un autre ordre ; l'institution de la clientèle, source de la puissance des grandes cités, n'exista plus ; le territoire même de ces cités fut souvent morcelé, leurs tribus éparpillées, plus de barrières entre les confédérations politiques, entre les races, entre les langues diverses; tout gît confondu pêle-mêle sous le niveau de l'administration romaine.

Auguste appliqua ensuite à la Gaule cette science fiscale que les Romains portèrent presque à une aussi haute perfection que nous, et qui dans leurs mains, servait de complément à l'épée pour enchaîner les vaincus. Il ordonna un recensement général de la population et des propriétés, base uniforme de l'impôt (1). Cet impôt dépassa de beaucoup le taux modéré fixé jadis par César, immédiatement après la conquête. Voulut-on épuiser vite des contrées dont on redoutait les forces et la richesse, ou voulut-on seulement mettre leurs charges en harmonie avec les charges des autres provinces ? c'est ce que nous ne saurions affirmer. L'administration militaire, la plus importante de toutes dans une nouvelle conquête, devait attirer particulièrement l'attention d'Auguste. Jusqu'alors tout Gaulois était soldat et ne se montrait guère en public que paré de ses armes. Pour contenir l'humeur belliqueuse de la nation, il jeta sur les frontières des troupes réglées, et pour ménager en même temps sa juste susceptibilité, il chargea les cités riches et populeuses de lever et d'entretenir à leurs frais quelques cohortes équi-

_____
(1) Dion, liv. 53. Florus. Haute-Serre, liv. 3. ch. 1.

pées toutefois à la Romaine, et commandées par des généraux Romains (1). Ces préliminaires exécutés, il désarma presque complètement les indigènes, au moins dans notre pays; il ne laissa les armes qu'à une milice peu nombreuse, chargée de veiller à la police des villes et des campagnes; c'est là sans doute le berceau de nos gardes urbaines et de notre garde nationale. La plupart de nos grandes et belles institutions sont plus anciennes qu'on ne croit communément. On les retrouve dans notre sol, à quelque profondeur que l'on fouille.

Ces mesures assuraient aux Romains la possession du territoire. Pour conquérir les esprits, Auguste s'empara de l'éducation. A sa voix, des écoles, où la langue, la législation, les sciences de Rome furent enseignées avec honneur; des gymnases où brillèrent d'un vif éclat les belles lettres, et surtout l'art oratoire toujours si prisé chez les peuples dans leur décadence, couvrirent bientôt les Gaules (2). Bordeaux, Tolose, Arles, Massalie, rivalisèrent avec les plus doctes cités de la Grèce et de l'Italie. Dans cette lutte se distinguèrent aussi Eluse et plus encore notre Auch. Restait enfin l'ordre religieux qui dans nos Gaules avait fondé l'ordre civil. Là était l'écueil le plus redoutable. Auguste n'osa pas attaquer de front le druidisme; mais d'un côté il le déclara contraire aux croyances romaines, et l'interdit aux Gaulois qui jouissaient du droit de cité (3); et de l'autre, il donna pour ainsi dire droit de bourgeoisie au

---

(1) Amédée Thierry. — (2) Cicéron, Symmaque, St-Jérôme, et surtout Ausone. — (3) Suétone, Vie de Tibère.

polythéisme gallique. Ainsi, sur le même autel, Mars et Camul se partagèrent l'encens voué au dieu de la guerre ; Diane et Ardeunna, Belen et Apollon, Belisana et Minerve, Mercure et Teutatès furent les mêmes divinités sous des noms divers (1). Enfin, il abolit comme féroces et barbares les sacrifices humains. D'insensés fanatiques persistant toutefois à se dévouer, il permit aux prêtres de leur faire une légère blessure et de répandre sur l'autel ou sur le bûcher quelques gouttes de leur sang ; mais là devait s'arrêter la cérémonie expiatoire. Des peines sévères poursuivaient le sacrificateur qui eût osé aller plus loin (2).

Si bien calculées que fussent toutes ces innovations, elles devaient rencontrer et elles rencontrèrent en effet une vive résistance. La pesanteur de l'impôt excita surtout d'universelles réclamations. On se souleva sur plusieurs points, mais il fallut céder à des forces supérieures. L'empereur essaya de calmer cette agitation par sa présence. Il reparut dans les Gaules, neuf ans après son premier voyage, et, en s'éloignant, il y laissa, pour continuer son œuvre, le jeune Drusus, fils de sa femme Livie et père du célèbre Germanicus et de l'empereur Claude. Ce prince, ravi trop tôt à l'amour et aux espérances de Rome, se conduisit avec tant de prudence et de modération, que non seulement il apaisa les troubles, mais encore qu'il gagna tous les cœurs.

Alors, ç'en fut fait à jamais de la nationalité Gauloise. L'Aquitaine, comme les deux autres grandes provinces, s'abîma dans l'empire Romain avec lequel

---

(1) Amédée Thierry, Michelet, Laurentie. — (2) Mela, liv. 3.

elle se confondit sans retour. Désormais, nous n'aurons plus à recueillir sur elle que des traits rares et courts que nous trouvons épars dans les historiens grecs ou latins; mais, observe un de nos compatriotes, M. Laurentie, dans sa belle et catholique histoire de France, le christianisme avait paru. C'était une domination d'une autre sorte qui se levait sur les peuples. La conquête Romaine avait partout organisé l'esclavage : la conquête chrétienne allait partout établir la liberté. A côté du vieux monde qui tombe par les crimes, par les atrocités, par les voluptés, par les ignominies, va naître par les vertus, par les sacrifices, par la bienfaisance, un monde nouveau enfanté sur le Calvaire.

La politique d'Auguste porta ses fruits. Comprimée dans les serres de l'aigle Romain, l'Aquitaine cessa de se débattre sous le joug de ses maîtres. Le règne de l'héritier de César s'acheva pour elle calme et paisible. Le vaste soulèvement qui troubla les premières années du règne suivant, et qui remua si profondément la Belgique et une partie de la Celtique, ne paraît pas même l'avoir agitée, elle, si impatiente de repos et si jalouse de son indépendance. L'histoire se tait à son égard jusques aux derniers jours de Néron. Nul de nos lecteurs n'ignore les atrocités et les infâmies que ce nom rappelle au souvenir. Un Aquitain osa le premier venger les droits de l'humanité méconnue. Issu d'une race qui, suivant l'historien Dion (1), avait porté le sceptre dans quelqu'une de nos contrées, et alliée aux plus

---

(1) Liv. 63. Haute-Serre, liv. 4, ch. 10.

puissantes familles Gallo-Romaines, Julius Vindex, à une naissance distinguée joignait une âme grande et forte. Prudent autant que brave, il avait parcouru avec distinction les divers degrés de la milice sans éveiller les soupçons jaloux de maîtres qu'effarouchait tout mérite. Après avoir rempli à la satisfaction générale quelques autres emplois, il venait d'être appelé au gouvernement de la Gaule Lyonnaise; mais Rome ne lui avait que trop montré les orgies dégoûtantes dont se souillaient à l'envi et son empereur et les vils courtisans qui l'entouraient. En s'éloignant, il voua une haine profonde à tant de démence et d'immoralité. Son indignation vertueuse, il la fait partager sans peine aux troupes placées sous ses ordres et aux peuples confiés à son administration. La résolution est unanime; on repoussera le monstre qui pèse sur le monde, mais là s'arrêteront les efforts. L'occasion était belle pour briser les chaînes qui tenaient asservies nos provinces, et pour proclamer leur antique liberté. Ni Vindex, ni ses complices n'y songèrent; tant dans la période assez courte qui venait de s'écouler les esprits étaient devenus romains.

Au fils d'Agrippine, ils ne cherchèrent qu'à substituer un maître plus digne du trône. Soit qu'il se crût trop faible pour s'y placer lui-même, soit qu'il dédaignât une pourpre que venaient de revêtir successivement les Tibère, les Caligula, les Claude, les Néron, Vindex l'offrit à Galba, vieillard sage et économe, autant que général expérimenté.

Galba, jeune encore, avait gouverné l'Aquitaine en qualité de lieutenant impérial ou césaréen (1) : *legatus*

---

(1) *Tranquillus in Galba*, ch. 6.

præses. C'est même le premier magistrat de ce nom que nous connaissions à notre pays. A l'époque où nous sommes arrivés, il commandait les légions d'Espagne. Ignorant les vues des conjurés, le gouverneur actuel de l'Aquitaine n'eut pas plutôt entrevu l'orage qui se formait (1), qu'il fit demander à Galba lui-même de prompts secours, afin, disait-il, d'étouffer la rebellion dès son berceau. Mais son message avait été précédé en Espagne par celui de Vindex. Cependant Galba hésitait encore. Vaincu enfin par les sollicitations de ses propres officiers qui s'étaient joints aux députés Gaulois, il céda et se fit proclamer par ses troupes. Le premier soin du nouvel empereur fut de renforcer son armée, en y adjoignant des levées nombreuses, parmi lesquelles les historiens mentionnent quelques cohortes prises chez les Gascons (2). Fort de ce secours, Galba traversa les Gaules, distribuant les priviléges aux cités qui appelaient sa domination, et sévissant avec rigueur contre les populations qui repoussaient ses lois. Rome lui ouvrit bientôt ses portes et reconnut son autorité. Mais, hélas! l'infortuné vieillard ne devait connaître du pouvoir suprême que les tribulations. Après un règne de quelques mois, il périt massacré par les Prétoriens qu'avaient exaspérés sa sévérité et sa sordide économie, ou plutôt qu'avaient soulevés les trames ambitieuses du voluptueux Othon. Vindex, notre brave compatriote, l'avait précédé dans la tombe. Une méprise fatale qui avait coûté la vie à un grand nombre des

---

(1) *Tranquillus*, ch. 3. — (2) Tacite, liv. 4. Hist.

siens, l'avait porté à se donner la mort aux pieds des remparts de Besançon.

Othon, à qui une soldatesque teinte encore du sang de son maître avait déféré la pourpre, trouva un compétiteur dans Vitellius, homme méprisable et décrié, que l'armée d'Allemagne avait déjà opposé à Galba. Partagées entre les divers prétendants, les Gaules étaient en proie aux malheurs qu'entraînent les dissensions civiles. Pour des empereurs que la force imposait ou abattait à son gré, vous eussiez vainement cherché dans les cœurs fidélité ou dévouement. On cédait à la crainte ou à la nécessité, et quelquefois à un entraînement irréfléchi. Ainsi l'Aquitaine, que Julius Cordus, son gouverneur, avait d'abord fait déclarer en faveur d'Othon, le quitta bientôt pour embrasser le parti de Vitellius (1). Celui-ci resta enfin seul maître de l'empire, Othon s'étant percé de son épée après la perte de la bataille de Bibracte. Mais il ne tarda pas à être précipité lui-même du trône, dont ses vices et ses débauches le rendaient peut-être encore plus indigne que son rival. A quel degré d'abjection n'était pas déjà descendue la société romaine, pour n'avoir à sa tête que des chefs aussi pervers !

Les légions d'Orient, jalouses d'imiter les autres armées, voulurent aussi faire un empereur, et proclamèrent Vespasien, leur général, qui poursuivait alors le fameux siège de Jérusalem. Les troupes stationnées en Illyrie, attachées à Othon, s'empressèrent de suivre cet exemple, et notre compatriote Antonius primus, commandant de la légion Pannonique, ne balança

---

(1) Tacite, liv. 1er. Hist.

pas à arborer sur ses enseignes l'image du nouvel Auguste. Antonius primus, pour nous servir des expressions d'Amédée Thierry, Antonius primus, né à *Tolose* (Toulouse), y avait passé son enfance, et ses concitoyens lui avaient donné le surnom de Bec (1), soit à cause de quelque difformité de son visage, soit par suite de quelque aventure inconnue de sa jeunesse, ou soit plutôt, ajouterons-nous, à cause de la facilité et de l'abondance de son élocution (*). De bonne heure, il se rendit en Italie pour tenter la fortune, et il déploya à la cour de Néron toutes les ressources de son vaste génie, si étrangement mêlé de bien et de mal. Ses intrigues et ses talents le portèrent au sénat, d'où il se fit chasser bientôt avec ignominie pour complicité dans un faux testament. Galba, ami de tout ce qui tenait à nos contrées dont il avait été gouverneur, le réhabilita, lui rendit sa charge, et lui donna même le commandement de la légion de Pannonie. Après la mort de Galba, il offrit ses services à Othon qui le dédaigna. Négligé également par Vitellius, il résolut d'avoir un empereur qui lui dût beaucoup, pour en obtenir beaucoup, et osa proclamer Vespasien aux portes même de l'Italie. Sa détermination, nous dit l'historien Tacite (2), jeta un grand poids dans les destinées de l'empire. Brave et hardi, d'une éloquence tour à tour entraînante et insidieuse, habile artisan

---

(1) Suétone.
(*) Nos lecteurs auront sans doute remarqué, comme nous, qu'après plus de 1700 ans, nous trouvons le même mot avec la même signification dans la langue française, et dans notre Gascon.
(2) Tacite, Hist. liv. 2.

de discordes et de séditions, avide de trésors qu'il savait prodiguer au besoin, Primus était dans la paix un détestable citoyen, et dans la guerre un chef précieux. Aussitôt qu'il se fut déclaré, il se mit en correspondance avec les généraux, qu'il savait nourrir une inimitié secrète pour Vitellius. Il écrivit aussi au Batave Civilis, dont il connaissait et le caractère entreprenant et l'autorité toute puissante chez les siens. Il tâcha de s'opposer aux légions du Rhin, ardentes Vitelliennes; et tandis qu'il les retenait ainsi au fond des Gaules, lui s'avança vers Rome où il entra en vainqueur, et fit reconnaître Vespasien par les deux grands corps de l'état, après que Vitellius eut éprouvé un sort encore plus affreux que Galba. Ainsi, dans l'espace de dix-huit mois, les Romains avaient vu successivement sur le trône cinq empereurs.

Cependant Civilis (1) avait appelé à l'indépendance la Batavie et toutes les Gaules. A sa voix, une armée nombreuse courut se ranger sous ses étendards. La lutte fut vive, et ne cessa pas à la mort de Vitellius. Dans une rencontre, le courageux Batave allait écraser les légions romaines. Déjà il avait jonché de leurs morts le champ de bataille, lorsque survinrent les cohortes Gasconnes que Galba avait jadis levées aussitôt après qu'il eut été salué Auguste. Au bruit des combattants, elles doublèrent le pas, tombèrent à l'improviste et par derrière sur les troupes de Civilis, et jetèrent dans leurs rangs le trouble et l'effroi. Ce secours rendit le courage aux Romains.

(1) Tacite, Hist., liv. 4.

Ce qu'il y avait de plus intrépide dans l'infanterie ennemie fut écrasé. La cavalerie seule se retira enseignes déployées, et emmenant les prisonniers qu'elle avait faits au commencement de l'action. L'honneur de la journée appartenait tout entier aux cohortes Gasconnes, mais elles ne tardèrent pas à payer cher la gloire dont elles s'étaient couvertes. Trahies à leur tour par la fortune, et plus encore peut-être par l'impéritie et les irrésolutions de leurs chefs, elles se virent assiégées avec une partie des légions romaines, dans le lieu même qui avait servi de théâtre à leur valeur. Longtemps elles supportèrent toutes les horreurs de la famine; mais forcées enfin de se rendre, elles obtinrent une capitulation honorable. Elles rentraient dans les Gaules, épuisées, mais confiantes, lorsque les Allemands, furieux du carnage qu'elles avaient fait de leurs compatriotes, tombèrent sur elles au mépris de la foi jurée, et les massacrèrent impitoyablement. Contents de s'être ainsi vengés, Civilis et les siens déposèrent bientôt les armes, et se soumirent à Vespasien. Cette lutte avait été comme le dernier râle de notre liberté expirante.

Le calme que tant de commotions rendaient si nécessaire, surtout à l'Aquitaine, peut-être encore plus agitée que la plupart des autres provinces, ce calme, les peuples le trouvèrent enfin sous le sceptre des empereurs qui se succédèrent sur le trône pendant plus d'un siècle, période unique dans les fastes de l'histoire ancienne, et la plus fortunée dont les annales du polythéisme nous aient conservé le souvenir. L'affreux Domitien, par ses vices et ses cruautés, ternit seul cette ère de bonheur. Sa tyrannie pesa surtout sur nos contrées.

Jaloux de l'état florissant où il voyait nos Gaules, et qu'avait si vite emmené le repos public, source de toute prospérité, il y fit incendier et arracher les vignes, et en défendit la culture à nos pères.

Le premier qui fut appelé à fermer dans notre patrie les plaies des guerres civiles fut le vertueux Agricola, celui-là même qu'a immortalisé la plume de Tacite. Les paroles de l'historien Romain nous ont paru assez remarquables pour mériter d'être citées: dès qu'il (Agricola) fut revenu, Vespasien l'admit d'abord au nombre des patriciens, et lui donna ensuite le gouvernement d'Aquitaine, dignité singulièrement brillante qui le conduisait au consulat qu'il obtint en effet moins de trois ans après (*).

Sous le sceptre paternel de Nerva, de Trajan et de leurs trois successeurs immédiats, l'Aquitaine prit une face nouvelle. Nul élément de prospérité n'est plus actif qu'un gouvernement sage et éclairé. Notre patrie n'était plus depuis longtemps, il est vrai, l'Aquitaine de César, fertile sans doute, mais hérissée de forêts où erraient une multitude de peuplades indépendantes les unes des autres, fortes toutes et courageuses, mais grossières et barbares. Le génie d'Auguste, la protection hautement avouée de Claude, de cet empereur que la jalousie du sénat et du peuple latin flétrirent du nom d'imbécile, peut-être en grande partie pour le punir de ce qu'il s'était trop montré l'ami des nations opprimées; le génie d'Auguste, la protection de Claude et plus encore le contact de

---

(*) *Ac deinde provinciæ Aquitaniæ præposuit, splendidæ imprimis dignitatis administratione, ac spe consulatûs.*

la civilisation romaine, avaient singulièrement amélioré son sort. L'élan était donné ; mais combien ne restait-il pas à faire à l'époque où nous sommes parvenus (de 96 à 180 de notre ère)? L'accroissement fut rapide. Les villes primitives descendirent des hauteurs sur lesquelles elles étaient assises et allèrent s'étendre dans les plaines voisines. Ailleurs, les forêts abattues firent place à d'autres cités riches et populeuses (1). Là où se cachaient des habitations basses et chétives, s'élevèrent de magnifiques villas, ornées de tout ce que la peinture et la sculpture avaient alors de plus achevé. Des voies militaires, larges et spacieuses, qu'après tant de siècles nous retrouvons encore sous nos pas *(la Ténarèse, les chemins de César)*, sillonnèrent la contrée dans tous les sens. En peu de temps, vous l'eussiez vue couverte de forums, de capitoles, de cirques, d'amphithéâtres, d'aqueducs qui le disputaient en magnificence aux plus belles constructions de Rome et de l'Italie. Le culte lui-même dépouilla sa sauvage grossièreté. Sur l'emplacement des anciens lieux sacrés, sur les ruines des sanctuaires noircis par les ans et par la fumée des sacrifices, apparurent des temples éclatants de marbre. Il n'est pas jusqu'aux vieux simulacres informes, qu'entourait la vénération publique, qui ne revêtissent les types élégants du polythéisme grec, ou qui ne se perfectionnassent par l'application des règles de l'art.

Mais, si tous les arts d'Athènes ou de Rome embellissaient notre patrie, l'art de la parole dut recevoir un accueil particulier chez un peuple vif, enjoué et

---

(1) Haute-Serre, Marca, Amédée Thierry.

aussi, il faut le dire, naturellement un peu gabeur (1). Depuis le rhéteur Gnipho, qui, le premier, donna des leçons publiques dans la cité éternelle, et qui eut la gloire de former à l'éloquence les deux plus grands orateurs de la reine du monde, Cicéron et le dictateur César, vous pourriez suivre la longue chaîne de ces hommes puissants par leurs discours, comme les appelle un écrivain du temps. Dans ce nombre, notre patrie, ou les lieux circonvoisins revendiquent plus spécialement d'abord Nomentanus et Domitius Afer, puis Antonius primus, celui-là même que les Tolosains, comme nous l'avons déjà dit, surnommèrent Bec, et plus tard encore Delphidius, et enfin Staphilius et Arborius. A cette dernière époque, l'éclat des lettres romaines semblait s'être réfugié tout entier dans notre Aquitaine : tandis que Staphilius et Arborius éclipsaient les orateurs contemporains, Sidoine-Apollinaire et Paulin, alors jeunes et brillants seigneurs, et depuis graves et saints évêques, l'un de Clermont et l'autre de Nole (*), marchaient à la tête des beaux esprits du temps; Sulpice Sévère, né non loin d'Eluse, ressuscitait Salluste dans l'histoire chrétienne, et Ausone, presque son concitoyen, effaçant sans peine tous ses rivaux, faisait entendre aux oreilles des Romains dégénérés du siècle d'Auguste, des sons bien affaiblis sans doute de la muse de Virgile.

Mais, de tous les orateurs, nul dont le nom ait eu parmi les siens autant de retentissement que celui

---

(1) Haute-Serre, liv. 2. ch. 4.
(*) C'est le même qui inventa les cloches, ou plutôt qui le premier les fit servir à appeler les fidèles dans nos Églises.

de Cornélius Fronto (1). Modèle du style mâle et austère, comme Cicéron l'avait été du style abondant et Pline du style élégant et fleuri, il eut encore la gloire d'être chef d'école. On s'efforça longtemps d'imiter sa parole concise, plus peut-être que dans le grand siècle on n'avait tâché d'imiter l'éclat et le nombre du prince des orateurs latins. On sait que les imitateurs ne sont jamais plus nombreux que dans les jours de décadence. Porté au sénat, créé consul, comblé d'honneurs et de richesses, Fronto conserva toute sa vie une grande autorité sur l'esprit de Marc-Aurèle, à qui il avait enseigné la rhétorique; on comprenait sous ce nom toutes les connaissances littéraires. Dans les quelques lettres de cet empereur adressées à Fronto et que le temps nous a conservées, on aime à voir le maître du monde disparaître tout entier pour ne laisser voir que le disciple sensible et reconnaissant. On sait que la famille de Fronto était originaire de l'Aquitaine, un rescrit de l'empereur Gordien l'atteste nommément ; mais quelle partie de cette vaste province donna le jour au grand orateur, nous n'oserions le décider. Quelques auteurs s'étayant d'un passage peu concluant de Sidoine-Apollinaire, le font naître dans l'Auvergne ; d'autres, s'appuyant de je ne sais quel écrivain à peu près inconnu et d'une chronique plus que poudreuse, lui assignent pour berceau le Périgord. Nous pourrions, ce nous semble, le revendiquer à plus juste titre qu'aucun autre pays. Un monument irréfragable nous

---

(1) Xéphilin, Eusèbe, Sidoine-Appollinaire.

montre un Fronto élevant un tombeau à son épouse, près d'Eluse (*).

Nos lecteurs nous pardonneront de nous être arrêté

(*) Sur la fin du XVIIe siècle, il fut découvert à Eauze, *Elimberris*, un tombeau antique de marbre statuaire et de la plus belle dimension. Quelques années plus tard, Mgr LABAUME DE SUZE, qui occupait alors le siège d'Auch, le fit transporter dans son château de Mazères, Barran, où il se voit encore. Le vandalisme de 93 se contenta de l'effleurer : on cherchait dans son sein les trésors de Mgr LATOUR-DU-PIN-MONTAUBAN, qui, certes, les cachait mieux que dans les entrailles de la terre. Négligé depuis longtemps, ce monument le plus beau de ce genre, si je ne me trompe, que possède le département du Gers, est enfin tombé dans des mains faites pour l'apprécier. Là ne saurait péricliter aucune œuvre de science, d'art ou de goût. Voici l'inscription qu'on lit sur ce tombeau :

```
            D.  M.
     AEDVNIAE • HER-
    MIONES • FEMINAE •
    RARISSIMAE • CON-
    IVGI • INCOMPARAB •
    AEMILIVS • FRONTO •
    MARITVS • ET • POMPE-
      IVS • LEPIDVS • FILIVS.
```

Qu'on lise, comme le veut M. CHAUDRUC DE CRASANES :

Aux Dieux Mânes, à Ædunie d'Hermione, femme très rare et épouse incomparable, Emilius Fronto son époux, et Pompeius Lepidus son fils ;

ou bien, qu'on lise, comme il nous parait plus naturel :

Aux Dieux Mânes d'Ædunie Hermione, femme très rare et épouse incomparable, Emilius Fronto son époux, et Pompeius Lepidus son fils,

toujours restera-t-il certain qu'un Fronto a élevé à son épouse un tombeau près de la cité d'Eluse. La correction du travail, la simplicité et l'exécution assez soignée des sculptures qui le décorent, démontrent qu'il est antérieur à la décadence des arts. On pourrait donc, sans trop abuser de cette élasticité qu'on accorde aux antiquaires, faire remonter ce monument jusqu'aux temps voisins de Fronto l'orateur.

aussi longtemps sur cette période si stérile en faits historiques. C'étaient les beaux jours de notre Aquitaine sous l'empire Romain ; nous avons voulu indiquer ce qu'elle fut avant de devenir la proie des barbares. L'ère de bonheur de l'empire Romain finit à Marc-Aurèle (180 de J.-C.). Avec son fils Commode tous les vices remontèrent sur le trône, d'où ils étaient chassés depuis plus d'un siècle. Le règne de ce nouvel empereur fut assez court. Celui de ses successeurs fut encore moins long. On se disputait à main armée la pourpre, triste et fatal ornement qui ne servait presque qu'à désigner une victime au poignard des mécontents et des factieux. La force le plus souvent après quelques mois ou même après quelques jours, détruisait l'ouvrage de la force.

CHAPITRE IV.

Établissement de la Religion chrétienne.—St-Sernin, St-Paterne, St-Taurin, St-Luper, St-Geny, St-Clar, Ste-Fauste, Ste-Gemme, Ste-Dode, Ste-Quitterie.

Pendant que la société allait ainsi s'affaiblissant sous le poids d'un despotisme tour à tour sanglant ou stupide et des vices qui marchent toujours à sa suite, le christianisme, qui devait la relever et la placer sur ses bases naturelles, s'infiltrait insensiblement dans son sein. Nous ignorons l'époque précise où il fut porté dans les Gaules ; mais ce dut être vers les temps apostoliques. L'ardent prosélytisme des premiers hérauts de l'Évangile nous en est un sûr garant. Plus tard eut lieu une mission célèbre dans les fastes de l'Église Gallicane. Les uns la placent à la fin du 1er siècle de l'ère chrétienne, ou au commencement du 2e ; les autres la rejettent avec plus de raison peut-être jusques au règne de Dèce, en 232. Il ne nous appartient point de prendre couleur dans une discussion qui a longtemps divisé et qui divise encore le monde savant et où chaque parti invoque en sa faveur des raisons très-plausibles. Quoiqu'il en soit, Saturnin, ou comme on l'appelle dans nos contrées, Sernin (1), l'un des neuf Apôtres envoyés par le Pontife de Rome, planta l'étendard de la foi à Toulouse, capitale des Tolosates.

(1) Les Bollandistes. Les Bréviaires d'Auch, de Paris, de Toulouse.

Bientôt, avide de nouvelles conquêtes, il s'achemina vers l'Espagne : sur son passage, il opéra des conversions nombreuses à Auch (*) et y bâtit, près des rives du Gers, un oratoire qu'il dédia à St-Pierre et qui fut depuis converti en église (1).

Le séjour de Sernin à Auch fut court, son zèle l'entraînait plus loin. A *Eluse* (Eauze actuelle), la récolte fut plus abondante. S'il fallait en croire l'ancien Santoral d'Auch, il aurait amené sous le joug de l'Évangile la cité tout entière. Sans ajouter une foi complète à un document qu'une critique impartiale ne saurait admettre qu'avec réserve, nous devons reconnaître que le nombre des néophytes fut considérable, puisqu'il y fonda deux oratoires : on appelait ainsi dans les premiers siècles du christianisme les petites églises. L'un de ces deux oratoires était situé hors des murs de la ville et dédié à St-Pierre, comme l'oratoire d'Auch ; l'autre fut bâti dans le sein même de la ville : celui-ci, il le plaça sous l'invocation de la Mère de Dieu, et l'enrichit d'un assez grand nombre de reliques précieuses.

(*) D'après une ancienne tradition, presque perdue de nos jours, le premier adepte du christianisme dans nos murs aurait été un jardinier qui porta en présent à son père dans la foi, quelques poires cueillies sur un de ses arbres. Pour récompenser sa docilité et lui témoigner sa gratitude, l'apôtre bénit ces fruits et leur donna l'excellente qualité qui les distingue. Telle serait l'origine des poires de bon chrétien d'Auch. D'autres en font honneur à St-Orens, le plus illustre de nos pontifes. Jadis on les appela quelquefois pompidiennes, de St-Pompidien, dont nous parlerons bientôt, ou pompeyennes, du grand Pompée qui, après la défaite de Sertorius, les aurait apportées d'Espagne dans l'Aquitaine.

(1) L'ancien Santoral d'Auch. Le manuscrit de M. d'Aignan. Les chroniqueurs ecclésiastiques.

Cependant l'éclat de ces conversions et des prodiges qui les avaient provoquées, porta le nom de Sernin jusqu'au fond des Espagnes. Curieux de voir et d'entendre l'homme des miracles, Paterne abandonna Tolède, sa ville natale, et franchit les Pyrénées. Quand on court au devant de la foi, son triomphe est assuré. L'enfant de l'Espagne devint bientôt le disciple chéri de Sernin, le compagnon de ses travaux évangéliques; et lorsque sept ans après l'apôtre dut retourner à Toulouse, où l'attendait la couronne du martyre, il laissa aux Elusates, Paterne pour leur premier évêque.

Quelques écrivains, parmi lesquels il faut ranger le P. Montgaillard et les premiers auteurs de la *Gallia christiana*, placent avant St-Paterne, St-Cérase dont ils font le disciple de St-Sernin. D'autres le disent son compagnon et son égal dans le ministère apostolique, mais tous le font mourir à Simorre, où sa mémoire et ses reliques n'ont jamais reçu un culte particulier (1). Ce St-Cérase, ils le distinguent de St-Cérat dont nous parlerons plus tard. Nul, certes, plus que nous n'a de la déférence pour les auteurs dont le travail a précédé et facilité le nôtre, et surtout nul n'a voué plus de respect que nous aux illustres savants que nous venons de citer; mais néanmoins nous ne saurions adopter ici leur sentiment. Car pour cela il faudrait admettre qu'à des distances assez rapprochées, il y eut deux évêques régionnaires, portant à peu près le même nom, ayant évangélisé la même contrée et terminé leur carrière dans le même lieu : il fau-

---

(1) Dom Brugelles. Les Bollandistes.

drait admettre encore que de ces deux évêques, le premier, le fondateur de la foi, le véritable apôtre, aurait vu sa mémoire complètement éclipsée par le second; plus que cela, que son nom, contrairement à tous les usages, aurait été totalement omis dans les cartulaires des églises de la province. Aussi, ne balançons-nous point à donner St-Paterne pour le disciple immédiat de St-Sernin et le premier évêque d'Eluse.

Paterne (1) parait avoir gouverné longtemps son église. A son lit de mort, il fit, dit-on, entendre ces paroles prophétiques : *moi le premier, trois après moi, et rien plus ensuite, jusqu'à ce que le siége soit changé; que celui qui emportera d'ici l'autel et les reliques de la Vierge, ne laisse ni moi, ni eux* (*). L'oracle ne tarda pas à se vérifier. Les successeurs de Paterne, St-Servat, St-Optat et St-Pompidien, dont nous ne connaissons que le nom et la sainteté, furent remplacés par St-Taurin. Nos lecteurs ne s'étonneront pas de trouver ici comme au berceau de presque toutes les églises, une suite assez longue de prélats, honorés d'un culte public. Dans ces temps d'épreuves et de combats, il fallait des vertus peu communes et une foi bien courageuse pour accepter une dignité qu'entouraient des dangers presque continuels, et qui le plus souvent conduisait au martyre. Le nouvel évêque poursuivait l'œuvre du

(1) Dom Brugelles. Le P. Montgaillard. Manuscrit de M. l'abbé d'Aignan.

(*) *Ego unus, tres post me et nihil amplius ex quo mutabitur sedes; et qui altare et pignora beatæ Mariæ hinc detulerit, me et illos non derelinquat.*

christianisme, et par là l'œuvre de la civilisation, lorsqu'une nuée de barbares vint menacer la cité d'Eluse, dont les richesses tentaient sans doute leur cupidité. A ces hordes on résistait quand on se sentait assez de forces pour repousser l'agression; mais si on jugeait la résistance impossible ou vaine, on s'enfuyait, la destruction ou la mort suivant toujours la conquête. Taurin, forcé de s'éloigner avec une partie de son troupeau, se retira à Auch (1), où il eut soin d'apporter avec les corps de ses prédécesseurs, l'autel consacré à Marie par St-Sernin et St-Paterne, et les reliques précieuses dont les pieux légendaires du moyen âge nous ont conservé la mémoire et le nombre. A les entendre, ce n'était rien moins qu'une petite partie des cheveux de la Ste-Vierge, un morceau de sa robe, quelques parcelles de la pierre de son sépulcre et de la terre où elle avait rendu l'esprit.

Auch, où se réfugia St-Taurin, se partageait alors en deux cités distinctes, l'ancienne *Climberris*, bien amoindrie sans doute, sur la crête et le flanc de la colline, et l'*Augusta des Ausciens* ou la ville claire, comme on l'appela quelquefois depuis, sur les rives du Gers.

La foi y avait fait des prosélytes depuis les prédications de St-Sernin. L'oratoire fondé par notre premier apôtre n'avait pas suffi. Un autre avait été bâti hors des murs d'enceinte des deux villes. Là était le cimetière depuis si tristement célèbre dans les fastes de notre Métropole; peut-être ce cimetière avait-il donné naissance au nouvel oratoire. Les lois romaines

---

(1) Dom Brugelles. Le P. Montgaillard.

prohibaient les inhumations dans les cités ; le polythéisme, sensualiste et frivole, n'aimait pas le spectacle de la mort ; dans le cercueil il n'y avait pour lui qu'horreur et destruction, aussi le reléguait-il dans la campagne. Le christianisme au contraire, lui qui avec ses dogmes immortels, avec ses préceptes de haute spiritualité, ne voyait dans la mort qu'un sommeil, dans le tombeau qu'une leçon gravé et utile, aimait à conserver près de lui les mortelles dépouilles de ceux de ses frères qui s'envolaient dans l'éternité. Pour obéir aux prescriptions civiles, il plaçait les cimetières hors de la cité ; mais fidèle à son esprit, dans ces cimetières il bâtissait un temple. Le nouvel oratoire avait été dédié à St-Jean, et porta longtemps le nom de St-Jean de l'Aubepine, *Sancti Joannis Albispinei*, qu'il abandonna pour prendre depuis celui de St-Orens, en l'honneur du glorieux prélat qui y fut enseveli. C'est l'ancien St-Orens dont nous n'avons conservé qu'une chapelle, devenue aujourd'hui l'église de l'Immaculée Conception. Du temps de St-Taurin, il l'emportait sur l'ancien oratoire de St-Pierre, car l'illustre fugitif se contenta de bâtir sur le sommet de la colline une petite chapelle, dans laquelle il plaça l'autel de la Ste-Vierge et une partie des précieuses reliques qu'il avait portées d'Eluse. Il déposa le reste avec les corps de ses prédécesseurs dans l'oratoire de St-Jean, où il établit son siége. Nos lecteurs devinent sans peine que la petite chapelle érigée par St-Taurin, est devenue aujourd'hui notre magnifique Métropole.

La présence du prélat, l'exemple de ses vertus, ses pressantes exhortations ne pouvaient que raviver la piété des chrétiens et en augmenter considérablement le nombre. Aussi est-il généralement regardé comme le premier évêque d'Auch. Nous inclinerions toutefois à penser que notre siége épiscopal est plus ancien; car c'était l'usage à peu près constant de la primitive église, lorsque la foi avait été prêchée dans une ville un peu importante, et surtout lorsqu'elle y avait fait des progrès, d'y placer non un ou plusieurs prêtres, mais un évêque. Or, St-Sernin avait depuis fort longtemps jeté à Auch la semence évangélique, et cette semence s'y était accrue au point de nécessiter deux oratoires et un cimetière. De plus, St-Taurin est certainement postérieur à St-Geny, et par conséquent à Heuterius, évêque de Lectoure. Même avant Lectoure, Dax, suivant la tradition généralement admise, avait eu des prélats : ainsi voilà deux évêchés déjà formés. Cependant, à part Eluse, Auch ne l'a jamais, que nous sachions, même sous l'empire romain, cédé en rien aux autres cités de la province.

Nous demandons sérieusement pardon à nos lecteurs de placer si souvent nos pensées à la place des faits. Nous sentons que ce ne sont que des conjectures plus ou moins plausibles; mais, quand le monument est debout sous les yeux et qu'on ne peut en découvrir les fondements, n'est-ce pas à la sagacité de l'observateur de les deviner ?

Cependant l'enceinte d'une ville était trop étroite pour le zèle de Taurin. A cette âme ardente il fallait un théâtre plus vaste. La charité est quelquefois affamée de conquêtes autant que l'ambition. Comme celle-ci, la première sait, quand il le faut, aller presque, si j'ose le dire, jusqu'à une aveugle et audacieuse témérité. Le bruit se répand un jour que, pour accomplir je ne sais quel rite du culte druidique, une foule nombreuse se réunissait dans le bois de Berdale, alors plus étendu qu'il ne l'est de nos jours; car il ne se terminait qu'à une légère distance d'Aubiet. A cette nouvelle (1), le héraut de l'Évangile ne se contient point : bravant tous les périls et souriant peut-être au sort qui l'attendait, il court attaquer l'erreur jusque dans son repaire. Le sacrifice était commencé : tout à coup, au milieu du silence religieux, une voix se fait entendre, c'était Taurin. A la multitude abusée, en présence des prêtres qui l'égaraient, il dit tout ce qu'avaient de vide et de mensonger les fausses divinités qui surprenaient ses adorations, et au contraire tout ce qu'avait apporté à la terre de justice, de consolations et de liberté, le Dieu dont il était lui, le ministre. La foule s'étonne d'abord de la hardiesse et de l'étrangeté de ce langage; elle hésite quelques instants; mais bientôt poussée par les Druides, elle se jette sur l'imprudent ou plutôt sur l'intrépide apôtre et le massacre. Il respirait encore, lorsqu'un idolâtre plus emporté que les autres, lui tranche la tête d'un coup de hache. Une ancienne tradition (2), que nous sommes loin de garantir, mais que nous recueillons, comme nous en recueillerons bien d'autres semblables, parce que nous voudrions consacrer tous les souvenirs locaux, une ancienne tradition veut que le Saint ait, aux yeux de ses meurtriers très-étonnés sans

---

(1) Dom Brugelles. Le P. Montgaillard. L'ancien Santoral d'Auch.
— (2) Manuscrit de M. d'Aignan. Les Bollandistes.

doute, renouvelé le miracle de St-Denys de Paris, et porté, avec son tronc mutilé, sa tête jusque dans la rue d'Auch qui depuis reçut son nom. On prétend que sa vie se lisait jadis dans un ancien manuscrit, qui s'égara longtemps avant la fin du dernier siècle. Il fut d'abord enseveli à côté de ses prédécesseurs dans l'église de St-Jean, mais plus tard, il fut transféré dans la chapelle qu'il avait bâtie sur la crête de la colline, et qui alors était devenue l'église métropolitaine. Là, son chef fut renfermé dans un précieux reliquaire; mais on ignora longtemps où étaient déposés les restes de ses dépouilles sacrées.

Autour du martyre de St-Taurin, nous devons placer celui de St-Luper (1) que l'église d'Eauze a toujours honoré comme son premier patron. Rien de moins avéré que les circonstances de sa vie; aussi, les sentiments sont entièrement partagés à son égard. Les uns le font asseoir sur le siége de St-Paterne avant, les autres après le martyr d'Aubiet. Un plus grand nombre lui contestent le titre d'évêque, et de ceux-ci quelques-uns le disent prêtre et quelques autres le prétendent diacre, ou même simple fidèle. Plusieurs enfin distinguent trois Saints du même nom, dont les deux premiers auraient été immolés en Espagne, et dont le dernier aurait versé son sang à Eauze, où il aurait reçu le jour, et où d'anciennes peintures, d'accord en cela avec les tableaux que l'on voyait à Gavarret, à Rimbès et dans quelques autres églises, le représentent avec la dalmatique, symbole du diaconat. Parmi tant de divergences, si

(1) Manuscrit de M. l'abbé d'Aignan.

nous pouvions adopter une opinion, c'est vers la dernière que nous inclinerions. Nous avons, il est vrai, sous les yeux, une légende de St-Luper, tirée d'un ancien manuscrit de l'abbaye de Berdoues, et extraite en partie du grand ouvrage de Boquet, évêque de Montpellier. Elle eût pu jeter du jour sur tant d'obscurités ; mais le pieux prélat qui la composa, et les bons moines qui nous l'ont transmise, semblent se jouer de la crédulité de leurs lecteurs. En voici une légère esquisse.

Le Saint, est-il dit dans cette légende, naquit à Saragosse, en Espagne, de parents pauvres, mais vertueux. Dans son premier âge, il entra dans l'établi d'un forgeron. Celui-ci lui présente une barre de fer rougie au feu : « *Jeune garçon, prends ce fer, et vois combien il peut peser. L'enfant Luper happe le fer tout flamboyant et le pèse. Forgeron mon ami, la lame est si chaude qu'il ne se peut dire ; mais on peut dire combien elle pèse, parce que son poids n'est que de neuf livres* ». Vérification faite, ce fut le poids réel. A dix ans, il va à Gironne, où il rendit la vue à deux aveugles qui lui demandaient l'aumône. A douze ans, il s'enfonce dans une solitude profonde, qu'il quitte plus tard pour se rendre à Eluse. Un serpent monstrueux s'élançant de la Gélise, arrachait des maisons les mères avec leurs enfants, et répandait au loin la terreur. Dans leur détresse, les Elusates courent se jeter aux genoux du serviteur de Dieu, et implorent son appui. Luper accueille leur prière, et plein de confiance en celui qu'il adore, il s'avance seul et sans armes vers le monstre qui d'abord s'élançait furieux, mais qui reconnaissant bientôt le Saint, dépose sa fureur et se couche à ses pieds, calme et soumis. Luper l'attache avec son étole et le conduit sur les rives de la Gélise, où il le précipite en lui défendant de quitter l'eau jusqu'à ce qu'il se soit perdu dans la mer. A trente-cinq ans, il guérit un lépreux, longtemps perclus de tous ses membres.

Cependant, le préfet Dacien, de sanglante mémoire, fit publier à Eluse, où notre manuscrit le fait naître, les édits des empereurs contre les chrétiens, et étala sur la place publique tout l'appareil des supplices. A cette vue, la foi de quelques-uns chancelle, et le troupeau enfanté à Jésus-Christ par St-Sernin et ses successeurs, compte un petit nombre d'apostats. Luper ne peut tenir à ce spectacle. Il se présente devant le préfet et lui reproche son impiété. Pour toute réponse, Dacien le fait aussitôt saisir, et épuise sur lui tout ce que le génie du mal avait jusques là inventé de tortures. Le corps brisé, mais l'âme encore ferme et entière, le généreux confesseur de la foi est alors jeté dans un affreux cachot, d'où il rendit la vue à un enfant aveugle et paralytique, que sa mère lui tendit à travers les barreaux de sa prison. Quelques jours de repos ayant retrempé ses forces, il subit avec le même courage une nouvelle et plus sanglante épreuve. Honteux de n'avoir rien pu obtenir par la violence, le tyran descend alors aux séductions. Luper, inspiré d'en haut, feint de céder et demande que tout le peuple soit assemblé sur la place publique, pour le rendre témoin de sa conduite. Dacien, trompé par l'ambiguïté de ces paroles, s'empresse d'ordonner le rassemblement et y fait conduire le prisonnier. La mère du jeune aveugle était accourue, et se méprenant comme les autres, elle reproche hautement au Saint sa défection. Celui-ci, sans s'abaisser à se justifier, « femme, tais-toi, et vous citoyens, soyez attentifs ». En même temps, il commande à l'enfant encore paralytique de marcher et d'aller sommer en son nom la statue d'Apollon de venir devant l'assemblée; la statue obéit, déclame elle-même contre la stupidité du culte des idoles, et rend hommage à la foi du Christ. Ce miracle et la sainte intrépidité de l'athlète chrétien amènent la conversion d'Anatole, lieutenant du préfet, chargé sans doute de présider à l'apostasie du Saint. Cette conversion entraîne à son tour celle des troupes placées sous les ordres du lieutenant et d'un grand nombre d'assistants de tout rang et de tout sexe: tous demandent le baptême. Luper les baptise à l'eau d'une fontaine que ses prières ont fait jaillir à ses pieds, et doublement heureux de ce dernier triomphe, il est enfin mis à mort sur le lieu même avec presque tous ses néophytes, qui mêlent ainsi leur sang aux ondes qui viennent de les purifier.

A côté de cette légende, nous allons en placer une bien différente. On croirait, en la lisant, parcourir quelques pages du vieil Hérodote. On y retrouve le moyen âge qui nous l'a conservée, car elle est du XIIIe siècle; on l'y retrouve avec toute sa naïveté et sa candeur; nous ne ferons guère que traduire. Ici, tout porte le cachet de la vérité.

St-Geny (1) dut le jour à des parents illustres. Avant sa naisssance, un saint prêtre fut par trois fois averti

---

(1) Les Bollandistes. Le P. Montgaillard.

en songe que Claire, sa bienheureuse mère, mettrait au monde un fils qui entraînerait sur ses pas une multitude de ses compatriotes vers le royaume du ciel. Les premières années répondirent à l'attente qu'avait fait naître cette prédiction. Pieux, chaste, modeste, détaché des choses de ce monde, tout annonçait dès lors le saint futur. Sa jeunesse s'était ainsi écoulée dans la pratique des vertus, lorsque sous le tyran Maxime, on envoya dans les Gaules deux proconsuls, chargés de faire main basse sur les chrétiens dont ils devaient livrer quelques uns à la mort, et plonger les autres dans les cachots. Arrivé à Auch, un de ces magistrats apprit que Geny avait déjà enlevé aux idoles un grand nombre de leurs sectateurs. Il détacha aussitôt une trentaine de soldats, avec ordre de saisir l'ennemi des dieux de l'empire, et de le conduire devant son tribunal. Au bruit de leur approche, le jeune chrétien, toujours plus confiant dans le Seigneur et dans ses éternelles promesses, gravit le mont sur lequel il avait coutume de prier. Ce mont était voisin de la maison qu'il occupait dans le faubourg de Lectoure : on l'y voyait presque continuellement, demandant au ciel qu'il affermît ses sentiments contre les séductions de l'esprit tentateur : « Seigneur Dieu, dit-il alors, mon espérance, mon consolateur et mon maître : vous qui m'avez enseigné à prier, me voici à vos pieds, daignez accueillir ma prière. *Vous m'avez semé la vie* depuis mon enfance et vous m'avez gardé de la corruption. Vous m'avez arraché à la pauvreté de ce monde pour m'appeler aux trésors immortels de votre gloire. Ma langue ne peut assez vous bénir de toute la bonté que vous avez déployé à mon égard; délivrez aujourd'hui l'âme de votre serviteur des mains de ses ennemis; et soutenu par vous, j'accomplirai votre œuvre et garderai vos préceptes ». A peine eut-il achevé sa prière, que la colline trembla sous ses genoux. Une voix se fit entendre du ciel, elle disait : « courage, courage, serviteur bon et fidèle, montre-toi un digne athlète du Christ. Loin de ton cœur toute crainte; tu entreras dans la joie avec ceux qui n'ont point souillé leur innocence. »

Ces paroles pénétrèrent vivement Geny : il se releva plein de la force d'en haut, en armant son front et affermissant sa poitrine du signe de la foi. Cependant, les soldats approchaient, et déjà ils voyaient la victime qu'ils venaient saisir, lorsque la rivière du Gers, qui arrose ces lieux et qui les séparait, s'enfla tout à coup, au point qu'il fut impossible de gagner la rive opposée. Les soldats reconnurent le doigt de Dieu dans cette crue subite, et frappés de terreur, ils se prosternèrent devant le maître du ciel, en s'écriant : il est grand le Dieu des chrétiens; s'il était comme les divinités de pierre et de bois auxquelles nous avons prodigué nos hommages, il n'agirait pas ainsi; abjurons leur culte et adorons le Seigneur vivant qui a fait le ciel et la terre, la mer et tout ce qu'ils renferment. Car en vérité, il est puissant celui qui protège ainsi ceux qui espèrent en lui et n'abandonne point les siens, mais leur prête son appui dans les périls et les malheurs. Ils passèrent ainsi près de deux jours sur les bords de la rivière. Le troisième, pleins de joie et animés de l'esprit de vérité, ils parviennent jusques au saint, se prosternent à ses pieds ; et baisant la trace de ses pas, ils lui disent : « béni soit votre Dieu, ô père, « qui apprenez à le louer, et bénissez-nous vous-« même en son nom : sachez ensuite qu'un magistrat « impie nous a envoyés pour vous poursuivre ; mais « le ciel nous a fait connaître la grandeur de votre « Dieu : nous vous prions donc d'avoir pitié de nous, « afin que nous puissions vous imiter et marcher à « votre suite ».

A ces paroles si peu attendues, Geny tomba à genoux, et élevant ses yeux vers le ciel : « je vous « rends grâce, Seigneur Jésus, dit-il, de ce que vous « avez daigné faire briller vos merveilles aux yeux « des serviteurs nouveaux que votre grâce a conquis ; « faites qu'ils puissent obtenir bientôt ce que solli-« citent leurs vœux impatients. » En même temps il disait aux soldats : « croyez au Dieu vivant que je « prêche, croyez au Sauveur qui porte secours et « protection à ses serviteurs, croyez au Rédempteur « qui est mort pour nous rouvrir le ciel. Croyez à « la parole de ceux qui l'aiment ; il est la fleur de « nos âmes, et dans son immense beauté, il fait que « nous apprenons toujours quelque chose de lui, « quoique cependant nul esprit ne puisse concevoir son « essence, et moins encore aucune langue la raconter ». En instruisant ainsi les néophytes qui se disaient prêts à croire la divinité du Christ, il arriva avec eux à la porte de la ville. Ils allèrent ensemble trouver Celse, ce vénérable prêtre qui avait prédit sa naissance. Les soldats tombent à ses pieds et le prient de leur administrer le baptême. Celui-ci leur accorde la faveur qu'ils réclament, et les garde auprès de lui environ dix jours.

Après ce terme, les soldats retournent vers le magistrat qui les avait envoyés. « Pourquoi vous « êtes-vous autant retardés ? Auriez-vous reçu de l'or « ou de l'argent, ou bien vous seriez-vous laissés « subjuguer par quelque maléfice ? La grâce de Jésus-« Christ, répondirent-ils, est préférable à l'or et à « l'argent, et nous avons reconnu que tous les hom-« mes qui vivent dans l'erreur où vous avez croupi « jusqu'ici, seront frappés de la damnation éternelle. « Alors le magistrat dit en gémissant : ainsi donc ils « sont damnés les très invincibles princes qui font « fleurir le monde !!! Ils ne le font point fleurir, « répondit l'un des soldats, ils l'obscurcissent. Je vous « plains, pauvres infortunés, répliqua le magistrat, « en secouant la tête !!! Ce n'est pas nous qu'il faut « plaindre, s'écrièrent d'une voix unanime les ardents « chrétiens, mais c'est vous qui êtes souverainement « à plaindre si vous ne croyez pas à notre Seigneur « Jésus-Christ. Alors le magistrat perdant patience, « leur dit : par le salut et le culte de nos divinités, « vous sacrifierez aux Dieux immortels selon les dé-« crets des princes, ou je vous fais punir. De même « qu'on ne peut faire mourir le serpent à son gré, « si on ignore le chant, répondent avec une nouvelle « fermeté les athlètes de la foi, de même vous ne « pourrez d'aucune manière nous séparer de l'amour « du Christ. » Ces mots décidèrent de leur sort; la rage s'empara alors du cœur du magistrat. A l'heure même, il les fit conduire hors de la porte de la cité et leur fit trancher la tête. Le lieu qui servit de théâtre à leur martyre s'appela longtemps le *sang des innocents*. Une foule de chrétiens assistaient à leur dernier combat; ils rachetèrent leurs corps des mains des bourreaux et les ensevelirent avec honneur. Pendant qu'ils s'envolaient au ciel, St-Geny, instruit d'en haut, s'associa à leur félicité et célébra avec pompe leur glorieux triomphe.

Le Magistrat envoya alors plusieurs autres soldats avec ordre de faire périr Geny au milieu des tortures. Mais le saint, à qui rien n'était inconnu, pressentant leur arrivée, gravit de nouveau la montagne, témoin ordinaire de ses pieuses méditations, et se prosternant devant le Seigneur, il dit : « Sei-« gneur, qu'ils se réjouissent tous ceux qui espèrent en « vous; puissent mes yeux vous contempler bientôt !!! « car j'ai voulu et accompli votre volonté et gardé « en entier vos préceptes !!! Puissé-je encore, ô mon « Dieu, mériter de voir devant le trône de votre « majesté ceux que j'ai envoyés au supplice en votre « nom. Enfin, ô mon Dieu, abaissez vos regards sur « votre enfant selon votre grande miséricorde, et « recevez en paix l'âme de votre serviteur »

Comme il achevait sa prière, ses yeux se fixèrent vers le ciel; il y vit les brillantes couronnes que l'on préparait pour lui et pour ses compagnons. Autour de ceux-ci se pressait une multitude d'anges, aux blanches ailes, qui chantaient : « qu'ils soient mis « au nombre des saints et inscrits dans le livre de « vie ceux qui vainquirent l'antique serpent et ne « souillèrent point leur innocence. » A cette vue, ses genoux fléchirent et son âme s'envola vers les demeures éternelles. Son passage à la bienheureuse éternité eut lieu le 3 mai. Il expira sur la crête de la montagne où son corps, d'où s'exhalait la plus suave odeur, demeura exposé à la vénération publique. Presqu'au pied du mont, est une basilique que le saint avait bâtie, et où il avait enseveli sa mère. C'est près de celle qui lui avait donné le jour que l'évêque de Lectoure, nommé Heuterius, lui éleva un tombeau. Il y transporta ses dépouilles, précédé de son clergé et suivi d'une multitude de chrétiens. Les funérailles étaient terminées, lorsque les satellites du tyran se présentèrent. Ce jour même, deux aveugles recouvrèrent la vue qu'ils avaient perdue depuis dix ans, et plusieurs personnes, atteintes de divers maux, furent entièrement guéries. Peu de temps après, une grande famine ayant désolé toutes les Gaules, deux pauvres veuves sortirent de la ville pour aller chercher au loin quelques herbes. Égarées dans les champs et surprises par la chute du jour, elles se réfugièrent dans la basilique de St-Geny, qui durant toute la nuit fut éclairée d'une grande lumière et embaumée de roses et de lys. Quand le jour reparut, elles trouvèrent près du tombeau du saint, deux pains d'une grosseur extraordinaire qu'elles emportèrent avec joie, et depuis cette époque bien de prodiges attestèrent combien était puissante devant Dieu l'intercession du bienheureux Geny.

La palme du martyre, échappée à Geny dans la cité de Lectoure, y fut cueillie par St-Clar (1) ou St-Clair, un de ces évêques régionnaires si nombreux dans les premiers siècles de l'église. Celui-ci était originaire d'Afrique. Enflammé du désir d'étendre

---

(1) Les Bollandistes, l'ancien Propre des Saints de Lectoure, le Gallia Christiana.

le règne du Christ, il quitta sa patrie, suivi de quelques jeunes gens, à l'âme ardente comme la sienne, et se rendit à Rome. C'est là que presque tous les ouvriers évangéliques venaient recevoir leur mission. Le Souverain Pontife reçut avec joie ce pieux essaim. Il créa Clair évêque, le plaça à la tête de ses compagnons et l'envoya dans les Gaules, où la moisson était plus abondante et l'occasion du martyre peut-être plus fréquente qu'ailleurs. Clair aborda d'abord à Cologne, où sa parole et ses exemples firent de nombreuses conquêtes. Ce succès toutefois ne put l'arrêter; traversant toutes les Gaules, il gagna la cité d'Alby. Avant qu'il y entrât, les idoles dont les démons avaient coutume de se servir pour rendre leurs oracles devinrent muettes; et comme on s'étonnait de ce silence, on raconte qu'une fille possédée s'écria dans un de ses accès frénétiques, qu'il approchait le serviteur du vrai Dieu, apportant avec lui une lumière nouvelle. Aussi, lorsque le lendemain, Clair se présenta aux portes de la cité, les esprits étaient prévenus. On s'empressa autour de lui pour entendre les paroles de vie et de vérité. Sur des esprits ainsi disposés, le succès était d'autant plus facile que de nombreux miracles confirmaient sa doctrine. En peu de temps presque tout le pays fut régénéré dans les eaux du baptême.

Au milieu de ces pieux triomphes, si doux à son cœur, l'homme de Dieu comprit que le ciel l'appelait à soutenir de plus grands combats pour la foi du Christ. Disant donc un dernier et pénible adieu à ses chers néophytes, il poursuivit sa course vers les Pyrénées et arriva à Lectoure, où il trouva un accueil bien différent. A peine eut-il commencé à y faire entendre sa voix, que les prêtres des faux Dieux le précipitèrent dans un noir cachot. Ils l'en tirèrent peu de jours après et le conduisirent à Hontelio pour qu'il sacrifiât à Diane, la divinité du lieu. Mais, dès qu'il a mis le pied dans le temple, l'idole s'arrache de son autel et tombe en poudre. Furieux de ce prodige qu'ils attribuent à la magie, les infidèles se jettent sur le thaumaturge, déchirent ses vêtements et le traînent à travers les chardons et les ronces dont le voisinage d'Hontelio était alors hérissé. Ensuite ils le frappent de verges et l'attachent à un chevalet où ils le laissent trois jours suspendu ; enfin, ils le ramènent dans le cachot. Là un ange vient l'avertir de se préparer à son dernier combat. Le vaillant soldat du Christ le soutint le lendemain avec son courage ordinaire. Conduit hors des murs de la ville, il tomba à genoux, pria longtemps, et se relevant, il tendit avec joie son col à la hâche du bourreau.

Jusqu'ici, nous avons vu la couronne de sang, la plus belle et la plus noble aux yeux des chrétiens, orner seulement la tête des grands et austères hérauts de l'Évangile. Quelquefois cependant elle venait se poser sur le front candide et pur d'une jeune et timide vierge. Telle fut, dans le Fezensac, Ste-Fauste, célèbre sous les deux premières races de notre monarchie, et dont nous ignorons et la vie et les glorieux combats ; nous savons seulement que sur son tombeau on avait élevé une magnifique basilique que détruisirent les Normands (1).

(1) Marca.

Ste-Dode illustra plus tard l'Astarac. Elle naquit, dit-on (1), d'une des premières familles du pays, et trouva dans l'auteur de ses jours un ennemi implacable de la religion qu'elle avait embrassée. De là, des persécutions incessantes qui ne servaient qu'à l'affermir dans la foi, et qui devaient, hélas! se terminer par un événement bien tragique, du moins si on en croit une ancienne tradition, que ne rejette pas le P. Montgaillard. Las de voir si longtemps sa voix méconnue et ses efforts inutiles, son père ne connut plus de bornes, et dans les transports d'une rage forcenée, il s'arma d'un coutelas et le plongea tout entier dans le sein de sa fille. Nouveau Brutus ou plutôt mille fois plus déplorable que le premier consul de Rome, il sacrifiait son enfant, non à sa patrie, mais à d'absurdes et stupides idoles. On donne quelquefois pour sœur à Ste-Dode, Ste-Gemme, dont la vie est entièrement inconnue, et Ste-Quitterie, plus célèbre dans nos contrées que ses prétendues sœurs, quoique ses actes ne soient pas plus authentiques (2).

Ils nous viennent d'Espagne, et si, à travers plusieurs variantes, il fallait les croire, Quittère ou *Quitterie* serait fille de Caïus-Atilius-Severus-Catilius, gouverneur de la Galice et de la Lusitanie, le Portugal, pour l'empereur Commode. Sa mère, honteuse d'avoir mis au monde plusieurs filles à la fois, conjura la sage-femme de les faire noyer en secret. Celle-ci, qui était chrétienne, feignit d'accepter avec joie cette horrible mission, et trompant la confiance

---

(1) Manuscrit de M. d'Aignan. — (2) Bollandistes. Manuscrit sur les évêques d'Aire.

de cette affreuse mère, elle remit ces enfants à de pieux chrétiens qui habitaient dans un bourg éloigné, et qui, avec le lait, leur firent sucer les principes de leur foi. Catilius découvrit dans la suite l'événement qu'on avait voulu dérober à sa connaissance. Il reconnut ses filles et employa tout ce que son titre de père et de gouverneur lui donnait d'empire pour les ramener au culte des faux Dieux; mais toutes résistèrent avec courage. Quitterie, plus ferme que ses sœurs, soutenait leur fermeté par ses exhortations. Catilius ne put se résoudre à sévir; il se reposa sur les séductions que le temps pouvait amener, et laissa dormir la sévérité des édits.

Cependant, la beauté de Quitterie qui se distinguait autant par l'éclat de ses charmes que par l'ardeur de sa foi, frappa Germain, un des plus riches seigneurs du pays. Il demanda sa main à Catilius. Le gouverneur, flatté de cette alliance, l'accorda volontiers, sans consulter sa fille, et comme l'amour du jeune seigneur ne s'accommodait pas de longs délais, on fixa le jour des noces; mais pendant les préparatifs, Quitterie, qui depuis longtemps avait voué à Dieu sa virginité et qui avait tenté vainement de faire rompre un mariage dont l'idée seule l'effrayait, prit la fuite et alla se cacher dans une petite ville selon les uns et suivant les autres dans une profonde vallée. Germain, prévenu trop tard, s'irrita d'une évasion que son amour dédaigné regarda comme une insulte; il poursuivit la fugitive, et l'ayant atteinte il lui trancha lui-même la tête de sa large épée. Tel est le récit des auteurs Espagnols. Ils ajoutent que traitée de folle dans ses derniers moments, elle pria pour les insensés qu'on conduirait à son tombeau. Le théâtre de son martyre est placé en Espagne, dont plusieurs lieux se disputent cet honneur, mais plus souvent à Aire. Là, comme à Aubiet, le corps mutilé, suivant une tradition immémoriale, se releva et porta le chef jusques à l'endroit où l'on bâtit depuis son sépulcre.

Ce chef fut placé plus tard dans un magnifique reliquaire (1). Un des prieurs de l'abbaye du Mas, ayant apostasié pour embrasser le protestantisme, pilla l'église confiée à ses soins et emporta entr'autres objets précieux le reliquaire. Mais, mu par un reste de cette foi qu'il n'avait pu dépouiller entièrement, il rendit la relique à Cristophe de Foix, évêque d'Aire. Le prélat, retiré alors sur ses terres dans le Bordelais, la mit en dépôt dans l'église de Ste-Eulalie de Bordeaux, où elle resta jusquen 89.

Le sang de tant de généreux martyrs fécondera notre Aquitaine. Laissons cette semence précieuse se développer en silence, et retraçons rapidement les derniers déchirements de l'empire romain.

(1) Manuscrit sur les évêques d'Aire.

LIVRE II.

CHAPITRE Ier.

Les Germains, les Allemands, les Franks. — Tétricus, Aurélien, les Bagaudes, Dioclétien, Constantin. — Nouvelle division des Gaules. — Novempopulanie, ses cités, son état florissant. —Premier Concile des Gaules. — Mamertin d'Eauze, fils de Constantin, Julien apostat, St-Cerat de Simorre. — Vigilance. — Mort de Théodose.

Nous avons vu les empereurs se succéder rapidement ; la force détruisant après quelques mois ou même après quelques jours l'ouvrage de la force. De tant d'Augustes qui passèrent, emportant les malédictions des peuples que leur élévation et leur chute rendaient également malheureux, les Gordiens (237 à 244) paraissent seuls avoir trouvé quelque sympathie dans l'Aquitaine. Nous le jugerions ainsi aux nombreux tauroboles que la cité des *Lectorates* (1) (notre Lectoure), fit pour la conservation de cette famille infortunée dont les trois générations s'éteignirent si vite et qui semblaient mériter une destinée meilleure (*).

(1) Gruter. *Inscriptiones antiquæ.*
(*) On appelait taurobole ou tauropole le sacrifice d'un taureau aux cornes dorées, offert à la mère des Dieux, et dont le sang, coulant sur les initiés ou même sur leurs images, les purifiait de toutes leurs fautes et les régénérait au moins pour 20 ans. Parmi les meurtres, les confiscations, les malheurs de tout genre qui pesaient alors sur la société, et surtout au milieu de cette démoralisation que la

Mais comme si ce n'était pas assez des maux qu'entretenaient les guerres civiles, voici venir les barbares. A eux de détruire et d'ensevelir sous les flots de sang et sous les ruines de presque tous les monuments, cette civilisation romaine usée de vices et noire de crimes !

Les Germains de *Gher* ou *wher*, guerre, et *mann* hommes, avaient dès les temps les plus reculés, infesté les Gaules. Ils furent les premiers ennemis que rencontra César lorsqu'il eut franchi les Alpes. Mais ce n'est que sous Caracalla, vers l'an 213, que les historiens (1) nomment pour la première fois les Allemands, *Allemanna, hommes de toute race*. Ces peuples, enfants aussi de la Germanie et qui désolèrent si longtemps notre pays, passèrent le Rhin vers l'an 220 et furent repoussés par Alexandre Sévère qui paraît les avoir vaincus. Ce prince qui fit revivre quelques années les vertus de Trajan et de Marc-Aurèle, ayant été égorgé, les Allemands accoururent de nouveau sur leur proie ; mais ils trouvèrent un ennemi digne d'eux, le féroce Maximien. Le colosse scythe que le caprice des soldats ou le malheur des temps avait porté sur le trône, les rejeta loin du Rhin qu'ils ne repassèrent que longtemps après.

Trahi par la fortune, Valérien languissait alors dans les fers du cruel Sapor, roi de Perse, et Gallien,

---

plume n'ose retracer, éprouvait-on le besoin de retremper son âme, de fléchir la divinité et d'apaiser son courroux, ou bien est-ce un des dogmes fondamentaux du christianisme qui pénétrait à son insçu le polythéisme défaillant ? toujours est-il que rien n'était à cette époque plus fréquent dans tout l'empire que les sacrifices expiatoires.

(1) Histoire Augustale.

son indigne fils, loin de songer à venger l'honneur de la pourpre romaine ou du moins à briser les chaînes paternelles, s'endormait dans les bras de la mollesse et laissait flotter à leur gré les rênes de l'état. L'occasion était belle : les barbares la saisirent avec empressement. Crocus (1), roi ou chef des Allemands citérieurs ou plus voisins des frontières de l'empire, se jeta sur les Gaules et les parcourut dans tous les sens, exterminant tout ce qui se trouvait sur ses pas. L'Aquitaine eut surtout à souffrir de sa fureur : des villes entières, des monuments consacrés par les temps ou embellis par les arts disparurent alors pour toujours. Idolâtres forcenés, ces barbares se plaisaient surtout à répandre le sang chrétien. Mais la vengeance du ciel les attendait près d'*Arelate* (Arles) en Provence. Chargés de dépouilles, mais peu contents encore, ils se replient de l'Aquitaine sur l'Italie, dont leur féroce avidité convoitait les richesses, lorsque atteints par une armée romaine, ils furent défaits et presque exterminés à leur tour. Crocus, fait prisonnier, expia dans les plus cruelles tortures tous les maux dont il avait accablé nos ancêtres.

Ce sort n'intimida pas une nuée d'autres Allemands qu'Orose appelle ultérieurs ou plus éloignés du Rhin, mais qu'Aurélius Victor et Zonare désignent sous le nom plus particulier de *Franks* ou *Wrangs*. Ce nom, que nous trouvons ici (vers l'an 260) pour la première fois dans l'histoire où il devait jeter tant d'éclat, signifiait alors *hommes indomptables*, *terri-*

---

(1) **Histoire de Grégoire de Tours**, liv. 1, ch. 31.

bles à la guerre et non pas *hommes libres*, comme il signifia depuis. Vingt tribus Germaniques avaient, à ce qu'il parait, choisi cette dénomination glorieuse pour servir de lien à leur confédération. Plus braves et non moins féroces que leurs frères, les Franks se répandent dans notre malheureuse patrie, semant la dévastation et la mort, et faisant leur proie de tout ce qui avait échappé à la dernière incursion. Ils s'avancent ainsi jusques en Espagne, où ils détruisent la ville de Tarragone. Là, ils se divisent pour ravager à la fois plus de pays; et enfin, après plusieurs années de massacres et de pillage, les diverses bandes, plus heureuses que les hordes qui les avaient devancées, se réunissent et rentrent dans la Germanie avec tout leur butin.

L'empire était alors livré à toute la fureur des guerres civiles. Trente ambitieux que l'histoire, on ne sait trop pourquoi, a flétri en masse du nom de tyrans (1), qu'ils ne paraissent pas avoir mieux mérité que la plupart de leurs devanciers ou de leurs successeurs, se disputent le trône dans l'espace de douze années. Les Gaules en comptèrent neuf pour leur part, en y comprenant une femme, *Victoria* ou *Victorina*, que les soldats teints encore du sang de son mari et de son fils saluèrent du titre de mère des camps (*). Cette femme dont l'âme grande et forte était digne du haut rang où elle était élevée, craignit l'inconstance du peuple et de l'armée. Peut-être comprenait-elle qu'il ne fallait rien moins que le

---

(1) Orose, Aurélius Victor, Zonare.
(*) *Castrorum mater.*

bras d'un homme pour conduire le char de l'état dans les circonstances difficiles où il était placé. Peut-être éprouvait-elle encore plus le besoin d'aller pleurer dans la retraite ses malheurs domestiques, car après tant de catastrophes il devait rester dans son cœur peu de place à l'ambition. Quoiqu'il en soit, elle s'empressa de rentrer dans la vie privée et fit proclamer à sa place le sénateur Tétricus, son parent, alors gouverneur d'Aquitaine (1).

Tétricus revêtit la pourpre à Bordeaux, et quoique reconnu de toutes les Gaules et des Espagnes, il fixa sa résidence dans son premier gouvernement. Pendant les six ou sept ans que dura son autorité, il repoussa les fréquentes incursions des barbares ; mais il lui était plus facile de contenir les ennemis de l'état que ses propres troupes. Las de leurs insolences et de leurs mutineries, il les livra à Aurélien (2) dont tout l'Orient suivait les lois, et qui venait de faire prisonnière dans sa capitale la célèbre Zénobie, reine de Palmyre. Malgré cette soumission volontaire, Tétricus et son fils allèrent avec Zénobie orner à Rome le triomphe du vainqueur, un des plus brillants que l'histoire ait écrit dans ses fastes.

Aurélien ne survécut pas longtemps à sa double victoire. Il périt (an 277) comme presque tous ses prédécesseurs, lâchement assassiné par un de ses secrétaires, aidé de quelques complices que lui avait donnés la crainte. Tacite et son frère Florien (3) s'assirent à peine sur le trône que cette mort tragique

---

(1) Eutrope, liv. 10. — (2) Haute-Serre, liv. 4, ch. 15. — (3) Vopiscus.

avait rendu vacant. Les vœux réunis du sénat et de l'armée élevèrent enfin à la dignité suprême Probus (1), général non moins distingué par ses vertus que par ses talents militaires. Les hommes supérieurs ne manquaient pas à l'empire, mais que pouvaient des règnes aussi courts, presque toujours brisés par la révolte !

Les Barbares avaient profité des troubles et de l'interrègne qu'avaient amenés les meurtres d'Aurélien. Leurs flots toujours plus denses s'étaient précipités au-delà du Rhin et avaient envahi 70 cités. C'était vraisemblablement tout ce que renfermaient de villes importantes les trois Gaules de César. Les nations semblaient pulluler dans la Germanie à l'égal des sombres forêts qui la couvraient. A côté des Allemands, des Francks, des Hérules, apparaissent maintenant les Goths, les Wandales, les Burgundes ou Bourguignons. Sans se laisser effrayer de leur nombre et de leurs succès passés, Probus les attaque successivement, les chasse devant lui, traverse le Rhin à leur poursuite, porte le fer et la flamme dans ces vastes contrées, d'où s'élancèrent tant de tribus exterminatrices, et songe un instant à les réduire en province romaine. Dans cette guerre, plus de 100,000 Barbares étaient tombés sous ses coups. Pour tant de rares exploits, toutes les cités des Gaules lui offrirent des couronnes d'or, mais le modeste vainqueur en fit hommage au sénat en le priant de les consacrer aux Dieux. Il acheva de s'assurer la reconnaissance de nos ancêtres en permettant en tout lieu,

(1) Vopiscus, Eusèbe.

ou même en ordonnant la culture de la vigne. Cette culture avait jusque là été partielle, ou bien elle avait été restreinte à certaines localités par Domitien, l'indigne frère du vertueux Titus. Un gouvernement aussi paternel ne put soustraire Probus au sort commun à presque tous ceux que la pourpre avait marqués. Ses soldats, un instant ameutés, le massacrèrent près de Sirmich, sa patrie, et bientôt confus et repentants ils lui élevèrent des autels; mais comme si ce grand prince eût été la seule barrière qui arrêtât les Barbares, au bruit de sa mort ils fondirent de nouveau sur nos contrées.

Carus (1), né à Narbonne, qui succéda à Probus et qui associa à l'empire ses deux fils, Carinus et Numérien, envoya contr'eux l'aîné de ses enfants et marcha avec le second contre le roi des Perses : il devait trouver la mort au sein de ses triomphes. Numérien, jeune homme de grande espérance, fut égorgé quelques mois après par Aper, son propre beau-père. Le meurtrier tomba à son tour sous le fer de Dioclétien, le violent persécuteur du christianisme, qui se fit proclamer Auguste (avril 284). Carinus, à cette nouvelle, marche contre lui avec toutes ses légions, et dégarnit ainsi nos provinces des troupes qui les contenaient.

Pendant que les deux compétiteurs se disputaient l'empire, l'Aquitaine et la plus grande partie des Gaules étaient en proie à une guerre plus cruelle que toutes celles qu'elles avaient essuyées jusque là. Le fardeau des charges publiques a toujours pesé

---

(1) **Histoire Augustale**, Eutrope, Aurélius Victor.

sur les habitants des campagnes. Ce fardeau, le malheur des temps l'avait aggravé : les exactions des gens du fisc et l'inique partialité des juges avaient achevé de le rendre intolérable. Pressurés par un gouvernement qu'ils nourrissaient, ces malheureux s'arment de leur désespoir et se soulèvent de toutes parts à la fois. Les esclaves maltraités par leurs maîtres vont grossir leurs bandes. Deux officiers renommés, Armand et Elien se mettent à leur tête. Quelques villes leur ouvrent volontairement leurs portes, d'autres s'y voient contraintes ; le plus grand nombre néanmoins les repoussent, épouvantées de leurs excès ; car ici c'est la force dans sa sauvage brutalité. Devant eux, malheur aux monuments des arts. Ils se ruent de préférence sur tout ce qui porte l'empreinte d'une civilisation qui a causé ou du moins augmenté leurs maux.

Vainqueur de Carinus et seul maître de l'empire, Dioclétien en jugea le faix trop lourd. Aussi s'empressa-t-il de se donner pour collègue l'ami de son enfance, Maximien (1), homme dur et grossier, né de parents obscurs près de Sirmich, la patrie de Probus. Le nouvel Auguste se chargea de ramener l'ordre et la paix dans les Gaules. N'osant attaquer de front une multitude immense, il cherche à l'affamer ; il la presse, la harcelle, l'attaque en détail, sème la division dans ses rangs en accordant quelques grâces partielles, et frappe enfin un dernier coup. Presqu'aucun de ces infortunés n'échappa à ses armes. Nous les verrons toutefois reparaître sous Théo-

(1) Aurélius Victor, Eutrope, Adore de Vienne.

dose et bien plus tard aux plus tristes époques de notre monarchie. Dans le temps que nous décrivons, on les nommait Bagaudes, de *gaud, forêt*, soit parce qu'ils habitaient les campagnes très boisées alors, soit parce que n'ayant pas les villes pour eux, ils étaient contraints d'aller camper au milieu des forêts. Dans la suite ils furent successivement connus sous les noms de Pastoureaux, de Jacques, de Bons Hommes, de Malandrins, de Routiers. L'histoire de leurs soulèvements et des malheurs qui les suivirent serait aussi utile que curieuse. Au riche, elle apprendrait qu'il y a non seulement joie et bonheur, mais encore avantage et repos à soulager et surtout à guérir la misère : au pauvre, elle montrerait que les troubles et les désordres ne sauraient que lui apporter de nouvelles douleurs, et ainsi qu'aggraver sa position. A tous elle nous enseignerait à mieux bénir la marche actuelle de la société, qui, avec ou malgré les hommes et les événements, tend à relever les dernières classes et par là à améliorer leur sort.

L'extermination des Bagaudes ne ramena pas la paix dans nos contrées. Les diverses tribus Allemandes que tant de défaites ne semblaient que rendre plus opiniâtres, reparurent en deçà du Rhin, tandis que d'autres Barbares se montraient sur les autres frontières de l'empire. Incapables de faire face à tant d'ennemis à la fois, les deux Augustes s'associèrent (293) deux Césars, Galérius et Constance Chlore (1), et se partagèrent les provinces pour les mieux défendre. Dans ce partage, les Gaules, l'Espagne et

---

(1) Zozime, Histoire Augustale.

la Grande-Bretagne échurent à Constance. Sous son administration paternelle, notre pays respira enfin de ses longues souffrances. Les ennemis furent repoussés, les édits de sang proclamés par Dioclétien retirés (1) et les impôts singulièrement diminués. Ce dégrèvement lui attira une ambassade de la part de ses collègues. Sa conduite, lui disait-on, ne pouvait qu'entraîner la ruine de l'empire; l'or était indispensable pour armer les troupes destinées à la défense de la patrie. Le nouveau César se contenta de répondre qu'il n'était pas un aussi mauvais administrateur qu'on le pensait au loin, et que le lendemain, sans plus tarder, il montrerait qu'il avait les moyens de faire face aux plus pressantes nécessités. Cependant il fait prévenir ses grands officiers et les principaux seigneurs de la cour et des provinces qu'il a un besoin urgent de sommes considérables. Chacun s'empresse de lui donner des preuves solides de son dévouement. On lui apporte de toutes parts des charges d'or et d'argent, et en peu d'heures ses coffres furent tellement remplis que les députés étrangers ne purent cacher ni leur surprise ni leur admiration. Après leur départ, Constance fit rendre toutes ces sommes à ceux qui les lui avaient prêtées, bien sûr de les retrouver chez eux dans l'occasion. « *Voilà*, redit Mézerai (2), d'après un vieil auteur Gaulois, *voilà comme sans levées extraordinaires, sans édits et sans traitants, il était plus riche que tous les autres princes ses compagnons, puisqu'en épargnant la bourse de ses sujets il avait acquis le crédit d'en disposer entièrement* ».

(1) Théodoret. — (2) Histoire de France.

Dégoûté des honneurs suivant les uns, outré suivant les autres de voir les chrétiens se multiplier sous la hâche de ses bourreaux, et plus vraisemblablement poursuivi des remords que devaient amasser dans son cœur tant de flots de sang si injustement et si vainement répandu, Dioclétien avait dépouillé la pourpre ainsi que Maximien (en 304) et laissé l'empire aux deux Césars devenus ainsi Augustes (1). Galérius, sans consulter son collègue, nomma à son tour Césars, Sévère et Maximien, neveux l'un et l'autre de Maximin. Constance, de son côté, éleva quelque temps après à cette dignité éminente, son fils Constantin, que Galérius retenait près de lui sous prétexte d'honneur et d'amitié, mais en réalité pour s'assurer de sa personne. Ce prince, alors âgé d'environ 32 ans, sut néanmoins tromper la vigilance de ses gardiens, et s'échappant de la cour il rejoignit Constance au moment presque où il s'embarquait pour la Grande-Bretagne. Le ciel semblait l'envoyer recueillir les derniers soupirs de son père et sa succession à l'empire. Salué aussitôt Auguste (2) (24 juillet 306), il se hâta de prendre en main l'autorité, sans néanmoins accepter de quelques années le titre que lui déféraient le dévouement de ses troupes et plus encore l'amour et la reconnaissance des populations gouvernées jadis par Constance. Après avoir assuré la tranquillité de la Grande-Bretagne, il repassa dans les Gaules qu'il habita cinq ans, et en s'éloignant il y laissa pour gouverneur son fils Crispus, qu'il avait eu de Minervine sa première femme, mais que la jalousie

---

(1) Zonare, Zozime. — (2) Zozime.

d'une marâtre barbare et le ressentiment d'un père trop crédule ravirent dans la suite aux espérances des Romains (1).

Bientôt le fer, le poison, la vengeance du ciel ou une mort naturelle le délivrèrent de cette foule de concurrens ou de collègues qui sous le nom d'Augustes ou de Césars, se disputaient le vaste empire de Dioclétien. Resté seul maître, et plus hardi ou plus habile politique que le triste philosophe de Salone, il ne voulut partager avec personne l'autorité suprême. Il aima mieux faire subir à l'administration d'assez grands changemens. C'est ainsi qu'à la place d'un préfet du prétoire unique, il en établit quatre, dont un préfet des Gaules (2). Ce préfet avait trois lieutenans ou vicaires. Le dernier résidait à Vienne, et de lui ressortissait la Novempopulanie, comme nous l'apprend la notice de l'empire. On attribue aussi généralement à Constantin la division des Gaules en 17 provinces (3), parmi lesquelles on compta la première Aquitaine, capitale Bourges, la seconde, capitale Bordeaux et la troisième, presque toujours nommée Novempopulanie, capitale Eluze (Eauze actuelle). Ce qui est certain, c'est qu'on les trouve alors nommées pour la première fois; mais Rufus, qui nous a transmis ces détails, cite le fait sans désigner le prince dont il fut l'ouvrage.

Ici surgissent un nom nouveau et une nouvelle organisation qui par l'église s'est perpétuée jusqu'à 1789 : tout nous invite à nous y arrêter. Voici le texte tel qu'il parut sous le fils de Théodose (4).

(1) Zonare. — (2) Zozime. — (3) Haute-Serre, liv. 5, ch. 1. — (4) *Notitia provinciarum, notitia imperii.*

Novempopulanie, cités 12 ; métropole, la cité des Elusates ; puis la cité des Aquois, la cité des Lactorates, la cité des Convennes, la cité de Conserans, la cité des Boates, la cité des Béarnais, la cité des Aturiens, la cité Vasadoise, la cité Tarbes où est le château Bigorre, la cité des Oléronnois, la cité des Ausciens. (Note 1re, voir à la fin du volume).

On cherche vainement dans la notice la cité des Sotiates, les premiers défenseurs de la liberté Aquitaine, notre Sos actuel. Ce qui faisait ombrage à la politique des maîtres était écarté. Toutes ces cités avaient été déplacées. Du sommet des hauteurs sur lesquelles elles reposaient, elles étaient allées s'étendre sur la plaine voisine et presque toujours sur le bord de la rivière ou du ruisseau qui serpentait à leurs pieds. A peine si leur premier site conserva un point fortifié qui au besoin répondit de l'obéissance du pays. Leur nouvelle position était plus favorable au commerce et au développement de la civilisation qui accompagnait la conquête, mais aussi et avant tout elle se prêtait moins à la résistance. Organisées à l'instar de Rome, ces villes avaient leurs priviléges municipaux, leur sénat et leurs consuls (1). Le père d'Ausone, né à Bazas et habitant de Bordeaux était membre du sénat des deux cités (2) ; et Ausone dit de lui-même : j'aime Bordeaux et j'honore Rome ; citoyen de la première et consul dans les deux (*). Cette organisation avec le droit romain

---

(1) Haute-Serre, liv. 3, ch. 4. — (2) Sidoine, idylle 30.
(*) *Diligo Burdigalam, Romam colo, civis in illa, consul in ambobus.*

qu'elle suppose et qu'on appela depuis droit écrit pour le distinguer du droit coutumier basé sur des usages originairement transmis par la mémoire, mais recueillis plus tard, cette organisation avec le droit romain qu'elle suppose, survécut à l'invasion des Barbares. Nous la retrouvons avec quelques modifications, fruit inévitable du temps et du frottement des races, sous les deux premières monarchies. L'établissement des seigneuries à l'aurore des Capétiens consacra ce qui était. Ainsi s'explique pourquoi dans toute la Gascogne chaque paroisse eut sa communauté ou commune, son conseil de jurats, espèce de sénateurs, et enfin ses consuls; et pourquoi, à nos portes, Toulouse s'enorgueillit encore de son capitole, innocent souvenir de ce qui fut jadis.

A côté de ces douze cités d'autres nâquirent moins importantes sans doute, mais riches aussi et populeuses. On en compta vraisemblablement au moins autant qu'il y avait de peuplades diverses. Parmi ces peuplades neuf l'emportaient par leurs forces et leur puissance. C'est d'elles que le pays s'appela Novempopulanie (1). Mais quels furent ces neuf peuples principaux? Les savants ont été vivement partagés à cet égard comme ils le sont du reste sur tous les sujets qui prêtent à l'interprétation. Les voici, d'après le docte Marca (2) dont l'opinion nous semble avoir prévalu : les Tarbelliens (d'Acquois), les Elusates, les Ausciens, les Bazadois, les Béarnais, les Aturiens, les Bigerri et les Convenæ. Le nom du neuvième peuple manque dans toutes les éditions. C'étaient vraisemblablement les Boiens.

(1) Haute-Serre, Marca. — (2) Liv. 1, ch. 5.

Sous sa nouvelle dénomination, la Novempopulanie parvint à l'apogée d'une civilisation que nous avons sans doute laissée bien loin derrière nous, mais qui ne fut pas sans gloire et sans éclat. Nulle autre province ne pouvait se comparer à elle pour la fertilité. Salvien, avec sa parole énergique, l'appelle *la moelle des Gaules*; et dans la fécondité de son sol, les charmes de ses sites si variés, la richesse de ses moissons, la fraîcheur de ses ombrages, l'abondance de ses eaux, il voit une image du paradis terrestre (1). Ses blés nourrissaient l'Espagne (Strabon) et approvisionnaient les armées de la Germanie (Ammien Marcellin); quand l'Afrique fut perdue, elle devint le grenier de Rome (Claudien). Les bords seuls de l'Océan tranchaient avec le reste de la province, mais là encore la poix, la résine, la cire et le millet (2) rédimaient les habitants et répandaient l'aisance sous le dehors de la pauvreté. La vigne y fut cultivée à bonne heure. Ses raisins furent connus à Rome. Columelle parle souvent des plants de Médoc; Pline les cite aussi : et dans l'enthousiasme de son amour pour son berceau, Ausone s'écrie : « (*) ô ma patrie, célèbre par tes vins, tes fleuves et tes grands hommes ! » De nombreux troupeaux erraient dans ses pâturages (3). On faisait de leurs laines des vêtements dont quelques-uns étaient appréciés. Le pape St-Grégoire envoya

(1) *Salvius*, liv. 7, *De gubernatione Dei*.—(2) Strabon, Ausone, Dioscoride.

(*) *O ! patriam insignem bacho fluviisque virisque*, et ailleurs parlant de ses huîtres : *Non laudata minus quam nostri gloria vini*.

(3) Horace, Cicéron, Pline.

en signe d'eulogie à un patriarche d'Orient six petits manteaux Bordelais (1). Les capes de Béarn et de Bigorre, sombres, courtes et velues, furent connues de tous les temps dans les Gaules (2). L'une d'elles, sous Honorius, fut vendue cinq écus. Fortunat observe que c'était le vêtement ordinaire de St-Martin à la fin de ses jours. Martial loue le beurre de Toulouse ou plutôt des Pyrénées d'où Toulouse l'exportait au loin (*). Ses chevaux furent renommés : César leur rend hommage en parlant du siège soutenu par les Sotiates. Strabon ne croit mieux pouvoir vanter des jambons qu'en les comparant aux jambons des Cantabres et de Bayonne (**), et Athenée ratifie son jugement. Les saumons de la Garonne sont mis par Pline au dessus de tous les poissons de rivière. Ses lamproies sont vantées par Sidoine qui loue aussi les truites de l'Adour. Les huîtres de Médoc et de Bordeaux le disputaient aux huîtres si célèbres de Bayes, et leur réputation les avait portées jusqu'à la table des Césars (***). L'or abondait dans les Pyrénées ; on le recueillait aussi sur les bords de l'Ariège et de l'Adour. Le fer est indiqué dans César. Les marbres de l'Aquitaine se taillaient en colonnes (Sidoine) et décoraient les portiques (Anastase). Les malades allaient demander la santé à ses eaux thermales, peut-être alors aussi

---

(1) St-Grégoire de Tours, liv. 6, lettre 201. — (2) Fortunat, St-Paulin, Sulpice Sévère, dialogue 2, ch. 1.

(*) *Nec quadra deerat casei Tolosatis.....*

(**) *Apud hos*, en parlant d'un peuple, *conficiuntur præstantes cantabricis non cedentes.*

(***) *Ostrea Baianis certantia usque ad Cesareas tulit admiratio mensas.*

nombreuses que de nos jours. Il n'est pas jusqu'à nos boues bienfaisantes que nous ne retrouvions sous les empereurs romains. On y voit, dit Pline (1), sourdre en plusieurs endroits des eaux ici froides, là chaudes, ailleurs boueuses comme chez les Tarbelliens et sur les Pyrénées qui n'en sont séparées que par une légère distance.

Constantin jouit longtemps de son ouvrage, si toutefois c'est à lui que l'on doit rapporter cette organisation. En enlevant le gouvernement des Gaules à l'infortuné Crispus, il le donna d'abord à l'aîné des fils de sa seconde femme nommé Constantin comme lui. Il le lui retira bientôt pour en gratifier Constance son puîné, celui de ses enfants qu'il paraît avoir le plus tendrement aimé, et celui aussi qui méritait le moins sa tendresse. Cette dernière administration fut paisible. Les Barbares contenus par la crainte qu'inspirait au loin l'empereur ou gagnés par ses présens, respectèrent nos frontières jusqu'à sa mort qui n'arriva qu'en 337 (2).

Depuis Antonin, on n'avait pas vu un règne aussi long, et chose non moins remarquable au milieu de tant d'instabilité, après lui ses fils recueillirent paisiblement l'héritage paternel. Le christianisme commençait à porter ses fruits. Il l'avait fait asseoir sur son trône dès 311, bienfait immense qui donna à la société des bases plus solides, et aux peuples de nouvelles et imprescriptibles garanties, en même temps qu'il donnait aux Césars de plus sûrs gages d'obéissance et de respect.

(1) Liv. 31, ch. 2. — (2) Zonare.

Le sang ne coulait plus sur les échafauds, les persécutions avaient cessé. La religion chrétienne trouvait enfin protection et appui là où elle n'avait rencontré durant trois siècles que mépris ou défiance, alors qu'elle n'y trouvait pas haine et proscription. L'Église voyait s'ouvrir devant elle une nouvelle ère, mais avec cette ère naissaient de nouveaux besoins. A peine se fut-elle reposée quelques jours de ses longs combats, ou plutôt eut-elle un peu cicatrisé ses blessures, qu'elle assembla de toutes parts ses premiers pasteurs. Ces assemblées, connues sous le nom de Conciles, devenues nécessaires pour fixer le dogme attaqué par l'erreur ou ramener dans les points principaux les fidèles à l'unité de discipline malgré la différence des climats et la diversité ou quelquefois la rivalité des peuples, sont souverainement propres à nous faire connaître les mœurs publiques dont les auteurs contemporains nous tracent à peine une légère esquisse. Aussi irons-nous souvent puiser à cette source trop négligée jusqu'à nos jours. Nous y verrons mieux notre nation qu'à la cour des rois ou sur les champs de bataille.

Le premier Concile tenu dans les Gaules, s'assembla à Arles en 314 (1). On y vit accourir des prélats non seulement de presque toutes nos provinces, mais de l'Italie, de la Sicile, de la Sardaigne, des Espagnes, de la Grande-Bretagne et même des côtes de l'Afrique. La Novempopulanie y fut représentée par Mamertin, son métropolitain, assisté de son diacre Leoncius. C'est ici la première date irréfragable.

---

(1) Le P. Labbe, *Collectio conciliorum*, tome 1.

Aussi n'en avons-nous point assigné jusque là. Nous n'aurions pu émettre que des conjectures plus ou moins plausibles. On y régla que la Pâque, la grande fête chrétienne, serait célébrée uniformément dans tout le monde catholique. On frappa d'excommunication les soldats qui déserteraient leurs drapeaux, les acteurs qui joueraient sur les théâtres et les clercs qui se livreraient à l'usure. On interdisit encore la communion, mais pour un temps, aux jeunes filles qui épousaient des payens. On proclama l'indissolubilité du lien conjugal même en face des désordres avérés de l'épouse, et on défendit à l'époux de contracter un nouveau mariage durant la vie de son indigne compagne. C'était protester contre les mœurs si faciles du polythéisme et ses unions si éphémères, qu'il n'était pas rare, sous les derniers empereurs, de voir des Romains ou des Romaines ayant formé dix et jusqu'à vingt alliances successives.

Mamertin est seul nommé à Arles. Eluse s'était relevée de ses ruines après la mort de St-Taurin et avait recouvré ses prélats. Les autres cités avaient aussi vraisemblablement leurs pasteurs, quoiqu'aucun ne soit mentionné dans le Concile. L'Église formée sous la hâche des bourreaux s'était organisée dans l'ombre, mais tout n'était point achevé. Quand Constantin arbora l'étendard de la croix, elle se modela sur la hiérarchie civile. Là où elle rencontra une métropole, elle établit un archevêque ou métropolitain : les cités reçurent des évêques. La mesure dut être générale dans tout l'empire, et malgré qu'aucun monument ne l'atteste formellement, le grand nombre des prélats que nous voyons réunis dans les

Conciles de l'Orient et de l'Afrique, et divers traits épars dans l'histoire des Gaules ne permettent guère le doute à cet égard.

Après Mamertin, nous ne savons rien de ses successeurs durant près de deux siècles. Ce vide ne doit pas trop nous étonner, les titres d'Eluse ont disparu avec cette métropole. Nous n'avons sur les prélats qui occupèrent le siége à cette époque que les documents de l'histoire générale et les Conciles. Mais l'histoire se mourait alors en Occident, ou recueillait son dernier souffle de vie pour raconter les malheurs publics; et les courses des Barbares qui suivirent la mort de Constantin rendaient impossibles les assemblées ecclésiastiques. Resteraient les Cartulaires. Ici ils manquent complètement. OEuvre presque tous du moyen âge, ils n'ont enregistré que ce qui regardait les siéges ou les monastères alors existants. Ainsi s'explique la longue absence que nous signalons. Le souvenir de St-Paterne et de ses quatre successeurs a été conservé parce qu'ils se rattachaient à St-Taurin, le fondateur présumé de l'église d'Auch. Après St-Taurin, cette Église ne s'occupe plus d'Eluse; elle avait ses évêques propres (1). Citère est le premier qui se présente dans l'ordre des dates. Nous ne connaissons que son nom ainsi que celui d'Anfrone, d'Apruncule et de St-Ursicin ou Ursinien qui s'assirent successivement sur le nouveau trône pontifical. Nous sommes encore moins heureux pour le reste des suffragants; pour eux le silence est complet malgré les troubles

---

(1). Dom Brugelles, *Chroniques d'Auch*. Manuscrit de M. d'Aignan.

religieux provoqués ou du moins attisés par un des fils de Constantin.

A la mort du premier empereur chrétien, ses enfants s'étaient partagé ses vastes états. Constantin, l'aîné des trois (1) eut pour son partage les Gaules, les Espagnes et la Grande-Bretagne, mais il périt bientôt victime de son ambition. Sa part vint alors s'ajouter à ce que possédait déjà Constant, le dernier des frères. Les Barbares, croyant trouver dans un changement de règne une occasion favorable, avaient repassé le Rhin. Constant les repoussa avec tant d'avantage qu'ils n'osèrent plus infester nos frontières. Enflé de ce succès, il s'abandonna à toute la fougue d'un naturel violent et emporté. Tout tremblait autour de lui, lorsqu'une révolte née dans un festin et parmi ses principaux officiers, plaça sur son trône Magnence, esclave affranchi, qu'il avait un jour arraché à la fureur de ses soldats mutinés en le couvrant de sa pourpre. Tranquille et confiant, le nouvel empereur se livrait alors au plaisir de la chasse. Forcé de fuir en toute hâte, il fut atteint à Elne, près des Pyrénées, et massacré en 340 par les satellites du tyran (2).

L'Italie et les Gaules pressurées par Constant, reconnurent avec joie la domination de son meurtrier et s'armèrent pour le défendre contre Constance. Celui-ci, resté seul des enfants du grand Constantin, et maître depuis longtemps de tout l'Orient, se hâta de passer en Italie pour y punir l'ingratitude et y recueillir l'héritage fraternel. Les deux armées se

---

(1) Zonare. — (2) Zozime.

rencontrèrent à Murse en Pannonie. Le combat présenta le caractère d'acharnement qu'offrent trop souvent les guerres civiles. Les dissensions de l'empire n'en avaient peut-être pas vu de plus meurtriers. Plus de 65,000 hommes restèrent sur le champ de bataille. Quoique Magnence eut lâchement pris la fuite dès le premier choc, les légions Gauloises combattirent avec opiniâtreté jusqu'à la nuit, mais toute leur bravoure ne put fixer la victoire dans leurs rangs. Furieux d'une défaite qui était son ouvrage et de quelques autres échecs qui la suivirent, le tyran franchit les Alpes et se réfugie dans les Gaules. Là, méconnaissant tout ce qu'il devait au dévouement de notre patrie, il l'accable d'impôts, la couvre de sang et de ruines, et fait oublier par ses exactions et sa cruauté le gouvernement oppresseur de Constant. Enfin, lorsqu'il craint d'être livré au juste ressentiment du frère de sa victime (1), il égorge sa mère et ses amis, si toutefois une âme aussi atroce put compter des amis, il blesse de plusieurs coups Désidérius, son plus jeune frère, qu'il croit avoir privé de la vie, et se perce lui-même de son épée. Décentius, son autre frère, qui était en marche pour lui amener quelques secours, apprend à Sens ces affreuses nouvelles, et ne pouvant survivre à tant de malheurs, il s'étrangle avec sa ceinture, an 352.

Les Barbares avaient, selon leur coutume, profité de ces troubles. Ils y étaient d'ailleurs sollicités par Constance, charmé de susciter à son rival des ennemis pour paralyser une partie de ses forces ; mais

(1) Zonarc.

Magnence abattu, ils pillèrent le pays qu'ils devaient délivrer. Pour les chasser, Constance descendit de l'Italie et s'avança jusqu'à Arles, où il passa l'hiver. Il y marqua son séjour par des jeux publics, où malgré le malheur des temps, il déploya la pompe et la magnificence dont les souverains de la molle Asie aimaient à s'entourer au cirque et au théâtre (1). Cependant, il faisait arriver d'Aquitaine d'immenses convois de vivres, que retardèrent les pluies plus longues et plus fréquentes, ce printemps, qu'elles ne l'étaient d'ordinaire. Fort de tous ces préparatifs, il ouvrit en personne la campagne, qui ne fut signalée par aucune action d'éclat. Les Barbares demandèrent et obtinrent facilement la paix à des conditions avantageuses.

Constance savait mieux conduire des débats théologiques qu'une expédition militaire. On connait tout ce qu'il mit d'opiniâtreté à soutenir l'arianisme, qui dépouillant le Christ de sa divinité, tendait à ne montrer dans le Dieu des chrétiens qu'un homme supérieur. Nos lecteurs nous permettront de remarquer ici que la philosophie matérialiste du dernier siècle qu'on voudrait faire revivre parmi nous, n'a pas même la gloire d'avoir inventé un de ses dogmes fondamentaux. Rétrogradant jusqu'aux premiers siècles de l'église, ses coryphées avaient dérobé leurs sophismes aux Arius, aux Constance, aux Julien, aux Celse, aux Jamblique, à tous les soutenants des erreurs de l'époque que nous décrivons. Dans cette lutte déplorable, comme le furent et le seront tou-

---

(1) Ammien Marcellin.

jours les luttes religieuses, parurent avec un éclat particulier deux enfants de l'Aquitaine, St-Phébade d'Agen et surtout St-Hilaire de Poitiers (1), aussi distingué par ses talents que par son zèle et ses vertus. Ses œuvres que le temps a pour la plupart respectées, l'ont placé parmi les plus grands orateurs dont s'honore l'éloquence chrétienne.

L'empereur fut à peine éloigné des Gaules, que les hordes barbares reparurent plus nombreuses que jamais. Ne pouvant les combattre par lui-même et craignant de trouver un concurrent dans le général qu'il enverrait dans des contrées si éloignées, revêtu de toute son autorité, il se décida, quoiqu'à regret, à nommer César, Julien, son cousin germain, si connu depuis sous le triste nom d'apostat, et lui fit épouser la princesse Hélène, sa sœur. Après l'avoir ainsi attaché à ses intérêts, il lui abandonna, an 355 (2), le gouvernement des Gaules. Le nouveau gouverneur, bien différent de ceux qui l'avaient précédé, y gagna tous les cœurs par la douceur et la sagesse de son administration, par son activité et ses succès contre les Barbares, et enfin, ce que l'on n'attendait guère de l'ennemi le plus forcené qu'ait peut-être jamais compté le christianisme, par la haute faveur qu'il accorda aux prélats orthodoxes (3).

Forcé, quelques années plus tard, an 361, par la jalousie de Constance, de s'armer contre son bienfaiteur et son parent, et proclamé Auguste par ses troupes, il alla périr à l'âge de trente-un ans et après 24

---

(1) Sulpice Sévère, Socrate, Sozomène. — (2) Zonare, Zozime.— (3) Haute-Serre.

mois de règne, dans une expédition contre le roi des Perses. On raconte assez généralement qu'au sein de la victoire, mortellement atteint d'une flèche lancée par une main invisible, il prit du sang qui s'échappait à gros bouillons de sa plaie, et que le lançant vers le ciel il s'écria, en insultant au Dieu que poursuivait sa rage impuissante : *tu as vaincu Galiléen* (1). Avec lui, 16 juin 363, s'ensevelit à jamais dans la tombe le polythéisme Gréco-Romain qu'il tenta de raviver en le rajeunissant.

Jovien, que les soldats portèrent sur le trône après la mort de Julien, ne l'occupa que sept mois (2). Valentinien Ier, qu'ils y appelèrent ensuite, se sentant trop faible pour soutenir seul le poids de l'empire que les malheurs publics rendaient toujours plus pesant, prit bientôt pour son collègue, Valens, son frère, et lui adjugea tout l'Orient avec la moitié de ses armées. Il garda pour lui l'Occident et établit sa résidence à Trèves. De là, il surveillait nos frontières et repoussait les aggressions incessantes des tribus Germaniques. Quelquefois vaincu, mais plus souvent vainqueur, non seulement il délivra notre patrie, mais dans deux campagnes successives il porta la guerre chez nos éternels ennemis qu'il tenta d'asservir à son tour. Son règne assez doux, si du moins on le compare au règne du cruel Valens, s'écoula parmi ces combats.

A sa mort, causée en 375 par les transports d'une violente colère (3), ses principaux officiers s'empressèrent de saluer Auguste son second fils Valentinien II ; jeune enfant de cinq ans que son père avait conduit

---

(1) Zonare. — (2) Zonare, Zozime. —(3) Zozime.

avec lui en Pannonie dans une expédition contre les Quades. Gratien l'aîné était depuis longtemps associé à l'empire (1). Les deux empereurs, dont le plus âgé comptait à peine 16 ou 18 ans, se partagèrent les états paternels. Valentinien II, sous la tutelle de l'impératrice Justine sa mère, eut pour lui l'Italie, l'Illyrie et l'Afrique, et alla fixer sa cour non à Rome, mais à Milan, près du grand St-Ambroise. Les Gaules, les Espagnes et la Grande-Bretagne échurent à Gratien, qui à l'exemple de son père établit sa résidence à Trèves. Les ennemis ne manquaient jamais aux nouveaux règnes. Gratien signala ses premières armes par des succès éclatants. Ses victoires et celles de Valentinien Ier forcèrent enfin les Barbares au repos. L'Occident respira de ses longs combats. Une paix de six ans eut bientôt cicatrisé presque toutes les plaies. Les campagnes se couvraient de moissons, les villes se relevaient de leurs ruines et se repeuplaient de nouveaux habitants.

Tant de prospérités énervèrent le cœur d'un jeune prince bon, mais trop ami du plaisir. La préférence marquée qu'il donnait aux Barbares sur ses propres sujets, en les rapprochant de sa personne et en leur confiant les premiers emplois de sa cour, indisposèrent les esprits. Maxime, qui commandait dans la Grande-Bretagne, profita des circonstances avec adresse (2). Poussés par ses secrètes instigations, les soldats ne voulurent plus reconnaître pour empereur celui qu'ils accusaient de méconnaître les Romains et revêtirent de la pourpre l'infidèle général. Quoiqu'elle

---

(1) Zonare. — (2) Zonare, Zozime.

fût l'objet de tous ses vœux, celui-ci parut l'accepter à regret. L'ambition emprunte si souvent le manteau de l'hypocrisie!

Après avoir affermi sa puissance dans la Grande-Bretagne, l'usurpateur passe dans les Gaules et atteint près de Paris l'armée de Gratien : ce prince se voit tout à coup abandonné des siens. Suivi seulement de quelques cavaliers, il s'enfuit précipitamment vers les Alpes, ne rencontre partout que des traîtres, et meurt assassiné à Lyon, le 25 août 383. Il avait conservé le plus tendre attachement pour son ancien précepteur le poëte Ausone, la gloire alors de notre Aquitaine. Il l'attira près de lui, le combla d'honneurs et de biens et l'éleva enfin au consulat (1), la première dignité de l'empire. Cette faveur fut encore rehaussée par les circonstances qui l'accompagnèrent. Il lui donna pour collègue Olibrius, un des principaux seigneurs de Rome; il lui envoya la robe qu'avait portée à l'époque de son consulat l'empereur Constance lui-même : enfin, il voulut honorer de sa présence la cérémonie de son installation, ajoutant avec une grâce infinie que ce qu'il devait à son maître était toujours au-dessus de ce que lui dictait la reconnaissance. On suit avec plaisir ces touchantes particularités qui honorent également le précepteur et son royal élève. Pourquoi faut-il que la volupté et surtout la flatterie aient dans la suite perverti un aussi heureux naturel?

La fin de son règne vit troubler la longue et profonde paix dont l'église d'Aquitaine jouissait depuis

---

(1) Ausone, idylle 2.

la mort de Julien l'apostat. Priscillien, forcé d'abandonner les Espagnes devant les justes clameurs que soulevaient ses principes hétérodoxes, en appela au saint-siége et s'achemina vers Rome; mais peu pressé de parvenir au terme de son voyage, il s'arrêta à Bordaux (1) où il fit quelques prosélytes et surtout à Eluse dont les habitants, gens simples et candides (dit Sulpice Sévère), et jusqu'alors singulièrement attachés à la saine doctrine, se laissèrent généralement pervertir. Le mal loin de s'arrêter à son départ, s'étendait dans l'ombre, lorsqu'un Concile assemblé à Bordeaux vint proscrire l'erreur. Cette condamnation assura le triomphe de la vérité, mais ne ramena pas tous les esprits. Chez les Elusates surtout l'œuvre devait être longue et difficile.

L'homme de la droite de Dieu à qui ce bonheur était réservé se formait alors aux travaux de l'apostolat, sous les yeux et à l'exemple du grand Ambroise de Milan; du moins s'il faut en croire la légende qui nous a paru la plus vraisemblable. St-Cerat (2), car c'est de lui que nous voulons parler, nâquit dans cette partie du pays des Allobroges qui porta depuis le nom de Bourgogne. Son père, de race patricienne, le plaça dès son bas âge sous la discipline de l'évêque de Milan, qui l'éleva dans les sciences et la piété. Après la mort de son illustre maître, Cerat quitta l'Italie et retourna dans les Gaules. Ses vertus, ses talents et le grand nom d'Ambroise le recommandaient au choix des fidèles. Aussi, quand Grenoble eut perdu St-Domnin, son évêque, il fut mis à sa place.

---

(1) Sulpice Sévère, Haute-Serre. — (2) Les Bollandistes, manuscrit de M. d'Aignan, Bréviaires de la Province.

L'arianisme ravageait ce siége comme il désolait alors presque tout le monde chrétien. Le nouveau pasteur l'attaqua hautement, et après plusieurs conférences réglées, il fit mieux que le confondre, il ramena à la foi véritable le chef des sectaires. Cette conversion en entraina plusieurs et en promettait d'autres encore ; mais l'hérésie, furieuse de sa défaite et du triomphe qui l'avait signalée, jura aussitôt la perte de celui dont elle avait trop appris à redouter le zèle. Elle intrigua dans l'ombre et peignit aux yeux de la multitude abusée et surtout du gouverneur romain, l'évêque comme un artisan de troubles. L'orage fut si violent, que Cerat fut obligé d'abandonner son siége et de s'exiler. Gervais et Protais, ses diacres, différents des deux martyrs placés sur nos autels, se firent les compagnons de son exil. Il se retira avec eux dans l'Astarac, et s'étant arrêté à Simorre, il en convertit les habitants encore à demi idolâtres. Dès que le troupeau se fut accru, il lui bâtit une église entre la ville d'alors et la Gimone, la consacra à la Ste-Vierge et y établit, dit-on, pour la desservir et pour étendre au loin le règne du Christ, quelques clercs qui vivaient en commun à la façon des moines. Ce genre de vie se répandait en Occident depuis que St-Ambroise et St-Augustin l'avaient institué à Milan et à Hippone.

Cependant la métropole d'Eluse était sans pasteur, et cet état de viduité aidait au progrès du priscillianisme. Cerat accourut au secours de la religion, il prit le gouvernement de l'église, et par sa douceur, ses vertus et ses exhortations ramena les brebis égarées, affermit les cœurs chancelants et fit même sur l'idolâtrie toujours vivante, surtout au fond des campagnes, d'assez nombreuses conquêtes. Il resta longtemps au milieu des ouailles que sa charité s'était données, et quand l'épuisement de ses forces commença à trahir son zèle, il reprit le chemin de Simorre et se retira dans une des nombreuses forêts dont le pays était couvert et que le souvenir de ses vertus fit depuis appeler *saintes*. Il y mena une vie si parfaite que Dieu voulut en commencer la récompense dès ce siècle par le grand nombre de miracles dont il l'honora. Enfin, chargé d'années et de mérites, il termina sa vénérable carrière le 6 juin, sans qu'on puisse assigner d'autre date.

Ses obsèques furent dignes de sa haute sainteté. Les clercs de Simorre allèrent en grande pompe, accompagnés de tout le peuple, chercher son corps. Ils le déposèrent dans une petite chapelle assez voisine de la ville et dédiée à St-André, et lui érigèrent un tombeau de marbre. Mais tant de miracles signalèrent sa puissance auprès de Dieu, qu'ils crurent, quatre ans après, lui devoir plus d'honneurs qu'il n'en recevait dans un lieu isolé. Ils l'enlevèrent à la chapelle de St-André et le transportèrent dans leur église où ils le placèrent sous un autel latéral. Cette translation eut lieu le 26 avril, jour où nous célébrons sa fête. Les anciennes légendes racontent au long les faits prodigieux qui la marquèrent. Néanmoins, elle n'empêcha pas les peuples de visiter la tombe primitive restée à St-André et transférée, après la destruction de la chapelle en 13 ou 1400, à Saintes, où on la montre encore à côté d'une fontaine renommée et sous un petit oratoire que vient d'élever la piété des fidèles. On garde aussi à Simorre la chaîne de fer dont St-Cerat attachait les possédés pour les exorciser, et surtout le cor ou plutôt la corne avec laquelle il appelait ses ouailles aux offices religieux. Un objet longtemps plus vénéré que la corne et la chaîne, le voile dont on couvrit le tombeau de St-Cerat au jour de sa mort et que l'on exposait dans toutes les calamités publiques, a disparu depuis deux ou trois siècles. On croit qu'il fut dérobé durant les troubles que firent naître les guerres de religion.

Nous avons cru devoir nous étendre ainsi sur le restaurateur, ou même suivant plusieurs, sur le fondateur du christianisme dans une partie de notre département. Ses prédications avaient pénétré les cœurs et affermi les esprits. Aussi Vigilance (1), né dans un petit bourg près de Comminges, et le seul hérésiarque qu'ait enfanté la Gascogne, essaya-t-il en vain de prêcher ses dogmes corrupteurs dans sa patrie. Sa morale relâchée n'eut presque pas d'adepte parmi nos ancêtres. On le laissa mourir pauvre et méprisé, et emporter dans sa tombe une hérésie morte avec lui, sans avoir eu même le triste honneur d'un Concile qui la condamnât.

Valentinien II, trop faible pour venger la mort de son frère, fut forcé de reconnaître pour collègue son meurtrier et de lui abandonner les états de sa victime. Le grand Théodose (2), déclaré Auguste et empereur d'Orient, an 379, par Gratien, était alors occupé à lutter contre les Goths qui avaient vaincu et fait périr le cruel Valens à la journée d'Andrinople. Il fut ainsi contraint de recevoir à sa cour les ambassadeurs de l'usurpation en attendant qu'il pût la punir. Le ciel

(1) St-Jérôme, Haute-Serre. — (2) Zozime, Zonare.

ne tarda pas à lui en fournir l'occasion. Entraîné à sa perte par ses vues ambitieuses, et fier de quelques succès qu'il avait obtenus sur les Allemands, Maxime franchit les Alpes et tomba, au mépris de tous les traités, sur Valentinien. Celui-ci, pris au dépourvu, court se réfugier auprès de Théodose (1) qui marche aussitôt contre l'agresseur, l'atteint et le fait prisonnier. Après lui avoir reproché ses crimes, il allait lui pardonner, disent la plupart des historiens, lorsque ses officiers enlèvent le coupable du pied de son tribunal et le massacrent. Le fils de Maxime, jeune enfant que son père avait nommé César et laissé à Trèves, éprouva bientôt le même sort.

Cépendant Théodose, en vainqueur généreux, non seulement rendit à Valentinien ses anciennes provinces, mais il y ajouta encore celles qu'avait gouvernées son frère Gratien. Le jeune prince jouit peu de cet agrandissement : quatre ans après, la révolte d'un barbare ambitieux dont il n'avait pu supporter l'insolence, lui ravit le sceptre et la vie, et donna la pourpre au rhéteur Eugène (2). Celui-ci, vaincu et dépouillé à son tour par Théodose, paya de son sang le vain titre d'empereur qu'il s'était laissé imposer, et dont le fier Orbogaste avait gardé toute la réalité. Cet exploit termina (an 395) la carrière de Théodose qui mourut trois mois après à Milan, laissant ses vastes états à deux des princes (3) les plus faibles dont le diadème ait jamais courbé le front. Sous eux, nous allons voir démembrer l'empire.

(1) Zonare. — (2) Zozime. — (3) Zonare, Zozime.

CHAPITRE II.

Rufin, Stylicon. — Les Vandales, les Wisigoths. — Ataülf, Wallia, Théodoric Ier, Littorius, Attila, Thorismond.

Le règne des deux nouveaux Augustes, Arcadius et Honorius, ce règne qui devait être si fécond en événements désastreux, s'ouvrit sous de tristes auspices. Les commencements en furent troublés par la rivalité de leurs deux ministres, Rufin et Stylicon (1).

Né à Eluse (Eauze) de parens obscurs, Rufin avait gagné en Espagne la confiance de Théodose, lorsque celui-ci, simple général, avait renoncé au métier des armes, et que retiré dans sa patrie, il tâchait de cacher sous une vie commune ses nombreux et brillants exploits pour échapper à la politique ombrageuse et cruelle de l'empereur Valens. Cependant Valens étant mort, Gratien, qui par là réunit sur sa tête le double empire d'Orient et d'Occident, arracha de sa retraite le brave et vertueux Espagnol, et le revêtit de la pourpre. A peine assis sur le trône des Césars, Théodose appela près de lui notre compatriote dont il connaissait le dévouement; il l'admit dans ses conseils, il l'établit comte des domestiques ou grand-maître du palais et l'honora ouvertement de son amitié ou plutôt de sa confiance. Une faveur aussi marquée irrita la jalousie des courtisans. Promote, général distingué, plus hardi

(1) Zozime. — (2) Claudius, Zozime, Haute-Serre.

ou moins dissimulé que les autres, attaqua de ses invectives le nouveau favori et s'oublia jusqu'à porter sur lui sa main. Il reçut aussitôt l'ordre de quitter la cour et d'aller combattre les Bastarnes, peuple ennemi qui l'attira dans une embuscade où il périt. Tout, disait-on sourdement à Constantinople, avait été concerté avec Rufin dont l'âme lâche aima mieux une vengeance qui n'offrait pas de danger (1). Son maître, loin de penser ainsi, voulut lui faire oublier l'affront reçu presque sous ses yeux en l'élevant au consulat l'an 390, et en lui donnant pour collègue Arcadius, l'aîné de ses propres enfants.

Deux ans plus tard, un événement déplorable vint ternir la gloire de Théodose. Emporté d'abord par les mouvements d'une colère que les princes surtout devraient savoir réprimer, poussé ensuite par de perfides conseils, il ordonna de massacrer les habitants de Thessalonique pour les punir d'une révolte aussi insensée qu'injuste. La rumeur publique accusa Rufin d'avoir plus que personne contribué à inspirer à l'empereur ces sentiments inhumains, ou du moins de n'avoir pas tenté de fléchir son courroux et d'arrêter sa vengeance. Une de ces grandes et sublimes figures du catholicisme, un prélat, noble et intrépide défenseur de l'innocence méconnue et de l'humanité outragée, autant que vertueux et éloquent athlète de la religion dont il était le ministre, Ambroise de Milan ne craignit pas de le lui reprocher publiquement. Sortant d'une pareille bouche, l'accusation est grave : mais ne pourrait-on pas dire qu'elle échappa à la première douleur d'un zèle

(1) Zozime.

si louable d'ailleurs, et qu'elle fut bientôt rétractée; car deux ans après, Rufin ayant été élevé à la préfecture de l'Orient, la plus haute dignité de l'empire, nous voyons Ambroise lui-même applaudir à cette nomination : et certes, parmi ceux qui connaissent l'histoire, nul ne pensera que la grande âme de l'évêque de Milan eût pu sympathiser avec l'homme qu'il eut cru dégoûtant du sang des Thessaloniciens.

Les faveurs allaient se succédant rapidement sur la tête de Rufin. Sa préfecture était de 392, et en 394 il reçut de son souverain une marque d'estime et de confiance supérieure à toutes celles dont il avait été honoré jusqu'à ce jour. Théodose était près de passer en Italie pour combattre le tyran Eugène. En s'éloignant de Constantinople, il confia les rênes de l'état à son fils Arcadius; et pour guider sa jeunesse ou plutôt pour conduire les affaires, il lui donna le préfet de l'Orient (1). C'est durant cette administration qu'eut lieu cette cérémonie religieuse dont les ennemis de Rufin lui reprochèrent si vivement l'éclat fastueux.

Sur les bords du Bosphore, dans un des faubourgs de Chalcédoine, non loin de son palais, il élevait depuis longtemps une superbe basilique où s'assembla depuis le Concile général qui condamna Eutychès. Il profita de sa toute puissance pour en provoquer la consécration (2). Il y appela une foule de prélats et jusques aux plus renommés solitaires, attirés à cet effet du fond des déserts. On voyait à leur tête trois patriarches, parmi lesquels le vénérable Flavien, le sauveur d'Antioche. L'autel était resplendissant d'or et de pierreries,

---

(1) Zozime. — (2) Sozomène.

et les murs couverts des plus riches tapis empruntés à la couronne. Quand la basilique eut été consacrée, le fondateur voulut y recevoir le baptême; car, suivant un usage assez fréquent alors, il n'avait pas encore été marqué du sceau des chrétiens. Pour ses parrains, il choisit deux cénobites, Evagre du Pont, si célèbre dans tout l'empire par sa haute réputation de science et de sainteté, et Ammonius, non moins renommé par les charmes et la douceur de son éloquence. Suivit-il ainsi l'impulsion de ses sentiments religieux, ou par cet acte fastueux et par quelques ordonnances dictées par le même esprit, ne chercha-t-il, comme on le publia, qu'à capter les suffrages du clergé si puissant à Constantinople ? C'est à sa vie à nous le dire.

Quoiqu'il en soit de ces motifs que les hommes ne peuvent presque jamais apprécier convenablement, la défaite d'Eugène devait couronner le règne de Théodose. Ce prince sentant sa fin approcher, partagea à ses deux fils ses vastes états, ou plutôt l'empire du monde, fardeau bien lourd pour des têtes si faibles. Il est vrai que pour en alléger le poids, avec l'empire d'Orient il donna à Arcadius, pour premier ministre, Rufin dont il connaissait l'expérience et le zèle, et à Honorius, avec l'empire d'Occident, il donna Stylicon, moins habile ministre que Rufin, mais plus brave général (1). Heureux l'un et l'autre si, à des talents supérieurs, ils n'eussent pas joint une ambition plus grande encore et une rivalité qui devait causer leur perte. Pour les attacher à leur souverain respectif, Théodose ordonna qu'Arcadius épousât la fille unique de Rufin, tandis que Honorius s'unirait avec la fille de Stylicon.

(1) Zozime, Zonare.

Maître absolu de l'Orient, sous le nom d'un prince jeune et incapable dont il allait voir sa fille partager la couche et le trône, l'enfant de notre Novempopulanie se promettait sans doute une vieillesse paisible et honorée. Et comment n'en eût-il pas été ainsi? rien ne manquait à sa félicité présente, et tout dans l'avenir semblait le mettre à l'abri d'un revers. Mais, hélas! que le ciel se joue souvent des pensées humaines les mieux fondées en apparence! Peu de mois après, une catastrophe horrible renversait subitement l'édifice de tant d'efforts et de prospérités. Se croyant sûr des sentiments d'Arcadius et pressé par quelque affaire d'état, Rufin s'éloigne de la cour sans avoir conclu l'hymen de sa fille; et durant son absence, l'eunuque Eutrope, son ennemi secret, introduit dans le lit de son souverain la belle Eudoxie, la pupille, et suivant d'autres, la fille même de ce Promote qui était tombé sous le fer des Bastarnes soudoyés, disait-on, par Rufin.

Pour consoler son ministre, le jeune empereur, plus habile dans l'art de tromper qu'on n'eût attendu de son âge et de son indolence naturelle, feignit de vouloir le revêtir de la pourpre. Par ses ordres, l'armée est réunie dans l'Hippodrome. Déjà tous les grands de l'empire entouraient leur maître. Ivre d'espoir et de joie, Rufin n'attendait que la voix qui allait proclamer son nom et le déclarer Auguste, lorsqu'au signal de Gaïnas, officier supérieur, qui avait concerté ce meurtre avec Stylicon et sans doute aussi avec Arcadius, un soldat tire son épée et la plonge dans le corps du futur empereur. D'autres fondent en même temps sur lui et le percent de mille coups (1). On déchire,

---

(1) Zozime.

on disperse ses membres palpitants. Sa tête et sa main droite, conservées seules, servent d'affreux jouet.

Tandis que des soldats égarés se livrent à ces scènes dégoûtantes, la populace, elle aussi, se rue sur le palais de la victime, orné encore des festons de la joie et encore fumant des apprêts du festin par lequel l'heureux ministre devait célébrer son association à l'empire. Sous leurs pas dévastateurs, dans quelques instants, il n'est plus qu'un sol nu, là où s'élevait un édifice majestueux. La veuve et sa fille, cette jeune infortunée qui, dans des jours plus heureux, fut promise au trône, n'échappèrent à la tempête qu'en se réfugiant dans une église d'où elles se sauvèrent plus tard à Jérusalem, près de Sylvie, sœur de Rufin, célèbre par sa haute piété et sa connaissance approfondie des divines écritures. Eutrope leur fit restituer dans la suite les biens qui leur appartenaient en propre, tout le reste confisqué passa entre les mains des principaux auteurs du complot (1). Ainsi périt un homme qui, des derniers rangs de la société, s'était élevé jusqu'aux marches du trône, sur lequel il crut même un instant aller s'asseoir. La fortune, selon la remarque du plus acharné de ses ennemis, ne sembla le porter si haut que pour lui réserver une chute plus lourde (*). (Note 2. Voir à la fin du volume).

Délivré d'un concurrent qu'il redoutait à tant de titres, le fier Stylicon eut néanmoins la douleur de voir l'Orient échapper à ses mains ambitieuses, et dut se contenter de maîtriser l'Occident sous le nom d'Ho-

---

(1) Voir l'article Rufin dans la Biographie de Michaud.
(*) .... *Tolluntur in altum*
   Ut lapsu graviore ruant.

norius. Les Allemands ayant commencé leurs courses, il les repoussa jusques au fond de la Germanie. La terreur de ses armes força longtemps au repos ces hordes inquiètes et remuantes. Protégées par sa haute réputation de valeur, les Gaules goûtèrent les douceurs d'une paix qui leur était depuis longtemps inconnue et dont tant de malheurs leur rendaient les bienfaits si désirables. Grâce à l'activité de ses habitants et à la fécondité d'un sol plus fertile peut-être alors qu'il ne l'est maintenant, notre Novempopulanie réparait ses pertes ou plutôt elle renaissait à l'abondance et à la joie, lorsque l'ambition de son ancien libérateur la replongea dans de nouvelles et plus affreuses calamités. Craignant, selon quelques historiens, que son autorité ne s'usât si ses talents étaient jugés moins indispensables, ou suivant d'autres, voulant frayer à son fils Euchérius le chemin du trône, Stylicon appela les Barbares (1). A sa voix, ils accoururent en foule se précipiter sur une proie qu'ils ne devaient plus abandonner.

Les Vandales furent les premiers à franchir le Rhin. Traînant à leur suite les Alains (*les All-inns*), les Hérules, les Suèves, les Quades, et quelques-autres nations, ils traversèrent, le fer et la flamme à la main, nos provinces septentrionales. Vous eussiez dit un torrent dévastateur, ou plutôt le génie de la destruction en personne, l'affreux Teutatès, le féroce Odin, le terrible Irminsul (2.) Arrivés sur les frontières de l'Aquitaine, en 407, ils la trouvèrent défendue par une armée de 20,000 hommes qu'avait formée à la hâte l'horreur de leurs excès. Ils brisent sans peine cette faible

---

(1) Zozime, Haute-Serre. — (2) Bède, Sigebert, Grégoire de Tours, Salvien, Paul Orose, Procope.

barrière, et furieux de la résistance qu'on leur a opposée, ils déchargent sur notre malheureuse patrie tout le poids de leur férocité (1). Le pillage, les riches dépouilles ne suffisent pas à ces cœurs altérés de ruines et de sang. Il leur faut les moissons détruites, les laboureurs massacrés, les villes renversées, les citoyens égorgés en masse comme de timides troupeaux. Il n'est pas jusqu'aux arbres des forêts sur lesquels ne sévisse leur rage. Ils se plaisaient, nous disent les historiens, à repaître leurs yeux de la fumée des incendies, du spectacle des chairs palpitantes ou du sang ruisselant sous leur hâche homicide. Les cris des enfants, les hurlements des femmes, le désespoir des vieillards, le fracas des édifices s'écroulant à grand bruit sous leurs coups, c'est là la sauvage harmonie qu'aimaient leurs oreilles.

Deux ans entiers ils promenèrent leur fureur dans nos contrées, et quand l'aliment commença à manquer à leur rage, ils s'acheminèrent vers les Espagnes pour y aller chercher une nouvelle proie. Au bruit de leur approche, deux jeunes seigneurs du pays, Dydime et Vérénian (2) arment les rudes et belliqueuses populations Pyrénéennes et s'emparent avec elles des gorges des montagnes. Forts de la position des lieux et plus encore de leur courage, ils bravent le nombre et arrêtent l'impétuosité des assaillants. Les Vandales, contraints de se replier sur eux-mêmes, rentrèrent dans la Novempopulanie, où ils achevèrent leur œuvre de destruction. Tout y fut dévasté, écrit St-Jérôme à une matrone romaine (3). A peine s'il échappa quelques

---

(1) St-Jérôme, *Epistola ad Ageremichiam.* — (2) Paul Orose.
(3) *Populata sunt cuncta.*

cités plus heureuses, et encore la faim y décimait-elle les infortunés citoyens qu'avait épargnés le fer. Eluse, la métropole de la province, si brillante alors et si populeuse, éprouva (vers l'an 409) le sort commun, et jamais elle ne se releva complétement de sa chute, quoiqu'elle ait encore vu plus tard son siége occupé par quelques prélats.

C'est vers cette époque qu'on place le martyre de St-Sever et de St-Géronce ou Girons (1) comme on l'appelle communément dans notre pays. Suivant des actes anciens, c'étaient deux Vandales qui, brûlant du désir de répandre leur sang pour la foi, s'associèrent cinq de leurs amis pieux et fervents comme eux, nommés Justin, Clair, Polycarpe, Jean et Crépin. Ils visitèrent ensemble les lieux saints et passèrent ensuite en Italie. Après qu'ils eurent nourri à Rome leur piété pendant près d'un an, le pape plaça à leur tête Géronce, et les envoya porter la semence évangélique dans les Gaules. Les fruits y furent d'autant plus abondants, que des miracles nombreux confirmaient la vérité de leur doctrine.

Cependant les Vandales s'étant répandus dans l'Aquitaine, une de leurs hordes se présenta devant le château de Palestrion où se trouvait St-Sever avec Adrien, roi ou chef du pays que le saint avait enfanté à la religion et marqué du sceau des chrétiens. La résistance était sans doute impossible. Sever, du moins, ne la tenta point; il tendit sa tête aux Barbares qui l'abattirent et immolèrent ensuite auprès de leur apôtre Adrien et une foule des siens. Géronce évangélisait alors les en-

(1) Le P. Montgaillard, tome 3.

virons de Toulouse. Dès qu'il apprit la fin glorieuse de son ami, il réunit les cinq autres compagnons de ses travaux et s'achemina avec eux et une multitude immense de fidèles vers le Tursan. Ils allèrent rendre au confesseur du Christ les honneurs suprêmes; mais l'ayant trouvé enseveli, ils répandirent sur sa tombe des larmes abondantes, non parce qu'il leur avait été enlevé, mais parce qu'il avait cueilli avant eux la palme du martyre. Cette palme, objet de tant de vœux, ne devait pas tarder à briller aussi dans d'autres mains.

Les Vandales reparurent bientôt et égorgèrent une foule de chrétiens. Leur fureur cherchait surtout les ministres des autels. Géronce, poursuivi par eux, fut atteint d'un glaive mortel; il survécut toutefois trente jours à ses blessures et expira entre les mains de Clair et de Justin. Les deux amis le déposèrent eux-mêmes dans le cercueil et l'enterrèrent secrètement; mais quand les flots des Barbares se furent écoulés, ils relevèrent les ossements sacrés avec le pieux respect que méritaient les dépouilles d'un glorieux défenseur de la foi et le transportèrent dans le Couserans, là où s'éleva depuis la ville de St-Girons.

Tel est l'abrégé des actes de St-Géronce et de St-Sever, recueillis par le P. Mongaillard; mais malheureusement, comme l'observe le docte jésuite, ils portent des traces nombreuses d'interpolation (*).

(*) Ils mettent l'arrivée des Vandales sous l'empire de Julien l'apostat, quoique ce peuple n'ait paru dans les Gaules que 50 ans après. Le Pape est nommé Eugène et on le fait contemporain de Julien, quoiqu'il y ait plus de 300 ans de distance de l'un à l'autre. Un roi Adrien n'est guère mieux placé dans l'Aquitaine au commencement du IVe siècle. Enfin, le pieux agiographe faillit à la géographie aussi bien qu'à la chronologie. D'après lui, le Couserans s'étend au pied des Alpes.

Cependant, Honorius, tranquille et insouciant, promenait son éternelle enfance parmi les fêtes de sa cour et les frais ombrages de ses délicieuses villas. N'espérant de lui aucun secours, les troupes de la Grande-Bretagne donnent la pourpre à un simple soldat qui n'avait d'autre recommandation à leurs yeux que le nom de Constantin, toujours cher à cette province depuis le fils de Constance Chlore. Les Gaules, abandonnées de leur maître, prêtent volontiers les mains à la révolte et reconnaissent avec joie le nouvel Auguste (1). Bientôt une armée nombreuse vient se ranger sous ses étendards, et il peut battre presqu'à la fois les hordes Allemandes dans le pays des Nerviens, et à Valence l'armée d'Honorius. Celui-ci, occupé à défendre l'Italie contre les Barbares, fut forcé de l'accepter pour collègue. Là ne s'arrêtèrent pas les succès de Constantin. Constant, l'aîné de ses fils, qui venait de dépouiller le froc de moine pour revêtir la robe de César que lui avait fait prendre son père, passa en Espagne avec une partie des troupes victorieuses et la soumit à ses lois, après avoir vaincu les deux jeunes et brillants seigneurs, Dydime et Vérénian.

Cette défaite amena la ruine de leur patrie (1). Les Vandales profitant des hésitations et des troubles qui accompagnent toute domination récente, franchirent les Pyrénées, veuves alors de leurs braves défenseurs, et gardées seulement par quelques soldats mercenaires. Libres désormais, ils se répandirent dans ces vastes contrées et y renouvelèrent les scènes de désolation dont les Gaules avaient été le théâtre (2). Qu'on juge par

(1) Paul Orose, Sozomène, Zozime. — (2) Paul Orose, Idace.

un seul trait des maux qu'ils y apportèrent. Une mère y fut réduite à manger ses quatre enfants. Pour l'honneur de l'humanité, nous devons ajouter que nous ne connaissons pas d'autre exemple d'une monstruosité pareille. La conquête de l'Espagne ne paraît pas avoir amené l'entière délivrance de la Novempopulanie. Les documents sont ici sans doute assez incomplets et surtout fort obscurs; mais à lire certains passages des auteurs profanes, et plus encore à consulter certaines chroniques religieuses, on dirait qu'elle resta du moins en grande partie sous le joug des Vandales jusqu'à l'arrivée des Visigoths ou plutôt Wess-Goths *(Goths de l'Orient.)*

Alaric Ier, leur roi, après avoir longtemps menacé la ville éternelle, avait enfin pris et saccagé la déprédatrice des nations, qui depuis près de deux siècles, n'était plus défendue que par le prestige de son nom et le souvenir de sa gloire passée. Mais, dix jours après, il s'était hâté d'abandonner sa brillante conquête, et chargé d'un immense butin, il s'était retiré au fond des Abruzzes, où il mourut l'année même (410), laissant la couronne à Ataülf (1), son beau-frère, et le compagnon de ses exploits. Ataülf, non moins généreux que brave, ne désirait qu'un établissement dans l'empire et la main de la princesse Placidie qu'Alaric avait amenée captive. Pour gagner son cœur, il demanda la paix à Honorius, et abandonnant l'Italie, il franchit les Alpes pour aller conquérir le pays envahi par les Vandales, qu'on promettait de lui abandonner. Un premier traité vint bientôt lui en assurer la possession,

---

(1) Paul Orose, Zonare, Jornandès.

mais ce n'était là que le jeu d'une politique lâche et insidieuse.

Furieux de trouver chez un empereur Romain moins de loyauté qu'il n'en sentait dans son cœur de Barbare, il oublie sa modération et ravage à son tour ce qu'a épargné la hâche des hordes qu'il venait combattre. Il fait d'abord sur Marseille une tentative qui ne lui réussit pas, mais il se venge sur Narbonne, dont il s'empare; il prend bientôt Toulouse. Maître de cette dernière cité, il s'étend dans la Novempopulanie qu'au bruit de son approche les Vandales (1) avaient abandonnée pour aller rejoindre leurs frères en Espagne. Il soumet quelques places; d'autres, comme Bordeaux, lui ouvrent volontairement leurs portes. Mais la fortune lui préparait un événement plus cher à son cœur que tous ses succès.

Vaincue par les soins et les égards dont on entourait sa captivité, la fière Placidie consentit enfin à partager sa couche. Les noces se célébrèrent à Narbonne (2). Ataülf y déploya une magnificence digne d'un roi qui s'unissait à la sœur d'un empereur. Il se présenta à la jeune et belle fiancée, paré à la Romaine, et lui céda la première place dans le festin nuptial, durant lequel il lui offrit de riches présents portés par cinquante jeunes seigneurs des mieux faits de sa cour. Ces seigneurs tous vêtus d'or et de soie, contre l'usage de leur nation, vinrent déposer aux pieds de leur nouvelle reine, chacun, deux larges bassins, l'un de pièces d'or et l'autre de pierreries. C'étaient les dépouilles de la ville de Rome qu'on rendait à une Romaine, ou plutôt les dépouilles du monde entier à qui Rome les avait enlevées.

---

(1) Jornandès — (2) Olympiodore, Idace.

Cette union qui semblait devoir cimenter la paix entre les Romains et les Visigoths, ne servit au contraire qu'à raviver la guerre. Stylicon, le premier auteur de tant de calamités, massacré en 408, avait depuis longtemps porté la juste peine de son ambition et de ses perfidies. Le brave Constance qui avait hérité de ses talents et de son empire sur l'esprit de son maître, avait déjà délivré les Gaules de Constantin et de deux ou trois autres tyrans que la vue du sort réservé à presque tous les usurpateurs n'avait pu détourner de revêtir la pourpre. Pour prix de ses exploits, il espérait la main de Placidie, soit que cette princesse eût fait impression sur son cœur, ou soit plutôt qu'il vît dans cette alliance le moyen assuré de s'élever jusqu'à l'empire; car, dans l'étrange gouvernement que la force avait d'abord imposé à Rome et que le temps avait depuis consacré, il n'est pas d'ambition qui ne pût aspirer, et qui presque toujours n'aspirât réellement au trône. Le mariage de la sœur d'Honorius vint briser ses espérances.

Outré de la préférence qu'elle avait donnée à un Barbare, il marcha contre les Visigoths à la tête de toutes les forces dont il put disposer, et alla attaquer Narbonne, la plus importante de leurs places. N'ayant pu la prendre d'assaut, il en fit le siège dans les formes. Les Visigoths accoururent pour la secourir; mais craignant bientôt que la perte d'une bataille générale n'entraînât la ruine de leur nation, ils aimèrent mieux mettre les Pyrénées entr'eux et Constance (1). En s'éloignant, ils oublièrent la modération dont ils avaient

(1) Idace, Isidore, Orose.

généralement fait preuve jusque là, et signalèrent leur marche par des atrocités dignes des hordes féroces qui les avaient précédés (1). Bordeaux, qu'ils avaient respecté lorsqu'ils en prirent possession, fut horriblement saccagé.

Bazas eût eu le même sort sans le jeune Paulin, petit-fils du célèbre poëte Ausone. Ce seigneur se glissa furtivement dans le camp des Alains qui, venus avec les Vandales et restés en Aquitaine après le départ de ceux-ci, s'étaient depuis joints aux Visigoths pour assiéger Bazas et en partager les dépouilles. Paulin sut par l'éloquence de ses discours persuader à leur roi d'entrer dans leur place et d'en prendre en main la défense. Les Visigoths trouvant désormais une résistance qu'ils étaient loin de prévoir, levèrent le siège et continuèrent leur retraite. L'histoire ne dit pas si Bazas eut longtemps à s'applaudir des défenseurs qu'elle avait appelés à son secours, ni ce que devinrent ceux-ci. Ils durent sans doute aller rejoindre plus tard leurs compatriotes en Espagne, alors, comme jadis les Gaules, le rendez-vous de toutes ces migrations du nord.

Cependant, Ataülf ayant franchi les Pyrénées, poussa devant lui les Vandales et s'établit dans la Catalogne. Placidie lui donna à Barcelonne un fils qu'elle nomma Théodose, du nom du grand Théodose, son père, et qui mourut sept ou huit mois après sa naissance. Ataülf ne lui survécut pas longtemps.

Il avait jadis fait assassiner un prince Goth, appelé Sarus, dont il avait pris depuis à son service un des domestiques les plus affidés. Ce serviteur, toujours

---

(1) *Rutilius Numaticus.* Saint Prosper.

plein du souvenir de son maître égorgé, et poussé par les instigations de Sigeric, frère de Sarus, jeune seigneur non moins ambitieux que vindicatif, l'assassina à son tour dans le temps où il s'amusait à considérer dans ses écuries ses nombreux chevaux. Ainsi périt, dans un âge assez peu avancé, en 415, un prince digne d'une meilleure destinée. Car, à part quelques traits de férocité qui déparent sa vie, et qui peut-être appartiennent moins à lui qu'à sa nation, il est bien supérieur à cette foule de rois barbares qui alors se disputaient les lambeaux de l'empire Romain.

Sigeric, l'instigateur de ce meurtre, se hâta d'en recueillir les fruits. Il s'empara de la couronne, et pour mieux l'affermir sur sa tête, il arracha des bras d'un évêque à qui leur père les avait confiés, cinq fils qu'Ataülf avait eus d'une première femme, et les égorgea de sa main. Les Visigoths, quoique accoutumés à voir leur trône ensanglanté, s'indignèrent d'une atrocité aussi révoltante et le massacrèrent à son tour après sept jours de règne (1). Ils mirent alors à leur tête Wallia, en qui ils croyaient trouver un ennemi acharné des Romains. Le nouveau roi trompant leur attente et écoutant la voix d'une sage politique, aima mieux marcher sur les traces de l'infortuné Ataülf. Il signa avec le général Constance un traité solennel (2), par lequel il s'engageait non seulement à rendre la princesse Placidie, mais encore à tourner ses armes contre les Alains, les Suèves, les Vandales et autres ennemis de l'empire.

(1) Orose, Jornandès, Marca. — (2) Orose. Voyez aussi Paul Diacre, Sigebert, Idace.

Pour prix de ses services futurs, il reçut cent mille mesures de blé, comme il avait été stipulé avec son prédécesseur. Trois ans après, en 418 ou 419, un autre traité conclu aussi sous les auspices de Constance, le rappela dans les Gaules et lui donna la seconde Aquitaine *avec quelques villes de la Novempopulanie* (*), disent Prosper et Isidore de Séville dans leur chronique. Mais quelles furent ces cités de la Novempopulanie cédées aux Visigoths ? On ne saurait l'affirmer avec certitude. Mézerai s'appuyant de je ne sais quels documents qu'il ne cite pas et que nous n'avons pu retrouver, nomme Bazas, Auch, Aire et Dax. Plusieurs auteurs pensent que les villes de Tarbes, de Beneharnum, aujourd'hui vraisemblablement Lescar, d'Oleron, de Comminges et de Couserans, ne faisaient point partie de cette donation; et la notice de l'empire composée quelques années plus tard, nous apprend qu'une cohorte Romaine stationnait à Lapurdum, actuellement Bayonne (1). Quoiqu'il en soit des limites assignées au nouvel état, Toulouse distraite à cet effet de la Gaule Narbonnaise, en fut établie la capitale. Les Visigoths y régnèrent 88 ans, jusqu'à l'invasion de Clovis.

Wallia ne survécut pas longtemps à la conclusion de ce second traité. Il mourut à la fin de 419 ou au commencement de l'année suivante, ne laissant qu'une fille qui, mariée à un prince Suève, donna le jour au trop célèbre Ricimer. Constance suivit de près dans la tombe le roi des Visigoths. Avant d'y descendre, il avait

---

(*) *Cum quibusdam civitatibus confinium provinciarum.*
(1) Marca.

atteint le double but qu'avait si longtemps rêvé son cœur ambitieux et qu'avaient préparé tant d'efforts : il avait obtenu la main de la princesse Placidie et s'était fait associer à l'empire par le faible Honorius. Mais comme si le ciel se plaisait souvent à se jouer de nos vains labeurs, ou plutôt à arrêter l'ambition par le spectacle du sort qui l'attend, Constance fut enlevé par un mal rapide, huit mois après avoir vu tous ses vœux couronnés (1).

Le fantôme d'empereur, dont l'ineptie laissa échapper ces brillantes et redoutables faveurs, ne tarda pas, lui aussi, de terminer son inutile carrière, quoique à peine dans la maturité de l'âge. Il s'éteignit sans postérité le 8 août 423, après avoir traversé, sans y prendre part, les événements les plus graves et les plus importants qu'eût peut-être vus l'empire depuis sa fondation : et tel fut le malheur des circonstances, que sa mort qui semblait devoir être un bienfait pour ses peuples, leur amena de nouvelles calamités. Durant la vacance du trône, plusieurs ambitieux espérant saisir la pourpre, agitèrent les provinces, jusqu'à ce que le jeune Valentinien, fils de Constance et de Placidie, passa de Constantinople, où il était retiré, en Italie, pour y recueillir sous la tutelle de sa mère l'héritage de son oncle.

Cependant les Visigoths (2) avaient déféré la couronne à Théodoric Ier (*). Le nouveau roi se montra d'abord fidèle aux traités qui liaient sa nation aux Romains; mais les troubles qui suivirent la mort de

---

(1) Zonare.
(2) Grégoire de Tours, Isidore, Idace, Jornandès.
(*) Theodoric 1 ou plutôt Theoderick, de *Theode* peuple, et *rick* riche ou puissant parmi le peuple.

Constance et d'Honorius, lui offraient une occasion trop belle pour agrandir ses états. Un cœur moins ambitieux que le cœur d'un Barbare n'y eût peut-être pas résisté. S'élançant de Toulouse, il traverse la province Narbonnaise et tombe sur Arles : il se flattait que la prise de cette cité, emportée par un hardi coup de main, entraînerait la conquête de presque toutes les Gaules dont elle était depuis peu la métropole ; mais le brave Aëtius, que son courage, ses talents militaires et surtout ses nombreux exploits rendirent dans la suite si célèbre, commandait alors en deça des Alpes (1). Au premier bruit de l'invasion, il vole à la défense de la ville attaquée, à la tête de toutes les troupes placées sous ses ordres. Les Visigoths n'osent pas l'attendre et lèvent précipitamment le siège. Aëtius les poursuit à marches forcées, et les ayant atteints dans leur retraite il les bat complètement.

Cet échec ou le traité que leur imposa bientôt le vainqueur dut entraîner la perte des conquêtes que les Visigoths avaient faites dans la Gaule Narbonnaise, car nous voyons les principales villes de cette province soumises aux Romains, presque jusqu'à l'extinction de leur empire. On dirait même que la partie des Gaules cédée aux Goths par Honorius continua à faire une partie du moins nominale de leur empire, si elle ne rentra pas presque tout entière sous leur domination. La notice de l'empire, éditée l'an 425 ou l'année suivante, mentionne les sept provinces Gauloises (2) auxquelles elle assigne un magistrat particulier, sous le nom de vicaire du préfet.

(1) Prosper, Idace. — (2) Marca, Haute-Serre.

Ces sept provinces comprenaient, comme l'admettent aujourd'hui les savants, la Gaule Viennoise, les deux Narbonnaises, les trois Aquitaines et les Alpes maritimes. Le nouveau vicariat, nous le trouvons rempli en 430 et même en 455. Un célèbre rescrit attribué par les uns à Honorius et par d'autres à Valentinien III, veut même que si les citoyens de la Novempopulanie, appelés à concourir à l'assemblée générale des Gaules, ne peuvent se rendre à Arles où se tenait cette assemblée, ils s'y fassent, sous peine d'une amende déterminée, remplacer par des délégués (1). De ces faits quelques historiens ont conclu que Valentinien, et après lui peut-être quelqu'un de ses successeurs, recouvrèrent sur toute notre patrie une autorité dont ils ne déterminent ni l'étendue, ni surtout la durée. Mais à considérer attentivement les termes du traité conclu avec Wallia, la plupart des difficultés nous paraissent s'évanouir. On lui abandonne une portion de la seconde Aquitaine avec quelques cités des provinces voisines. Aucune province ne se trouvant ainsi abandonnée intégralement, elles doivent toutes être mentionnées dans la notice de l'empire et dans le rescrit.

Quoiqu'il en soit de notre conjecture, que nous abandonnons toujours à l'appréciation de nos lecteurs, les Visigoths ne tardèrent pas à s'étendre autour d'eux. Après quelque légère excursion, ils s'avancèrent jusqu'à Narbonne et la serrèrent de si près que les habitants pris au dépourvu éprouvèrent bientôt toutes les horreurs de la famine. Cependant Lictorius, lieutenant d'Aëtius, alors passé en Italie, accourt avec les légions

---

(1) Haute-Serre, Marca.

Romaines et un corps de cavalerie étrangère. Il rompt les lignes ennemies, s'ouvre un chemin dans la place et force les Visigoths à lever le siège. Fier de ce succès, il va à son tour attaquer à la tête de sa cavalerie la ville de Bazas, soumise à Théodoric, soit qu'elle fût du nombre des cités cédées à Wallia, comme le prétend Mézerai, soit qu'elle fût tombée depuis au pouvoir de ses successeurs. Grégoire de Tours, qui nous a transmis ce fait, se contente de nous dire qu'elle dut sa délivrance aux prières de son évêque (1). Repoussé à Bazas, Lictorius prend la hardie résolution d'attaquer la capitale même des états Visigoths. Cherchait-il à balancer par la soumission de ce peuple puissant la haute réputation de son général, voulait-il seulement signaler son commandement par un brillant fait d'armes, ou ne faisait-il que céder à l'aveugle entraînement d'une téméraire présomption ? Nous n'oserions le décider ; mais à voir sa conduite durant le siège, nous inclinerions vers le dernier sentiment.

Déjà ses légions avaient investi Toulouse et la pressaient vivement. Après quelques jours de tranchée ouverte où le sang de ses sujets avait coulé, Théodoric sentit son courage faiblir (2). Cet abattement subit, chez un prince dont les qualités guerrières sont incontestables, étonnera moins si l'on songe que les Barbares si bouillants, si audacieux dans l'attaque, se laissent facilement décourager quand ils sont réduits à se défendre. L'établissement des Goths était d'ailleurs trop récent, pour qu'ils eussent pu s'implanter dans le sol. Avec

---

(1) De Mirac. Martyr. liber primus. — (2) Prosper, Idace, Roderic de Tolède.

leur capitale devait tomber la nation entière. Enfin, accoutumés à combattre en plein champ, ils devaient lutter emprisonnés dans leurs murs, ou environnés par les circonvallations ennemies Ajoutons encore la supériorité que la connaissance des lois de la stratégie devait, dans un siège, donner aux Romains, et nous concevons sans peine que Théodoric se soit abaissé à demander la paix, même à des conditions assez humiliantes. Pour mieux l'obtenir, il députa vers Lictorius quelques prélats orthodoxes de ses états, car le roi Visigoth et ses peuples professaient l'arianisme. A la tête de cette députation, l'histoire place St-Orens, évêque d'Auch.

Lictorius reçut avec hauteur et presque avec mépris les prélats Aquitains; et trompé par les vaines promesses des aruspices et des devins (1) qui l'assuraient qu'il entrerait en triomphe dans Toulouse et qu'il prendrait le chef des ennemis, il repoussa toutes les propositions d'accommodement. Pendant que le général romain repaissait son orgueil de la pensée d'une victoire certaine, Théodoric, nous dit Salvien (2), s'humiliait devant le Dieu des armées, et couvert d'un cilice, il se prosternait souvent en prières. Il se releva enfin avec confiance pour marcher au combat. L'amour de la gloire d'un côté, la nécessité de l'autre, rendirent longtemps l'action sanglante et douteuse. Peut-être l'avantage eût-il resté aux Romains, si Lictorius, se jetant trop avant dans la mêlée, n'eût été fait prisonnier. Cette prise, en décidant le succès, termina le combat et commença les ignominies du lieutenant d'Aëtius

---

(1) Prosper. — (2) De Guber. Dei, lib. 7.

Conduit dans Toulouse, il dut y subir un triomphe bien différent de celui que se promettait sa présomption, et que lui avaient prédit ses imprudents conseillers. On lui prodigua tous les outrages dont peut se souiller un vainqueur en délire. Placé à reculons sur un âne, on le promena dans toutes les rues, les mains liées derrière le dos et le corps chargé de chaînes pesantes. On le confina ensuite dans un noir cachot, où durant cinq ou six mois on lui jeta un pain noir, destiné à irriter sa faim sans la satisfaire; et après qu'une si longue et si cruelle agonie l'eut rendu méconnaissable à tous les regards, on finit par faire tomber sa tête sous la hâche du bourreau. Dans une fin aussi tragique, nos anciennes légendes, comme on le pense bien, ne manquent pas de voir la punition de l'outrage fait à St-Orens et aux prélats ses collègues. Il ne paraît pas (1) que Théodoric ait cherché à profiter de sa victoire, soit qu'il eût été affaibli par ses pertes, soit qu'il eût été découragé par le peu de succès qu'avaient eu les tentatives précédentes. Aëtius eut le temps d'accourir de l'Italie et de venir rassurer par sa présence les provinces soumises à l'empire. Il eût pu sans doute venger la gloire des armées romaines et l'honneur de son lieutenant, mais un ennemi bien autrement redoutable réclamait toutes ses forces.

Le fameux Kacan, roi des rois des Huns, qui selon la belle remarque d'un historien moderne (2), nous apparaît dans les traditions des peuples, moins comme un personnage historique que comme un mythe vague et terrible, symbole et souvenir d'une immense des-

---

(1) **Prosper** et **Idace**. — (2) **Michelet**.

truction, le hideux Attila, à la taille courte et ramassée, à la vaste poitrine, au front large et soucieux, au nez écrasé, aux yeux ardents et caves, aux traits noirs et sombres ; avait déjà traversé le Rhin à la tête de presque toute sa nation. A la suite se pressaient les Ostrogoths, les Gépides, les Quades, les Marcomans, comme sur les traces du tigre et du lion marchent les panthères, les ours, les chacals et cette foule d'animaux carnassiers du second ordre, accoutumés à se repaître des restes de la curée délaissée par les fiers tyrans des forêts. Plus qu'autrefois devant les féroces Kimbris, tout fuyait éperdu devant leur hâche toujours altérée de sang et de ruines. Leur approche suspendit les discussions qui déchiraient les Gaules.

Une paix solennelle dont on ignore les conditions et qui fut due à l'éloquence douce et persuasive d'Avitus, noble seigneur d'Arvernie, réunit Aëtius et Théodoric. Mérovée, *Merowig*, *Koning*, roi ou chef des Francs, joignit ses troupes aux troupes des deux nouveaux alliés que les Allemands vinrent encore renforcer. Fortes de ces nouveaux secours, les armées confédérées, commandées par leurs trois chefs en personne, atteignirent enfin les Huns dans les champs Catalauniques (1), destinés à devenir, comme les appelle un auteur contemporain (2), l'aire où se broiraient les nations. Plus de deux cent soixante-deux mille hommes y périrent, non dans la chaleur d'un premier triomphe ou les désordres d'une déroute tumultueuse, mais en combattant de pied ferme et presque corps à corps. La chute du jour ne put pas mettre fin à l'action qui se

---

(1) Jornandès, ch. 26. — (2) Idem.

prolongea bien avant dans la nuit. L'histoire n'offre peut-être pas d'exemple d'un pareil acharnement. On eût dit en présence les deux grands principes qui se disputent le monde, le génie de la conservation luttant avec l'esprit des ruines. La victoire devait rester au premier : la providence veille sur son ouvrage.

L'honneur de la journée appartint tout entier aux Visigoths, quoique leur roi eût été tué dès le premier choc. Il ouvrait la bataille, lorsqu'il fut atteint d'une flèche lancée par un seigneur Ostrogoth (1); car, comme si, dans cette horrible lutte, tout devait porter l'empreinte d'une atrocité particulière, les Goths étaient opposés aux Goths, les Francs aux Francs. Les Romains seuls, opposés aux Huns, avaient en tête des ennemis que leur fer pouvait atteindre sans se souiller. Théodoric renversé sur le coup, tomba inaperçu et fut écrasé sous les pieds des chevaux. Thorismond, l'aîné de ses fils, qui l'avait accompagné dans cette expédition, ignorant le sort de son père, culbute et renverse tout ce qui se trouve devant lui, et se repliant sur les Huns, il les force aussi à céder le terrain. Enivré par la victoire, il s'élance après eux; étourdi par le bruit et aveuglé par la poussière et les ténèbres, il les suit presque seul jusque dans leur camp d'où il a le bonheur de s'évader sans être découvert (2).

Elle dut s'écouler bien lente, mais surtout bien pleine d'anxiété, cette nuit qui avait caché sous ses voiles l'issue du combat. Les deux chefs la passèrent sous les armes; Aëtius, au milieu de ses soldats, qui lui faisaient un rempart de leurs boucliers; Attila, retiré

---

(1) Jornandès, ch. 40. — (2) Jornandès.

dans l'enceinte de ses chariots. Là, celui-ci chantait en choquant son bouclier avec le fer de ses javelots, lion rugissant et menaçant à l'entrée de la caverne où l'avaient acculé les chasseurs, comme s'exprime Jornandès. Le soleil éclairant enfin ces scènes de carnage, montra la terre principalement jonchée de Huns. A cette vue, les Romains coururent reprendre leurs positions et provoquer de nouveau leurs ennemis. Le Kacan refusa en frémissant la bataille et se tint renfermé dans ses lignes. Pendant qu'on délibérait si on forcerait les retranchements ou si on se contenterait de l'affamer, les Visigoths ayant retrouvé le corps de leur roi, célébrèrent ses obsèques à la mode de leur nation (1). Autour de son cercueil qu'environnaient les enseignes militaires, l'armée entière passa trois fois, faisant entendre tour à tour des chants et des cris funèbres, et les entremêlant du cliquetis des armes. Théodoric emportait dans la tombe les regrets de ses peuples qui lui devaient leur agrandissement dans les Gaules, et en particulier dans la Novempopulanie, et qui perdaient en lui un grand roi et un vaillant capitaine.

L'armée n'eut pas plutôt terminé les cérémonies de ses funérailles, qu'au bruit des armes elle élut pour son successeur Thorismond, l'aîné de ses huit enfants, parmi lesquels on comptait six princes et deux princesses. Jeune et belliqueux, le nouveau souverain brûlait de venger la mort de son père. Il voulait, malgré tous les obstacles, s'élancer sur le camp des Huns, à la tête des Visigoths, ne respirant tous comme lui que la fureur

(1) Jornandès, ch. 41. L'histoire a peu de pages plus belles que la description de cette bataille par cet écrivain.

et la vengeance. Ç'en était fait du roi des rois; et l'homme de sang qui s'appelait jadis avec orgueil le fléau de Dieu le sentait lui-même, car il fit élever un immense bûcher formé de selles de ses chevaux, et s'y plaça au sommet, la torche à la main, prêt à y mettre le feu, si ses chariots étaient forcés. Il eût, dit M. de Châteaubriand (1), disparu dans les flammes comme Alaric dans un torrent, image de la grandeur et des ruines dont ils avaient rempli leurs vies et couvert la terre. La politique tortueuse d'Aëtius vint à son aide.

Craignant (2) que l'extermination des Huns ne livrât le reste des Gaules à la puissance des Francs et des Visigoths, ou peut-être espérant, à travers les malheurs publics, frayer plus facilement à son fils la voie du trône impérial, il fit entendre à Thorismond que ses frères pourraient profiter de son absence pour s'emparer des trésors paternels, et peut-être même pour aspirer à la couronne, et l'engagea à reprendre au plutôt le chemin de ses états. Le roi Visigoth céda à ses perfides conseils, et abandonnant sa vengeance, il s'éloigna du camp des Huns et fit, quelques jours après, son entrée solennelle à Toulouse, au milieu de l'allégresse générale et des acclamations de tout son peuple. Mais il ne tarda pas à s'apercevoir qu'il avait été le jouet du général romain. Furieux alors de tant d'astuce, il lui déclara la guerre et courut attaquer Arles, dont il se fût emparé, si le préfet Tonance Ferréol, négociateur habile et souvent employé, ne l'eût déterminé à en lever le siège et n'eût plus tard ménagé la paix entre les deux peuples (3).

(1) Etudes historiques. — (2) Jornandès — (3) Sidoine Apollinaire, Haute-Serre.

Pour gage de ses sentiments, ou plutôt pour rédimer Thorismond des dépouilles des Huns que s'était promises sa valeur, Aëtius lui envoya un bassin d'or garni de pierres précieuses, du poids de cinq cents livres, ou, suivant un manuscrit, du poids de cinq cents sols.

Mais le repos pesait à l'âme belliqueuse du Visigoth. Aussi, est-ce avec joie qu'il apprit la nouvelle invasion dont Attila menaçait les Gaules. Après s'être échappé des plaines Catalauniques, le Kacan était rentré dans sa Pannonie pour y réparer ses forces, et bientôt à la tête des hordes non moins nombreuses que la première fois, il accourait laver sa honte sur le théâtre même de sa défaite. Les premiers coups allèrent chercher les Alains, nation Germanique, forte et puissante par elle-même, mais affaiblie par ses divisions; car à cette époque nous en trouvons une partie sous les étendards d'Attila, une autre au fond des Espagnes, et une troisième dans les Gaules, près d'Orléans; c'est celle-ci qu'attaquaient les Huns. Thorismond vole à la défense de ses voisins, et si Attila avait à venger sa défaite, il avait, lui, à venger la mort de son père. Entre deux guerriers célèbres, commandant des armées nombreuses et animés par d'aussi puissants motifs, le combat ne pouvait être que long et sanglant. Nous en ignorons tous les détails; nous savons seulement que la victoire resta au Visigoth (1), qui força son rival à repasser le Rhin pour la seconde fois, et maintenant sans retour. Quelques historiens prétendent qu'il contraignit les Huns à se replier sur eux-mêmes et à aller décharger leur rage sur l'Italie qui, après tant de siè-

---

(1) Jornandès, Roderic de Tolède, Sigebert.

cles, porte encore les traces profondes de leurs horribles dévastations ; car les auteurs ne s'accordent pas sur l'époque où le fléau de Dieu alla redemander aux peuples Italiques les flots de sang dont ils avaient jadis arrosé les forêts de la Germanie ; les uns la placent après sa première et les autres après sa seconde défaite.

Quoiqu'il en soit, Attila, comme avant lui Brennus et Alaric, comme après lui Genseric et comme plus tard le connétable de Bourbon, et hier presque encore le géant de notre siècle, Attila ne survécut pas long-temps à la prise de Rome. Tous ceux qui touchent à la ville éternelle semblent être bientôt poursuivis par je ne sais quelle fatalité. D'ailleurs, les destructeurs de l'espèce humaine n'eurent jamais qu'un jour. Ils passent aussi rapidement que ces tempêtes qui ont tourmenté la nature ; le sang qu'ils ont répandu a desséché leur race et appelé sur elle les vengeances du ciel.

Après tant de lointaines et périlleuses expéditions, rentré dans la forêt qui lui servait de repaire, le roi des Huns était un jour tout entier à la joie. Malgré son âge assez avancé, il venait d'unir à sa destinée la belle Ildico (1), célèbre encore dans les vieilles légendes du Nord. Il voulut célébrer son nouvel hymen par une de ces orgies qui contrastaient singulièrement avec sa tempérance habituelle, et qui se prolongea dans la nuit. « Le lendemain, comme la journée était déjà avancée, les officiers, dans la crainte de quelque malheur, bris.. .. .. porte de sa tente, après bien des

---

(1) Jornar... ch. ..9. L'auteur prétend avoir emprunté ces détails à Pris... .. ..apitre est au..i beau que le 40ᵉ.

cris, et trouvent leur maître sans blessure, mais étendu mort sur sa couche. Au pied du lit, était la jeune fille, la tête baissée et pleurant sous son voile. A ce spectacle, ils coupent leur longue chevelure et sillonnent de blessures profondes leurs hideux visages, car, pour pleurer Attila, c'est du sang d'homme qu'il fallait et non des larmes et des lamentations de femmes ».

Pour rendre de dignes honneurs à sa mémoire, on transporta son corps dans une plaine et on le plaça sous une tente de soie. L'élite des cavaliers, prise dans toute la nation des Huns, passa et repassa plusieurs fois autour du cadavre, poussant des chars comme à un cirque et chantant sur un ton lugubre : Attila, le plus grand roi des Huns, a étendu sa puissance plus loin qu'aucun prince avant lui; il a fait trembler les deux empires, il leur a imposé des tributs, et s'il ne les a pas détruits, c'est qu'ils ont pleuré pour vivre.

Après ces lamentations, les Barbares célèbrent dans un grand et long repas ce qu'ils appelaient leur *Strava* (noces funèbres), et par une union étrange, mêlent ainsi la joie au deuil. La nuit était alors fort avancée. Dans la sombre profondeur de ses ténèbres, ils confient à la terre le corps enfermé dans un triple cercueil d'or, d'argent et de fer, et ensevelissent avec lui des armes, des harnais précieux, les plus riches dépouilles qu'il eût enlevées aux rois ou aux généraux ennemis. Enfin, pour dérober tant de richesses à l'avidité humaine, ils égorgent les esclaves qui avaient creusé la fosse. Ces détails trop longs sans doute pour notre histoire, nos lecteurs voudront bien, je l'espère, nous les pardonner; nous n'avons pu résister au plaisir de leur faire connaître des mœurs aussi étranges.

Thorismond ne tarda pas à suivre dans le tombeau le roi des Huns, et moins heureux encore que son rival, il périt victime d'un lâche fratricide. Ses succès avaient augmenté son arrogance naturelle; tout devait plier devant son despotisme altier et superbe. Théodoric et Frédéric, ses deux frères aînés, conspirent contre sa vie et s'adjoignent quelques seigneurs mécontents. Ascaleri, l'un d'eux, étant entré dans l'appartement du prince pendant qu'il se faisait saigner pour quelque indisposition légère (1), saisit avec empressement l'occasion que lui offre le hasard. Il appelle ses complices, et tous ensemble ils se jettent sur le roi désarmé. Celui-ci pris au dépourvu, s'arme d'un escabeau qui tombe sous sa main, et du seul bras qu'il a libre, il assomme plusieurs de ses meurtriers; mais enfin, vaincu par le nombre, il succombe après deux ou plutôt trois ans de règne.

(1) Jornandès.

CHAPITRE III.

St-Orens, Théodoric II. — Euric. — Sa haine contre le Catholicisme. — Alaric II. — Concile d'Agde. — St-Vincent de Dax, St-Justin de Tarbes, Ste-Livrade, St-Gyrin, St-Fauste, St-Lysier, St-Grat, St-Galactoire, St-Julien.

A la mort tragique de ces hommes de sang, qu'il me soit permis d'opposer la fin douce et paisible d'un des plus illustres prélats qui se soit assis sur notre siége métropolitain : nous l'avions déjà entrevu, mais entraîné par la rapidité des événements, nous n'avons pu encore raconter sa vie.

St-Orens, le chef de l'ambassade envoyée à Lictorius, avait depuis longtemps succédé à St-Ursinien (1), dont les vertus ne sont point parvenues jusqu'à nous, mais qui brillèrent néanmoins assez pour lui mériter une place sur nos autels. A sa mort, on songea à donner à l'église d'Auch un pasteur qui fît revivre celui qu'elle pleurait. Dans ces temps de foi, les hommes se sentant impuissants, tournaient ordinairement vers le ciel leurs vœux et leurs espérances. On ordonna un jeûne public et des prières solennelles. Dieu se plut, dit-on, à les exaucer d'une manière sensible. Quand le clergé et le peuple furent réunis pour l'élection, une voix d'en haut prononça le nom d'Orens (2).

Il était né à Huesca, sur la frontière d'Aragon, d'un

---

(1) Chronique d'Auch. Manuscrit de M. d'Aignan. *Gallia christiana*. — (2) Vie de St-Orens, composée sur les mémoires tirés des anciennes légendes et des plus fidèles historiens.

père que les légendaires font comte ou gouverneur d'Urgel, ce qui a porté quelques biographes à lui donner cette ville pour patrie. Son éducation répondit à la noblesse et à la piété des auteurs de ses jours qui sont honorés l'un et l'autre d'un culte public, sous le nom de St-Orens et de Ste-Patience (1). Il fit dans peu de temps de grands progrès dans les lettres et encore plus dans les voies du salut. Le Seigneur qui le destinait à être un des ornements de son sacerdoce, l'arracha du sein de sa famille, alors que tous les biens et tous les honneurs de la maison passaient sur sa tête par la mort de son frère aîné. Un ange l'avertit et le conduisit comme par la main dans la vallée de Lavedan à quelques lieues de Tarbes. Tandis que le pieux jeune homme mettait tous ses soins à se cacher au monde, Dieu sembla se plaire à le glorifier. La réputation de sa sainteté se répandit bientôt de toutes parts : on vit les peuples accourir en foule vers le lieu de sa retraite; ils ne venaient y chercher qu'un remède à leurs infirmités, et ils trouvaient dans les prières et les avis charitables du serviteur de Dieu la santé de leur âme avec celle du corps.

Cependant le vertueux solitaire s'alarma de ce concours; il craignit les séductions d'un amour propre que tout éveillait, et afin de se dérober à tant d'empressement, il quitta la vallée de Lavedan et gravit le sommet d'une roche escarpée qui, à son approche, se partageant en deux, sembla ouvrir son sein pour lui prêter un asile. Dans cette grotte profonde, caché aux regards des hommes, mais sous l'œil de la divinité, il se livra

---

(1) Vie de St-Orens. Chronique d'Auch. Les Bollandistes.

à toutes les rigueurs de la plus austère pénitence. Là, peut-être aussi, il composa ce poème (1) remarquable pour l'époque et dont on a voulu faire honneur à des Orens qui n'existèrent jamais, mais qui appartient incontestablement à notre évêque. Partagé en deux livres et composé de vers élégiaques, il a pour titre : *Commonitoire* ou *Avertissement*. C'est, dit un professeur moderne (2), une sorte de guide vers le ciel écrit avec une douce et sainte mélancolie. Les ravages que les Barbares exerçaient dans les Gaules arrachent à l'auteur des paroles d'une douleur profonde. Pourquoi faut-il que la décadence où était tombée la langue latine s'y fasse trop souvent sentir (3)?

Ainsi s'écoulaient ses jours, lorsque les députés de l'église d'Auch viennent lui apprendre les ordres du ciel et le conjurer de ne point se refuser aux vœux empressés d'un peuple qui l'attendait. L'humilité est le sceau de la sainteté ou plutôt de tout vrai mérite. Orens se croyant complètement indigne de la haute dignité qu'on lui déférait, prit aussitôt le bâton du voyage, et déjà il se préparait à la fuite. Mais craignant bientôt de résister à Dieu, il le pria de lui faire connaître plus spécialement sa volonté. A l'instant, le bâton qu'il tenait dans sa main, prend racine, étend ses rameaux et se couvre d'un vert feuillage (4). A la vue de ce miracle, Orens courbe la tête et se dirige vers Auch. Quand il fut près d'entrer dans ses murs, tous les malades qu'ils renfermaient se trouvèrent, dit-on, subitement

---

(1) Vie de St-Orens. Chroniques d'Auch. — (2) Duquesnel, hist. des lettres. — (3) Nous en donnerons un extrait à la fin du 2e volume. — (4) Vie de St-Orens. Manuscrit de M. d'Aignan.

guéris (1). Les habitants s'empressèrent de sortir à sa rencontre pour lui témoigner leur joie et leur reconnaissance.

Le nouveau pasteur se dévoua au salut de ses ouailles. Quoique la croix brillât depuis longtemps sur le front des Césars, le paganisme comptait encore, surtout dans les provinces les plus reculées, des sectateurs nombreux. Orens s'attacha d'abord à l'extirper de son diocèse. Dans ce but, non seulement il combattit les rites idolâtriques, mais encore il abattit tous les monuments qui, en rappelant le souvenir des fausses divinités, en perpétuaient le culte. Là où l'ami des arts est tenté de gémir, l'homme de raison et de pratique ne peut refuser son assentiment. Avant tout, il fallait ramener la société. Aux portes de sa ville épiscopale, sur une montagne appelée alors Nervica ou Nerveya, s'élevait un temple célèbre consacré à Apollon. Orens s'y transporte, le détruit, et sur les ruines il élève une église en l'honneur de cette mère infortunée qui, avant de donner sa vie pour son Dieu, fut condamnée à voir son fils arraché de ses bras pour aller rougir de son sang et de sa tête fracassée les degrés du tribunal où siégeait un monstre qu'à la honte de l'humanité on appelait Juge : *(St-Cyr et Ste-Julitte sa mère)*. Du nom légèrement altéré de cette innocente et tendre victime, le mont s'appela depuis St-Cricq.

Un zèle aussi actif contre le paganisme ne pouvait oublier les vices qui souillaient la religion ; mais ici la résistance fut opiniâtre. On triomphe quelquefois plus facilement des infidèles et des hétérodoxes, que des

---

(1) **Vie de St-Orens. Manuscrit de M. d'Aignan.**

indignes enfants de l'église. Vainement le pieux évêque fit-il tour-à-tour entendre les accents de la plus douce et la plus tolérante charité, ou gronder toutes les foudres de la parole évangélique, sa voix fut complètement méconnue et toutes ses exhortations dédaignées (1). Tant d'efforts infructueux amenèrent dans son cœur le découragement. D'ailleurs, son ancien attrait pour la solitude le poursuivait sans cesse au milieu de la vie publique. Enfin, sa profonde humilité lui montrait toujours comme trop lourd le fardeau imposé à ses épaules. De là, la résolution d'abandonner un peuple qu'il ne pouvait ramener à la vertu. Il reprend en secret la cucule et le bourdon de l'hermite et retourne pauvre et content à la grotte, premier témoin de ses austérités, et depuis objet de tant de regrets. Ce départ consterna ses ouailles. Elles avaient bien pu se montrer indociles et rebelles, mais elles n'en avaient pas moins chéri leur pasteur et vénéré ses hautes vertus. On courut après lui en promettant une vie nouvelle.

Le saint se laissa toucher à ces sentiments, et sacrifiant ses goûts, il retourna vers le troupeau qui le redemandait, et où désormais son ministère porta les fruits les plus abondants. Ses succès, ses talents, ses éminentes qualités, les miracles nombreux dont Dieu se plaisait à relever les vertus de son serviteur, le plaçaient à la tête des évêques d'Aquitaine. Aussi, se présentait-il naturellement au choix de Théodoric. Cette distinction d'autant plus flatteuse qu'il la devait à un prince hérétique couronna sa vie. Dès qu'il fut revenu à Auch, Dieu lui fit connaître que son dernier moment appro-

(1) Vie de St-Orens, Manuscrit de M. d'Aignan.

chait (1). Il s'y prépara comme savent s'y préparer les saints, et mourut le 1er mai, après avoir occupé son siége pendant près de quarante ans. Son corps fut inhumé dans l'église de St-Jean-Baptiste, qui bientôt s'appela, tantôt de son premier nom et tantôt du nom de l'illustre et saint prélat dont les dépouilles venaient de lui être confiées, et insensiblement ce dernier a prévalu. C'est le seul qui lui reste maintenant, ou plutôt il a été transporté à la nouvelle église, bâtie en souvenir de la superbe basilique élevée vers le milieu du xe siècle, et qui disparut presqu'entièrement en 1793. Bernard de Serillac ou Sedirac (2), un des prieurs du couvent construit à côté de la basilique, releva plus de cent ans après les reliques de St-Orens et les plaça dans un lieu qui se prêtait mieux à la piété des fidèles. Elles y reçurent les hommages de la vénération publique jusqu'à la destruction de l'église.

La mort avait presqu'à la fois délivré l'empire de ses deux plus puissants ennemis; mais les circonstances avaient beau se montrer favorables, la vie se retirait à grands pas du colosse épuisé. Le meurtre d'Aëtius acheva de lui ravir le peu de forces qui lui restaient. Égaré par d'injustes préventions, Valentinien le poignarda lui-même, abattant ainsi, pour emprunter les paroles vraies et énergiques d'un de ses courtisans, abattant ainsi sa main droite de sa gauche (3); et comme si en perdant le plus grand de ses généraux, le trop crédule empereur se fût livré sans défense à qui voudrait l'assaillir, il fut non loin de là massacré à son

---

(1) Manuscrit de M. d'Aignan. Vie de St-Orens. Voir aussi les Bollandistes et le P. Labbe. — (2) Chroniques d'Auch. Manuscrit de M. d'Aignan. — (3) Procope, Guerre contre les Vandales, ch. 4.

tour (an 454), au milieu de ses gardes et en présence du peuple réuni, sans qu'aucun bras se levât pour protéger sa vie, ou pour venger sa mémoire. Le sénateur Maxime, petit-fils du tyran qu'avait jadis combattu le grand Théodose, couvert encore du sang de son maître, s'empara paisiblement de son trône et força l'impératrice Eudoxie à partager sa couche (1).

Cependant Théodoric II (2) s'était fait proclamer roi des Visigoths, en adjugeant toutefois quelque légère part de son autorité à Frédéric, son complice. Non moins belliqueux que Thorismond, mais croyant devoir à ses intérêts de suivre une voie différente, il renoua la paix avec les Romains, et contracta même avec eux une alliance intime, s'engageant à armer en leur faveur et à ramener au devoir l'Espagne Tarragonaise, que de nouveaux Bagaudes avaient soulevée. L'expédition confiée à Frédéric fut conduite avec succès, et les villes capturées remises à leurs anciens maîtres. Cette fidélité à exécuter les traités ne rassura pas Maxime, il craignit que Théodoric ne songeât à attaquer l'empire; et pour conjurer l'orage, il députa vers lui (3) Avitus, cet ancien préfet des Gaules, que nous avons déjà vu remplir d'autres missions auprès des Goths dont il avait conquis la confiance et l'estime. L'ambassadeur impérial fut accueilli à la cour de Toulouse avec les marques de la plus haute considération, et obtint sans peine la confirmation des anciens traités.

La mort de Maxime, ayant eu lieu sur ces entrefaites, laissa vacant le trône des Césars. Théodoric engagea

(1) Procope.
(2) Jornandès.
(3) Haute-Serre.

son hôte à revêtir la pourpre et lui promit l'appui de sa nation. Encouragé par cette promesse (1), le facile vieillard céda aux attraits du pouvoir suprême, et fut salué Auguste le 10 juillet, dans un château, près de Nimes, par les Visigoths, et le 12 août à Arles, par les légions Romaines et par les principaux seigneurs Gaulois. Les fêtes de l'inauguration étaient à peine terminées, qu'on vit accourir le roi Goth, suivi de ses frères et de ses principaux officiers; il venait féliciter le nouvel empereur sur une élévation à laquelle il n'était rien moins qu'étranger.

C'était sans doute le premier roi Barbare que son propre mouvement eût, depuis plusieurs siècles, porté à aller complimenter le maître de cette Rome, jadis si altière et maintenant si humiliée. Mais la civilisation romaine avait pénétré la nation des Goths. Leur cour de Toulouse égalait en politesse, nous dit Amédée Thierry (2), et surpassait en dignité celle de Constantinople. C'étaient les Gaulois de distinction qui entouraient leur roi quand ils ne marchaient pas en guerre, car alors les Germains reprenaient le dessus. Le roi Euric avait pour conseiller et pour secrétaire l'un des rhéteurs les plus estimés dans ce temps, et se plaisait (3) à voir les dépêches écrites sous son nom, admirées jusqu'en Italie pour la pureté et la grâce du style. Nous trouvons dans une lettre de Sidoine Apollinaire, le gendre même d'Avitus, quelques détails sur Théodoric. Ils feront mieux connaître que nos paroles un prince et une nation qui régnèrent assez longtemps sur la Novempopulanie.

(1) Idace, Isidore de Séville. —(2) Histoire des Gaules. — (3) Sidoine Apollinaire.

« Théodoric II se rend presque sans cortége aux
» assemblées de ses prêtres, qui se tiennent avant l'aube
» du jour; il les fréquente assidûment et s'y montre
» plein de respect. Toutefois, il est facile de s'aperce-
» voir que cette observance tient à l'habitude plutôt
» qu'au sentiment religieux. Le reste de la matinée est
» consacré aux soins de l'administration du royaume.
» Un écuyer de sa suite reste debout à côté de son
» siége : non loin stationnent ses gardes, revêtus de
» fourrures. Pour échapper au bruit, on les tient à
» quelque distance, et ainsi ils bourdonnent aux portes,
» en dehors des rideaux, en dedans des barrières. Ce-
» pendant on introduit les ambassadeurs du peuple. Le
» prince écoute beaucoup, parle peu. Faut-il délibérer,
» il ne se presse pas. Faut-il agir, il se hâte.

» En partant pour une chasse annoncée d'avance, il
» n'attache pas un arc à son côté; il croirait déroger
» à la majesté royale. Vient-on à lui montrer, ou le
» hasard lui offre-t-il sur sa route un oiseau, une bête
» fauve, à sa portée; il tend une main en arrière et un
» page y dépose un arc dont la courroie flotte détendue.
» Car, à ses yeux, si c'est une puérilité de le porter
» dans l'étui, c'est le fait d'une femme de l'accepter
» tout bandé. Enfin, il prend les traits, les ajuste, les
» chasse. Mais auparavant : que voulez-vous que je
» frappe? vous demande-t-il. Vous désignez l'objet,
» votre objet est atteint; et si l'un des deux doit se
» tromper, son coup est plus rarement en défaut que
» votre œil.

» Dans ses repas, où les jours ordinaires on retrouve
» toute la simplicité d'un particulier, vous ne voyez
» pas un esclave essouflé, faire gémir la table sous un

» amas désordonné d'argenterie malpropre et rouillée.
» Alors grande réserve de paroles : ou l'on se tait, ou
» l'on s'entretient de choses sérieuses. Les garnitures
» des lits, les tapisseries, les tentures, sont tantôt de
» pourpre et tantôt de fin lin. Les mets se distinguent
» par l'art de la préparation, non par la valeur; la
» vaisselle par la propreté, non par le poids. Les coupes
» et les patères sont rarement présentées : loin d'avoir
» à les refuser pour éviter l'excès, les convives auraient
» plutôt à redouter la soif. En un mot, on voit là l'élé-
» gance des Grecs, l'abondance des Gaulois, la dexté-
» rité des Italiens, l'éclat d'une fête publique, les
» soins d'un intérieur privé, une régularité vraiment
» digne d'un roi.

» Le repas terminé, souvent pas de méridienne, ou
» bien un sommeil toujours fort court. Lorsqu'il lui
» plaît de jouer, il saisit les dés rapidement, les exa-
» mine d'un œil inquiet, les agite avec adresse, les
» lance avec force, les interroge en plaisantant, les
» attend avec patience. Le coup est-il bon, il ne dit
» mot; mauvais, il sourit; indifférent, il se fâche; bon
» ou mauvais, il est philosophe. Pour la revanche, il
» dédaigne soit de la craindre, soit de la prendre. Lui
» présente-t-on des chances favorables, il les méprise;
» des chances contraires, il les néglige. On s'éloigne
» sans bruit, lui se retire le cœur net de tricherie. On
» le croirait même au milieu des dés, tout occupé de
» guerre : il n'a qu'un souci, celui de vaincre.

» En jouant, il dépose un peu la gravité royale; il
» veut au jeu liberté, égalité complète. Je vous dirai
» toute ma pensée; il a peur d'être craint. Enfin, il
» jouit de l'émotion du vaincu, et il se persuade qu'on

» ne lui a pas fait grâce, alors seulement que la mau-
» vaise humeur de son adversaire atteste son triomphe.
» Et ce qui vous étonnera, c'est que cette satisfaction
» qui résulte des causes les plus légères, assure les suc-
» cès des affaires les plus importantes. Alors les faveurs,
» depuis longtemps refusées aux plus puissantes pro-
» tections, sont subitement accordées; alors moi-même
» quand j'ai à solliciter une grâce, je me trouve heu-
» reux d'être vaincu. La perte de ma partie assure le
» gain de ma cause.

» Vers les neuf heures, renaissent tous les embarras
» de la royauté. Alors reparaissent et les solliciteurs et
» ceux qui cherchent à les supplanter. Partout frémis-
» sent la cabale et l'intrigue, et cela jusqu'au soir. La
» foule s'éclaircit à l'approche du souper du roi, se
» disperse chez les courtisans, et veille jusqu'au milieu
» de la nuit. Parfois, mais rarement, on admet au sou-
» per les bons mots et les railleries des mimes, sans
» que toutefois les convives se voient exposés aux
» traits d'une satire mordante et envenimée. On n'y
» entend ni orgues hydrauliques, ni concerts savants
» et étudiés; là point de joueur de lyre ou de flûte,
» point de maître de chœur, point de musiciennes à
» instrument à vent et à cordes. Le roi ne goûte que
» la musique dont les accents peuvent charmer l'âme
» autant que les oreilles. Quand il s'est levé, les gardes
» du trésor commencent leurs fonctions nocturnes; ils
» se tiennent en armes aux issues de la demeure royale
» pour y monter la garde aux heures du premier
» sommeil. . . . . . . »

Les Suèves, alors maîtres de la Galice et de la Lusitanie, avaient profité des troubles qu'avait amenés la

mort successive de Valentinien et de Maxime pour se jeter sur la province Tarragonaise (1). Le temps n'était plus où Rome repoussait avec hauteur les plus légères aggressions dont elle se crût lésée. Avitus, au lieu de faire marcher les légions, se contenta de députer vers Requiarius leur roi, le comte Fronton dont la famille était originaire de nos contrées. Théodoric qui avait donné sa sœur au Suève, appuya l'ambassadeur romain, mais leurs représentations étant restées sans effet, il franchit les Pyrénées (2) à la tête d'une armée nombreuse, repoussa les Suèves et força leur prince fugitif et blessé d'aller chercher un asile secret au fond de la Galice. Les infortunes de Requiarius n'étaient pas terminées. Craignant d'être découvert, il voulut se sauver par mer en Afrique; mais ramené sur la côte par les vents contraires, et conduit à Théodoric, il fut jeté dans un noir cachot, d'où il ne sortit que pour avoir la tête tranchée, malgré l'alliance étroite qui l'unissait à son impitoyable vainqueur.

Durant cette expédition, le faible Avitus avait été contraint de dépouiller la pourpre. Le roi Visigoth se prétendit autorisé par cette abdication à garder ses conquêtes. Il les augmenta même l'année suivante, et peu content de s'étendre ainsi dans les Espagnes, il déclara ouvertement la guerre aux Romains et prit plusieurs villes qui leur appartenaient dans les Gaules. Majorien (3), en qui brilla quelques jours avec quelque éclat la majesté impériale, moins timide que ses prédécesseurs, accepta la provocation, arma contre les Visigoths tout ce qu'il put lever de troupes, les défit en bataille

---

(1) Idace.—(2) Idace, Jornandès.—(3) Idace, Procope, Jornandès.

rangée et les força à demander la paix. Mais l'empire courait rapidement vers sa ruine. Majorien, qui pouvait seul retarder sa chute, fut massacré la première année de son règne (1). A la nouvelle de cette mort, Théodoric, toujours peu scrupuleux sur ses paroles, prétendit comme jadis, n'être plus lié par le dernier traité et occupa Narbonne (2). Il s'avança ensuite sur Arles qu'il investit; mais le Gaulois OEgidius, Gilles ou Gillon, grand maître de la milice romaine, ou commandant en chef de toutes les forces Romaines en deçà des Alpes, l'obligea bientôt à en lever le siège.

L'année suivante, OEgidius remporta une victoire signalée sur les Goths. La plus grande partie de l'armée ennemie resta sur le champ de bataille, et entr'autres un des meurtriers (3) du roi Thorismond, le prince Frédéric, qui la commandait. Poursuivant le cours de ses succès, OEgidius alla assiéger Chinon en Touraine. Il espérait qu'abattus par leur défaite, les ennemis n'opposeraient qu'une faible résistance. Mais ayant été reçu avec plus de fermeté qu'il n'attendait, il crut prudent de se retirer. L'heureux général survécut peu à cette campagne brillante. Il périt à quelques mois de là, victime d'une lâche trahison (464). Les Visigoths n'ayant plus de barrière qui pût les arrêter, réparèrent leurs échecs et s'emparèrent de la plus grande partie de la Gaule méridionale. Théodoric songeait à porter plus loin ses conquêtes, lorsque le même crime qui lui avait donné le trône vint le lui ravir après treize années d'un règne glorieux.

(1) Jornandès, Marcellin, Sidoine Apollinaire. — (2) Idace. — (3) Chronique de Marius.

Euric, son meurtrier (1), nommé par les historiens tantôt Evaric, Eoric et même Eothoric, se hâta de placer sur sa tête la couronne dégoûtante encore du sang de son frère; et ami des combats comme tous les enfants du premier Théodoric, il entra en Espagne (2), ravagea la Lusitanie, prit d'abord Pampelune et Saragosse et deux ans plus tard (an 468), il s'empara de Tarragone, la seule ville qui dans ces contrées appartînt aux Romains. C'est ainsi qu'après plusieurs siècles, ceux-ci furent enfin expulsés de la Péninsule qui, à une légère exception près, subit toute entière les lois des Visigoths.

Ces conquêtes, toutefois, ne satisfirent pas l'ambition d'Euric. Repassant les Pyrénées, il se jeta sur le Berry et le Gevaudan (3), y éprouva des succès divers, et parvint enfin à les ajouter à ses vastes états. Toute l'Aquitaine première était soumise. Restait encore l'Auvergne, pays longtemps de force et de courage. Euric y fit une incursion à la tête d'une armée nombreuse, au commencement de l'année 474 (4). Les habitants abandonnés des troupes régulières et livrés à leurs seules ressources, le repoussèrent en plusieurs rencontres. Malgré ces échecs, il réussit à mettre le siège devant Clermont. Cette place la plus importante de la province était défendue par Eddic, fils de l'empereur Avitus, jeune seigneur, aussi brave capitaine que généreux citoyen, et par Sidoine Apollinaire qui, après avoir renoncé au monde où il avait rempli avec distinction les plus hautes dignités, avait été élevé sur le trône pontifical de Clermont. Animés par ces deux illustres parents,

---

(1) Marca, Haute-Serre. — (2) Isidore, Idace. — (3) Jornandès. — (4) Sidoine Apollinaire, Jornandès.

les assiégés soutinrent les efforts des ennemis, bravèrent les horreurs de la peste et de la famine, et forcèrent leurs assaillants à s'éloigner de leurs remparts.

Ce qu'Euric n'avait pu obtenir par la force des armes, la lâche et absurde politique du fantôme que couvrait alors la pourpre romaine, vint le lui livrer (1). Sans respecter le courage des Arvernes et leur répugnance à se courber sous un joug étranger, l'empereur Nepos abandonna leur province aux Visigoths. Par ce sacrifice, il espérait sauver le peu de possessions qu'il avait dans les Gaules. Ce traité fut, je crois, le dernier acte de la puissance des Césars.

Quelques mois après (an 476), l'empire s'éteignit presque sans efforts sous les coups d'une nation jusque là faible et sans nom (2). Cet événement ne pouvait que servir les intérêts d'Euric qui porta bientôt ses frontières jusqu'au Rhône et à la Loire (3). Apollinaire va nous peindre sa puissance et sa cour comme il nous a déjà peint celle de Théodoric. Arraché à son troupeau et banni à cause de son attachement à la foi catholique, il était venu à Bordeaux où résidait alors le roi des Visigoths, pour y solliciter le terme de son exil. N'ayant point sous la main le texte original, nous emprunterons ici la traduction d'Amédée Thierry. Ailleurs, pour le même motif, nous avons emprunté celle d'un de nos amis (4) dont le beau travail sur Sidoine Apollinaire va faire partie de la grande collection des classiques latins, édités par Panckoucke.

---

(1) Ennodius, Sidoine Apollinaire. — (2) Jornandès. *De rebus Geticis*, ch. 46. — (3) Grégoire de Tours, Aimoin, Sidoine Apollinaire. — (4) M. l'abbé C. Dubroca, professeur de rhétorique au collége d'Aire.

J'ai presque vu deux fois, écrit Apollinaire à un de ses amis, j'ai presque vu deux fois la lune achever son cours, et n'ai obtenu qu'une seule audience. Le maître de ces lieux trouve peu de loisirs pour moi, car l'univers entier demande aussi réponse et l'attend avec soumission. Ici, nous voyons le Saxon aux yeux bleus trembler, lui qui ne craint que les vagues de la pleine mer; ici le vieux Sicambre, tondu après sa défaite, laisse croître de nouveau ses cheveux; ici se promène l'Érule aux yeux verdâtres, presque de la teinte de l'Océan dont il habite les derniers golfes. Ici, le Burgonde, haut de sept pieds, fléchit le genou et implore la paix; ici, l'Ostrogoth réclame le patronage qui fait sa force, et à l'aide duquel il fait trembler les Huns, humble d'un côté, fier de l'autre. Ici, toi-même, ô Romain, tu viens prier pour ta vie, et quand le nord menace de quelques troubles, tu sollicites le bras d'Euric contre les hordes de la Scythie, tu demandes à la puissance de la Garonne de protéger le Tibre affaibli.

C'est ainsi qu'entouré de puissance au dedans et redouté au dehors, Euric termina sa longue carrière en 484, ne laissant qu'une fille mariée à un prince étranger, et un fils qui lui succéda sous le nom d'Alaric II (1). Heureux ce prince, si fougueux partisan des erreurs d'Arius dont était imbue sa nation, s'il n'eût terni ses belles et nombreuses qualités par la haine profonde qu'il avait vouée au catholicisme. Écoutons encore Sidoine Apollinaire (2). « Le nom de catholique porte, dit-il, la rougeur à son front et à son cœur tant de violence, que vous le diriez moins le roi de son

---

(1) Jornandès. — (2) Lettres à l'évêque Basile, liv. 7.

peuple que le chef de sa secte. Jeune d'années, bouillant d'ardeur, puissant par les forces militaires, il ne souffre dans ses états que cette erreur (l'arianisme), parce qu'il lui attribue le succès de ses armes et de toutes ses entreprises. Bordeaux, Périgueux, Rhodez, Limoges, Mende, Eauze, Bazas, Couserans, Auch et un grand nombre d'autres villes pleurent leurs pasteurs égorgés, et nul ne peut prendre leur place, ni perpétuer les ministères inférieurs. Tant d'intolérance entraînant la ruine de l'église met Euric au-dessus de tous les hérétiques de nos jours et lui donne même une déplorable supériorité sur tous les hérésiarques des temps anciens. Aussi, le désespoir s'empare des populations qui, en voyant disparaître leurs pontifes, croient voir disparaître la foi. Dans les diocèses ou dans les paroisses, on n'a nul soin des choses saintes. Vous verriez le faîte sacré des temples s'ouvrir tristement ou tomber en pourriture. Vous verriez l'entrée des basiliques, veuve de leurs portes enlevées et obstruées par les ronces et les épines; vous verriez même, ô douleur! les troupeaux s'y coucher librement au milieu des vestibules entr'ouverts ou brouter l'herbe qui croît autour des autels. Ce n'est plus seulement dans les paroisses de la campagne qu'habite la solitude; à peine peut-on former de loin en loin quelque faible réunion dans les églises de la ville. Quelle consolation peut-il rester aux fidèles, quand périt non seulement la discipline cléricale, mais même son souvenir; car si lorsqu'un clerc est enlevé, une nouvelle bénédiction ne lui donne un successeur, ce n'est plus seulement le prêtre qui meurt, mais le sacerdoce. Enfin, dites-nous, quel espoir peut encore vivre dans les cœurs quand le terme de la vie d'un homme est le terme de la religion (1) ».

Aire et surtout Eauze, dûrent à leur attachement à la foi de longs et cruels malheurs. Des auteurs ont même prétendu que déjà détruite plusieurs fois, notre première métropole le fut alors sans retour; mais ayant eu longtemps encore ses prélats particuliers, comme l'attestent les Conciles où ils souscrivirent au rang des métropolitains, nous devons conclure qu'Euric se contenta d'abattre ses remparts pour la punir de sa résistance. Ce prince fut le premier qui donna des lois écrites à ses peuples ; ces lois connues sous le nom de Théodoriciennes furent élaborées par Léon (2), son premier ministre, l'un des plus habiles jurisconsultes de ce temps. C'est, à quelques changements près, ce qu'on appela depuis le code Gothique.

Alaric II ne marcha pas sur les traces de ses prédécesseurs. Loin de chercher à s'étendre par des conquêtes que la chute de l'empire Romain rendait si faciles, il ne s'occupa qu'à gouverner en paix l'état que lui avait laissé son père, et à y activer les progrès d'une civilisation qui, abandonnant l'Italie alors en proie aux Barbares, semblait vouloir se transplanter dans notre Midi. Ami des peuples vaincus, il fit pour eux le code célèbre qui porta son nom et que son chancelier Aignan (3) édita l'an 606, à Aire, où il tenait alors sa cour. La bonté de son cœur triompha même des principes intolérants ou plutôt cruels que le fanatisme d'Euric avait fait sucer à son enfance. A peine eut-il pris en main les

---

(1) A consulter sur cette persécution Grégoire de Tours, liv. 2, ch. 28. — (2) Isidore, Sidoine, Ennodius. — (3) C'est de lui que la ville d'Aignan, dont on lui attribue la fondation, a pris son nom.

rênes de l'état, qu'il adoucit le joug de fer qui pesait sur les populations orthodoxes (1). Bientôt il leur permit de rouvrir leurs églises et d'y placer de nouveaux évêques. Dans peu de temps les ruines disparurent et tous les siéges furent occupés; mais après une aussi longue et aussi cruelle persécution, il fallait plus que des efforts isolés et par là presque perdus. Un Concile national pouvait seul fermer toutes les plaies : Alaric l'autorisa.

Cette assemblée se réunit à Agde (2), sous la présidence de St-Césaire, d'Arles. Clair, métropolitain d'Eauze, y souscrivit avant Tetrade, de Bourges, mais après Cyprien, de Bordeaux. Gratien, de Dax, Nicet, d'Auch, Suavis, de Convennes, Galactoire, de Béarn, aujourd'hui Lescar, Grat, d'Oleron, Vigile, de Lectoure, Glicerius, de Couserans, y parurent en personne. Aper, de la cité Bigorritaine, aujourd'hui Tarbes, Sextilius, de Bazas et Marcel, d'Aire, s'y firent représenter par les prêtres Ingénuus, Polémius et Pierre. On y fit 71 canons parmi lesquels nous remarquons les suivants. Il était défendu d'ordonner un diacre avant vingt-cinq ans, un prêtre et un évêque avant trente. Le vide que la persécution avait laissé dans les rangs du clergé, avait dû sans doute faire taire un instant les anciennes lois. Ce vide comblé, on s'entourait de garanties contre l'entraînement de cet exemple. Les religieuses ne pouvaient prendre le voile, symbole de leur consécration, qu'après quarante ans, et leurs couvents devaient être éloignés des couvents de moines. Défense était faite à l'évêque d'aliéner les biens de son église, même pour

(1) Marca. — (2) Le P. Labbe, *Collectio conciliorum*, tom. 4.

des bonnes œuvres. On lui permettait toutefois de donner la liberté à quelques-uns de ses esclaves qui avaient bien mérité de la religion ou de lui, et même de les gratifier d'une pièce de terre labourable, d'une petite vigne ou d'une petite maison; il fallait que le don n'excédât pas vingts sols. Au-delà, toute générosité était nulle ou imputée sur les biens particuliers du donateur. Les esclaves légitimement affranchis étaient placés sous la protection de l'évêque qui devait les protéger contre les tentatives de ceux qui chercheraient à les asservir de nouveau ou à les dépouiller. Le maître qui, sans l'autorité du juge, mettait à mort son esclave, était excommunié ou soumis deux ans à la pénitence publique.

Le christianisme, dès son berceau, avait pris sous sa protection l'esclavage, cette grande plaie de la gentilité et son œuvre de céleste compatissance; il le poursuivra à travers les siècles jusqu'à ce qu'il ait amené l'affranchissement complet de toutes les servitudes. Grâces à son action salutaire, l'esclave à la façon d'Athènes ou de l'antique Rome disparaissait tous les jours. Il n'était déjà plus un homme inférieur soumis à un autre homme ayant pouvoir sur lui de vie et de mort. Le servage naissait : condition humiliante encore, mais infiniment supérieure, qui deviendra la condition de tout ce qui n'appartiendra pas à l'ordre de la noblesse, quand les charges publiques, les malheurs de la nation et l'extermination des Barbares, des Normands surtout, auront détruit les petits propriétaires.

Trente-quatre prélats composèrent le Concile; tous les évêques de la province y sont nommés, car Bayonne n'en avait point encore. Les autres siéges dataient vraisemblablement d'assez loin. Néanmoins, pour plusieurs, nous ne pouvons assigner d'autre date que celle-ci. Quelques églises avaient eu à leur tête des prélats honorés d'un culte public. Dax devait la foi à St-Vincent (1). Nous savons de lui qu'il porta aux Tarbelliens la semence évangélique et qu'il scella de son sang les vérités qu'il annonçait. Peu après sa mort, les fidèles lui érigèrent aux portes de la ville une église digne de leur piété; mais durant une des nombreuses persécutions que nous avons rappelées, et sans doute sous l'empire d'Euric, la nouvelle église fut pillée, profanée et dévastée. La haine et l'impiété ne respectaient pas même les reliques des saints. Elles jetèrent dans l'Adour une faible partie des cendres qu'on gardait dans un vase précieux. Des jours meilleurs s'étant levés sur la Novempopulanie, Gratien (2), celui-là même que nous venons de trouver à Agde, restaura l'église dédiée à son illustre prédécesseur, la purifia par de nouvelles prières, la dota de tout ce qui lui avait été enlevé et la rendit au culte. Néanmoins, s'il faut en croire la légende de l'ancien bréviaire de Dax qui nous a transmis ces détails, on ignorait encore le genre, le théâtre et le jour du martyre de St-Vincent. Dieu se plut à les révéler à une vierge de haute piété, nommée Maxime, sous l'épiscopat d'Illidius, un des successeurs immédiats de Gratien, et le pontife ordonna aussitôt qu'on célébrât dans tout le diocèse la fête le premier septembre.

Tarbes s'honorait déjà d'avoir eu à sa tête St-Justin, du moins s'il faut en croire Dom Denis de Ste-Mar-

---

(1) *Gallia christiana*. Bollandistes. Bréviaires de la Province. —
(2) *Gallia christiana*.

the (1), qu'ont suivi quoique assez timidement les bréviaires de la province. Le docte Bénédictin s'appuie d'un ancien martyrologe de l'abbaye de Corbie, portant le nom de St-Jérôme, et où l'on ne trouve, dit-il, le nom d'aucun saint postérieur à l'illustre père de l'église. On y lit au premier mai ces mots : dans la cité de Bigorre, obsèques de St-Justin, évêque, de Magnus, d'Ysicus et de Phaucus, les trois compagnons sans doute des travaux et des triomphes de Justin. Néanmoins, Grégoire de Tours (2) ne donne à celui-ci que le titre de prêtre; il parle d'un lys placé sur sa tombe, que l'on voyait refleurir tous les ans au jour de sa fête. Il mentionne bientôt après le prêtre Misselin qu'il dit avoir été parent de Justin par ses mérites et sa sainteté, et avoir été enseveli dans le bourg de Talve ou Tarbes, où avaient brillé ses vertus. Avant ces glorieux confesseurs, le Bigorre avait eu ses martyrs; deux seuls sont connus : la jeune vierge Ste-Livrade et St-Gyrin (3). Une ancienne tradition veut, nous ne savons trop sur quel fondement, que la première dont on fait une des nombreuses sœurs de Ste-Quitterie ait été massacrée dans le bois de Montus, et que St-Gyrin ait été décapité à Tarbes sur le pont de l'Adour. Sa tête roulant dans les flots alla, dit-on, rendre la vue à une femme aveugle d'Aureillan (4) qui lavait des herbes. Ce qui est certain, c'est que ses reliques furent conservées jusqu'en 1793, dans l'église paroissiale de ce village.

St-Fauste (2) vint jeter un nouvel éclat sur ces contrées. Aussi recommandable par ses talents et sa connais-

---

(1) *Gallia christiana*. Manuscrit de M. Larcher.— (2) *De Gloria confessorum*. — (3) Manuscrit de M. Larcher. —(4) *Aurellianum*, lieu, village d'Aurélien.

sance des divines écritures que par son zèle et la pureté de sa vie, il sut affermir dans la vraie foi le peuple confié à ses soins et déjouer toutes les séductions de l'arianisme (1). Ses succès le désignaient à la haine des Goths. Euric le chargea d'abord de chaînes et le confina dans une étroite prison; il l'exila ensuite à Aire où il le laissa languir en proie à toutes les privations. Le généreux confesseur de Jésus-Christ supporta l'exil comme il avait supporté la prison; il attendit dans le calme d'une résignation inaltérable que Dieu fît luire des jours meilleurs sur son église. Son attente ne fut point trompée. La mort d'Euric le rendit enfin à son siége; mais épuisé par l'âge plus encore que par les souffrances, il ne tarda pas à aller recevoir dans le ciel le prix de sa courageuse fermeté. Il mourut en recommandant ses ouailles à St-Lizier, son disciple, qui avait gouverné son diocèse pendant son long bannissement.

Lizier était né en Espagne d'un père qui enseignait la rhétorique et qui l'instruisit dans les belles-lettres (2). Il quitta sa patrie assez jeune et se rendit à Tarbes, où il se plaça sous la discipline de St-Fauste. Après la mort de son maître, il se retira auprès de St-Quintien, son oncle, qu'on a pris communément pour le célèbre évêque de Rhodez qui porte ce nom, mais que le père Lecointe place avec plus de vraisemblance sur le siége de Couserans. Quoiqu'il en soit, Quintien l'agrégea à son clergé et lui conféra successivement le sous-diaconat, le diaconat et le sacerdoce. Averti bientôt par ses infirmités que sa fin approchait, il lui abandonna son

---

(1) De Saussay, Martyrologe de France. Nicolas Bertrandi : *De Tolosanorum gestis. Gallia Christiana.* — (2) *Gallia Christiana.* Manuscrit de M. Larcher.

siége et le sacra de ses mains, écoutant moins dans ce choix la voix du sang et de l'amitié que les vœux publics. Tous admiraient la haute piété du fils de son adoption et surtout son inépuisable charité que Dieu se plut souvent à bénir en multipliant entre ses mains le pain de l'aumône.

Le nouvel épiscopat fut troublé par une incursion des Goths. Ricosinde, un de leurs chefs, s'avança jusqu'aux pieds des murs de la ville. Il espérait l'emporter sans peine et la livrer au pillage; mais la nuit qui devait précéder l'assaut, il vit en songe le saint prélat, le menaçant d'une mort certaine s'il ne s'éloignait au plutôt. Troublé, épouvanté de ce songe, Ricosinde attendit à peine le retour du jour et s'enfuit en toute hâte. Lizier recueillit dans les bénédictions qui redoublèrent sur ses pas la récompense de ce triomphe doublement cher à son cœur, puisqu'il avait sauvé ses ouailles et qu'il n'avait point été acheté par le sang. Il vécut longtemps encore et ne s'endormit dans le Seigneur qu'après 44 ans de pontificat. La reconnaissance de son peuple le suivit dans la tombe : elle le choisit pour patron de l'église cathédrale et de la ville, qui oublia insensiblement son propre nom pour prendre celui du prélat à qui elle devait son salut. Tout porte à croire que notre saint est le même que Glicérius qui vient de souscrire au Concile d'Agde, quoique certains écrivains, et à leur tête les nouveaux auteurs de la *Gallia Christiana* les distinguent et rejettent St-Lizier vers la fin du VIIe siècle. Dans leur sentiment St-Fauste, loin d'avoir précédé Aper sur le siége de Tarbes, n'y monta qu'après Amelius dont nous parlerons plus tard. Ici comme ailleurs, dans le partage des sentiments, nous avons adopté celui qui nous a paru plus plausible.

Du reste, l'église de Couserans avant Quintien, ou plutôt à son berceau, avait eu pour pasteur un prélat d'une piété éminente, et, comme l'église de Dax, elle n'avait conservé que le souvenir de son nom et de ses vertus (1). A Couserans encore, sur la tombe de St-Valère, comme à Dax sur les dépouilles de St-Vincent, on s'était contenté d'élever un petit oratoire qu'agrandit Théodose, un de ses successeurs; mais quand, au rapport de St-Grégoire de Tours (2), il ouvrit la tombe qui renfermait les saintes reliques, il trouva le corps avec ses cheveux et sa barbe aussi frais et aussi sain que le jour où on l'y avait déposé. L'odeur suave qui s'en exhalait prouvait assez, remarque le père de notre histoire, que dans ce tombeau reposait un ami de Dieu; mais les feuilles de laurier dont on avait jonché sa couche et dont quelques-unes prises par Théodose guérirent plusieurs malades, l'attestèrent encore davantage.

Glicérius ou Lizier n'est pas le seul prélat de la province, présent à Agde, que la religion ait placé sur nos autels. Grat, d'Oleron et Galactoire, de Béarn, partagent avec lui cet honneur. Tout est inconnu dans la vie du premier (3); on prétend qu'il nâquit dans le pays de Soule, mais rien ne confirme cette assertion. De Galactoire (4) nous ne savons que sa mort. Les anciens monuments de Lescar nous apprennent que s'étant mis à la tête de quelques soldats Béarnais, il combattit vaillamment contre les Goths, près de Mimisan, sur les côtes de la Gascogne, mais que vaincu par le nombre, il tomba au pouvoir de ses ennemis. Ceux-ci, Ariens

---

(1) *Gallia Christiana*.—(2) *De Gloriâ Confessorum*.— (3) *Gallia Christiana*. Bréviaires de la Province. —(4) *Gallia Christiana*. Marca.

forcenés, employèrent tour à tour la douceur et les supplices pour lui faire abjurer sa foi; mais voyant leurs efforts inutiles, ils le massacrèrent inhumainement. Galactoire avait succombé en défendant sa patrie contre l'étranger, et sa religion contre les hétérodoxes. La double couronne du martyre rayonnait ainsi sur son front.

La semence de l'Évangile avait été portée en Béarn par St-Julien (1), que Léonce, métropolitain de Trèves, avait ordonné évêque et envoyé conquérir au christianisme les régions les plus reculées des Gaules. Né dans l'Aquitaine, Léonce devait s'intéresser au salut de ses compatriotes. Julien ne faillit point à sa mission. Sa parole, ses vertus et ses miracles enfantèrent à Jésus-Christ les nombreuses peuplades qui avoisinaient la cité de Béarn où il établit son siége, et où il mourut paisiblement chargé d'années et de mérites. Une modeste église placée au bas de la côte où s'élève aujourd'hui Lescar et située vraisemblablement à l'extrémité de la cité romaine, porte encore son nom. C'est là qu'il dut être enseveli; on fait remonter son apostolat à la fin du IV° siècle ou aux premiers jours du cinquième.

Les autres prélats d'Agde ont encore moins laissé de traces que St-Grat et St-Galactoire. Nicet Ier survécut peu à ce Concile. Il avait remplacé sur le siége d'Auch, Justin, le même sans doute que celui qui périt victime de sa foi dans la persécution d'Euric, et qui néanmoins ne paraît pas avoir été placé dans le catalogue des saints; car le martyr que l'on vénère dans le

---

(1) *Gallia Christiana.* Marca. Chroniques d'Auch. Manuscrit de M. d'Aignan.

Pardiac, et qui avait donné son nom à l'abbaye de St-Justin, nâquit, dit-on, en Orient, d'où il passa dans les Gaules, et fut immolé sous Trajan ou son successeur. L'évêque d'Auch avait eu pour prédécesseur Minerve, plus inconnu encore que lui.

CHAPITRE IV.

Les Cagots ou Capots. — Bataille de Vouillai. — Mort d'Alaric. — Clovis à Auch. Sa générosité envers notre Métropole. — Évêques d'Auch. — Mort de Clovis. — Divers Conciles. — St-Aspase, d'Eauze. — Clotaire et ses fils. — Gondoval. — Siège de Comminges. — Nicet, de Dax. — Amelius, de Tarbes.

Le gouvernement paternel d'Alaric semblait devoir lui gagner tous les cœurs; mais pour les empires plus encore que pour les hommes, il est un moment fatal, marqué par la providence. Alors tout ce qui devrait le plus nous arrêter sur le penchant de notre ruine ne sert qu'à nous y mieux précipiter. On oubliait la tolérance, la douceur du fils pour ne rappeler que le fanatisme et la cruauté du père. Le nom Visigoth devenait chaque jour plus odieux. Cette haine fut même si profonde, qu'elle paraît avoir survécu au temps et aux changements qu'il entraîne. Presque jusqu'à nos jours vivaient les cagots ou capots, race maudite, à part de toute race. Vrais parias de la société chrétienne, ils étaient confinés dans des quartiers séparés qu'ils habitaient seuls, et ne pouvaient se mêler et moins encore s'allier avec les autres citoyens; il leur était défendu de porter aucune arme ou d'exercer d'autres métiers que ceux qui s'exercent en plein air. Aussi étaient-ils presque tous bûcherons, charpentiers, pasteurs ou mendiants. Il fallait le témoignage de sept d'entr'eux pour contrebalancer la déposition d'un autre Français. Même aux pieds des autels, là où les distinctions s'effacent ou du moins s'affaiblissent devant le Dieu commun, ils avaient une porte où nul ne passait qu'eux, un bénitier particulier, une place séparée, et enfin comme s'il n'était pas assez d'avoir été ainsi séquestrés toute leur vie, après leur mort ils allaient dormir dans un cimetière distinct.

Plusieurs savants ont vu, il est vrai, dans ces infortunés, les descendants de ces ladres ou lépreux qui, à la suite des croisades, épouvantèrent le monde de leur hideuse maladie : mais outre que leur sang généralement plus beau que celui de leurs concitoyens, proteste contre une pareille origine, l'étymologie la plus simple et la plus naturelle les donne pour Goths avec l'insulte que leur jette la haine ou le mépris : cagoths, *cas* ou *cans de Goths*, *chiens de Goths*. Leur nom, chargé d'opprobres, servit de ralliement pour tous les êtres que poursuivaient les préventions populaires. De là il advint qu'on appela aussi quelquefois les ladres *cagoths*, mais alors la dénomination était empruntée.

Travaillés par leurs prélats et craignant sans doute de voir renaître le passé sous un autre roi Visigoth, les Aquitains soupiraient après un changement de domination. Leurs vœux et leurs espérances se tournaient vers la nouvelle puissance qui s'élevait dans les Gaules. Quelques années auparavant, l'an 486, le jeune et ambitieux Clovis *(Hlodowig)* (1), jetant un regard d'aigle sur ces vastes contrées que ses ancêtres avaient si souvent sillonnées de leurs courses aventureuses, et jugeant que le jour était venu d'y rentrer pour n'en plus sortir,

---

(1) Grégoire de Tours, ch. 27. Aimoin.

avait attiré sous ses drapeaux toute la race Franke, traversé le Rhin à Cologne et paru sous les murs de Soissons. C'était la capitale d'un petit état indépendant que, dans le démembrement de l'empire, s'était créé le patrice Syagrius, fils de cet Œgidius, ou Gilles, dont nous avons déjà vu les exploits. Clovis provoque le patrice au combat. Le Gaulois l'accepte sans hésiter; mais après une vigoureuse résistance, ses légions sont rompues, et lui-même, entraîné dans la déroute, est forcé d'abandonner ses états et de se réfugier presque seul auprès d'Alaric, à Toulouse.

La haine ou la politique de Clovis poursuivit le vaincu dans l'asile où il s'était caché. Le chef des Francs somma fièrement Alaric de lui livrer le fugitif ou de se préparer à la guerre; et le puissant roi des Visigoths, soit crainte des armes du vainqueur de Soissons, soit indifférence pour un hôte étranger, accorda l'extradition demandée (1). Ce premier succès donna aux Francs quelques provinces dans lesquelles leur habile chef sut affermir bien vite sa puissance. Dix ans plus tard (an 496), la victoire de Tolbiac l'amena dans le sein du christianisme. Cédant aux pressantes sollicitations de la reine Clotilde (Crotéchilde, *illustre fille*), ou plutôt aux sentiments de sa propre reconnaissance, il reconnut le Dieu à qui il devait son triomphe, et courbant son front altier sous la main de Rémi (2), évêque de Rheims, l'humble Sicambre adora ce qu'il avait brûlé, et brûla ce qu'il avait adoré (an 496). L'erreur était alors assise sur tous les trônes. Le nouveau chrétien devenait ainsi l'unique espoir des catholiques.

---

(1) Grégoire de Tours. Frédégaire. — (2) Idem. Flodoard.

et surtout de leur clergé qui usa de son pouvoir sur le troupeau confié à ses soins pour lui soumettre les esprits.

Cependant le héros Franc poursuivant ses avantages, avait poussé ses conquêtes jusqu'à la Loire qui, comme nous l'avons déjà dit, bornait le royaume d'Alaric. Entre deux voisins rivaux de puissance et jaloux de fortune, l'occasion ne pouvait manquer à une rupture prochaine. Craignant que les suites n'en fussent funestes aux Visigoths amollis par une longue paix, Théodoric, roi des Ostrogoths, qui avait épousé la sœur de Clovis et donné sa fille à Alaric, ménagea une entrevue entre son gendre et son beau-frère. Aimoin (1) prétend que cette entrevue fut sollicitée par Clovis, dont l'ambassadeur Paternus avait mission d'explorer les forces de l'ennemi. Grégoire de Tours en attribue la demande à Alaric qui, voyant les progrès incessants du chef des Francs, lui envoie des députés pour lui dire : si mon frère y consent, j'ai dessein que nous ayons une entrevue sous les auspices de Dieu. Clovis accédant à sa proposition alla vers lui. S'étant joints dans une île de la Loire, située auprès du bourg d'Amboise, sur le territoire de la cité de Tours, ils conversèrent, mangèrent et burent ensemble : après s'être promis amitié, ils se retirèrent en paix. Tel est le récit de Grégoire de Tours (2), que nous avons traduit littéralement. Nous avons cité ces trois opinions diverses sur un fait assez insignifiant, pour montrer de quelles contradictions sont hérissés les premiers règnes de notre monarchie.

Malgré les assurances que s'étaient données les deux

(1) Liv. 1er, ch. 20. — (2) Histoire, liv. 2, ch. 35.

rivaux, Clovis convoque un jour ses guerriers (1). « Il
» me déplaît, leur dit-il, que ces Ariens possèdent la
» meilleure partie des Gaules : allons sur eux avec l'aide
» de Dieu et chassons-les. Soumettons leur terre à notre
» pouvoir ; nous ferons bien, car elle est très-bonne ».
Cette harangue qui promettait à des guerriers avides
une riche proie, fut accueillie avec transport. L'agression fut résolue, et pour la rendre populaire parmi les
catholiques Gaulois, le politique Clovis fit jeter les fondements d'une superbe basilique, dédiée d'abord à
St-Pierre et St-Paul, et consacrée depuis à Ste-Geneviève. Le chef des Francs voulut aussi à son départ
recevoir la bénédiction de St-Rémi. Bientôt son armée
franchit la Loire sans trouver de résistance, et traversa
le diocèse de Tours. Par respect pour l'illustre Thaumaturge dont le corps reposait dans la cathédrale de
cette cité, il défendit de prendre dans le pays autre
chose que des légumes et de l'eau. Un soldat ayant
enlevé de vive force le foin d'un pauvre homme, il le
frappa lui-même de son épée en s'écriant : où sera l'espoir de la victoire, si nous offensons St-Martin (2).

Cependant des prodiges sinistres étaient venus, dit-on, consterner les peuples méridionaux : sur la place
publique de Toulouse, ils avaient vu sourdre tout à
coup une fontaine de sang qui avait coulé tout le jour.
C'était, disent les chroniques, le présage de la ruine
des Visigoths et du triomphe de leurs ennemis. Les
Francs eurent aussi leurs miracles, mais ceux-ci étaient
plus rassurants et surtout plus faciles à expliquer. Une
biche, d'une grandeur extraordinaire (3), leur indiqua

---

(1) Grégoire de Tours, ch. 37. — (2) Idem. — (3) Idem.

un gué dans la Vienne qui, grossie par les pluies, arrêtait leur passage. Une flamme, un météore, un phare, comme l'appelle Grégoire de Tours (1), brilla sur la basilique de St-Hilaire, de Poitiers, ce prélat si célèbre par ses combats contre les Ariens; et par reconnaissance, le chef des Francs ordonna qu'on respectât ce territoire comme il avait épargné celui de Tours.

Les deux armées se trouvèrent enfin en présence, dans les plaines de Vouglé ou Vouillai. Alaric pressentant le sort qui l'attendait, voulut refuser le combat et se borner à une guerre défensive. Mais les soldats murmurèrent et accusèrent sa prudence de lâcheté. Puisque vous le voulez, marchons à l'ennemi, s'écria alors le prince, digne de commander à une armée différente; faites que vos actions répondent à vos paroles; pour moi, je vous montrerai si la frayeur dictait ma conduite. L'action s'étant engagée, les Visigoths, malgré leurs murmures et leur empressement, lâchèrent honteusement le pied dès le premier choc. Alors Alaric, apercevant Clovis à peu de distance, le défia seul à seul. Le Franc acceptant la provocation, ils fondirent l'un sur l'autre, et tous les combattants s'arrêtèrent pour voir ce qui adviendrait de cette rencontre.

Elle fut courte et terrible, dit la nouvelle histoire de France, à laquelle nous avons emprunté une partie de ce récit. Après quelques coups portés et parés de part et d'autre, Clovis désarçonna Alaric et lui plongea sa framée dans la poitrine (2); mais au même instant deux cavaliers Visigoths arrivèrent au galop sur le vainqueur et le frappèrent à la fois de leurs lances. La bonté de

---

(1) Grégoire de Tours, ch. 37. Aimoin. — (2) Idem.

sa cuirasse et la légèreté de son cheval le sauvèrent de ce rude choc, et ses leudes ou fidèles eurent le temps d'accourir à son aide.

Les Visigoths voyant leur roi étendu sans vie, s'enfuirent dans toutes les directions; mais les Aquitains qui combattaient dans leurs rangs et surtout les Avernes *(Auvergnats)* (1) déployèrent un courage digne de leurs glorieux ancêtres. Ils moururent tous à leur poste avec l'élite de leur noblesse et leur chef Apollinaire, fils de ce Sidoine Apollinaire dont nous avons si souvent cité les écrits. Moins brave ou plus prudent, Ghesalic, fils naturel d'Alaric, s'échappant du combat, s'enfuit précipitamment dans le Languedoc où il s'empara de Narbonne, au préjudice du fils légitime, Amalaric, *(puissant Amale)*, jeune enfant de cinq ans, que quelques capitaines fidèles se hâtèrent de conduire en Espagne avec la reine Theudicode ou Théodogothe, sa mère.

Tandis que les Visigoths abandonnaient ainsi la Novempopulanie, après l'avoir possédée près de quatre-vingt-dix ans, les Francs, dont tant de vœux imprudents avaient appelé la domination, se répandirent comme un torrent dévastateur dans les belles et fertiles contrées que les Romains avaient réunies sous le nom d'Aquitaine et qu'avaient enrichies les douceurs d'un gouvernement assez paternel, et plus encore les loisirs d'une longue paix (2). Partout où ils portèrent leurs pas, les villes virent leurs populations décimées ou traînées en esclavage; et les monuments respectés par

---

(1) Grégoire de Tours. — (2) Grégoire de Tours, Hincmard, Flodoard, Aimoin, Sigebert.

les invasions des autres Barbares jonchèrent le sol de leurs ruines. Bientôt Clovis, donnant une partie de son armée à Thierry ou Théodoric (*Theod* ou *Thiod extrêmement*, *Rik*, *puissant*), l'envoie subjuguer l'Arvernie et les pays voisins. Lui-même, avec le reste de ses troupes, soumet sans peine tout le pays situé entre la Loire et la Garonne, et s'arrête à Bordeaux où il passe l'hiver. Dès le printemps suivant (1), il reçoit le serment de fidélité des peuples de la Novempopulanie et entre sans obstacle dans Toulouse où il espérait trouver les trésors du roi Alaric; mais ils en avaient été soustraits et portés à Carcassonne, d'où ils furent transférés à Narbonne. Un des fils de Clovis, plus heureux que son père, s'en empara en 931.

S'il faut en croire une ancienne chronique, Clovis vint en personne aux portes de la cité d'Auch, et y fut reçu avec acclamation par l'évêque Perpétue, successeur de Nicet, à la tête de son troupeau. Pour reconnaitre cet accueil, le héros chrétien ou plutôt l'habile politique, exempta l'église de Ste-Marie de toute espèce de *servitudes, tribut ou exactions, abandonnant tout droit sur elle ou tout domaine* (2). Il lui fit aussi présent, entr'autres choses, de sa robe, de sa tunique et du vase dont lui et la reine Clotilde se servaient pour laver leurs mains. Il alla déposer lui-même sur l'autel de la Vierge cent sols d'or pour en faire des couronnes. Une d'elles a été conservée jusqu'en 1793; on l'appelait la couronne de Clovis. Le roi Franc assura encore à notre métropole 62 sols de rente à prendre sur les revenus que les autres cités payaient

---

(1) Haute-Serre. — (2) Chroniques d'Auch, Manuscrit de M. d'Aignan.

alors à Auch. Il adjugea à l'évêque et à ses successeurs le corps entier de la ville avec les faubourgs et les églises de St-Pierre et St-Jean, près du Gers (plus tard St-Orens). Il gratifia encore nos prélats de la ville de Vic-Fezensac avec toutes ses appartenances qui, à cette époque, étaient du domaine royal. Il soumit même toutes les cités de la Gascogne à l'église d'Auch, afin qu'elle fût appelée et fut réellement la métropole, c'est-à-dire la mère des autres églises. Enfin, à la prière de son épouse, il fit bâtir hors de la ville d'Auch, mais près des murs, une magnifique église, à l'honneur de St-Martin, et il la dota largement.

Tel est le document auquel on donnait jadis tant d'importance qu'il avait été inséré dans les deux cartulaires de la métropole et dans les registres du chapitre. Il était appuyé d'un vieux parchemin à demi rongé par le temps. Le pape Célestin III paraît le reconnaître dans une bulle que nous citerons en son lieu. Enfin, nos archevêques l'ont souvent invoqué dans leurs débats avec les gens du fisc.

Malgré tous ces titres qui nous le recommandent, ce document porte avec lui de nombreuses traces de supposition ou du moins d'altération. Car il dit que le monarque Franc venait de délivrer Auch et les pays adjacents de la domination des Sarrasins, qu'il battit et poursuivit jusqu'à Toulouse le roi Alaric; que ce dernier prince, d'abord catholique, avait abandonné la vraie foi pour embrasser l'erreur. Ajoutons l'érection de notre cité en métropole, à côté d'Eauze encore debout. Enfin l'évêque Perpétue lui-même ne nous est connu que par cette pièce; et, au premier Concile, nous trouverons sur le siége d'Auch un Nicet qu'il faudra distinguer du Nicet qui parut à Agde. Certes, voilà bien des faits erronés ou suspects. Il n'est pas étonnant que les officiers royaux et les parlements n'aient vu dans cet écrit qu'un acte apocryphe. Nous ne pensons pas toutefois qu'il faille le rejeter entièrement. A nos yeux, le vrai s'y mêle au faux. Il est certain que Clovis fit de grandes largesses aux églises. L'histoire est là pour appuyer sur ce point les diverses traditions locales. Le souvenir s'en conserva longtemps dans les esprits ; et dans le moyen âge, quand furent confectionnés les divers cartulaires, on lui attribua la plupart des monuments ou des priviléges dont on ignorait l'origine, selon la coutume qu'ont toujours eue les masses peu éclairées, de tout placer sous le patronage d'un grand nom.

Le monarque ne traita pas avec moins de générosité les autres prélats de l'Aquitaine ; et peu content de les avoir comblés de bienfaits, il leur écrivit au retour de son expédition une lettre dont la suscription est remarquable (1) : *aux maîtres saints, très-dignes de s'asseoir sur le siége des apôtres, aux évêques, le roi Clovis*. C'est un roi Barbare qui sait ainsi intéresser à sa cause des pasteurs dont il connait le pouvoir sur l'esprit de leurs peuples. Le reste répondait à ce début. Il leur disait, qu'en faisant prendre les armes à ses soldats, il leur avait enjoint de respecter les propriétés des églises, mais que si ses ordres avaient été méconnus, il était prêt à réparer tout dommage. Il ajoutait qu'un rescrit de leur part briserait sur-le-champ les fers de leurs ouailles, si la victoire les avait livrées à ses Francs, et si ceux-ci les avaient traînées en captivité.

(1) Le P. Labbe, *Collectio Conciliorum*, tome 4.

On avait cru longtemps, mais vraisemblablement sans raison, que cette lettre avait été écrite aux Pères du premier Concile d'Orléans (1), convoqué cette année même 511 et composé des évêques de toutes les provinces soumises alors à la domination du nouveau conquérant. La Novempopulanie n'y compta que son métropolitain Léonce, d'Eauze, et les suffragants Sextilius, de Bazas, et Nicet, d'Auch, différent du premier, si l'existence de Perpétue est admise. Entre les décrets de cette assemblée, le premier regarde le droit d'asile. On sait que jadis, autour de chaque ville importante, était un certain espace de terrain où la justice humaine perdait sa force coërcitive. On montre encore, à Auch, près de la chapelle de la Conception, une pierre très-ancienne, sur laquelle est gravée l'image de Jésus-Christ saisi par les juifs. La tradition prétend que le droit d'asile commençait là pour l'ancien St-Orens. Ce privilége dont le crime et l'audace durent abuser plus d'une fois, et qui découlait si facilement d'une religion de mansuétude et de pardon, était bien irrégulier sans doute ; mais nous errerions grandement, si nous le jugions avec les idées que fait naître dans notre esprit le spectacle d'une société bien ordonnée et bien assise. Dans ces temps de barbarie où la force faisait souvent le droit, où une aveugle précipitation punissait presque toujours sans aucune forme de justice l'offense réelle ou imaginaire, qui ne sent que c'était donner un appui à la faiblesse, à l'innocence un refuge, une trêve au moins à la haine et aux passions brutales.

Un autre canon attribue à l'évêque la moitié des

---

(1) Le P. Labbe, tome 4.

offrandes déposées sur les autels, et leur enjoint de nourrir et de vêtir les pauvres et les infirmes; l'autre moitié était partagée entre tous les membres du clergé. Un autre encore ordonne de célébrer par le jeûne et l'abstinence les Rogations nouvellement instituées dans les Gaules par St-Mamert, métropolitain de Vienne; le Concile veut même que durant ces trois jours, les esclaves et les gens de service *(servi et ancillæ)* soient dispensés de tout travail, afin que le concours soit plus grand et plus solennel.

Le dernier renouvelle les défenses faites à tous clercs, moines ou séculiers, de se livrer aux pratiques de sortilège ou de divination. Ces défenses, nous les retrouverons dans presque tous les Conciles; l'ignorance et la crédulité étaient plus fortes que toutes les lois. Clovis survécut peu à ce Concile; il termina dans le palais de Thermes, à Paris (1), le 27 novembre de cette année, une carrière brillante sans doute, mais qu'il souilla trop souvent, surtout dans ses dernières années, par ses atrocités et ses perfidies. A sa mort, ses quatre fils se trouvant tous rois, selon l'usage des Barbares, se partagèrent ses vastes états (2). Dans ce partage, la Novempopulanie parait être échue d'abord à Clodomir (Hlodomir) (*), roi d'Orléans, et ensuite à Childebert (Hildebert) (**), roi de Paris (3). Nous n'avons à cet égard que des conjectures, mais nulle preuve certaine. Il est même assez vraisemblable que la Novempopulanie supérieure, c'est-à-dire le Bigorre, le Béarn, le Commin-

---

(1) Grégoire de Tours, Aimoin.—(2) Les mêmes.
(*) *Hlodomir*, chef illustre *mir* ou *mer* pris *substantivement*.
(**) *Hildebert*, brillant au combat.
(3) Marca, ch. 17.

ges, la Navarre et la Soule, se maintinrent à peu près dans l'indépendance.

Nicet II suivit de près dans la tombe le vainqueur d'Alaric. La mort moissonna ensuite rapidement ses successeurs, au moins s'il faut en croire le cartulaire d'Auch, généralement suivi par tous les historiens (1): car de 511 à 533, il place sur le siége de notre cité, Minerve II, Alesius ou Alecis I, Amélius I, Suavis, Porcaire, Proculeyain I, Priscus et enfin Proculeyain II. Huit prélats dans 22 ans, l'espace est bien court. Aussi, le père Lecointe y soupçonne-t-il erreur. Mais cette erreur, nous n'osons point l'affirmer sans preuve, observe à cet égard Dom Denis de Ste-Marthe (2).

Cependant la conquête portait ses fruits. Avec les Barbares, leurs vices et leurs désordres avaient fait irruption dans l'église. Les mœurs rapaces et dissolues des Francs se reflètent dans le second Concile d'Orléans (3), tenu cette année 533, et composé des provinces qui obéissaient à Childebert, fils de Clovis. La Novempopulanie n'y comptait, ainsi que dans le premier, que trois représentants: St-Aspase, métropolitain d'Eauze, qui avait succédé à Léonce, Præsidius, de Comminges et Proculeyain, d'Auch.

Le troisième canon de ce Concile interdit toute ordination provoquée par l'appât du gain. Le quatrième défend d'acheter le sacerdoce à prix d'argent. Le huitième veut que le diacre réduit en captivité et forcé dans les fers d'accepter une épouse, soit traité avec indulgence. A ces maîtres, pour augmenter leurs revenus, il fallait

---

(1) Chroniques d'Auch. Manuscrit de M. d'Aignan. — (2) *Gallia Christiana*. — (3) Le P. Labbe, tome 4.

sans doute la reproduction de l'espèce. Quelle chose humaine que l'esclavage ! Le dixième et onzième protègent la sainteté du lien conjugal. Le seizième est remarquable ; nous citerons textuellement (1) ; qu'aucun prêtre ou diacre illettré, *sine litteris*, ou qui ne sait pas baptiser, ne soit ordonné. Combien, à la faveur de tant d'invasions successives, l'ignorance n'avait-elle pas dû s'épaissir sur nos malheureuses contrées. La misère était si générale et si profonde, que le Concile se crut obligé de défendre, sous peine d'être privé des assemblées chrétiennes, de se nourrir des animaux morts de maladie ou sous la dent des bêtes féroces (2). Ce dernier trait manquait au tableau. Cupidité, ignorance et famine, tout maintenant s'y trouve. Rien peut-être comme ce Concile ne nous peint notre patrie sous le règne des premiers Mérovingiens. Toutes les descriptions pâlissent à côté de ce froid, mais irréfragable document.

Aspase et Proculeyain assistèrent aussi, en 541, au quatrième Concile d'Orléans (3), où nous remarquons le trente-deuxième canon sur la postérité des serfs, placée sous le patronage de l'église et protégée par les foudres spirituelles contre la cupidité publique ; le quinzième et le seizième qui défendent aux chrétiens de se nourrir de viandes offertes aux idoles, ou de jurer (4) à l'instar des Gentils sur la tête des bêtes sauves

---

(1) *Presbyter, vel diaconus sine litteris, vel si baptisandi ordinem nesciat, nullatenus ordinetur.* — (2) *Similiter et qui bestiarum morsibus extincta vel quolibet morbo aut casu suffocata vescuntur.* — (3) Le P. Labbe, Col. con. tome 5. — (4) *Si quis Christianus, ut est Gentilium consuetudo, ad caput cujuscumque feræ, vel pecudis, invocatis insuper nominibus paganorum juraverit, etc., etc.*

ou des animaux et en invoquant des noms payens ; et le vingt-troisième qui défend aux serfs de l'église ou des prêtres de se livrer au pillage ou de faire des prisonniers. On le voit, les violences qu'on rejette ordinairement après le huitième siècle avaient commencé à l'arrivée des Francs. Pepin et Charlemagne les suspendirent quelques années. Elles reprirent leur cours quand les mains puissantes qui les arrêtaient se furent glacées sous le marbre de la tombe.

Julien, de Tarbes, et Cartère, de Dax, avaient, ainsi que l'évêque d'Auch, accompagné leur métropolitain à Orléans et souscrivirent comme eux les actes du Concile. Les prédécesseurs de Julien nous sont inconnus depuis Aper, sous Constantin. Cartère avait succédé à Illidius vers 530. On dit (1) que son élection faite sans l'assentiment du peuple amena de grands troubles. Nous retrouvons encore le métropolitain d'Eauze avec son suffragant d'Auch à un autre Concile tenu en 549 (2), à Orléans, point central pour les états de Childebert, prince qui, à travers les mœurs rudes et trop souvent féroces de la nation Franke, se montra constamment l'ami du sacerdoce et de la religion.

Le second canon défend d'excommunier pour de légers griefs ; le sixième de replonger dans l'esclavage le serf émancipé dans l'église, et le neuvième d'ordonner pour évêque le fidèle, quel que fût son rang, si sa conversion n'avait pas un an de date. A ces sauvages enfants du nord, entrés d'hier dans l'église, il fallait sur-le-champ les premières places dans la hiérarchie religieuse, comme ils l'avaient dans la hiérarchie poli-

---

(1) *Gallia Christiana.* — (2) Le P. Labbe, *Coll. con.*, tome 5.

tique. Le vingt-unième charge les évêques de pourvoir spécialement aux besoins des lépreux, afin, disent les pères, que les soins de la charité ne manquent point à ceux qui doivent à une cruelle infirmité d'éprouver les horreurs d'une affreuse misère. C'est, si je ne me trompe, la première fois que notre histoire mentionne la lèpre, cette horrible maladie qui plus tard fit de si épouvantables ravages, et que la plupart des historiens ne font remonter qu'aux croisades. Après leur métropolitain souscrivirent Proculeyain d'Auch, Libère, de Dax, successeur de Cartère, Amélius, de Comminges, qui avait remplacé Præsidius et Alétius, de Lectoure, dont on ignore les successeurs pendant près de cinq cents ans (1).

A peine rentré à Eauze, Aspase repartit pour le Concile d'Auvergne (2), qui ne fit guère que renouveler les diverses lois qui venaient d'être promulguées à Orléans. Cet empressement à se rendre aux assemblées ecclésiastiques, même si éloignées, alors que les voyages de long cours étaient si pénibles et si périlleux, et le zèle pour la restauration des mœurs, que cet empressement suppose, ne pouvaient partir que d'un cœur éminemment religieux. Aussi, Aspase a-t-il été rangé parmi les saints, et à ce titre honoré d'un culte public. Quelques écrivains (3) l'ont confondu sans aucun fondement avec un saint du même nom, que la ville de Melun a choisi pour son patron principal, et dont elle fait la fête le 2 janvier. Proculeyain qui avait si souvent partagé son zèle et ses courses pastorales, descendit

---

(1) *Gallia Christiana.*—(2) Labbe, *Coll. con.* tome 5.—(3) Chroniques d'Auch.

lui-même dans la tombe vers l'an 553. Le cartulaire de l'abbaye de St-Sever cap de Gascogne lui donne Marcel pour successeur. Après Marcel, vinrent Virgile, Polemus, Alesius ou Alecis II, et enfin Eonius ou Genius suivant le cartulaire déjà cité (1). D'après ce document, Eonius avait dans sa jeunesse embrassé la vie monastique, et il porta les vertus et les perfections du cloître sur la chaire épiscopale. C'était en 583. Childebert, le roi d'Orléans, était mort sans descendance en 558 (2). La postérité de ses deux frères s'était éteinte avant lui.

Clotaire *(Hloter)* (3), resté seul, réunit sous son sceptre toute la monarchie du vainqueur des Gaules, agrandie encore par les conquêtes que lui ou les siens y avaient ajoutées. Ce nouveau souverain ne jouit pas longtemps de sa puissance. Il mourut quatre ans après, en 562, noir de vices et de crimes, ou plutôt objet de l'horreur universelle, même dans un siècle et chez un peuple où les actes de cruauté étaient choses simples et communes. Sur son lit de mort, en proie aux douleurs d'une affreuse maladie, il répétait souvent (4) : *wah! wah!* hélas! hélas! que pensez-vous que soit ce roi du ciel qui fait ainsi mourir de puissants rois. Il laissait de ses nombreuses femmes quatre fils qui partagèrent son royaume comme avaient fait les fils de Clovis. Il avait eu aussi de la femme d'un artisan, un enfant nommé Gondoval, ou Gondebault (*), qu'il ne voulut jamais reconnaître, mais qui, par les soins de sa mère, reçut

(1) Cartulaire d'Auch. Dom Brugelles. M. d'Aignan.—(2) Aimoin, liv. 2, ch. 29. Grégoire de Tours, liv. 4, ch. 20. — (3) Hloter, *célèbre et éminent.* — (4) Aimoin, ch. 37. Grégoire de Tours, ch. 21.
(*) *Gondoval,* hardi au combat.

néanmoins une éducation distinguée. On lui laissa même croître les cheveux à la manière des princes du sang royal, et on fit germer ainsi dans son jeune cœur une ambition qui causa sa perte.

Le partage que firent entr'eux les fils de Clotaire fut encore plus arbitraire que celui qu'on avait vu sous les fils de Clovis. La même province, le territoire de la même cité, la cité elle-même, fut quelquefois divisée entre plusieurs maîtres. A un pareil morcellement, ajoutez que les documents qui nous l'ont transmis, nous sont parvenus vagues, incomplets et presque inconciliables, et l'on conviendra sans peine qu'il n'est pas toujours facile d'assigner les limites de chaque nouvel état. A travers tant d'incertitudes, nous croyons avoir entrevu (1) que la Novempopulanie devint le lot de Cherebert ou plutôt Caribert (*), roi de Paris. Eauze et Béarn, aujourd'hui Lescar, comme nous l'avons observé ailleurs, étaient comptées parmi les villes les plus importantes de son royaume. Mais à la mort de Caribert, que son incontinence et ses débauches précipitèrent au tombeau après un règne de quatre années, notre pays passa (an 567) presque tout entier sous les lois de Chilpéric (*Hilperik*) (**), roi de Soissons, le Néron des premiers temps de notre histoire, selon les expressions de Grégoire de Tours, le Louis XI de la Barbarie. Un de ses attentats lui ravit bientôt une partie de son héritage.

Fasciné par une femme aussi intrigante que belle, et dont les rivalités avec la célèbre Brunehaut ou plu-

---

(1) Grégoire de Tours, Marca.
(*) *Hari-bert*, brillant dans l'armée.
(**) *Hilpe-rik*, brave ou puissant à secourir.

tôt Brunehilde (*), reine d'Austrasie, remplirent si longtemps la France de carnage et de deuil, et épuisèrent presque le sang royal; fasciné par Frédégonde, il l'avait arrachée aux emplois de la plus basse domesticité pour partager avec elle sa couronne et sa couche; mais la passion s'usa vite chez un prince dissolu plus encore qu'inconstant. Honteux alors d'une alliance aussi disproportionnée, il rechercha la main de Galiswinthe (1), fille d'Athanagilde, roi des Visigoths et sœur de Brunehilde. Sa demande éprouvant quelque difficulté, il promit à la princesse Espagnole, pour prix de sa virginité, *Morganeghiba*, comme disaient les Germains, les villes de Limoges, Cahors, Bordeaux, Béarn (Lescar) et Bigorre (Tarbes) (2) avec leur territoire. On appelait Morganeghiba, le présent que l'époux offrait à sa jeune épouse, à son réveil après la première nuit des noces. Notre douaire est né peut-être de cet usage.

Le mariage se célébra avec une pompe qui éclipsa tout ce qu'on avait vu parmi les Francs, et le lendemain matin, Chilpéric, comme il l'avait promis, prit en présence de témoins la main de Galiswinthe, et jeta sur elle un brin de paille, en prononçant à haute voix le nom des cinq villes dont il lui faisait don: c'était la formule du Morganeghiba. Malgré tant d'appareils et de générosité, l'union ne fut pas heureuse; la douce et bonne Galiswinthe ne pouvait pas longtemps plaire à Chilpéric; à cette âme atroce il fallait l'affreuse Frédégonde. Aussi, des feux mal éteints se rallumèrent

---

(*) *Brune-hilde*, brune fille.

(1) Aimoin, liv. 3, ch. 5. Grégoire de Tours; liv. 4, ch. 28. —
(2) Grégoire de Tours, liv. 9, ch. 20.

sans peine, et la reine ayant voulu se plaindre, fut trouvée morte dans son lit.

Cette mort mystérieuse, ce sort si triste et si peu mérité, émurent fortement les esprits; mais la conduite de sa rivale qui, malgré la clameur publique, vint aussitôt reprendre dans le lit et sur le trône du roi de Soissons une place qu'elle avait conquise par un crime, et qu'elle devait, dit-on, conserver par un crime plus grand encore (1), cette conduite excita l'indignation générale. Les larmes et les plaintes de Brunehilde ajoutèrent encore à l'horreur qu'inspiraient les deux coupables. On arma de toutes parts pour punir tant de noirceurs et venger l'épouse égorgée. Battu et dépouillé d'une partie de ses états, Chilpéric s'estima trop heureux de calmer l'orage en abandonnant à la sœur de sa victime les villes du Morganeghiba. Il paraît néanmoins avoir conservé quelqu'autorité dans la Novempopulanie; car nous le voyons plus tard promettre le siége de Dax au comte Nicet, frère de Rusticus, évêque d'Aire. Au milieu de ces luttes déplorables, Sigebert assembla à Paris (2), en 573, un Concile où Laban, successeur de St-Aspase, souscrivit ainsi : Laban, pécheur de la ville d'Eauze, *Laban, peccator ecclesiæ Elisanæ.* Il prend encore ce titre dans la lettre qu'il écrivit au roi avec les autres pères du Concile. Cette souscription était alors assez commune. Thalasius, évêque d'Angers, en avait donné l'exemple dans les Gaules, en 461.

(1) Le meurtre de son époux. On l'accusa de l'avoir fait assassiner par le beau Landric son amant. *Land-rick*, seigneur du pays. C'est la même étymologie que Lambert.

(2) Le P. Labbe, *Coll. con.*, tom. 5.

Deux ans après l'assemblée de Paris, Sigebert (*) tombait sous le fer de deux émissaires de Frédégonde (1); et quelques années plus tard, en 584, Chilpéric, l'affreux Chilpéric lui-même, périt sous des coups mystérieux (2), dirigés peut-être par une main trop habituée au meurtre. A sa mort, et quoiqu'il laissât un fils, jeune enfant de quatre mois, Gontran (**), son frère, se hâta d'ajouter à ses états tout ce qui reconnaissait une autorité étrangère dans le pays compris entre la Garonne et les Pyrénées. Bientôt un premier traité conclu entre lui et son neveu Childebert, roi de Metz et fils de Sigebert et de Brunehilde, donna à celui-ci les villes d'Aire et de Béarn (3); la ville de Béarn lui fut retirée par un second traité qui lui donnait en échange les cités de Couserans et de Labour (Bayonne). Childéric le Saxon, que Gontran avait nommé gouverneur du territoire qui lui appartenait au delà de la Garonne (4), perdit son gouvernement parmi toutes ces transactions, et se retira dans la cité d'Auch où étaient assis les biens de sa femme (5). L'infortuné seigneur s'efforça de se consoler des disgrâces de la fortune par la débauche : stérile et dégoûtante consolation qui précipita la fin de ses jours, car il mourut quelques mois après à la suite d'une orgie.

Dix ans s'étaient écoulés depuis le meurtre de Chil-

(*) *Sighebert*, brillant par la victoire.
(1) *Gesta francorum*, ch. 31. Grégoire de Tours, liv. 4, ch. 37. —
(2) Grégoire de Tours, liv. 6, ch. 46.
(**) *Gonthram*, fort au combat.
(3) Grégoire de Tours, ch. 22. —(4) Grégoire de Tours, liv. 8, ch. 18. *Gesta francorum*, ch. 35. — (5) Grégoire de Tours, liv. 10 ch. 22.

péric. Gontran vivait encore, mais déjà affaissé sous le poids d'une vieillesse prématurée, il penchait vers la tombe, et l'avenir de la monarchie reposait sur la tête de Clotaire II, roi, et de Childebert II, prince à peine échappé à l'adolescence, et qui montrait peu de valeur militaire, seule vertu royale aux yeux de nos valeureux ancêtres. Dans cette conjoncture, quelques seigneurs, le duc Mommole à leur tête, attirèrent en France Gondoval ou Gondebault. Ce fils de Clotaire Ier que nous avons vu méconnu et repoussé par son père, avait promené sa fortune errante dans toute l'Europe (1). A peine a-t-il remis le pied dans sa patrie, qu'il se voit entouré d'une foule d'Aquitains qui l'élèvent solennellement sur le pavois à Brives-la-Gaillarde. En peu de mois, tout le pays depuis la Charente jusqu'aux Pyrénées, reconnait sa royauté éphémère; car au premier bruit des forces que faisait avancer Gontran, les Aquitains s'empressent d'abandonner le nouvel étendard qu'ils venaient d'arborer.

Suivi de Mommole, Cariulfe, Waddon et quelques autres seigneurs qui s'étaient le plus compromis, l'infortuné Gondoval court s'enfermer avec une partie de ses trésors dans Convennes ou la cité de Comminges (2). Il intéressa à son sort ses généreux habitants. Que ne toucha-t-il également les traîtres qui l'avaient séduit et qui se traînaient à sa suite! Tous s'engagèrent alors à subir les rigueurs d'un siège et en affrontèrent avec joie les hasards. Cependant l'armée ennemie, commandée par Lewilgilde, traverse, le fer et la flamme à la

---

(1) Grégoire de Tours, liv. 6, ch. 24, et liv. 7, ch. 10.— (2) Idem, liv. 7, ch. 24.

main, toute la Novempopulanie, et arrive sous les murs de Convennes. Après quinze jours de tranchée ouverte, durant lesquels les soldats qui s'écartaient du camp étaient impitoyablement massacrés par les habitants des campagnes (1), irrités des déprédations commises sur eux, Lewilgilde tente un assaut. Vainement déploie-t-il tout ce que l'art militaire avait alors de plus meurtrier et plus encore ce courage altier et féroce qu'éveillent et développent les guerres civiles, il est repoussé avec grande perte. L'évêque Sagittaire (2), le casque en tête et la cuirasse sur l'épaule, s'était constamment montré à la tête des assiégés, lançant de ses mains des quartiers de roche sur les ennemis.

Pendant que le siège traînait en longueur (nous empruntons ici la traduction de M. Guizot), un grand nombre de soldats montait sur la colline, sur laquelle la ville s'élevait, et parlait souvent avec Gondoval, lui prodiguant les injures et lui disant (3) : Es-tu ce peintre qui, dans le temps du roi Clotaire, barbouillait dans les oratoires les murs et les voûtes ? Es-tu celui que les habitants des Gaules avaient coutume d'appeler du nom de Ballomer (terme de mépris parmi les Gaulois) ? Es-tu celui qui, à cause de tes prétentions, as si souvent été tondu et exilé par le roi des Francs ? Dis-nous au moins, le plus misérable des hommes, qui t'a conduit en ces lieux ? Qui t'a donné l'audace extraordinaire d'approcher des frontières de nos seigneurs et rois ? Si quelqu'un t'a appelé, dis-le à haute voix ; voilà la mort présente à tes yeux ; voilà la fosse que tu as cherchée

---

(1) Grégoire de Tours, ch. 35. — (2) Idem, ch. 37. — (3) Idem, liv. 7, ch. 36.

longtemps, et dans laquelle tu viens te précipiter. Dénombre-nous tes satellites; déclare-nous ceux qui t'ont appelé?

Gondoval, entendant ces paroles, s'approchait et disait du haut de la porte : « Que mon père Clotaire m'ait eu en aversion, c'est ce que n'ignore personne; que j'ai été tondu par lui et ensuite par mes frères, c'est ce qui est connu de tous. C'est ce motif qui m'a fait retirer en Italie auprès du préfet Narcès. Là, j'ai pris femme et engendré deux fils. Ma femme étant morte, j'ai pris avec moi mes enfants et j'allai à Constantinople; j'ai vécu jusqu'à ce temps, accueilli par les empereurs avec beaucoup de bonté. Il y a quelques années, Gontran-Boson étant venu à Constantinople, je m'informai à lui, avec empressement, des affaires de mes frères, et je sus que notre famille était fort diminuée, et qu'il n'en restait que Childebert, fils de mon frère, et Gontran, mon frère; que les fils de Chilpéric étaient morts avec lui et qu'il n'avait laissé qu'un petit enfant; que mon frère Gontran n'avait pas d'enfants et que mon neveu Childebert n'était pas très-brave. Alors Gontran-Boson, après m'avoir exactement exposé ces choses, m'invita, en disant : viens, parce que tu es appelé par tous les principaux du royaume de Childebert, et personne n'ose dire un mot contre toi, car nous savons tous que tu es fils de Clotaire, et il n'est resté personne dans les Gaules pour gouverner ce royaume, à moins que tu ne viennes. Ayant fait de grands présents à Gontran-Boson, je reçus son serment dans douze lieux saints, afin de venir ensuite avec sécurité dans ce royaume.

« Je vins à Marseille, où l'évêque me reçut avec

une extrême bonté, car il avait des lettres des principaux du royaume de mon neveu. Je m'avançai de là vers Avignon, auprès du patrice Mommole; mais Gontran-Boson, violant son serment et sa promesse, m'enleva mes trésors et les retint en son pouvoir. Reconnaissez donc que je suis roi comme mon frère Gontran. Cependant, si votre esprit est enflammé d'une haine si grande, qu'on me conduise au moins vers votre roi; et s'il me reconnaît pour son frère, qu'il fasse ce qu'il voudra. Si vous ne voulez pas même cela, qu'il me soit permis de m'en retourner là d'où je suis venu. Je m'en irai sans faire aucun tort à personne. Pour que vous sachiez que ce que je dis est vrai, interrogez Radegonde, à Poitiers, et Ingiltrude, à Tours : elles vous affirmeront la vérité de mes paroles ». Pendant qu'il parlait ainsi, un grand nombre accueillait son discours avec des injures et des outrages.

Voyant que la force était impuissante, Leuwilgilde (1) envoya vers Mommole des émissaires secrets, qui lui dirent : « Reconnais Gontran pour ton maître et mets enfin un frein à ta perversité. Quelle folie t'a porté à unir ta destinée à la destinée d'un homme inconnu ? Déjà ta femme et tes enfants ont été faits prisonniers, et sans doute que tes fils ont payé de leur sang la révolte de leur père. Où cours-tu, sinon à une perte certaine ? » Au message, Mommole répond : « Je ne le vois que trop, notre règne touche à sa fin et notre puissance s'affaisse; néanmoins, si je connaissais trouver auprès de vous assurance pour mes jours, je pourrais encore vous épargner bien des fatigues. » Comme les

---

(1) Grégoire de Tours, liv. 7, ch. 38.

émissaires se retirent, l'évêque Sagittaire entraîne à l'église Mommole, Cariulfe et Waddon. Là, ils s'engagent tous par serment à abandonner Gondoval et à le livrer à ses ennemis, si ceux-ci lui garantissent la vie. Rappelés par les rebelles, les émissaires leur donnent sous la foi réitérée des serments les plus solennels, l'assurance qu'ils réclamaient, et à Mommole, plus coupable, ils promirent que s'ils ne pouvaient obtenir sa grâce du roi, ils le déposeraient dans une église, asile alors inviolable.

Pendant que les émissaires s'éloignaient, Mommole, l'évêque Sagittaire et Waddon s'étant rendus auprès de Gondoval, lui dirent : « Tu sais quels serments de fidélité nous t'avons prêté. Écoute à présent un conseil salutaire; éloigne-toi de cette ville, et présente-toi à ton frère, comme tu l'as souvent demandé. Nous avons déjà parlé avec ces hommes, et ils ont dit que le roi ne voulait pas perdre ton appui, parce qu'il est resté peu d'hommes de votre race. » Mais Gondoval comprenant leurs artifices, leur dit tout baigné de larmes : « C'est sur votre invitation que je suis venu dans les Gaules. De mes trésors qui comprenaient des sommes immenses d'or et d'argent et différents objets, une partie est dans la ville d'Avignon, une partie a été pillée par Gontran-Boson. Quant à moi, plaçant après Dieu, tout mon espoir en vous, je me suis confié à vos conseils, et j'ai toujours souhaité de régner par vous. Maintenant, si vous m'avez trompé, répondez-en auprès de Dieu, et qu'il juge lui-même. » A ces paroles, Mommole répondit: « Nous ne te disons rien de mensonger, mais voilà de braves guerriers qui t'attendent à la porte. Défais maintenant mon baudrier d'or dont tu es ceint : pour ne pas paraître marcher avec orgueil, prends ton épée et rends-moi la mienne. » Gondoval lui dit : « Ce que je vois dans ces paroles, c'est que tu me dépouilles de ce que j'ai reçu et porté par amitié pour toi. » Mais Mommole affirmait avec serment qu'on ne lui ferait aucun mal. Ayant donc passé la porte, Gondoval fut reçu par Ollon, comte de Bourges, et par Boson, le même peut-être qui l'avait attiré en France, et qui plus tard l'ayant dépouillé, s'était réconcilié avec Gontran, dont il était en ce moment un des généraux. Mommole étant rentré dans la ville avec ses satellites, ferma la porte très solidement.

Se voyant livré à ses ennemis, Gondoval leva les mains et les yeux au ciel, et dit : « Juge éternel, véritable vengeur des innocents, Dieu de qui toute justice procède, à qui le mensonge déplaît, en qui ne réside aucune ruse ni aucune méchanceté, je te confie ma cause, te priant de me venger promptement de ceux qui ont livré un innocent entre les mains de ses ennemis. » Après ces paroles, ayant fait le signe de la croix, il s'en alla avec les hommes ci-dessus dénommés. Quand ils se furent éloignés de la porte, comme la vallée au-dessous de la ville descend rapidement, Ollon l'ayant poussé, le fit tomber en s'écriant : voilà votre Ballomer, qui se dit frère et fils du roi. Ayant lancé son javelot, il voulut l'en percer, mais l'arme repoussée par les cercles de la cuirasse, ne lui fit aucun mal. Comme Gondoval s'était relevé et s'efforçait de remonter sur la hauteur, Boson lui brisa la tête d'une pierre : il tomba aussitôt et mourut. Toute la multitude accourut, et l'ayant percé de leurs lances, ils lui lièrent les pieds avec une corde et le traînèrent tout à l'entour du camp.

Lui ayant arraché les cheveux et la barbe, ils le laissèrent sans sépulture dans l'endroit où ils l'avaient tué.

La nuit suivante, Mommole et les principaux adhérents enlèvent secrètement les trésors enfermés dans la place, sans épargner même les vases sacrés, et quand le jour paraît ils en ouvrent les portes. Les soldats s'y précipitant aussitôt, font main-basse sur la garnison et sur les habitants, et égorgent les prêtres au pied du sanctuaire et jusque sur les autels; après avoir tout passé au fil de l'épée, ils mettent le feu à la ville. Au rapport de l'historien qui nous a servi de guide et des autres auteurs contemporains, dans la cité de Comminges, jadis si brillante, ils ne laissent que le sol nu.

Nos lecteurs désirent sans doute connaître ce qui advint à la trahison et au parjure. La vengeance du ciel ne se fit pas attendre. Rentré au camp avec Mommole et Sagittaire, Leuwigilde envoie, au mépris de sa parole, prendre secrètement les ordres de Gontran au sujet des rebelles : Qu'on les mette à mort, répond le roi justement irrité. Mommole (1) voyant qu'on prenait les armes, et soupçonnant bien qu'on en voulait à ses jours, ceint son épée et se rend sous la tente de Leuwigilde. Dès que celui-ci l'aperçoit : Pourquoi, lui dit-il, viens-tu ainsi en fugitif ? Hélas ! répond Mommole, on ne garde nullement les promesses que l'on m'avait jurées : je ne saurais en douter, je touche à mes derniers moments. Ne crains rien, reprend Leuwigilde, je vais sortir, j'apaiserai tout ; et loin de là, il fait aussitôt entourer la tente et commande d'égorger le traître trahi à son tour. Mommole défend vaillam-

---

(1) Grégoire de Tours, liv. 7, ch. 39.

ment sa vie ; mais à la fin, comme il tentait, le fer à la main, de se faire jour à travers ses bourreaux, il est assailli par deux soldats qui lui plongent leurs lances dans les flancs et le percent d'outre en outre.

Témoin de cette mort, l'affreux Sagittaire, qui avait si longtemps méconnu et la sainteté de son caractère et les habitudes pacifiques de son état, demeura atterré (1). Pour l'arracher à sa stupeur : évêque, lui dit un des assistants, tu vois ce qui se passe, cache ton front sous des habits étrangers, et, à la faveur de ce déguisement, gagne la forêt voisine, d'où tu pourras peut-être t'évader plus tard. Sagittaire suivit ce conseil ; mais comme il essayait de s'enfuir ainsi travesti, un soldat tira son épée, et sans savoir qui il frappait, il abattit d'un seul coup la tête de l'indigne évêque et la cucule ou capuchon qui la couvrait. Ainsi périrent et le chef de la conjuration et cet infâme Sagittaire, de Gap, si tristement célèbre dans l'église de France, qui l'avait déposé dans deux Conciles différents et condamné à une prison perpétuelle d'où il s'était échappé pour s'attacher à l'infortuné Gondoval.

La cité de Comminges ou *Convenœ* fut longtemps à se relever de ses ruines. Son évêque avait été expulsé par les rebelles, avec une partie de son troupeau, au commencement du siège. On ignore dans quel lieu il se réfugia, et quand il termina sa carrière. Le soulèvement de Gondoval amena quelques troubles dans l'église d'Aquitaine ; car il est rare que les commotions politiques ne se fassent pas ressentir jusqu'au pied des autels. Aux jours où ce fantôme de roi apparut dans

(1) Grégoire de Tours, liv. 7, ch. 39.

les Gaules, l'évêque de Dax venait de mourir. Nicet (1), comte ou gouverneur de la ville et frère de Rusticus, évêque d'Aire, se présentait pour le remplacer, quoiqu'il ne fût que simple laïque, ou tout au plus que simple clerc; mais le siége lui avait été promis par Chilpéric, et il invoquait cette promesse. Il faut l'avouer, le titre était peu canonique. Aussi Gondoval saisit ce prétexte pour annuler ce qu'avait arrêté le roi de Soissons et jeta les yeux sur le prêtre Faustinien. Il voulut le faire ordonner par Bertram (*), métropolitain de Bordeaux, qui s'était attaché à sa cause. Le métropolitain, malgré son dévouement, comprit ce qu'un acte qui s'attaquait à l'autorité royale, très peu endurante alors, pouvait amasser de périls sur sa tête; il prétexta un mal d'yeux et fit donner l'onction sacrée par Pallade, évêque de Saintes, assisté d'Oreste, évêque de Bazas.

Gontran, après la victoire, ne voulut pas reconnaître le nouveau prélat. Il fit assembler à Mâcon, en 585, un Concile composé des évêques soumis à sa domination (2). On y vit à la fois, Fauste, d'Auch; Oreste, de Bazas; Rusticus, d'Aire; Savin, de Béarn; Ruffin, de Comminges; Lucérius, d'Oleron et Amélius, de Bigorre. Faustinien lui-même y souscrivit avec les Pères, mais sans prendre le titre de son église. Laban, le métropolitain d'Eauze, accablé sous le poids des années, ne put s'y montrer en personne et s'y fit représenter par un de ses prêtres. L'ordination de Faustinien fut reconnue (3), mais le siége lui fut retiré et donné à son

(1) Grégoire de Tours, liv. 7, ch. 31.
(*) *Bert-chram*, illustre au combat.
(2) Le P. Labbe, *Collectio Con.*, tome 5. — (3) Grégoire de Tours, liv. 8, ch. 20.

rival. Bertram, de Bordeaux, Pallade, de Saintes et Oreste, de Bazas, qui chercha, mais en vain, à se défendre d'avoir participé à l'ordination, furent condamnés à le nourrir et à lui fournir pour cela, chacun à leur tour, cent sols d'or par an.

Cette affaire terminée, un prélat se leva, nous dit gravement St-Grégoire de Tours (1). Métaphysicien digne de ces temps, il prétendit que la femme ne pouvait pas être appelée homme, *mulierem hominem non posse vocari*, c'est-à-dire sans doute qu'elle ne pouvait pas être classée parmi l'espèce humaine. Heureusement pour le sexe attaqué, les autres prélats opposèrent au sentiment de leur discourtois confrère deux ou trois textes de l'Écriture sainte assez concluants et les débats n'eurent pas d'autres suites. La conviction était entrée dans tous les cœurs, *hæc causa convicta quievit*.

Avant de se séparer, l'assemblée fit vingt canons dont quelques-uns portent spécialement l'empreinte de l'esprit de l'époque. Le premier commandait l'observation du dimanche et condamnait les violateurs, si c'était un avocat à être pour toujours chassé du barreau, si c'était un paysan ou un serf à être fortement battu de verges, si c'était un clerc ou un moine à être séparé six mois de la communion de ses frères. Passons, ajoute le Concile, dans les saintes veilles la nuit qui précède le dimanche, et ne dormons point comme font ces prétendus fidèles qui n'ont de chrétien que le nom. Ainsi, en 585, c'était encore un usage général de passer à l'église la nuit du samedi. Nous n'avons conservé que la veille de Noël.

Le second canon statue que la fête de Pâques sera

---

(1) Grégoire de Tours, liv. 8, ch. 20.

célébrée avec la plus grande pompe durant six jours entiers. Le sixième défend à tout prêtre d'oser dire la messe s'il n'est à jeûn, excepté le Jeudi-Saint, en mémoire sans doute de la cène du Sauveur. On veut que les enfants encore dans l'âge d'innocence, à qui l'on donnera, trempées dans le vin, les particules qui resteront du sacrifice, soient à jeûn; et pour recevoir ces particules sacrées, les enfants doivent être conduits à l'église le mercredi et le vendredi. Le huitième regarde le droit d'asile de jour en jour plus nécessaire. Le treizième défend à l'évêque de nourrir des éperviers et des chiens, et la raison qu'en donne le Concile est assez singulière, ou du moins comme l'observe un écrivain, on pouvait en assigner de meilleures; afin, dit-il, que ceux qui viennent lui demander l'hospitalité ne soient pas mordus. L'habitation des premiers pasteurs, observent les pères, doit être gardée par des hymnes et non par des aboiements, par des bonnes œuvres et non par des morsures cruelles. Le quatorzième commence ainsi : nous avons appris par des plaintes assez générales qu'au mépris des lois et des canons, les courtisans qui entourent le roi ou même certains seigneurs, fiers du pouvoir séculier déposé dans leurs mains, ne craignent pas de s'emparer du bien d'autrui; et sans exercer d'action juridique, non seulement ils dépouillent de leurs terres, mais ils expulsent de leurs propres maisons les malheureux que leur condition soumet à leur puissance. L'assemblée défend ces usurpations sous peine d'anathème.

Pendant que les règlements étaient discutés, deux des prélats les plus éminents du Concile (1), St-Prætex-

(1) Le P. Labbe, tome 5.

tat, de Rouen, et Papoul, de Chartres, prenant la parole, dirent à leurs collègues : que votre autorité statue avec force sur le triste sort des affranchis que les juges séculiers poursuivent souvent avec plus d'obstination, parce qu'ils ont été placés sous la protection de l'église. Tous les évêques proclamèrent qu'il était juste qu'ils fussent défendus contre les tentatives de leurs persécuteurs, soit qu'ils jouissent de leur liberté en vertu d'un écrit, soit qu'ils en jouissent en vertu d'un testament ou même d'une longue possession. Ils renouvelèrent à cet égard les peines portées dans les autres assemblées et en firent l'objet du septième canon.

Le Concile se réunit le 23 octobre 585. Dans les cinq ou six mois qui suivirent, moururent Laban, d'Eauze, et Fauste, d'Auch, qui s'assit à peine sur la chaire épiscopale, ainsi que Paulin, son prédécesseur (1). Fauste fut remplacé par Fabius, omis dans le cartulaire de son église, et Laban eut pour successeur le laïque Désiré ou Didier. Le roi avait promis par serment de n'élever aux prélatures que des clercs; mais, observe Grégoire de Tours qui nous a transmis ces événements (2), à quoi la soif de l'or ne plie-t-elle pas la conscience humaine ? C'est nous dire assez ouvertement que Didier acheta l'épiscopat. Le pasteur mercenaire paraît avoir pesé longtemps sur son troupeau; car nous ne lui connaissons d'autre successeur que Senoc, Sedoc ou Sidoc, dont nous parlerons plus bas.

Nous sommes encore moins heureux pour les siéges

---

(1) *Gallia Christiana*. Chroniq. d'Auch. Manuscrit de M. d'Aignan.— (2) Liv. 8, ch. 22.

de Bazas, de Béarn, de Comminges, d'Oleron et de Bigorre; nous n'en retrouverons les évêques qu'après les incursions des Normands. Amélius, le possesseur actuel du siége de Bigorre, avait assisté au Concile de Brème, sous Chilpéric, en 580 (1). A son retour, il passa par Paris et y reconnut un de ses domestiques qui s'était échappé d'auprès de son maître et avait longtemps abusé la crédulité publique. Ecoutons le récit de Grégoire de Tours (2).

Avant ces sept dernières années, un autre magicien, grand séducteur, trompa beaucoup de monde par sa fourberie. Vêtu d'une espèce de dalmatique que recouvrait un suaire, il portait une croix d'où pendaient de petits vases qu'il assurait contenir de l'huile sainte. Il disait qu'il venait d'Espagne et qu'il portait des reliques des saints martyr Vincent, diacre, et Félix. Étant arrivé sur le soir à la basilique de St-Martin-de-Tours, comme nous étions à prendre notre repas, il nous manda de venir au devant des reliques. L'heure étant déjà passée, nous lui fîmes répondre de déposer les saintes reliques sur un autel, en attendant que le lendemain matin nous pussions aller les recevoir en procession. Mais lui, sans nous attendre, s'étant levé au point du jour, vint avec sa croix et entra dans notre cellule. Tout étonné et fort surpris de cette légèreté, nous lui demandâmes ce que cela signifiait. Il répondit plein d'orgueil et d'une voix emphatique; vous auriez dû nous faire un meilleur accueil. J'irai me plaindre au roi Chilpéric, il me vengera de ce mépris; et aussitôt il entra dans l'oratoire, sans nul égard pour ma dignité,

---

(1) Le P. Labbe, tome 5. — (2) Liv. 9, ch. 6.

y récita lui-même un capitule, puis un second et enfin un troisième. Lui-même y dit l'oraison, et lui-même aussi termina l'office. Ensuite ayant élevé de nouveau sa croix, il s'en alla. Son langage sans suite et dépourvu de sens était trivial et obscène. De Tours, il s'avança jusqu'à Paris.

C'était aux jours où l'on faisait les Rogations publiques qui se célèbrent avant le saint jour de l'Ascension du Seigneur. Or, il arriva que pendant que l'évêque Ragnemode, à la tête de son peuple, faisait la procession autour des lieux saints, lui se présentant avec sa croix, vêtu d'un habit étrange, entouré de vagabonds et de quelques femmes de la campagne, se mit à former un chœur et à faire avec les siens sa procession autour des saints lieux. Ce que voyant l'évêque, il envoya son archidiacre lui dire : si vous portez des reliques des saints, déposez-les quelque temps dans la basilique et célébrez ces saints jours avec nous; la solennité passée, vous poursuivrez votre chemin. Mais lui, méprisant les paroles de l'archidiacre, se prit à insulter et à maudire l'évêque. L'archidiacre comprenant que ce n'était qu'un imposteur, le fit enfermer dans une chambre. Ayant examiné ce qu'il portait, il trouva sur lui un grand sachet plein de racines de diverses plantes, de dents de taupes, d'os de rats, de griffes et de graisse d'ours. Voyant que c'était des objets de maléfice, il les fit tous jeter dans la rivière, lui enleva sa croix et lui ordonna de sortir du territoire de Paris. Mais le séducteur s'étant fait une autre croix, recommença son premier métier. L'archidiacre le prit et le jeta dans une prison, les fers aux pieds.

Pendant ce temps là, j'étais venu à Paris et je m'étais logé près de la basilique de St-Julien. La nuit qui suivit son arrestation, ce misérable s'étant échappé, vint se réfugier encore chargé de chaînes dans la basilique, se coucha sur le pavé à l'endroit même où j'avais coutume de me placer, et, accablé sous le poids du sommeil et du vin, il s'y endormit. Pour nous, ignorant cette aventure, nous nous levâmes au milieu de la nuit pour réciter notre office et nous le trouvâmes endormi. Il exhalait une odeur plus fétide que celle des cloaques et des égouts les plus infects, à tel point qu'il nous était impossible d'entrer dans l'église. Un de nos clercs s'étant approché en serrant son nez, essaya de le réveiller, mais il ne le put, tant il était enseveli dans le vin. Alors quatre clercs s'avancèrent, le soulevèrent de leurs mains et le jetèrent dans un coin de l'église, puis ils lavèrent le pavé et le parsemèrent de plantes odorantes. Alors nous entrâmes et commençâmes notre office. Le chant de nos psaumes ne put pas même le réveiller, jusqu'à ce que le jour ayant reparu, le soleil se fut déjà élevé bien haut au dessus de l'horison. Enfin, nous le rendîmes à l'archidiacre en le priant de lui pardonner. Les évêques qui se retiraient du Concile, s'étant réunis à Paris, furent invités par l'évêque Ragnemode. Comme nous racontions ces choses pendant le repas, nous le fîmes venir pour lui faire la correction. Quand il fut devant nous, Amélius, évêque de Tarbes, ayant levé les yeux, le reconnut pour un de ses serviteurs qui s'était enfui d'auprès de lui. Il le reprit et le ramena dans sa patrie.

Après le Concile de Mâcon, Amélius disparaît comme presque tous les prélats de la province. Gontran lui-même ne survécut que quelques mois à ce Concile (1). Il laissa ses états à Childebert II, roi d'Austrasie, son neveu, fils de Sigebert et de Brunehaut. Mais Childebert suivit de près dans la tombe (2) son bienfaiteur. La Novempopulanie échut alors à Thierry ou Théodoric II, son fils, roi de Bourgogne. Pendant qu'elle passait ainsi presque sans s'arrêter sous tant de sceptres différents, elle vit descendre de leurs montagnes les fiers Gascons.

(1) Aimoin, liv. 3, ch. 81. — (2) Idem, liv. 3, ch. 84.

LIVRE III.

CHAPITRE 1er.

Origine des Gascons. — Génialis, Aignan, Amand. — Le roi Caribert. — Métropolitains d'Eauze. — Évêques d'Auch et d'Aire. — St-Philibert. — Childéric, Berfram et Boggis.

L'origine des Gascons a été et est encore vivement controversée parmi les savants. Quelques-uns les disent fils de ces anciens Cantabres, si célèbres chez les Romains par leur courage et leur indomptable résistance. Entre ceux qui ont embrassé cette opinion, nous aimons à signaler l'auteur d'un ouvrage trop peu connu (1). D'autres n'ont vu dans les Gascons qu'une tribu étrangère, jadis subjuguée par les Romains dont elle avait pris les mœurs et le langage, et bien différente des Scualdunac, avec qui elle n'eut de commun qu'une portion du même territoire. Ainsi s'exprime le savant du Midi (2). Il est un troisième sentiment qu'ont émis de nos jours les Humbold, les Guizot, les Thierry, et qu'a adopté presque en masse l'école moderne. Celle-ci voit dans les Gascons de vrais Ibères (3), comme ceux qui, dans des temps ante-historiques, peuplèrent la plaine jusqu'à la Garonne, de véritables Scualdunac,

(1) Les Mérovingiens, par M. D. Mauléon. — (2) M. Dumège, Histoire des départements pyrénéens. — (3) Fauriel, Histoire de la Gaule méridionale, tome 2.

comme ils se nomment et se sont toujours nommés. Retirés sur le sommet des Pyrénées ou sur le versant des Espagnes, isolés des autres nations, ils avaient constamment conservé et la pureté de leur race et leur indépendance (1). Quand les grandes migrations Germaniques se précipitaient dans la Péninsule, à travers les gorges de leurs montagnes, ils s'effaçaient un instant pour reparaître, toujours eux-mêmes, dès que le torrent s'était écoulé. Maintenant venaient-ils reconquérir un pays où le sang Ibère pouvait avoir disparu à leurs yeux sous tant d'invasions successives et sous les mélanges que ces invasions avaient dû amener? Les historiens l'enseignent communément. Pour nous, nous croirions plus volontiers qu'ils venaient en aide à des frères et repousser avec eux le joug de la domination Franke qui, malgré la soumission envoyée à Clovis, ne fut guère jamais que nominale. Aucun monument que nous sachions n'atteste que les habitants de la Novempopulanie aient opposé quelque résistance aux incursions de la tribu Ibérienne, moins encore qu'ils se soient joints aux Francs pour la combattre. Loin de là, nous voyons Senoc, évêque d'Eauze, convaincu de l'avoir appelée, et plus tard nous voyons encore les Novempopulaniens, associés avec elle contre un général de Dagobert (2). Comment expliquer chez un peuple où la valeur ne faillit jamais, cette apathie ou du moins cette immobilité en présence de l'invasion étrangère? Comment expliquer surtout cette communauté de vœux et cette association entre une nation polie par une longue civi-

---

(1) De la Noblesse des Basques, par Sanadon. — (2) *Dagobert*, brillant comme le jour.

lisation et une peuplade rude et inculte, si vous n'admettez pas une origine commune reconnue de deux côtés, un but unique qu'appellent des efforts réunis ?

Quoiqu'il en soit de ces conjectures plus ou moins vraies, ou plus ou moins spécieuses, comme on voudra les appeler, Chilpéric fut le premier qui tenta, vers l'an 581, de punir ces incursions. Pour mieux châtier leur audace, il envoya le duc Bladastes attaquer les Gascons jusque dans leurs montagnes (1). Bladastes, avec toute la confiance que donne quelquefois l'incontestable supériorité des forces, ou plutôt la certitude d'une victoire facile, s'engagea dans leur pays sans presque aucune précaution. Aussi ne tarda-t-il pas à se repentir de sa présomption. Enveloppé de toutes parts, harcelé sans cesse et épuisé en détail, il perdit la plus grande partie de son armée avec tout son bagage, et il échappa presque seul, si toutefois, comme l'écrit Frédégaire, il ne périt pas lui-même dans cette expédition.

Enflés de ce succès ou irrités des dégâts que les Francs avaient commis sur leur territoire, les Gascons recommencèrent bientôt leurs courses et les poussèrent plus loin. Peut-être s'aventurèrent-ils jusqu'aux portes de Toulouse. Austrowalde, qui venait d'en être nommé gouverneur par le roi Gontran, se mit à leur poursuite à la tête de toutes les milices de son gouvernement, et ne put les atteindre (2). Ils regagnèrent leurs montagnes, chargés de butin et traînant après eux un grand nombre de prisonniers. Austrowalde ne jouit pas longtemps du gouvernement de Toulouse et de l'Aquitaine Neustrienne dont elle était la capitale; car peu de

---

(1) Grégoire de Tours, liv. 6, ch. 12. — (2) Idem, liv. 9, ch. 7.

temps après, ce gouvernement était occupé par le duc Sérénus, père de St-Amand, évêque de Maëstric et d'Amantia qui épousa depuis le plus célèbre des ducs de Gascogne.

Cependant, à Gontran avait succédé Childebert, son neveu, et à Childebert, ses deux fils, Théodebert et Thierry, ou plutôt Théodoric (an 594). Durant les troubles que ces changements avaient fait naître, les Gascons s'étaient établis dans le pays jusqu'à la rive droite de l'Adour (1). Après quelques expéditions plus urgentes, les deux princes songèrent sérieusement à venger l'honneur des armes françaises; et comprenant à la défaite de Bladastes qu'ils auraient à combattre non quelques hordes échappées des montagnes, sans ordre comme sans discipline, mais des soldats aguerris et accoutumés à vaincre, ils réunirent leurs forces et firent marcher contre eux (2) une armée considérable. Le succès ne répondit pas à la grandeur de ces préparatifs. Contents d'avoir remporté quelques légers avantages, ils abandonnèrent aux Gascons le pays dont ils s'étaient emparés, à condition qu'ils payeraient un tribut et qu'ils accepteraient pour chef un Franc, nommé Génialis, qu'ils décorèrent du titre de duc de Gascogne. Quoique imposé par la force, Génialis sut faire goûter son autorité aux peuples assez peu dociles dont on lui avait confié l'administration; et quand il mourut, Clotaire II, alors seul maître de toute la monarchie française, lui substitua Aignan (3) ou Aighinan, celui-là même à qui nos vieilles chroniques attribuent communément la fondation de la petite ville qui porte son nom.

(1) Marca, les Mérovingiens.—(2) Frédégaire, ch. 21.—(3) Idem, ch. 54.

Le nouveau duc, né dans la Saxe, était un des principaux seigneurs de la cour de Clotaire, et jouissait de toute la confiance de son maître. Cette haute faveur le rendit peut-être suspect aux Gascons qui se révoltèrent contre son autorité. Senoc, évêque d'Eauze, et son père Palladius, accusés selon les uns, et selon les autres convaincus d'avoir excité la révolte, ou du moins d'y avoir pris une large part, furent exilés de leur province. Ce fait que Frédégaire nous a transmis sans autre détail, nous montre qu'à cette époque (626 ou 627), les Gascons avaient franchi la rive droite de l'Adour et qu'ils occupaient la Novempopulanie entière, que les auteurs contemporains n'appellent plus désormais que la Gascogne. Ces troubles n'étaient guère propres à faire aimer à un courtisan une dignité qui l'éloignait de son maître et le reléguait aux extrémités du royaume. Aussi, soit qu'Aignan l'eût volontairement déposée, soit qu'il eût été rappelé, nous le voyons l'année suivante à l'assemblée de Clichy, conduire un des partis qui divisait la cour, et égorger de sa main, Hermaire, gouverneur de Caribert, fils puîné de Clotaire (1).

Un meurtre aussi audacieux excita l'indignation et la rage du parti opposé. Mais loin de le punir comme il le méritait, le roi, toujours prévenu en faveur de son favori, l'engagea à céder momentanément à l'orage en s'éloignant, et lui donna une escorte pour protéger sa fuite et le conduire sur les hauteurs de Montmartre, alors séparées de Paris. Ayant su bientôt après que Brunulphe, oncle de Caribert et quelques autres seigneurs, songeaient à venger l'outrage fait à leur jeune

---

(1) Frédégaire, ch. 55.

maître, dans la personne de son gouverneur, il les manda près de lui (1) et les menaça de son courroux s'ils recouraient aux armes. Ce trait de favoritisme, le premier qu'offrent nos annales, termina (en 628) la vie d'un prince (2) que les monuments contemporains surnomment tantôt le grand et tantôt le débonnaire. A son fils, commence la souche des comtes qui gouvernèrent presque toute la Gascogne. Ici s'ouvre une ère nouvelle pour notre pays; son histoire va se scinder de l'histoire générale de la France : mais avant jetons un coup-d'œil sur les rares prélats qui occupèrent les deux ou trois siéges que nous trouvons encore remplis.

Le métropolitain Senoc ne tarda pas à prouver son innocence ou bien à obtenir sa grâce, si l'on doit reculer le Concile de Rheims jusqu'en 630; car il y prit part (3) avec l'évêque d'Auch, ce que n'eût pu faire un prélat banni. Ceux au contraire qui placent cette assemblée en 625, prétendent qu'il languit longtemps dans son exil, mais qu'avant sa mort il fut rendu à ses ouailles. Il vivait (4) encore en 634. Après Senoc, Paterne II (5) souscrivit vers 662 au privilége de l'abbaye de Corbie. Avec lui finit la série des métropolitains d'Eauze; et quelques années plus tard, Eauze elle-même tombait sous la hâche des Sarrasins d'Espagne.

Pendant que l'antique métropole de la Novempopulanie disparaissait ainsi sans retour, Auch qui devait un jour hériter de ses titres, voyait passer rapidement sur son siége, Cithoire, Titoine et Dracoald (6). Le

---

(1) Frédégaire, ch. 55. — (2) Idem, ch. 56. — (3) Le P. Labbe, *Collectio Con.*, tome 5. — (4) *Gallia Christiana*. — (5) Idem. — (6) Chroniq. d'Auch. Manuscrit de M. d'Aignan.

père Mabillon, dans ses Annales (1), a recueilli le testament de St-Bertram ou Bertichram, évêque du Mans. Dans ce document, daté de 609, le saint donne à ses héritiers les biens *(villas)* qu'il a achetés, dit-il, à l'évêque Dracoald, et qui sont situés dans la cité même où ce prélat fut égorgé. Le docte Mabillon pense que le prélat nommé dans ce testament est le nôtre. Mais où, pourquoi et comment fut-il mis à mort ? Nos cartulaires ne le disent pas, et nul autre monument connu ne l'indique.

A Dracoald succéda Auderic ou Audit qui, selon Flodoard, accompagna son métropolitain au Concile de Rheims. Une petite église de notre diocèse dont le sanctuaire et la chapelle de la Vierge nous montrent le style roman pur, dans toute la beauté de ses corniches dentelées, l'église de Croute, près de Plaisance, célébrait jadis avec pompe, le 24 août, la fête de St-Ausit dont elle possédait les reliques placées sous le maître-autel, dans un tombeau de pierre (*). A l'extrémité du porche se voyaient naguère les restes d'une chapelle dont la voûte bien proportionnée a longtemps survécu à une partie de l'édifice. On croit communément que les reliques de St-Ausit furent d'abord déposées dans cette chapelle et qu'elles furent depuis transférées dans l'église actuelle. Non loin, on remarquait une quantité considérable de débris de bâtiments et un nombre infini de décombres. Un manuscrit précieux

---

(1) *Analecta vetera.*

(*) Ce tombeau existe encore. On y remarque à la partie postérieure une légère ouverture par où l'on faisait toucher au corps saint des objets que ce contact rendait chers et précieux à la piété des fidèles.

que nous aimons à consulter (1) conjecture que c'était là qu'était jadis l'abbaye de Tasque, ou tout au moins une église ou un monastère de sa dépendance. Ce qui le confirmait pour lui, c'est qu'alors et jusqu'en 1793 l'abbé de Tasque avait le droit d'y aller solenniser la fête de St-Ausit avec ses religieux, et que ce jour il percevait toutes les offrandes faites par les fidèles, se contentant d'en donner une partie, non au curé de Croute, mais au seigneur de Lasserrade, terre voisine dont Croute relevait. Ce seigneur était lui-même obligé d'aller y faire le guet, à la tête de ses vassaux, la veille et le jour de la fête. Malgré ces usages, nous croyons que Croute est l'ancienne ville de Serraute *(villa Serræ altæ)*, que nous verrons détruire dans la lutte des maisons de Foix et d'Armagnac; mais le St-Ausit qu'on y honore est généralement reconnu pour l'Auderic du Concile de Rheims. Peut-être qu'obligé de fuir devant quelque invasion des Barbares, il fut atteint et massacré près de l'Arros (*), où son nom et ses ossements sacrés ont été vénérés depuis (**). Nous savons du reste qu'il vivait en 634. Après Auderic, Dom Brugelle place sur le siége d'Auch, Domnin, dont l'existence est assez problématique, et Licerius, omis ainsi que le précédent, dans le cartulaire de notre métropole, mais qui souscrivit au sixième Concile de Tolède et peut-être aussi à celui de Châlons-sur-Saône, en 668 (2). Dracoald II

(1) Manuscrit de M. d'Aignan.
(*) *Rossa*, rousse, à cause de la couleur de ses eaux presque toujours troubles.
(**) Un ancien calendrier de St-Orens porte au 24 août : *Festum sancti Bartolomei apostoli et santi Auditii episcopi et martyris.* C'est notre Audit.
(2) Le P. Labbe, *Coll. Con.*, tom. 6.

et Tertorade qui suivirent, firent place à St-Léothade ou Léothod, un de nos quatre grands prélats honorés d'un culte public (1).

Pendant que les pasteurs se multipliaient ainsi sur le siége d'Auch, Aire, la seule suffragance de la province avec la nôtre qui eût encore des évêques, emprunta Philibaud à la ville métropolitaine. Il y était né d'une famille distinguée et avait obtenu le gouvernement ou comté d'Aire (2), où il se maria et eut un fils, Philibert, qu'il recommanda au roi Dagobert. Son administration fut si douce, qu'à la mort de leur évêque les habitants d'Aire le demandèrent d'une voix unanime pour son successeur. C'est tout ce que nous savons de son épiscopat. Nous avons nommé St-Philibert; nous croyons être agréable à nos lecteurs en le leur faisant connaître. Les enfants de notre sol qui se signalèrent à quel titre que ce soit, et surtout par leurs vertus, ont des droits à nos souvenirs. Élevé sous les yeux de son père, le fils de Philibaud reçut une brillante éducation selon l'usage de ses concitoyens; c'est la remarque du biographe (3) : *juxtà morem suæ gentis*. Bientôt il fut envoyé à la cour de Clotaire II. C'est dans le séjour des plaisirs et sur le théâtre des honneurs que le jeune Aquitain se dégoûta du monde et de tous les avantages qu'il offrait à son rang et à sa naissance. Il comptait à peine vingt ans, lorsqu'il courut s'ensevelir dans le monastère de Rebais, près de Meaux, que venait de fonder St-Ouen, dont les exemples et les leçons avaient puissamment contribué à le détacher du siècle et à l'amener dans le cloître.

(1) Chroniq. d'Auch. — (2) *Gallia Christiana*. — (3) Vie de St-Philibert, Annales des Bénédictins.

Quoique élu en peu de temps supérieur de la communauté naissante, il ne tarda pas à la quitter pour visiter les maisons religieuses qu'avait bâties St-Colomban, l'homme le plus étonnant peut-être d'un siècle si étonnant lui-même, et il alla se fixer enfin dans la Neustrie, *la Normandie de nos jours*. Quelques années plus tard, Clovis II et son épouse donnèrent au nouvel anachorète un vaste emplacement dans la forêt de Jumiège. Sur les ruines des arbres séculaires s'éleva en peu de mois un monastère immense où l'on compta plus de neuf cents moines, unissant la vie active à la contemplation. L'illustre fondateur leur imposa des travaux aussi utiles que pénibles. A sa voix, nous dit l'historien qui nous sert de guide, à sa voix ils desséchaient les marais qui couvraient le pays, ils extirpaient les ronces, ils rendaient à l'agriculture des terres depuis longtemps incultes et délaissées. Vingt ans plus tard, Philibert forcé de reparaître à la cour, osa s'attaquer à Ebroin, ministre tout-puissant alors, ou plutôt maître absolu de la plus grande partie de l'empire français, et ne craignit pas de lui reprocher ses crimes et ses injustices.

Ebroin goûta peu une pareille liberté ; mais n'osant sévir ouvertement contre un personnage éminent qu'entourait la vénération publique, il intrigua sourdement, sema sur sa vie des imputations calomnieuses, prévint contre lui jusqu'à St-Ouen dont il trompa la trop crédule vieillesse, et finit par le faire condamner dans un synode à une noire et dure prison. St-Ouen ne tarda pas à reconnaître l'innocence de notre zélé cénobite et à ouvrir les portes de son cachot. Mais Philibert ne se croyant pas en sûreté dans la Neustrie, se retira dans le Poitou et bâtit dans la petite île de Her un nouveau monastère qui s'appela d'abord Hermoutier, puis Nermoutier et ensuite Noirmoutier et finit par donner son nom à l'île entière. C'est ce même Noirmoutier si tristement célèbre dans nos dernières dissensions civiles. Philibert y termina sa longue carrière, l'an 684.

Après Philibaud, le silence règne sur l'église d'Aire comme sur les autres églises de la Gascogne ; Auch seul a conservé sa série. Les événements politiques sont mieux connus et plus développés que les événements religieux. Nous allons en reprendre le fil.

Clotaire II n'avait laissé que deux fils de ses deux premières femmes. Dagobert (*), l'aîné, objet d'une aveugle prédilection, était depuis longtemps investi du royaume d'Austrasie et habitait dans ses états sous la tutelle des célèbres Arnould, de Metz, et Pepin, de Landen. Caribert, Haribert ou Cherebert, les historiens lui donnent tous ces noms, Caribert (**), le second, jeune prince d'environ vingt ans, recueillit ainsi seul le dernier soupir de son père. Cette circonstance semblait devoir lui assurer, dans l'héritage paternel, une part plus large encore que celle que lui adjugeaient les lois et les usages des Francs; car, dans ces temps reculés où l'on voyait la royauté moins stationner que camper errante au milieu de ses leudes ou fidèles, le trésor royal suivait toujours le monarque dans chacune des mansions ou résidences où celui-ci se transportait successivement. Avec un peu de hardiesse ou de résolution, Cari-

---

(*) *Dagobert*, brillant comme le jour, suivant Thierry; ou suivant d'autres, *Daghe-bert*, brillant homme d'armes.

(**) *Haribert*, brillant dans l'armée; ou bien, *Here-bert*, éminemment brillant.

bert pouvait facilement s'en emparer. Maître de tout l'or qu'avait accumulé un règne assez long, il n'eût eu qu'à le semer autour de lui. Il eût attiré les grands et l'armée et placé sur sa tête la double couronne de Neustrie et de Bourgogne. Ce qu'une politique un peu avisée conseillait, confiant dans la bonté de sa cause, ou, comme l'en accusèrent ses ennemis, lent à se déterminer (1), le jeune prince ne le tenta point; et soit que les Francs commençassent à sentir que ce morcellement renouvelé presque à chaque génération ne pouvait qu'affaiblir la monarchie, y semer la discorde et amener bientôt sa ruine, soit que le caractère doux et paisible du prince parût peu digne du sceptre aux yeux d'une nation rude et belliqueuse, soit enfin que Dagobert, non moins habile qu'ambitieux, eût depuis longtemps gagné les cœurs et capté les suffrages, le nom de Caribert ne fut pas prononcé et Dagobert fut seul reconnu d'abord par les prélats et les barons de Bourgogne, et puis par ceux de Neustrie, malgré toutes les préventions et la rivalité qui séparaient celle-ci de l'Austrasie (2).

Brunulphe, ce frère de la reine Beretrude, dont nous avons déjà vu le zèle à venger l'outrage fait à son neveu dans la personne de son gouverneur, voulut, mais en vain, faire prévaloir les droits du prince délaissé. Quand il vit ses prétentions repoussées, il l'entraîna avec lui vers Amand, duc des Gascons, dont il lui avait depuis peu fait épouser la fille unique, nommée Gisèle (3). A quelle nation appartenait cet Amand?

(1) Frédégaire, ch. 56, et surtout Aimoin, liv. 4, ch. 17.—(2) Idem.—(3) Duchesne, Art de vérifier les dates, Charte d'Alaon.

Comment se trouvait-il à la tête de la nation qu'il commandait ? Nous l'avons demandé à tous les auteurs qu'il nous a été donné de consulter, mais nos recherches ont été vaines. Nos lecteurs s'en étonneront moins, s'ils songent qu'Aimoin, Frédégaire et nos autres chroniqueurs ne relatent guère que les légendes des saints, les gestes des Francs ou la succession des prélats. S'il était permis de suppléer par des conjectures au silence de l'histoire, nous dirions qu'Amand nâquit dans la Gascogne dont il était un des principaux seigneurs, puisqu'il avait obtenu la main d'Amantia (1), fille de Sérénus, duc ou gouverneur de l'Aquitaine Neustrienne et sœur du célèbre St-Amand, évêque de Maëstric. Son nom du moins n'est ni Franc, ni Teuton, il serait plutôt Romain; mais on sait que les populations Pyrénéennes adoptaient souvent la dénomination romaine. Nous dirions encore que les Gascons l'élurent eux-mêmes pour leur chef, peut-être à l'époque de leur soulèvement contre le duc Aignan; et le roi Clotaire, plutôt que de s'engager dans une expédition lointaine et périlleuse, aura mieux aimé le reconnaître, en lui imposant toutefois quelque léger tribut. Ce qui nous conduit à penser ainsi, c'est que nous le voyons prendre souvent les armes contre les rois Francs, ce qu'il n'eût point fait s'il leur eût dû sa dignité, transmettre son duché à ses petits-fils et associer constamment sa destinée à celle de ses peuples. Remuants ou plutôt impatients de tout joug, comme étaient ceux-ci, ils ne pouvaient se montrer ainsi fidèles qu'à l'homme de leur choix et de leur nation.

(1) Duchesne, cité par M. de Mauléon.

Quoiqu'il en soit, les espérances de Brunulphe ne furent pas trompées. Le gendre d'Amand, le petit-fils de Sérénus trouva de vives sympathies vers les Pyrénées. Les peuples s'y déclarèrent hautement en sa faveur et le proclamèrent leur souverain. Occupé à recevoir le serment de fidélité des provinces qui s'étaient données à lui, Dagobert ne put s'opposer d'abord à cet entraînement, et laissa à son frère le temps d'affermir la couronne sur sa tête. Craignant alors une trop grande résistance, il renonça à la force et se contenta de lui enlever par la ruse un de ses principaux appuis. Il feignit de vouloir se réconcilier avec Brunulphe, l'attira à sa cour par des promesses fallacieuses et lui fit l'accueil le plus bienveillant; mais peu de jours après, les ducs Amalgaire et Cherebert, et le patrice Willibald s'introduisirent de nuit près de la victime qu'on avait désignée à leurs coups et l'égorgèrent dans son bain (1). Un meurtre aussi atroce appelait la vengeance de Caribert qui, trop faible pour la réclamer les armes à la main, fut contraint de dissimuler et de recourir aux négociations. Le roi d'Austrasie, satisfait de s'être délivré du ministre que poursuivait son ressentiment, prêta l'oreille aux avis de ses sages conseillers; et soit compassion pour un frère déshérité, comme veulent le faire entendre la plupart des historiens, soit plutôt impuissance de lui tout ravir, il accepta les conditions qu'on lui offrait. Un traité solennel fut signé entre les deux prétendants, vers la fin d'avril 630, dix-huit mois environ après la mort de leur père.

Par ce traité, Dagobert cédait à son frère (2) tout le

---

(1) Frédégaire, ch. 68. — (2) Idem, 57, Aimoin, liv. 4, ch. 17.

pays situé entre la Loire et les Pyrénées, avec le titre de roi ou Koning. La partie du Languedoc qui compose aujourd'hui la province ecclésiastique de Toulouse, Arles et une faible portion de la Provence entrèrent encore dans son lot. Moyennant cette cession, le jeune fils de Clotaire renonça à toute prétention sur le reste de la monarchie française, et promit de ne jamais réclamer une plus large part dans la succession paternelle. Un cœur ambitieux se fût sans doute senti resserré dans les bornes assez étroites du royaume qu'avait été contraint d'accepter Caribert ; mais ce prince plein de modération ne paraît pas avoir donné de vifs regrets à ce que lui enlevait l'injustice des hommes.

Content de son lot, tout mince qu'il était, il établit son siége à Toulouse, faisant ainsi revivre le titre de roi de Toulouse ou d'Aquitaine qu'avaient porté avant lui Vallia et ses successeurs, et qui s'était éteint avec la puissance des Goths dans les Gaules, après la bataille de Vouillé ; et s'il ne fit pas briller sur le trône ces qualités éminentes qui fixent les regards de la postérité, du moins sut-il se préserver de ce libertinage effréné qui souilla les dernières années de son frère. Ces déréglements fournirent une occasion de montrer aux peuples les sentiments nouveaux qui régnaient au sein de la famille royale. Une de ses nombreuses concubines ayant, sur ces entrefaites, donné un fils à Dagobert, celui-ci, pour gage d'une entière réconciliation, invita le roi de Toulouse à venir tenir le nouveau-né sur les fonds du baptême. Caribert accepta l'invitation et s'avança jusqu'à Orléans (1) où résidait alors la cour de

---

(1) Frédégaire, ch. 62.

France, et où sa présence fut fêtée avec toute la magnificence que sut déployer un prince qui se plaisait à se faire appeler le Salomon de son siècle.

A peine le roi d'Aquitaine fut-il rentré dans sa capitale, qu'il dut voler au secours de son beau-père dont les peuples s'étaient soulevés. Les historiens qui nous ont laissé ignorer les causes de cette révolte, la seule du reste qu'offre la longue administration du duc Amand, ne nous ont point transmis les détails de l'expédition. Frédégaire (1) et Aimoin (2) se contentent de dire que Caribert y montra un courage, une habileté et une prudence que ne lui avaient pas soupçonnées les Francs; qu'il ramena l'ordre et la paix dans la Gascogne, et qu'il recula les frontières de ses propres états.

La gloire dont venait de se couvrir un prince de 25 ou 26 ans semblait promettre à ses peuples un règne long et fortuné; mais hélas! quelques mois après, le tombeau (3) s'ouvrit pour lui (631). Comme sa mort devait profiter à Dagobert, le roi des Francs fut assez généralement soupçonné de l'avoir hâtée. Le lieu où Caribert finit ses jours est incertain; le plus grand nombre des historiens désignent Toulouse, et cependant, comme l'observe judicieusement l'auteur des Mérovingiens (4), aucun monument sépulcral n'y a jamais attesté son inhumation. Nous aimerions mieux croire avec le savant père Anselme (5) qu'il mourut à Blaye, près de Bordeaux, et qu'il y fut inhumé dans l'église de St-Romain. Cette ville était dans ses états, et il est

---

(1) Ch. 57. — (2) Liv. 4, ch. 17. — (3) Aimoin, liv. 4, ch. 23. Frédégaire, ch. 67. — (4) Tome 1er, page 163. — (5) Grands officiers de la Couronne, tome 1, page 10.

constant que jusqu'au temps désastreux des guerres de religion, on y vit le tombeau d'un roi Caribert qui doit être le roi d'Aquitaine (*), et non, comme on le pensa longtemps, le roi de Neustrie, mort à Paris, dans l'année 536.

Si l'ambitieux roi des Francs avait espéré que la

(*) La descendance de Caribert a vivement exercé la sagacité des savants. Ils s'accordent tous à lui donner pour fils Childéric, jeune prince que nous allons voir suivre de près son père dans le tombeau; mais Aimoin et Frédégaire ne mentionnant que celui-ci, on crut longtemps assez généralement qu'il n'avait pas laissé d'autre postérité. Cependant des documents authentiques, des légendes avérées, celles de St-Amand et surtout celle de St-Hubert, qui occupèrent successivement le siége de Maëstric, nous parlaient de Bog-ghis et de Bertram, qu'ils qualifiaient l'un et l'autre de ducs d'Aquitaine. D'un autre côté, quelques passages des auteurs contemporains, inexplicables au premier coup-d'œil, semblaient rattacher la famille d'Eudes, le célèbre rival de Charles-Martel à la race des Mérovingiens. Nous verrons bientôt l'hérédité établie dans cette famille et sanctionnée par Pepin, son ennemi, alors que tous les autres grands fiefs étaient encore amovibles. D'où naissait cette exception? Enfin un monument est venu tout expliquer: c'est la charte fameuse donnée en 845 par le roi Charles-le-Chauve, en faveur du monastère d'Alaon au diocèse d'Urgel, sur l'autre versant des Pyrénées, et publiée pour la première fois sur une copie par le cardinal d'Aguirre, dans sa collection des Conciles d'Espagne. Cette pièce était trop importante pour qu'elle ne devînt pas l'objet d'un examen scrupuleux. Quelques critiques la suspectèrent de faux comme cela ne pouvait manquer d'arriver; mais un de nos plus habiles Bénédictins, dom Vaissette, en prit la défense dans sa belle Histoire du Languedoc; et sans prétendre qu'il en ait parfaitement démontré l'authenticité, nous pouvons dire avec les doctes auteurs de l'Art de vérifier les dates, qu'il a satisfait aux principales difficultés qu'on avait alléguées jusqu'alors pour la rejeter. Nous devons même ajouter que, de nos jours, nous la croyons à peu près admise dans tout le monde savant. Nous aurions voulu l'insérer ici en la faisant suivre d'un abrégé de la dissertation de dom Vaissette; mais nous avons craint que la longueur de ce document ne fatiguât la patience de nos lecteurs. Nous les renvoyons à la fin du volume. Ainsi, sans nous arrêter davantage, nous allons poursuivre notre récit.

mort de Caribert lui livrerait ses états, il fut trompé dans son attente. Childéric (*), l'aîné des fils du prince décédé (1), quoiqu'à peine âgé de trois ans, fut aussitôt reconnu dans tout le royaume d'Aquitaine. D'après les anciens usages de la monarchie, tous les frères avaient un égal droit aux terres saliques. Néanmoins, Bog-ghis et Bertram (**), fils puinés de Caribert, ne furent pas appelés au partage (2) ; c'est sans doute parce que les états d'Aquitaine étaient trop peu étendus pour une triple couronne, ou peut-être aussi parce qu'au-delà de la Garonne, la loi romaine prévalait encore souvent sur la loi franque, ou enfin parce que ces princes étaient jugés trop jeunes, Bog-ghis sortant à peine du berceau et Bertram venant de naître. Cette violation de la loi salique protégea vraisemblablement leurs jours, car Childéric ne fit que se montrer sur le trône. Une mort violente dont le genre n'est pas bien spécifié, mais qu'on croit causée par le poison, l'en précipita après quelques mois de règne. Les soupçons qui avaient jadis poursuivi le roi des Francs autour du cercueil du père, se réveillèrent avec plus de force sur le tombeau du fils (3). Quelques auteurs contemporains semblent même l'accuser assez ouvertement, et il parut se plaire à confirmer lui-même la rumeur publique, tant il mit d'empressement à envahir l'Aquitaine et la Gascogne au préjudice des deux pupilles, et à les réunir à ses autres états (4). Le duc Baronte, qu'il chargea de ce soin,

---

(*) *Hil-déric,* fort ou riche au combat.
(1) Aimoin, liv. 4, ch. 23, Frédégaire, ch. 67.
(**) *Bert-ram,* brillant au combat : c'est l'étymologie de notre Bertrand.
(2) Art de vérifier les dates.— (3) Les mêmes. — (4) Les mêmes.

avait ordre de s'emparer surtout des trésors du roi d'Aquitaine renfermés à Toulouse. Mais le mandataire d'un prince assez lâchement cruel pour assassiner un enfant et dépouiller deux orphelins au berceau, ne devait pas se piquer d'une grande probité. Aussi Baronte trompa-t-il l'avidité de son maître et détourna-t-il à son profit une grande partie de l'argent ravi aux fils de Caribert.

Comment Bog-ghis et Bertram échappèrent-ils aux mains cruelles de l'oppresseur de leur famille? l'histoire ne le dit point. Le cœur barbare de Dagobert se laissa-t-il émouvoir par la tendresse de leur âge? Maître de leurs états et ne craignant pas de s'en voir disputer la paisible jouissance, se montra-t-il plus généreux (1)? ou plutôt des serviteurs fidèles ne s'empressèrent-ils pas de les dérober à ses coups et de conduire les fils et la mère près du duc Amand, leur aïeul? Nous nous rangerions volontiers à ce dernier sentiment. Le duc de Gascogne, qui ne comptait pas d'autres descendants que ces jeunes pupilles, dut prendre en main leur défense; mais trop faible pour lutter contre le puissant monarque des Francs, il fut contraint de dissimuler durant plusieurs années. Cependant ses émissaires parcouraient l'Aquitaine. Aux uns, ils rappelaient la douceur du règne de Caribert; aux autres, ils représentaient la fin rapide et prématurée de ce bon prince qu'avait suivie de si près la mort violente de son successeur; à la plupart, ils montraient le pays foulé, pressuré par des vainqueurs orgueilleux; auprès de tous ils faisaient valoir les droits des deux orphelins qui n'avaient, pour se dé-

---

(1) Dom Vaissette, liv. 7.

fendre, que leur innocence et la justice de leur cause. Il n'en fallait pas autant pour agiter une contrée qui porta toujours assez impatiemment le joug des nations Germaniques. Aussi l'Aquitaine entière se souleva-t-elle jusqu'à la Loire. Amand présidait à ces mouvements. A la tête de ses Gascons, il faisait, dit Frédégaire (1), des courses dans tous les états qui avaient appartenu à son gendre.

Dagobert apprit bientôt au fond de la Bourgogne, où il se trouvait alors, les trames de son ennemi et les succès dont elles avaient été couronnées. Craignant de se voir enlever la riche proie qui lui avait coûté tant de crimes, il assembla aussitôt une armée nombreuse et en donna le commandement à Chadouin, son référendaire, le plus expérimenté de ses capitaines. Chadouin eut sous lui dix généraux : les Francs Ariembert, Amalgaire, Lendebert, Wandalmar, Walderic, Ermenric, Baronte et Ariard, le Gaulois Ramlen, le Bourguignon Willibald et le Saxon Agin ou Aignan, le même vraisemblablement que nous avons vu jadis commander aux Gascons, et qui trempa plus tard ses mains dans le sang du gouverneur de Caribert. Tous ces généraux sont qualifiés du titre de ducs et dirigeaient des corps séparés. Chadouin avait encore sous ses ordres un grand nombre de comtes qui n'étaient point subordonnés à des ducs.

Quelques redoutables que fussent ces forces, les Gascons acceptèrent le combat; mais trahis par la fortune, ils se replièrent en toute hâte vers leurs montagnes. Les généraux de Dagobert s'élancent à leur pour-

---

(1) Chap. 78.

suite et pénètrent dans les gorges des Pyrénées (1), incendiant les maisons, détruisant les récoltes, égorgeant tout ce qui tombe sous leurs mains. Le seul duc Ariembert s'imaginant avoir peu à craindre d'un ennemi qui fuyait de toutes parts, s'engage sans précaution dans le pays de Soule et périt victime de son imprudence avec tout le corps qu'il commandait. Ce léger succès n'empêcha pas les principaux seigneurs Gascons et leur duc Amand d'implorer la clémence du vainqueur, promettant de se présenter devant le roi des Francs et de lui faire satisfaction pour tous les méfaits dont il se plaignait. Chadouin crut à la sincérité de ce langage, fit cesser les hostilités et ramena son armée en Bourgogne.

L'année suivante, la 15e du règne de Dagobert, les seigneurs Gascons ayant leur duc à leur tête, se rendirent, suivant leur parole, à Clichy-sur-Seine, où ce prince tenait alors sa cour; mais n'osant pas paraître d'abord en sa présence, ils se réfugièrent dans l'église de St-Denis, qu'ils regardaient comme un asile assuré contre la colère du roi. Leur espérance ne fut pas trompée. Le roi des Francs se laissa fléchir, leur pardonna et reçut leur serment d'éternelle fidélité à sa personne, à ses enfants et au royaume de France. Ainsi s'expriment Aimoin (2) et Frédégaire (3), ajoutant l'un et l'autre qu'il en fut de ce serment comme des serments passés, les Gascons ne s'étant jamais piqués de se montrer grands observateurs de leurs promesses. Après cet hommage, il leur fut permis de retourner dans leurs provinces.

---

(1) Frédégaire, ch. 57, Duchesne, M. de Mauléon. — (2) Aimoin, liv. 4, ch. 31. — (3) Chap. 78.

C'est alors, on le pense du moins ainsi (1) communément, c'est alors que Dagobert, touché de compassion pour ses deux neveux, Bog-ghis et Bertram, et sollicité sans doute par leur aïeul, leur abandonna l'Aquitaine, à titre de duché héréditaire avec l'avouerie (*) sur tous les monastères renfermés dans cette vaste province, ne se réservant que la haute souveraineté avec un tribut annuel (2). Nous trouvons là, observe Dom Vaissette, le premier exemple de l'hérédité des fiefs dans la monarchie, ou plutôt le premier apanage donné aux princes de la maison royale. Toulouse, qui avait toujours servi de capitale au royaume d'Aquitaine, le fut également du nouveau duché.

Heureux d'avoir fait restituer à ses petits-fils l'héritage paternel, le duc Amand ne s'occupa plus qu'à élever leur enfance et à affermir leur pouvoir. Nous ignorons s'il put leur prodiguer longtemps les marques de sa tendresse et le secours de son expérience. Son nom disparaît désormais de l'histoire, ce qui nous fait augurer qu'il survécut peu au grand acte qu'avaient préparé ses efforts et qui consola ses vieux jours. A sa mort, les états qu'il gouvernait vinrent s'ajouter à ceux que possédaient déjà Bog-ghis et Bertram. Ils se trouvèrent ainsi maîtres de tout le pays compris entre la Loire et les Pyrénées, plus riches et plus puissants que ne l'avaient été et leur père et leur frère, si sur leur front le diadème du souverain n'avait été remplacé par la cou-

---

(1) Dom Vaissette, tome. 1.

(*) Le patronage des monastères. A ce patronage étaient attachés des avantages considérables.

(2) Frédégaire, ch. 130.

ronne du vassal. Les monuments qui nous ont transmis le peu que nous savons de leur vie, ne nous disent point s'ils partagèrent leurs vastes états où s'ils les administrèrent en commun? La branche aînée ayant recueilli bientôt la succession entière, on n'aura pas daigné mentionner un fait devenu sans importance.

CHAPITRE II.

St-Hubert, fils de Bertram. — Eudes, fils de Bog-ghis, possède toute l'Aquitaine. — Pepin d'Héristal. — Charles-Martel. — Les Maures ou Sarrasins d'Espagne. — Zama. — Ambisa. — Munusa. — Abdérame. — Victoire des chrétiens. — Mort d'Eudes. — Hunald, Hatton et Rémistan ses trois fils.

Le duc Amand n'était plus sans doute. Les faibles minorités de Clovis II, de Sigebert et de Dagobert II ne permettaient pas aux descendants du meurtrier de Childéric de porter leurs regards au delà de la Loire. Bog-ghis et Bertram vivaient paisibles dans leur duché. St-Amand, évêque de Maëstrich, leur grand oncle (1), leur ménagea l'alliance d'une noble famille Austrasienne du pays de Liége. Ode, l'aînée des deux sœurs, épousa Bog-ghis, et Philiberte, la cadette, épousa Bertram (2). Celui-ci n'eut qu'un fils, connu depuis sous le nom de St-Hubert (*).

Le jeune prince attiré à la cour de Thierry III, y occupa quelque temps la charge de comte du palais; mais bientôt dégoûté des vanités du monde, il renonça à tout ce que lui promettaient sa naissance, sa jeunesse et son rang, céda, en 688, à Eudes son cousin (3), tous ses droits au duché d'Aquitaine, et se retira avec Ode sa tante, près de St-Lambert qui avait remplacé

---

(1) Vie de St-Amand, Bollandistes, 6 février. — (2) Dom Vaissette, tome 1.
(*) *Hug-bert*, intelligent et brillant.
(3) Le Cointe *ad annum*, 702, n. 42 et suiv. Haute-Serre, liv. 7, ch. 6. Dom Vaissette, tome 1. Notes p. 690.

St-Amand sur le siége de Maëstrich, où il devait lui-même s'asseoir à son tour.

Bog-ghis avait eu deux fils; Imitarius dont on ignore la postérité, ce qui nous conduit à croire qu'il mourut sans enfants, ou peut-être même avant tout établissement, et Eudes (*) qui porta si loin la gloire de la maison. Ce dernier, par les droits de sa naissance et par la cession d'Hubert, réunit sur sa tête toute l'Aquitaine avec les pays qui y étaient attachés. Il s'était marié durant la vie de son père et de son oncle, qui paraissent être morts avant l'an 688 (1), et avait épousé Waltrude (2), fille du duc Walachise et sœur de St-Wandrille, jeune et puissant seigneur qui résista à toutes les sollicitations du roi Dagobert II dont il possédait la faveur, courut s'ensevelir dans un cloître et fonda depuis, près de Rouen, le célèbre monastère qui porta son nom. Ce mariage, en rapprochant Eudes de Pepin (**), alors maître de la monarchie française sous le titre de maire du palais, ne fit que lui montrer de plus près toute l'ambition de son nouveau parent. Descendant de Clovis, il ne pouvait pas s'associer aux efforts qui tendaient à asservir tous les jours davantage la famille Mérovingienne pour l'expulser ensuite plus facilement du trône. Défenseur des Gallo-Romains, il devait repousser l'invasion Germanique qui menaçait de nouveau nos contrées. Représentant des intérêts du midi, il devait combattre, et combattre de toutes ses forces la domination du nord qui avait déjà si lourde-

---

(*) Eudes, d'*od*, riche ou heureux. De là Odon, Odet, Odillon.

(1) Chroniq. de Sigebert. — (2) Charte d'Alaon. Dom Vaissette, tome 1.

(**) Ce nom, dit le savant Augustin Thierry, est le diminutif d'un autre qu'on ne saurait désigner que d'une manière arbitraire.

ment pesé au delà de la Loire. Ainsi s'établit cette lutte qui se perpétua durant plusieurs générations, et qui finit par être si fatale à la maison d'Aquitaine.

Dès que la bataille de Tertry (1) sur la Somme eut livré à son rival avec le malheureux Thierry (*) la France entière, il se crut dégagé des traités que Dagobert avait imposés à ses aïeux, et chercha à s'agrandir à son tour pour avoir moins à craindre. Dans la première campagne il s'empara, en 689, du Berry, du Limousin, du Rouergue, de l'Albigeois, du Velay, du Gevaudan et du pays d'Uzès (2). Des succès si rapides étonnèrent Pepin. Il s'avança en toute hâte pour en arrêter le cours, et fondit sur la ville de Bourges qu'il reprit après un siège assez vigoureux (3), mais il ne put pas la garder longtemps. Sa présence était trop nécessaire dans le nord pour y soutenir contre les grands et la cour sa puissance mal affermie. Il repassa donc bientôt la Loire, abandonnant au vainqueur ses nouvelles conquêtes. Jamais souverain d'Aquitaine n'avait été aussi puissant. Dès lors il n'est point étonnant qu'il en affectât tous les droits. Les actes furent datés des années de son règne. *Regnante Odoino piissimo Francorum rege*, porte une inscription de l'an 716, citée par MM. Pagi (4) et Catel (5). Quelques historiens même lui donnent le titre formel de roi.

Le duc d'Aquitaine en s'étendant avait reculé ses

---

(1) Frédégaire, Continuation, ch. 2.

(*) Thierry, formé de *Theode-rick*, brave ou puissant parmi le peuple.

(2) Dom Vaissette, tome 1. — (3) Mirac. de St-Austrégisilde, dans le P. Labbe, Biblioth, tom. 2. — (4) *Ad annum 706. Num.* 10 et suiv. — (5) Mémoires, page 524.

frontières jusqu'à la Septimanie, seule province qui depuis longtemps restât aux Visigoths du vaste empire qu'ils avaient jadis possédé dans le midi. La guerre ne tarda pas à éclater entre les deux peuples voisins. Les auteurs contemporains (1) ne nous ont point transmis les causes qui l'amenèrent, ni les actions qui durent la signaler. Ils nous apprennent seulement qu'après avoir combattu durant trois ans, les deux partis se trouvèrent bornés par les mêmes limites. Ce n'est pas la première fois qu'on a vu deux nations s'épuiser d'hommes et d'argent pour n'obtenir d'autres résultats que de s'être mutuellement accablées de maux, comme si le ciel n'avait pas semé sur notre vie assez de malheurs. La paix succéda enfin à tant de combats, paix longue et durable qui permit à Eudes de fermer les plaies qu'avait faites la guerre, et dont, selon les mœurs du temps, il consacra les loisirs à des fondations pieuses. Il éleva alors, de concert avec son épouse, le célèbre monastère de l'île de Rhé, dans la Charente, où leurs cendres reposèrent plus tard.

Chéri de ses peuples, respecté de ses voisins, commandant de la Loire aux Pyrénées, et de l'Océan jusqu'au Rhône, le petit-fils de Caribert avait porté à son apogée la gloire de sa maison. Mais les jours approchaient où cette gloire allait déchoir. Le noble appui prêté à un roi opprimé, ou plutôt sa généreuse commisération pour un parent malheureux, ouvrit cette longue série de désastres qui affligèrent ses dernières années, poursuivirent pendant plus d'un siècle sa postérité, et ne finirent que lorsqu'ils eurent jeté pour

---

(1) Luc de Tudèle. *Concil. Tolet.*, par d'Aguirre.

longtemps loin du sol de la patrie, les légitimes héritiers de la couronne des Francs. Pepin d'Héristal était descendu dans la tombe en 714, léguant comme un patrimoine sa charge à son petit-fils, jeune enfant sous la tutelle de Plectrude, sa mère. Tant d'audace révolta l'âme fière de Chilpéric (*) que les seigneurs de Neustrie et de Bourgogne appelèrent au trône, et qui ne paraît pas avoir mérité d'être rangé parmi cette foule de rois que l'histoire stygmatise en masse du nom de fainéants. Soutenu de Raghen-Fred (**), élu maire du palais par les Neustriens, et aidé par Radbod, duc de Frise, dont il s'était assuré l'alliance, il déclara la guerre à la mère et au fils, obtint des succès et crut toucher au moment de briser à jamais le joug honteux sous lequel gémissaient les descendants de Clovis. Il y fût parvenu sans doute, s'il n'eût eu bientôt à lutter contre le fils naturel de Pepin, le jeune Charles *(Karle)* (***), si célèbre depuis sous le nom de Martel.

Dès que celui-ci parut, la fortune de Chilpéric changea. Vaincu deux fois et abandonné par Radbod, le roi des Francs et le maire du palais de Neustrie que la communauté d'intérêts unissait à son sort, se tournèrent vers le duc d'Aquitaine. Issu lui-même du sang de Clovis, il prendrait peut-être mieux part que tout autre à leur détresse, et mieux que tout autre peut-être aussi, il aimerait à repousser les invasions d'une race étrangère. Dans cet espoir, ils lui envoyèrent des ambassadeurs chargés de riches présents. Frédégaire ajoute que ces ambassadeurs lui donnèrent en même

---

(*) *Hilpe-rik*, brave ou puissant à secourir.
(**) *Raghen-fred*, puissant protecteur.
(***) *Karle*, robuste.

temps le royaume. Voici son texte (1) qui n'a pas peu exercé la sagacité des savants : *ejus auxilium postulantes rogant, regnum et munera tradunt.* Qu'a entendu Frédégaire par ce terme *regnum* ? La plupart des historiens modernes (2) qui ne voyaient dans Eudes qu'un duc plus heureux ou plus puissant que les autres seigneurs revêtus de ce titre, expliquent ce mot par une simple couronne. Mais d'abord, c'est donner à l'expression latine une signification qui ne fut jamais la sienne; et puis, en l'interprétant ainsi, on ne fait que reculer la difficulté. Pourquoi, se demande-t-on aussitôt, pourquoi offrir une couronne à qui ne se prétend pas souverain ou n'aspire pas à le devenir ? D'autres, comme M. de Valois (3), y soupçonnèrent une autorité plus explicite, et la charte d'Alaon est venue confirmer leurs conjectures. Éclairés par ce document, nous croyons restituer à ce passage obscur à cause de son excessive concision (4), son sens juste et naturel, en disant que Chilpéric et Raghen-Fred, contraints par leurs malheurs et la nécessité, abandonnèrent les droits que le roi Dagobert s'était réservés pour lui et pour ses successeurs, et qu'ils reconnurent la pleine et entière souveraineté du duc d'Aquitaine.

Ravi d'obtenir par une concession volontaire ce qu'il était prêt à réclamer les armes à la main, Eudes accepta les présens de Chilpéric et lui promit son appui. Dès le printemps suivant (5), il traverse la Loire à la tête

---

(1) Continuation de Frédégaire, chap. 107. — (2) Le Cointe. — (3) Liv. 23, p. 424. — (4) Dom Vaissette, tom. 1. Histoire de l'Académie des Inscriptions, tom. 1, page 102. Laurentie, Histoire de France, tome 1. — (5) Frédégaire, ch. 107. Annales de Metz, de Fulde et d'Aniane.

d'une armée de Gascons et d'Aquitains et se réunit au roi des Francs et à son ministre. Les deux alliés marchent alors de concert vers l'Austrasie pour aller y chercher le fils de Pepin qu'ils croyaient encore bien éloigné. Cette confiance les perdit. Tandis qu'ils s'avançaient sans ordre et sans discipline, Charles qui n'ignorait aucune de leurs démarches, tombe sur eux avec la rapidité de la foudre, bat et disperse du premier choc leur armée et les force à prendre la fuite sans avoir pu rallier leurs soldats. S'élançant aussitôt à leur poursuite, le vainqueur entre dans Paris où les deux rois n'essayèrent pas même de se défendre, et où Chilpéric ne s'arrêta que le temps nécessaire pour y prendre ce qu'il y avait de plus précieux; Charles traverse après eux la Seine et s'avance jusqu'à Orléans. Sa diligence fut si grande qu'il faillit y surprendre ses ennemis. Echappé à grand peine, le duc d'Aquitaine s'estima heureux d'avoir pu regagner ses frontières, traînant avec lui Chilpéric et ses trésors (1), tandis que Raghen-Fred se réfugiait dans l'Anjou et dans le Maine.

Charles, de son côté, satisfait de lui avoir vu repasser la Loire, ne poussa pas plus loin ses succès. Craignait-il de lasser la fortune et d'éprouver à son tour quelqu'une de ces vicissitudes si fréquentes dans la guerre, ou n'osa-t-il aller attaquer au milieu de populations belliqueuses un ennemi que n'avait pu affaiblir une retraite aussi précipitée? nous l'ignorons; mais toujours est-il qu'il laissa Eudes réparer en paix ses désastres, et qu'il aima mieux s'assurer d'abord de la Neustrie et de la Bourgogne que Chilpéric lui abandonnait par sa fuite.

(1) Duchesne, tom. 3.

Songeant bientôt à tout le prestige qu'avait pour le peuple le nom de roi, il envoya une ambassade solennelle au duc d'Aquitaine pour le sommer de remettre entre ses mains le prince fugitif avec tous les trésors qu'il avait emportés. Il s'engageait à replacer Chilpéric sur le trône, et à se contenter du titre de son maire du palais. Et pour prix de cette extradition, il offrait à Eudes son alliance et son amitié; mais, en cas de refus, il menaçait de porter le fer et la flamme dans ses états (1).

Eudes, malgré toute sa fierté, n'osa pas braver le courroux d'un si redoutable ennemi. Soit crainte, soit faiblesse, il livra ce qu'on réclamait avec une hauteur insultante; et en échange de l'hôte qui était venu se placer sous la sauvegarde de son honneur, il obtint un traité solennel qui lui assurait des avantages considérables, peut-être même cette indépendance qu'il avait si longtemps poursuivie, et que son cœur d'homme devait se sentir humilié d'acheter maintenant si cher. Quelques auteurs (2) ont essayé de justifier ce lâche abandon, par la promesse que faisait Charles-Martel de reconnaître Chilpéric; comme si cette promesse n'était pas une amère dérision, et que la royauté consistât dans une couronne que l'on jette sur un front pour l'en arracher quand on le voudra, ou tout au plus dans de vains honneurs sans puissance et sans dignité. Pour nous rien n'excuse et moins encore ne justifie la déloyauté; mais si grâce devait être invoquée, nous la trouverions plutôt dans l'impossibilité où était le duc d'Aquitaine de soutenir à la fois avec quelque succès

---

(1) Frédégaire, ch. 107. Annales de Metz. — (2) M. de Mauléon et presque Dom Vaissette.

la guerre aux deux extrémités de ses états; car, vers le temps où nous sommes parvenus, les Pyrénées lui montraient un ennemi non moins redoutable que celui qui le menaçait au delà de la Loire.

L'Espagne venait de passer sous le joug de l'islamisme, et sur ses tours humiliées, à la place de la croix abattue, s'élevait le stupide croissant. Quinze mois avaient suffi (1) pour opérer une conquête que six cents ans de luttes héroïques et de combats presque continuels devaient à peine rendre au christianisme. Après quelques années consacrées à affermir leur puissance, les Maures ou Sarrasins, car c'est ainsi que l'histoire appelle indistinctement les vainqueurs de la Péninsule, quoique ces noms désignent des peuples bien différents, les Maures ou Sarrasins songèrent à ajouter à l'Ibérie le pays que les Visigoths possédaient dans les Gaules. Dans ce dessein, Zama (*), leur chef ou émir, franchit le col des Pyrénées vers la Cerdagne, l'an 719 (2), l'année même où fut signé le traité de paix entre Eudes et Charles-Martel, et soumit presque sans résistance toute la Septimanie. Là ne s'arrêtèrent pas ses armes.

Eudes avait donné asile à des Visigoths fuyant devant leurs vainqueurs. Pour le punir de cette hospitalité, le chef musulman se jeta sur l'Aquitaine, et

---

(1) Dom Vaissette, tom. 1. Histoire de la domination des Arabes et des Maures en Espagne et en Portugal, par M. de Marlès. tom. 1.

(*) Les auteurs arabes l'appellent Alsama-ben-Meli-el-Chusani. Ils font précéder cette expédition d'une autre conduite par Ayub. Ayub fonda la ville de Calatayud et lui donna son nom. (*Calat-forteresse*), forteresse d'Ayud.

(2) Annales d'Aniane. Chroniq. de Moissac. Pagi.

après quelques légers succès, il vint fièrement attaquer Toulouse (1). Nous ignorons les détails de ce siège, comme ceux de la plupart des sièges précédents; mais nous savons que la défense ne fut pas moins vigoureuse que l'attaque. Eudes eut le temps d'accourir à la tête de toutes ses forces. Sans craindre ni le nombre ni le courage des ennemis, il leur présenta la bataille sous les murs même de la place, vers la fin de mai 721. L'action fut longue et opiniâtre; mais enfin la victoire se décida pour les chrétiens. Zama percé d'une lance qui lui traversa le côté, resta sur le champ de bataille avec 375,000 de ses soldats, si nous devons en croire Anastase le bibliothécaire (2); et comme à cette époque il fallait du merveilleux dans toutes les grandes actions, le même auteur rapporte que le pape avait envoyé au *prince d'Aquitaine*, ce sont ses termes, trois éponges bénites, et qu'aucun des soldats qui s'en trouvèrent munis ne fut tué ou même blessé. Quoiqu'il en soit de ce prodige et du nombre des morts, Eudes poursuivit avec ardeur les restes épars de l'armée défaite et reprit sur les infidèles, non seulement tout ce qu'ils avaient conquis dans ses états, mais encore une partie de la Septimanie (3). Quatre ans plus tard, un nouvel émir, Ambisa (*), tenta de venger son prédécesseur. Cette tentative ne parut pas d'abord réussir. Les troupes qu'il envoya sous les ordres de ses lieutenants, échouèrent partout. Loin de se décourager, Ambisa espéra être plus heureux en personne et prit lui-même

---

(1) Roderic de Tolède. Annales d'Aniane. Isid. Pac. — (2) Tom. 1. Histoire de la domination des Arabes en Espagne, par M. de Marlès, tom. 1, page 125. — (3) Dom Vaissette, tome 1.

(*) Les auteurs arabes l'appellent Ambisa-ben-Sohim.

le commandement de son armée (1). Ses premiers coups tombèrent sur la ville de Carcassonne dont il s'empara malgré l'avantage de sa position et la résistance de ses habitants. Cette victoire, la terreur de son nom et surtout les promesses de modération et de paix qu'il répandait autour de lui, lui soumirent en peu de temps tout ce que la précédente campagne avait donné à Eudes dans la Gothie. Il eût sans doute poussé plus loin ses succès, et le duc d'Aquitaine eût eu dans lui un adversaire redoutable, si la mort ne l'eût enlevé (2) comme il retournait en Espagne. La perte d'un si habile général n'empêcha pas les infidèles de repasser les Pyrénées vers l'an 725 et de marquer leurs pas dans nos contrées méridionales par des ravages plus affreux que tous ceux qu'on avait éprouvés jusqu'alors. Avec ces hordes inquiètes et aventureuses, le calme n'était jamais long. Vaincues, elles s'éloignaient un instant pour reparaître bientôt : presque détruites, elles couraient se recruter au delà des monts, d'où elles revenaient plus nombreuses et plus ardentes que jamais. C'est la vie arabe, ou plutôt la vie de tous les peuples conquérants encore à leur berceau.

Cependant Charles-Martel n'avait point pardonné au duc d'Aquitaine de s'être soustrait à sa dépendance ; il le laissa s'affaiblir dans ses luttes avec les Sarrasins ; et quand il crut pouvoir l'attaquer avec plus d'avantage, il passa la Loire à la tête d'une armée nombreuse (3).

---

(1) Roderic de Tolède. Isid. Pac. Annales d'Aniane.— (2) Les auteurs arabes le font mourir des suites des blessures reçues dans cette expédition. Hist. de la domin. des Arabes, tom. 1, p. 130.— (3) Annales de Metz. Frédégaire, ch. 108.

Eudes, quoique pris au dépourvu, ramassa quelques troupes et vola à la défense de ses états. Mais, comment résister à des forces aussi considérables commandées par le plus grand et le plus heureux capitaine de son siècle ? Vaincu dans un combat qu'il osa accepter, malgré son infériorité numérique, il fut contraint de prendre la fuite et d'abandonner à son rival l'Aquitaine supérieure. Le vainqueur la parcourut en liberté, y signala sa marche par des dévastations plus dignes d'un aventurier infidèle que d'un héros Franc, et rentra enfin dans la Neustrie chargé d'un immense butin.

Jamais Eudes ne s'était trouvé dans une situation aussi critique. Pressé entre deux ennemis puissants, il devait succomber bientôt s'il ne parvenait à en désarmer un. Mais, d'un côté, l'agression aussi injuste qu'inopinée de Charles et ses sentiments bien connus, ne lui permettaient pas d'attendre des Francs une paix bien solide ; de l'autre, l'esprit remuant et belliqueux, et plus encore le fanatisme des tribus musulmanes ne lui laissaient guère l'espoir de les arrêter au moins toutes, même au prix des plus grands sacrifices. Force lui fut donc de chercher à les désunir et à en enchaîner quelques-unes par des traités particuliers.

Munus ou Munusa (*), général Maure, commandait sur les frontières d'Espagne, c'est-à-dire vraisemblablement dans la Catalogne et la Cerdagne (1). Mécontent ou ambitieux, il aspirait secrètement à se rendre indépendant. Eudes flatta ses vues, lui promit son appui, et pour mieux l'encourager et se l'attacher davan-

---

(*) Les auteurs arabes l'appellent Othman-ben-Abi ou Abu-Niza.
(1) Marca, D. Vaissette.

tage, il lui donna pour épouse sa fille, la belle Lampagie (*). Il sacrifiait ainsi sa religion et son sang au calcul de je ne sais quelle froide et barbare politique ; mais le ciel sembla se plaire à faire justice de ce mariage monstrueux, le seul de ce genre que nous connaissions dans l'histoire (**). Les deux chefs l'avaient formé pour qu'il servît de garantie à leur sûreté mutuelle ; et par une disposition de cette providence qui ne laisse jamais impuni le cynisme des conducteurs des peuples, ce fut lui précisément qui perdit l'émir et qui faillit entraîner dans sa ruine son coupable beau-père. Ici les récits varient. Suivant quelques auteurs, Lampagie, non moins pieuse que belle, travailla avec succès à amener à sa croyance le Maure qui, en s'unissant à elle, avait, dit-on, promis d'embrasser sa foi. Ses projets de conversion furent connus des autres Musulmans : de là, les malheurs qui fondirent sur les deux familles. Ainsi le raconte un de nos plus honorables concitoyens (1), à l'œuvre duquel nous avons déjà rendu un éclatant hommage ; mais nous croyons devoir l'avouer : il nous paraît peu vraisemblable qu'un sectateur de Mahomet ait songé à abjurer la foi de ses pères pour plaire à une épouse, si chérie qu'on la supposera. Un trait semblable,

(*) Isidore de Béja, Chronique. Les écrivains arabes veulent que Lampagie soit tombée au pouvoir de Munusa durant une de ses incursions. Ils ajoutent que l'amour, qui ne consulte pas toujours les convenances, fit du fier Arabe l'esclave soumis de sa prisonnière ; que celle-ci partagea les sentiments qu'elle inspirait, et devint ainsi l'épouse d'un musulman. Quelques-uns nomment la fille d'Eudes Numérance et d'autres Ménine. De Marlès, tom. 1, page 136.

(**) Des écrivains arabes parlent, il est vrai, du mariage d'Egilone, veuve du roi Rodrigue, avec un chef musulman, mais il est généralement rejeté.

(1) M. de Mauléon.

nous le croyons du moins, n'a pas été lu dans des annales un peu avérées; on ne le verrait peut-être pas même de nos jours, alors que les croyances religieuses se sont si profondément altérées au sein d'une société qui croule de toutes parts comme fait maintenant l'islamisme : d'ailleurs, aucun des documents contemporains qu'il nous a été donné de consulter, ne prête à l'émir ce projet. Dom Vaissette avance seulement(1) : « peut-être avait-il (Munusa) le dessein d'embrasser le christianisme après avoir secoué le joug des Arabes » ; et le docte Bénédictin a pu être conduit à s'exprimer ainsi par le désir d'atténuer tout ce qu'a de choquant et même d'odieux pour nos cœurs chrétiens la conduite d'un prince dont les belles qualités d'ailleurs avaient été généralement méconnues par les écrivains français. Mais qui ne sent que c'est sur des preuves claires et solides, et non sur un vain peut-être, que l'on peut établir une assertion aussi contraire aux mœurs uniformes et aux habitudes constantes d'une nation. Il nous semble qu'il n'est pas du tout nécessaire de recourir à un changement de religion pour expliquer la catastrophe dans laquelle périt le chef Maure.

L'étrangeté de son fatal mariage et quelqu'une de ces indiscrétions qui échappent toujours aux conspirateurs même les plus prudents et les plus circonspects, durent suffire pour éveiller les soupçons. On épia ses démarches, surveilla sa vie, et tous les détails de la conjuration parvinrent bientôt à Cordoue, où résidait Abdérame (*) (Abd-al-Rhaman), gouverneur général de

(1) Tom. 1, p. 396.
(*) Les écrivains arabes le nomment Abderahman-ben-Abdala-el-Gafeki.

la Péninsule pour le kalife Haschem, sultan de Damas (1). Abdérame connaissait trop la valeur et l'habileté de Munusa pour ne pas comprendre toute la grandeur du péril. Aussi, sans perdre un instant, il réunit toutes les troupes qu'il a sous la main, traverse les Pyrénées avec la rapidité de la foudre et apparaît dans la Cerdagne, au moment où le Maure le croyait encore étendu sous les frais ombrages de son palais de Cordoue. Attaqué ainsi sans avoir préparé sa défense, incertain du parti qu'il avait à prendre, Munusa n'eut que le temps de se jeter avec son épouse dans une place appelée Julia Livia, près des ruines de laquelle on a depuis bâti la ville de Puycerda (2); et trop certain du sort qui l'attendait, il résolut de s'y défendre jusqu'à la dernière extrémité. Longtemps il employa contre l'armée qui courut l'investir tout ce que le désespoir peut ajouter au courage ; mais désormais toute résistance devenait impossible. Privé de presque tous ses défenseurs, manquant de vivres, éprouvant les horreurs de la soif la plus extrême, il parvint encore à tromper la vigilance des assiégeants et à s'évader avec son épouse que tant de malheurs lui rendaient toujours plus chère. Il erra quelques jours dans les montagnes dont il connaissait parfaitement les détours, et peut-être eût-il échappé tout à fait, si sa tendresse pour la fille du duc d'Aquitaine, dont la délicatesse ne s'accommodait pas de ces sentiers âpres et rudes, ne l'eût forcé à ralentir ses pas. Ce retard donna aux soldats détachés à sa poursuite le temps de l'atteindre et de l'envelopper. Près de tomber en leur pouvoir, il aima mieux se don-

(1) Isidore de Béja. — (2) Marca.

ner la mort que de la recevoir de leurs mains, et se précipita du haut d'un rocher (1). Il venait de rendre le dernier soupir, quand les émissaires d'Abdérame parvinrent au fond du ravin où gisait son cadavre, et ne pouvant lui ôter la vie, ils coupèrent sa tête qu'ils coururent porter à leur général (2). Les malheurs de la triste Lampagie, cause innocente de cette mort déplorable, n'étaient pas épuisés. Arrêtée près du corps sanglant d'un époux qui lui avait consacré tant d'amour, elle fut présentée au gouverneur général de l'Espagne, et victime encore une fois de sa fatale beauté, elle fut jugée digne d'aller orner à Damas le harem du sultan (3). C'est au fond de l'Asie, parmi les odalisques d'un prince infidèle, que finit sans doute ses jours la première princesse que nous sachions être née sur le trône de nos souverains particuliers.

Munusa avait payé de sa vie sa folle tentative, mais le sang du rebelle ne suffisait pas à Abdérame. Sa vengeance brûlait d'atteindre celui qu'il soupçonnait avec raison d'avoir fomenté ou peut-être d'avoir provoqué la révolte, et tout semblait lui en faciliter les moyens. Son armée, enflammée par la facilité du dernier succès, n'appelait que les combats, et on n'était séparé des états du duc d'Aquitaine que par quelques journées de marche. Ainsi, sans se donner le temps de rentrer dans l'intérieur de l'Espagne pour y puiser de nouveaux renforts, l'émir (4) appelle à lui les troupes qui stationnaient sur la frontière, les joint à celles qui l'avaient suivi dans son expédition et à celles que com-

(1) De Chenier, Recherches historiques sur les Maures.— (2) Dom Vaissette, Marca. — (3) Les mêmes. Voir aussi M. de Marlès, tom. 1, p. 138. —(4) Isidore de Béja. Annales d'Aniane et de Metz.

mandait le général abattu, et pendant que le reste de ses soldats accouraient des provinces éloignées, il longe les montagnes, traverse la Navarre et entre dans la Gascogne par le col des Pyrénées.

C'était par là qu'avaient jadis pénétré les Huns, les Vandales, les Visigoths, toutes ces migrations qui avaient désolé notre patrie. On eût dit que ces antiques hordes s'étaient réveillées de leurs tombeaux après tant de siècles : mêmes meurtres, mêmes dévastations, mêmes ruines, mêmes excès de tout genre accompagnaient les ennemis que vomissait l'Espagne. Lapurdum et Beneharnum (Bayonne et Lescar) soutinrent leurs premières fureurs et perdirent leur nom dans cette lutte. Oleron, Dax et Aire tombèrent ensuite sous leurs coups. Eauze s'affaissa sous eux, et cette fois pour ne jamais plus se relever. Casius-Curio, dans son histoire des Sarrasins, citée par Catel, décrit leur entrée dans Auch et tous les maux qu'ils y apportèrent. Agen et Bordeaux partagèrent ensuite le sort commun. Les désastres furent si affreux que le souvenir en a survécu dans nos campagnes, à toutes les révolutions qu'ont subi depuis nos provinces. Là, on vous montre encore dans la terre rouge que vous trouvez quelquefois sous vos pas, la trace du sang que versèrent les Maures. Nul de nos lecteurs n'ignore d'ailleurs que leur nom (*Mourou*) répond dans l'opinion générale à l'idée de la plus révoltante barbarie.

Eudes ne demeura pas froid et impassible spectateur de tant de calamités ; mais attaqué subitement, il n'avait pu voler à la défense de ses frontières. Malgré toute son activité, les ennemis avaient déjà franchi la Garonne lorsqu'il put leur opposer une résistance sérieuse. Pour les combattre avec plus d'avantage, il alla les attendre sur la rive gauche de la Dordogne, prêt à leur en disputer le passage. Le choc fut terrible, la haine et la vengeance animaient également et les chefs et les soldats (1); mais enfin la fortune trahit le courage des chrétiens. Dieu seul, dit Isidore de Béja, auteur contemporain, put connaître le nombre des morts qu'ils laissèrent sur le champ de bataille, tant il fut considérable. Forcé de fuir, le duc d'Aquitaine rallie quelques troupes, et sacrifiant au salut de son peuple toutes ses répugnances, il envoie une ambassade au plus mortel de ses ennemis, au prince des Francs, ou plutôt selon la chronique d'Aniane, il alla en personne implorer son secours.

Charles, dont la grande âme était faite pour apprécier tout ce qu'avait de noble et de généreux une pareille conduite, et qui comprenait qu'il ne s'agissait plus d'une vaine rivalité de puissance, et moins encore d'une étroite lutte d'amour-propre, fit taire ses ressentiments, oublia le passé et accueillit avec honneur le prince vaincu. Il publia sur-le-champ le ban de convocation, non seulement chez tous les Francs, mais jusques chez les vassaux Germains; puis il marcha en toute hâte vers la Loire. Il en était temps. Libres de tout obstacle, les Sarrasins avaient passé comme un torrent sur le Périgord, la Saintonge, l'Angoumois et le Poitou, pillé et brûlé la célèbre basilique de Poitiers et s'avançaient vers Tours (2). Partout, au passage des tribus mahométanes, les églises s'écroulaient dans les flammes, les habitants étaient massacrés ou traînés en esclavage.

(1) Annales d'Aniane, de Metz, et Isidore de Béja. M. de Marlès, tom. 1, p. 140. Les auteurs espagnols placent cette bataille sur les bords de la Garonne. — (2) Frédégaire, ch. 108. Annales de Metz.

A la nouvelle du danger qui menaçait St-Martin-de-Tours, les Francs accélérèrent leur marche. Abdérame les trouva entre lui et la noble cité. Sept jours entiers les deux armées demeurèrent en présence (1), se préparant par de faibles escarmouches à un des plus grands combats qu'ait jamais vus le monde ; car, c'était plus que deux peuples, c'était deux religions, deux civilisations, deux mondes, l'Europe et l'Asie qui se trouvaient encore une fois aux prises ; mais dans cette lutte, l'Asie devait être vaincue comme elle le fut jadis par la Grèce et par Rome, comme elle l'est de nos jours par la Russie et l'Angleterre, comme elle le sera vraisemblablement toujours.

La bataille, dit la nouvelle histoire de France (2), fut enfin engagée avec autant d'ardeur que de confiance de part et d'autre, les Sarrasins comptant sur la supériorité de leur nombre, les chrétiens sur l'avantage de leur taille et de leur force. D'abord, les hâches et les sabres des Germains firent une horrible boucherie des frêles Orientaux qui avaient osé soutenir le premier choc ; mais les cavaliers Arabes se rallièrent promptement et revinrent à la charge avec leur vélocité habituelle. Leur multitude et la rapidité de leurs évolutions compensaient la valeur gigantesque de leurs ennemis. Charles d'ailleurs, n'osait laisser ses guerriers s'abandonner à leur fougue ordinaire, de peur d'être enveloppé par l'ennemi si quelque désordre imprévu se glissait dans l'ordonnance de l'armée. On combattait avec des chances égales, lorsque de lamentables clameurs s'élevèrent derrière l'armée des Arabes, et l'on

---

(1) Isidore de Béja, Eginhart. — (2) Henri Martin.

aperçut au loin des milliers de fuyards répandus çà et là dans la plaine.

Eudes avait forcé le camp Sarrasin avec ses troupes Gasconnes et massacrait une foule sans défense qui attendait l'issue du combat (1). Malgré la consternation que cet incident jeta parmi les Arabes, Abdérame tint ferme jusqu'au soir; ce ne fut qu'après sa mort que les Sarrasins firent retraite à la faveur des ombres (2), et rentrèrent dans leur camp où ils ne retrouvèrent que les cadavres de leurs enfants et de leurs femmes. Les tristes débris de cette horde étrangère profitèrent du reste de la nuit pour s'éloigner, abandonnant leurs bagages et leurs tentes toutes dressées, afin d'arrêter la poursuite des Francs.

Le butin du vainqueur fut incalculable. Sous ces tentes étaient amoncelées les dépouilles de l'Afrique, de l'Espagne et de l'Aquitaine. La perte des Francs n'avait été, dit-on, que de quinze cents hommes (3), ce qui est difficile à croire. Celle des Infidèles fut immense. Un écrivain du règne de Charlemagne rapporte avec l'exagération ordinaire à nos vieux historiens qu'il périt trois cent soixante-quinze mille Sarrasins de tout sexe et de tout âge. Il paraît que ce fut cette prodigieuse victoire remportée un samedi d'octobre 732 (*),

---

(1) Paul Diacre. Quelques-uns doutent de cette circonstance, mais les écrivains Arabes sont à-peu-près unanimes pour l'attester; ils attribuent même la perte de la bataille au mouvement que fit une partie de la cavalerie pour aller défendre le camp. — (2) Isidore de Béja. —(3) Paul Diacre.

(*) D'autres, comme M. Conde, la rejettent à l'année suivante. On n'est pas plus d'accord sur le théâtre de la bataille : les uns le placent près de Poitiers, les autres près de Tours. Les écrits arabes portent : sur les bords de la rivière *Owar*, peut-être la Vienne qui se jette dans la Loire.

qui valut à Charles le surnom latin de Martellus (*Martel*), marteau, parce qu'il avait écrasé les ennemis comme avec un marteau ou masse d'armes.

La réconciliation que la présence des Musulmans avait opérée entre Charles et Eudes paraît avoir été sincère. Rien du moins n'atteste que leur ancienne rivalité se soit réveillée durant les trois ans que vécut encore le duc d'Aquitaine. Ce temps, il l'employa à réparer les maux qu'avait apportés l'invasion étrangère; les peuples respiraient enfin. A l'ombre de son sceptre paternel tout commençait à renaître, lorsque la mort vint, en 735 (1), l'enlever à l'amour de ses sujets. Il fut inhumé à l'île de Rhé, dans le monastère qu'il y avait fondé de concert avec son épouse (*).

Eudes avait été à peu près méconnu jusqu'au siècle dernier. La plupart des historiens n'avaient vu dans lui qu'un aventurier qui, servi par les circonstances, avait profité des troubles de l'État pour s'emparer de l'Aquitaine et s'y rendre indépendant. C'est, il est vrai, l'idée que paraissent nous en donner presque toutes les chroniques de l'époque. Mais Dom Vaissette a noblement vengé sa mémoire; et l'on convient généralement de nos jours que, pour qu'il ait occupé une place

---

(1) Paul Diacre et Frédégaire, ch. 109.

(*) Après environ 1000 ans d'oubli, son tombeau fut trouvé en 1732, en creusant les fondements d'une maison bâtie sur les ruines du monastère. Il renfermait une couronne de cuivre doré, fortement attachée à une partie du crâne. Les fleurons représentaient des espèces de fleurs de lys au nombre de quatre, avec autant de triangles renversés. Sous ces fleurons étaient enchâssées des pierres précieuses, dont la principale était une turquoise qui posait sur le front. On peut consulter à cet égard la préface du 4e volume des *Monuments de la monarchie française*, par le père Montfaucon.

distinguée dans l'histoire, il n'a manqué que d'un ennemi moins grand que Charles, ou d'écrivains moins vendus à son rival que ceux qui nous ont transmis les faits de son règne. Outre l'infortunée Lampagie, il laissait trois fils (1); Remistan, qui ne paraît pas avoir été apanagé par son père; Hatton, que nous trouvons qualifié de duc d'Aquitaine, et qui posséda vraisemblablement le Poitou et peut-être aussi le Limousin, et enfin Hunald (*) ou Hunold, l'aîné de tous, qui lui succéda dans la presque totalité de ses états.

A la nouvelle de cette mort, Charles espéra arracher au fils un acte de vasselage qu'il n'avait pu obtenir du père. Pour légitimer cette violence, il assembla les Berts ou principaux de la nation, et fit décider dans ce plaid (assemblée) qu'on obligerait (2) par la force des armes, les jeunes princes à rendre au monarque Franc la foi et l'hommage refusés jusqu'à ce jour. Après cette délibération que son ambition avait dictée, et qui tendait à augmenter son autorité bien plus que celle du fantôme de roi dont il se couvrait encore et qu'il allait bientôt faire disparaître, il passa la Loire à la tête d'une armée nombreuse, parcourut la haute Aquitaine et s'avança jusqu'à Bordeaux qui fut contraint de lui ouvrir ses portes. Il couronna cette campagne par la prise du château de Blaye, et rentra dans la Neustrie chargé d'un immense butin.

Cette invasion avait été peut-être plus sanglante et plus désastreuse pour l'Aquitaine que la célèbre invasion de Clovis. Cette fois du moins, ni les églises, ni

---

(1) Dom Vaissette, Le Valois, Duchesne.
(*) *Hunc-ald.*
(2) Frédégaire, ch. 109. Annales de Metz.

leurs domaines n'avaient été épargnés. Les Francs avaient continué l'œuvre de destruction commencée par les Sarrasins. Le printemps suivant vit renaître les mêmes scènes de désolation; mais les princes Aquitains qui n'avaient point paru dans la première campagne, soit qu'ils n'osassent se commettre avec un guerrier aussi redoutable que Charles-Martel, ou soit plutôt que, pris au dépourvu, ils n'eussent pu organiser leur défense, les princes Aquitains avaient profité de l'hiver pour rassembler des troupes à la tête desquelles ils livrèrent à leur ennemi divers combats (1). Nous ignorons les détails de cette guerre. Il paraît toutefois qu'elle ne fut pas désavantageuse aux fils d'Eudes, excepté peut-être à Hatton qui, selon l'expression assez obscure de l'annaliste de Metz, fut garroté. Voici le texte : « *Karlus invasit Vasconiam, Hatto ligatus est.* » Faut-il entendre par-là que le jeune seigneur tomba entre les mains de son ennemi et fut chargé de chaînes (2), ou bien, comme l'expliquent plusieurs auteurs (3), que subjugué par la puissance de Charles, il passa à lui et s'enchaîna à son sort par un engagement particulier? nous n'oserions le résoudre ; mais quelle que soit l'interprétation qu'on voudra donner à ce passage, le maire du palais fut obligé d'en venir à un traité de paix par lequel il abandonnait à Hunald ses anciens états, à condition qu'il reconnaîtrait les tenir en vasselage, qu'il prêterait serment de fidélité à lui et à ses deux fils (4), Carloman (*) et Pepin.

(1) *Annales veteres*, Duchesne, tome 2. — (2) Le Valois, Haute-Serre, liv. 7, ch. 9. — (3) D. Vaissette. Notes 491. — (4) Annaliste de Metz.

(*) *Karleman*, homme robuste.

Nos lecteurs ont sans doute remarqué à quel degré d'abaissement était descendue à son tour la postérité de Dagobert, puisque le nom du roi Thierry n'est pas même mentionné. La condition devait peser à l'âme altière du duc d'Aquitaine; mais il lui fallut subir la loi de la nécessité et prêter le serment voulu à l'ambitieux maire du palais, qui régna bientôt sur toute la monarchie, sous le nom de **Here-Zoghe** ou duc des Francs.

CHAPITRE III.

Mort de Charles-Martel. — Hunald refuse l'obéissance à Pepin et Carloman, ses fils, mais il est forcé de se soumettre; il se venge sur Hatton, son frère, auquel il fait crever les yeux. Déchiré de remords, il abdique et se jette dans un cloître. — Waifre, son fils. — Sa longue lutte avec Pepin. — Il périt assassiné. — Hunald dépose le froc et reprend les armes.

Malgré ce serment, l'Here-Zoghe se défiant d'une fidélité si peu volontaire, envoya à la cour d'Aquitaine Lanfred (1), abbé de St-Germain-des-Prés, avec le titre ostensible de son ambassadeur, mais avec la mission secrète de surveiller son nouveau vassal. Hunald dévora encore en silence cette humiliation, accueillit avec distinction l'ambassadeur et supporta longtemps, sans se plaindre, ses manières hautaines et arrogantes. Mais dès que le duc des Francs fut descendu dans la tombe, il dépouilla toute contrainte, confina dans une étroite prison l'abbé de St-Germain, nonobstant le double titre sacré dont il était revêtu, et proclama ainsi hautement son indépendance.

Pepin et Carloman, fils et héritiers de Charles-Martel, sentirent tout ce qu'une pareille conduite aurait non seulement de menaçant pour leur autorité naissante, mais encore de contagieux pour les autres grands de l'empire, si elle n'était promptement réprimée. Aussi, après avoir donné quelques mois aux affaires les plus urgentes, ils déclarèrent la guerre au duc d'Aqui-

_____
(1) Aimoin, ch. 57 et 59. Mabillon, *ad ann.* 740.

taine (1), passèrent la Loire à Orléans et s'avancèrent dans le Berry qu'ils livrèrent aux plus affreux ravages. Hunald, qui s'attendait à cette agression, marcha à leur rencontre et leur offrit la bataille. Entre des rivaux jeunes et ambitieux, elle ne pouvait être que vive et cruelle. La victoire se déclara pour les Francs qui poursuivirent leur ennemi avec tant de vigueur, qu'il fut contraint de passer la Garonne et de se réfugier dans la Gascogne. Cependant les vainqueurs se repliant vers la rive gauche de la Loire, allèrent attaquer le château de Loches, le prirent, et après l'avoir pillé ils le ruinèrent et en amenèrent captifs les malheureux habitants. Ils bornèrent là leurs conquêtes et repassèrent la Loire, vers l'automne, sur la nouvelle qu'ils reçurent de la révolte des Allemands.

Quelques années furent nécessaires à Pepin et à Carloman pour étouffer en Allemagne le germe d'indépendance que la mort de leur père y avait fait éclore. Pendant qu'ils combattaient sur le Rhin (2), le duc d'Aquitaine secrètement ligué avec les seigneurs Allemands, tenta une diversion en leur faveur. Il se jeta sur la Neustrie, rendit à ses populations les maux que les Francs avaient faits aux Aquitains durant les deux dernières campagnes, et s'avança jusqu'à Chartres dont il s'empara. Là, ayant appris le retour aussi prompt qu'inattendu des princes Austrasiens déjà vainqueurs de leurs ennemis, il s'empressa d'abandonner sa nouvelle conquête, après toutefois l'avoir pillée et livrée aux flammes, et courut se réfugier derrière la Loire.

---

(1) Contin. de Frédégaire. Adhémar, Annales. — (2) Frédégaire. Annales de Metz.

Pepin, irrité de cette agression et des excès qui l'avaient suivie, ne tarda pas à le poursuivre dans sa retraite (1). Malheur aux villes et au pays que rencontrèrent ses pas. Non seulement le même ennemi apportait les mêmes ravages que dans les expéditions précédentes, mais, plus furieux, il s'abandonnait à de plus révoltantes atrocités. A la vue de l'orage qui fondait sur lui, le fier Hunald cédant enfin à la nécessité, envoya vers les Francs une ambassade solennelle, chargée de riches présens. Il offrait de prêter aux deux fils de Charles-Martel le serment de fidélité qu'il avait refusé jusqu'à ce jour, et promettait de leur obéir désormais comme leur vassal. Pour gage de la sincérité de ses sentimens, il leur donnait des ôtages et rendait la liberté à l'abbé de St-Germain, encore détenu, après trois ans, dans son étroite prison (2). Pepin et Carloman qui avait rejoint son frère, acceptèrent volontiers des conditions aussi favorables, et le traité conclu, ils repassèrent la Loire à la tête de leur armée.

Hatton, le second fils d'Eudes, ne prit aucune part à la lutte engagée contre les fils de Charles-Martel : soit reconnaissance pour la mémoire d'un héros qui avait brisé ses chaînes, s'il est vrai qu'il eût jadis été fait prisonnier, soit juste appréciation de son infériorité, il laissa son frère se mesurer seul avec un ennemi trop puissant. C'était acte d'une saine et habile politique, inspirée peut-être par les plus nobles sentimens; mais pour l'altier Hunald, ce fut étroit égoïsme ou plutôt oubli total de ce qu'un descendant de Caribert devait à

---

(1) Frédégaire. Annales de Metz. — (2) Annales d'Adhémar, Frédégaire, Chronique de Metz.

ses ancêtres. Son âme s'indigna à l'idée d'une soumission, sinon volontaire, du moins paisible, au spoliateur de ses maîtres légitimes, à l'oppresseur de toute la race Mérovingienne; sous cette indignation le frère disparut. Il n'y eut plus à ses yeux que le lâche fauteur de l'invasion étrangère, le parent dénaturé, vendu au plus cruel ennemi de sa maison. Tant de déloyauté et de félonie, nul châtiment assez sévère ne saurait les punir; la perte de Hatton fut dès-lors résolue. Pour mieux l'assurer, le cruel Hunald refoula sa haine au fond de son cœur. Par de fallacieuses caresses, il attira à sa cour l'imprudent qui, en volant dans les bras d'un frère, ne pensait pas courir à la mort. Il ne l'eut pas plutôt en son pouvoir, qu'au mépris de tous les droits du sang et de l'hospitalité, il lui fit inhumainement crever les yeux (1) et le jeta dans un noir cachot.

Hatton ne paraît pas avoir survécu à cet horrible traitement, car il n'est plus mentionné dans l'histoire. Nous savons d'ailleurs (2) qu'il fut inhumé dans l'église de St-Sauveur (depuis St-Martial) de Limoges, près de son épouse Vandrade, descendante de Sadregisile, duc de l'Aquitaine Neustrienne, sur la fin du règne de Clotaire II, et héritière de vastes possessions dans le Limousin et les pays adjacents. Le nom de Loup, son fils aîné, et le gouvernement que nous lui verrons bientôt occuper, nous feraient soupçonner que Vandrade était peut-être fille d'un Loup, duc de Gascogne, dont nous n'avons point parlé, parce que nous n'avons pu assigner, ni son origine, ni sa postérité, ni l'époque pré-

---

(1) Annales de Metz. *Passio Sti. Bertharii*, Duchesne, tom. 2.—
(2) Charte d'Alaon.

cise où il fut revêtu de cet emploi, ni enfin l'année où la mort, ou bien la volonté des rois Francs vinrent le lui ravir. Peut-être même cet ancien Loup n'a-t-il jamais existé, et les chroniqueurs l'ont-ils confondu avec le fils de l'infortuné Hatton. Celui-ci laissait encore deux autres enfants, Artagarius et Icterius. Nous verrons plus tard toute cette branche comblée de faveurs par la famille Carlovingienne.

Cependant les remords assaillirent le coupable Hunald. L'ombre sanglante de son frère venait souvent s'asseoir à ses côtés sur le trône qu'il avait terni en prétendant lui rendre son éclat. Il espéra d'abord apaiser sa victime en donnant, dit-on, au jeune Lope ou Loup, le duché particulier de Gascogne. Mais que peut un peu d'or jeté sur un forfait pour le dérober aux regards et surtout pour en effacer le souvenir? Aussi agité après cette légère satisfaction, il se condamna à une réparation plus personnelle (1) qui d'ailleurs était assez dans les mœurs du siècle. Quoique encore dans la force de l'âge, il abdiqua, en 745, une dignité qui avait causé tous les malheurs de sa vie, abandonna ses états à Waifre ou Guaifre, son fils unique; et tandis que son épouse dont le nom ne nous a pas été transmis, prenait de son côté le voile, lui, sous un habit religieux, alla demander la paix au monastère de l'île de Rhé, près de ces voûtes sous lesquelles reposaient les cendres des auteurs de ses jours. Heureux si le tombeau paternel se fût aussi ouvert pour lui; mais son crime était de ceux que poursuit longtemps le courroux du ciel. Nous le verrons, après plusieurs années, reparaître sur

---

(1) Annaliste de Metz.

la scène du monde, y subir de cruelles épreuves, et terminer enfin, sous les coups d'une insurrection populaire, une carrière marquée au coin de la fatalité.

Jeune, grand, robuste, bien fait (ainsi nous le peignent les auteurs contemporains), Waifre avait hérité du caractère indépendant de son père et de sa haine pour les princes Austrasiens. Comme ses prédécesseurs, il refusa d'abord le serment d'une fidélité que son cœur abhorrait. Il ne craignit pas même de braver encore davantage la puissance de Pepin, alors seul maître de la monarchie française, sous un nom assez indéterminé, en donnant asile à Grippon ou Griffon (1), le dernier des fils de Charles-Martel, qui, mécontent d'avoir été à peu près déshérité dans la succession paternelle, s'était révolté contre ses frères. Pepin envoya l'année suivante une ambassade solennelle à la cour d'Aquitaine pour réclamer le fugitif, mais il lui fut refusé avec hauteur. Dans toute autre conjoncture, il en eût moins fallu sans doute pour attirer dans nos contrées les armes des Francs; mais leur duc était occupé à terminer la grande œuvre qu'avaient préparée trois générations de héros. Cette œuvre, il l'accomplit enfin dans les premiers jours de mars de l'année 752. Il put alors placer sur sa tête la couronne que sa maison tenait sous sa garde depuis près d'un siècle, et qu'elle déposait momentanément sur le front de je ne sais quels fantômes de rois qu'elle arrachait au cloître pour leur faire une royauté presque monacale.

Le nouvel élu voulut signaler le commencement de son règne par l'expulsion des Musulmans. La fortune

(1) Frédégaire. Eginhart. Annales de Metz.

fut favorable à ses armes. Dans quelques mois, il s'empara de Nîmes, d'Agde, de Béziers, de Carcassonne, de Maguellonne et de leurs territoires. Le théâtre de la guerre le rapprochait ainsi des états du duc d'Aquitaine. Il profita de ce voisinage pour y faire une incursion qui n'eut d'autre résultat que la ruine du pays (1) que parcourut son armée. Waifre se tint sagement renfermé dans ses places fortes sans vouloir accepter de combat, et une nouvelle révolte des Saxons le rappela bientôt lui-même en Allemagne. Huit ans après, en 760 (2), son trône était assis sur des bases solides. La Saxe avait été domptée, la Septimanie entière envahie, les Infidèles rejetés au-delà de leurs montagnes; tous les grands s'abaissaient sous son sceptre. Seul, le duc d'Aquitaine menaçait de son indépendance la royauté nouvelle; de là, une lutte imminente. Les prétextes ne manquent jamais à la haine, à la jalousie ou à l'ambition. Pepin réclamait de Waifre le serment de fidélité qui, disait-il, lui était dû au double titre de roi des Francs et de fils de Charles-Martel. Il imputait aussi à son rival de retenir quelques biens appartenant au monastère de St-Denis et à quelques autres églises de France. Enfin, il l'accusait de s'être permis quelques incursions sur les frontières de la Septimanie dont les Francs venaient de faire la conquête, et d'avoir prêté un refuge à quelques seigneurs Goths qui avaient mieux aimé se condamner à l'exil que de vivre sous les lois de leurs vainqueurs. Un message des Francs lui porta ces griefs. Le duc d'Aquitaine y répondit par un message semblable. Blandin, comte d'Auvergne, et Bertellanus,

---

(1) Ann. d'Aniane. — (2) Chronique d'Adhémar. Contin. de Frédégaire.

évêque de Bourges, furent chargés de justifier sa conduite à la cour de Pepin (1). Forts de la bonté de leur cause, les deux ambassadeurs parlèrent avec une noble fermeté ; mais leur langage fut regardé comme une insulte. Feignant un courroux que commandait, disait-il, l'honneur de sa couronne, le roi des Francs assemble les principaux de la nation, et fait décréter qu'on réduira l'orgueilleux vassal par la force des armes.

Après un décret qu'il avait dicté lui-même, Pepin traverse la Loire près de Mesve dans l'Auxerrois, entre dans le Berry, pénètre dans l'Auvergne, et se repliant vers la rive gauche de la Loire, il porte partout le ravage et la mort. Déjà il se disposait à envahir le Poitou, lorsque Waifre, qu'une attaque aussi subite avait pris au dépourvu, sentit qu'il n'y avait plus pour lui d'autre parti que la soumission. Il députa, en conséquence, vers Pepin, trois seigneurs de sa cour, Adalbert, Dadin et Amalgaire. Le roi des Francs les reçut avec hauteur et dicta les conditions en maître (2). Le duc d'Aquitaine promettait de se rendre en personne au *plaid* ou assemblée générale de la nation. Là, il prêterait foi et hommage, et satisferait à toutes les imputations dont on le chargeait; mais, en attendant, il donnerait des otages pour garant de sa parole. C'était beaucoup exiger d'un prince jeune et altier, mais telle était la force des choses que Waifre dut y souscrire. Il fit la promesse exigée, et pour sa garantie, il livra ses deux cousins germains, Altargarius et Ictérius (3), les deux fils puînés du malheureux Hatton. Content d'avoir ainsi humilié son rival, et croyant l'avoir mis hors d'état de lui nuire, le

---

(1) Continuation de Frédégaire.—(2) Idem.—(3) Charte d'Alaon.

roi des Francs rentra dans ses états, passa les fêtes de Noël et de Pâques dans son château de Queste sur Oise, et alla tenir l'assemblée de sa nation à Duren, alors simple maison royale dans le comté de Juliers.

Cependant le duc d'Aquitaine était loin de se regarder comme lié par un serment que les circonstances seules lui avaient arraché. A peine vit-il son ennemi s'éloigner, qu'il ordonna à tous ses comtes de lever secrètement dans leurs divers gouvernements tout ce qu'ils pourraient de troupes. Il eut bientôt ainsi sur pied une armée nombreuse dont il prit lui-même (1) le commandement, ayant sous ses ordres Chunibert, comte de Bourges, et Blandin, comte d'Auvergne; et sans perdre un instant il pénétra dans le royaume de Bourgogne, parcourut le diocèse d'Autun, poussa ses courses jusqu'à Châlons dont il brûla les faubourgs; et comme pour insulter encore davantage à son odieux rival, il incendia le château de Melci, qui était la propriété particulière de Pepin. Enfin, après avoir traité tous ces pays comme le roi Franc avait jadis traité l'Aquitaine, il repassa la Loire chargé d'un immense butin.

Au premier bruit de cette nouvelle invasion, Pepin jura d'abattre à jamais une famille dont la haine opiniâtre survivait à tous les revers et semblait se jouer de tous les serments. Son courroux et son indignation, il les fait facilement passer dans le cœur de la nation encore réunie à Duren. La guerre est de nouveau résolue, mais la guerre avec toutes ses horreurs, comme l'aimaient les Huns, les Vandales ou les Sarrasins. Nous

---

(1) Continuation de Frédégaire.

n'aurons dans nos récits d'autres guides que des annalistes ouvertement dévoués aux vainqueurs, et nous n'allons trouver sous notre plume que pillages, meurtres ou incendies. Que serait-ce donc si un écrivain impartial nous eût transmis les faits ?

Des bords de la Lippe ou du Weser, les Francs arrivèrent bientôt sur les frontières de l'Aquitaine. Ils s'étaient avancés à marches forcées, l'amour de la vengeance précipitait leurs pas. Pepin les conduisait (1) en personne, accompagné de ses deux fils Charles et Carloman. Il traversa la Loire près de Nevers, courut attaquer le château de Bourbon, surnommé depuis l'Archambaut, le prit sans peine avec toute la garnison et le livra aux flammes. Il s'avança ensuite jusqu'à Clermont, ravageant tout ce que rencontrait sa haine. Clermont n'était alors qu'une forteresse placée sur une montagne voisine de l'ancienne cité d'Arverne, à laquelle elle a depuis donné son nom; et après quelques jours de siège, la forteresse fut emportée comme Bourbon, et comme lui, elle devint la proie des flammes. L'annaliste contemporain (2) fait observer que la plupart des habitants, hommes, femmes et enfants périrent dans cet incendie, soit qu'à l'exemple des Arvernes, leurs glorieux ancêtres, ils eussent voulu s'ensevelir sous les ruines de leurs murailles, soit que les vainqueurs, irrités de leur résistance, les eussent traités avec plus de barbarie que les autres peuples conquis. Cette prise fut suivie de la prise de la cité voisine et de presque toutes les places fortes du pays. Le fer, la

---

(1) Frédégaire. Annales de Metz. *Annales veteres*, Duchesne, tome 2. — (2) Continuation de Frédégaire.

crainte ou les séductions les amenèrent sous le joug des Francs. Ceux-ci avaient déjà envahi deux provinces, et nul ne se présentait pour arrêter leurs progrès. Le comte Blandin parut enfin à la tête d'une armée de Gascons; mais le sort des armes lui fut fatal. Il tomba au pouvoir de l'ennemi avec la plus grande partie de ses troupes; le reste demeura sur le champ de bataille. La saison était trop avancée pour permettre à Pepin de profiter de la victoire. Il se contenta de pousser ses ravages jusque dans le Poitou et repassa la Loire, chargé des dépouilles des Aquitains et traînant à sa suite une multitude de captifs.

Dès que le printemps lui permit de tenir la campagne, Pepin s'élança avec toute la multitude de la nation Franque, dit le continuateur de Frédégaire (*), et après avoir porté la désolation dans tout le Berry, il alla en assiéger la capitale. Forte par sa situation, Bourges était encore défendue par une garnison nombreuse que commandait le comte Chunibert. Aussi, quoique les Francs l'eussent bloquée de toutes parts, et qu'ils fissent agir toutes les machines alors en usage, le siège fut long et meurtrier; mais enfin la tranchée fut ouverte et la place emportée d'assaut. Le vainqueur honora son triomphe par une modération qui contraste avec tout ce qu'on avait vu de lui dans cette guerre; il se contenta de garder près de sa personne le gouverneur et les principaux Aquitains, et d'envoyer comme otages sans doute, dans l'intérieur de son empire, les femmes et les enfants. Il permit ensuite à tous les soldats de rentrer, s'ils le voulaient, dans leurs foyers, et

---

(*) *Cum universa multitudine gentis francorum.*

traita les habitants avec une bienveillance marquée. Il voulait par cette conduite rendre hommage à la valeur qu'avait déployée la garnison, ou plutôt il cherchait à gagner les cœurs, car sa politique va désormais changer. Jusqu'ici toutes les expéditions des Francs en Aquitaine avaient plutôt été des courses sans utilité que des conquêtes solides. Les peuples foulés, pressurés, portaient seuls le poids de ces agressions presque toujours impitoyables et cruelles; mais leur maître, quand le flot dévastateur s'était éloigné, n'avait qu'à relever quelque rempart abattu, et son autorité s'étendait sur les mêmes cités et sur les mêmes provinces. Instruit par l'expérience et décidé à dépouiller son rival, Pepin songea à garder sa conquête. Avant de s'éloigner de Bourges, il la réunit solennellement à sa couronne par le droit des combats, observe un annaliste contemporain (1), en releva les murailles, y ajouta de nouvelles fortifications et y laissa une garnison capable de la défendre, sous les ordres d'un comte dont il connaissait le dévouement et la fidélité. Après ces sages dispositions, il se porta sur Thouars (2), la plus forte place de toute l'Aquitaine; mais soit découragement ou trahison, ce château ne se défendit que quelques jours. Il n'en fut pas moins livré aux flammes et la garnison emmenée prisonnière avec le gouverneur qui la commandait. Le vainqueur borna là sa campagne. Il retourna en France, gorgé de dépouilles et chargé de lauriers un peu moins souillés de sang que ceux qu'il avait cueillis les années précédentes.

Il donna l'hiver au repos; et après avoir passé les

---

(1) Continuation de Frédégaire, Chroniq. d'Adhémar. — (2) Continuation de Frédégaire, Eginhart, Annales de Metz.

fêtes de Noël et de Pâques à Gentilly, près de Paris, il se rendit à Nevers, où il avait assigné l'assemblée ou champ de mai, et le rendez-vous général de ses troupes. Toujours plus acharné à sa proie, il divisa son armée en plusieurs corps pour répandre l'épouvante et la terreur dans plusieurs provinces à la fois. Sa fureur alla tomber sur le Limousin, le Quercy et les pays adjacents. Le récit des horreurs qui furent commises fait frémir (1). Les villes, les églises, les monastères, les maisons de campagne et surtout celle de Waifre, furent presque partout la proie des flammes. Les récoltes, les vignes, les arbres fruitiers eux-mêmes furent détruits. Comment l'histoire n'a-t-elle pas flétri avec plus d'indignation de pareilles atrocités? on ne l'explique que par l'apathie et la concision des auteurs contemporains qui nous les ont transmises, et dont la partialité est si révoltante qu'ils les racontent avec une indifférence complète, presque avec éloge. *Deo auxiliante*, avec l'aide de Dieu, répètent-ils sans cesse (2). Mais le ciel peut-il aider au meurtre, au pillage et à la ruine ?

Tant de malheurs réveillèrent enfin le duc d'Aquitaine, qui, si nous en croyons les annalistes Francs, avait jusque là vécu dans l'inaction, ou n'avait fait que de faibles efforts. A la tête d'une armée nombreuse, composée d'Aquitains et de Gascons, il vint offrir la bataille à son ennemi. Au rapport d'autorités trop suspectes, la victoire ne se fit pas longtemps attendre (3). Les Gascons lâchèrent pied dès le premier choc et entraînèrent les Aquitains dans leur déroute. Pepin pour-

---

(1) Chronique d'Adhémar. Continuation de Frédégaire. *Acta SS. Benedic. pars 2.* — (2) Continuation de Frédégaire. — (3) Idem.

suivit les fuyards jusque bien avant dans la nuit et en fit une horrible boucherie. Après cette victoire, il reprit la route de la Loire qu'il repassa à Digoin, dans le Charolois, et revint en France par le pays d'Autun.

Waifre s'était échappé avec peine du combat, suivi seulement de quelques soldats. Ce revers abattit son courage. Il craignit qu'une plus longue lutte ne lui enlevât bientôt le reste de ses états; et dans cette crainte, il se fit humble ou plutôt bas, comme si la bassesse avait jamais désarmé un ennemi. Ses ambassadeurs arrivèrent bientôt à la cour de Pepin. Le duc d'Aquitaine offrait par leur bouche de prêter foi et hommage au monarque Franc, de se reconnaître son vassal et son homme-lige, de payer le tribut et de faire les présens que les rois de France, ses prédécesseurs, avaient coutume de recevoir tous les ans de l'Aquitaine (1). Pour prix de cette sommission il redemandait Bourges et les autres places capturées. Vaines supplications! Pepin voulait détruire entièrement une famille dont la puissance l'avait quelquefois alarmé, et qui, si les circonstances lui souriaient de nouveau, pourrait un jour disputer à sa postérité un trône que les Mérovingiens, d'où elle descendait, avaient occupé si longtemps. Mais quelque arrêtés que fussent ses sentimens, il crut plus utile à ses intérêts de dissimuler. Il feignit de ne pouvoir accepter ces offres sans le consentement de ses leudes ou barons. Il renvoya, en conséquence, les ambassadeurs au plaid prochain. Là, leurs propositions furent accueillies avec hauteur et rejetées avec mépris. Néanmoins, les Francs n'armèrent point,

(1) Continuation de Frédégaire, Annales de Metz.

cette année 764, ni l'année suivante. L'hiver le plus rigoureux dont les hommes eussent conservé le souvenir, avait pesé sur l'Europe entière. La gelée, après avoir commencé le 14 décembre, n'avait cessé que le 16 avril. Non seulement les oliviers et les vignes, mais encore la plupart des arbres avaient péri durant un froid aussi long ; la famine était générale.

Waifre profita de ce répit que la nature avait arraché à son implacable ennemi pour réparer ses pertes et se disposer à de nouveaux combats. Il songea même un instant à prendre l'offensive ; mais comme si le ciel eût poursuivi dans le fils d'Hunald, le meurtrier de l'infortuné Hatton, toutes ses entreprises échouèrent (1). Il ordonna au comte Marcion, son parent, d'aller attendre en embuscade quelques troupes Franques qui devaient longer les frontières du pays Toulousain, en se rendant à Narbonne pour en relever ou renforcer la garnison. Ses ordres s'exécutèrent ; mais après un combat sanglant et opiniâtre, Marcion fut tué et ses soldats mis en déroute. Un autre corps d'Aquitains commandés par Chilping, comte d'Auvergne, s'était jeté sur la Bourgogne et s'avançait sur le Lyonnais ; mais arrêté sur les bords de la Saône par Adalard, comte de Châlons, il vit périr son général et fut contraint de se disperser à travers les forêts et les marais, qui seuls protégèrent sa retraite. Enfin, un troisième corps que guidait Amaneugue, comte de Poitou, ne fut pas plus heureux. Il ravageait la Touraine, lorsque atteint par les vassaux de Wlfard, abbé de St-Martin, il fut repoussé avec grande perte ; son chef resta aussi parmi les morts.

(1) Continuation de Frédégaire, Annales de Metz.

La douleur de tant de pertes successives fut encore aigrie par la défection de Remistan (1). Ce dernier fils du célèbre Eudes, se jeta alors, on ne sait trop pour quel motif, dans le parti du roi Franc, auquel il prêta serment de fidélité, ainsi qu'à ses enfants. Pepin accueillit le traître avec bienveillance, le combla de caresses, et pour mieux l'attacher à son sort, il lui donna le gouvernement d'Argenton avec une partie du Berry, à la charge de les défendre contre son neveu. Accablé par tant de revers, celui-ci se porta à une de ces résolutions extrêmes qui n'ont d'autre justification que le succès, et ici le succès manqua. Bourges, Clermont, Thouars étaient tombées devant la valeur et l'opiniâtreté des Francs. Les autres places devaient résister bien moins encore ; mieux valait alors que Waifre abattît leurs murailles. Il enlevait à ses ennemis un point d'appui nécessaire. Privés de leurs futurs asiles, ils n'oseraient peut-être pas s'aventurer dans un pays hérissé de forêts et semé d'une population altérée de vengeance; et s'ils le tentaient, le prince Aquitain pourrait les harceler en détail et peut-être même les repousser entièrement. Guidé par ces motifs, il démolit toutes ses places (2) et en dispersa au loin les remparts. L'histoire signale parmi les villes qu'il traita ainsi, Poitiers, Limoges, Saintes et Périgueux.

Cependant deux années de repos avaient retrempé les forces des Francs, dont le rendez-vous avait été fixé à Orléans, où se tint, en 766, le champ de mai. Libres désormais de tous les obstacles, ils se répandirent dans le Limousin, traversèrent le Quercy et poussèrent jusqu'à

---

(1) Continuation de Frédégaire. — (2) Le même.

Agen. Les principaux seigneurs Aquitains se voyant hors d'état de s'opposer aux progrès de leurs armes (1), vinrent trouver Pepin dans cette dernière ville et lui prêtèrent serment de fidélité. Étonnés de la rapidité de ses conquêtes, et craignant pour leur pays le sort de l'Aquitaine, les Gascons imitèrent cet exemple et se soumirent à leur tour. Le roi des Francs, satisfait de ces hommages, revint sur ses pas, reçut la soumission du Périgord et du Limousin, et plus prudent que son rival, il eut soin de relever les remparts des villes qui se soumettaient et d'y laisser de fortes garnisons. Impatient de terminer une conquête devenue désormais si facile, il ouvrit la campagne suivante au milieu de l'hiver et soumit en quelques jours le Toulousain, l'Albigeois, le Rouergue et le Velai (2).

Pendant que les provinces semblaient courir au devant de ses lois, Waifre, l'infortuné Waifre, trahi par la fortune, abandonné des siens, errait fugitif (3) à travers les forêts du Quercy et du Périgord, demandant quelquefois un asile aux châteaux escarpés, aux monts presqu'inaccessibles, et plus souvent se cachant dans les antres des rochers assez communs dans ces provinces. Au milieu de sa détresse, un instant de joie vint ranimer ses espérances. Le traître Remistan avait, comme nous l'avons vu, abandonné la cause nationale pour embrasser le parti de l'étranger. Bientôt il se repentit (4) d'avoir sacrifié patrie, famille et honneur, à je ne sais quels sentiments de frayeur ou d'ambition, et pour expier sa faute il résolut de poursuivre à ou-

---

(1) Continuation de Frédégaire. — (2) Le même. — (3) Le même. — (4) Le même.

trance ces Francs qui l'avaient compté quelque temps parmi leurs chefs.

Waifre, aux pieds duquel il alla se jeter et à qui il offrit son bras et son épée, ne pouvait se montrer difficile dans la situation presque désespérée où se trouvaient ses affaires; non seulement il lui pardonna sans peine, mais il accueillit avec joie ses offres; et pour gage de son entière réconciliation, il l'investit du commandement général de ses troupes. Fidèle à ses nouveaux engagements, Remistan se mit à la tête de toutes les milices qu'il put réunir, battit fréquemment les Francs, harcela les garnisons qu'ils avaient laissées dans les places pour s'assurer du pays, et répandit partout tant d'épouvante, que les laboureurs et les vignerons n'osant s'aventurer dans la campagne, la terre en plusieurs endroits demeura sans culture (1).

Pepin était alors occupé à poursuivre son rival dans l'Aquitaine inférieure; mais en vain ses armées sillonnaient-elles toutes les provinces jusqu'à la Garonne, en vain fouillaient-elles les anfractuosités des rochers, en vain s'enfonçaient-elles dans la profondeur des forêts; traqué comme une bête fauve, mais toujours protégé par l'amour de ses peuples, par le souvenir de ses malheurs et sans doute aussi par son courage, le duc d'Aquitaine, suivi de quelques serviteurs dévoués, parvenait à dérober toutes ses marches à ses ennemis. Le roi Franc se lassa de l'inutilité de ses tentatives, et termina la campagne par la prise de quelques châteaux qui n'avaient d'autre importance que celle que leur donnait leur difficile accès.

(2) **Continuation de Frédégaire.**

Le temps approchait où tant d'opiniâtreté devait enfin triompher. Acharné à sa proie, Pepin reprit les armes au milieu de l'hiver; et pour atteindre tous ses ennemis à la fois, il détacha une partie de ses troupes sous les ordres des comtes (1) Chunibert, Hermeneld, Bérenger et Childerate, auxquels il enjoignit de suivre tous les mouvements de Remistan, de le chercher sans cesse et de ne rien négliger pour s'emparer de sa personne, même au prix des plus grands sacrifices. Lui, cependant, avec le reste de l'armée, se dirigea vers la Gascogne, soit qu'elle se fût soustraite à ses derniers engagements, ou soit plutôt qu'il la soupçonnât d'être devenue l'asile de l'infortuné Waifre. Mais, à son approche, les Gascons toujours aussi empressés à céder à l'orage qu'ardents à ressaisir leur indépendance dès qu'elle s'offrait à eux, lui envoyèrent une nouvelle députation pour réitérer leur serment de fidélité à lui et à ses fils, Charles et Carloman; et pour garants de leur promesse ils lui donnèrent de nombreux otages (2). Quelques seigneurs Aquitains, qui tenaient encore le parti de leur duc, suivirent l'exemple des Gascons et prêtèrent aussi serment. Le roi des Francs reçut toutes ces soumissions avec les marques de la plus grande bienveillance, et libre de ce côté, il se replia sur le Quercy, où il savait maintenant que se cachait son rival. Mais, cette fois encore, Waifre sut se dérober à toutes ses recherches. Ses lieutenants furent plus heureux. Après un grand nombre de marches et de contremarches, ils parvinrent à attirer Re-

---

(1) Continuation de Frédégaire, Annales de Metz, Eginhart. — (2) Continuation de Frédégaire.

mistan dans une embuscade et à se saisir de lui, malgré sa vigoureuse résistance. Fiers de cette capture, ils le traînèrent aussitôt pieds et poings liés devant leur maître qui alors se trouvait dans la ville de Saintes. Le roi des Francs s'abaissa jusqu'à insulter au malheur de son prisonnier; et oubliant le noble sang qui coulait dans ses veines et les emplois élevés dont il avait été revêtu, il le condamna à être pendu (1) comme le dernier des malfaiteurs. On ignore ce qui advint à la femme de Remistan, arrêtée à côté de son époux. Mais nous savons d'ailleurs que la mère, la femme et les sœurs de Waifre étant tombées peu après au pouvoir de Pepin, le monarque Franc ordonna qu'on les traitât avec les égards dûs à leur rang et à leur infortune.

Tout avait ainsi cédé au bonheur de ses armes; l'Aquitaine entière était conquise. Tous les seigneurs avaient fait successivement leur soumission; la plus grande partie de la famille ducale elle-même était entre ses mains; seul, l'ennemi que poursuivait sa haine et son ambition semblait se jouer de tous ses efforts. Désespérant de l'atteindre par la force, il eut recours à des moyens repoussés par l'honneur, et par-là doublement indignes d'un puissant monarque. Il gagna par l'appât de l'or et de plus grandes récompenses quelques serviteurs du duc, et en particulier le traître Waraston. Ceux-ci assassinèrent leur maître, vraisemblablement dans son lit, la nuit du 2 juin 768 (2). La rumeur publique accusa Pepin d'avoir soudoyé ce crime, et le continuateur de Frédégaire, malgré toute

(1) Continuation de Frédégaire.— (2) *Annales ve teres*, Duchesne. Chronique de St-Gall et St-Denis.

sa partialité, semble en convenir. Du moins, le monarque Franc s'empressa-t-il d'en recueillir les fruits. Selon les mœurs du temps, il chercha à l'expier en faisant part à l'église des dépouilles de sa victime. Il donna à l'abbaye de St-Denis les bracelets d'or garnis de pierreries dont le duc d'Aquitaine avait coutume de se parer. Jusqu'à la fin du dernier siècle, on les garda dans le trésor de ce monastère où on les montrait sous le nom de poires de Waifre (1). On est partagé sur le lieu où fut enseveli le fils d'Hunald. Quelques auteurs veulent qu'il ait été déposé à Limoges, près des cendres de l'infortuné Hatton, son oncle ; mais le Père Lecointe et Catel, s'appuyant de je ne sais quels documents, placent sa sépulture à Bordeaux, dans le lieu où le cardinal de Sourdis fit depuis bâtir le couvent des Chartreux. Notre compatriote, l'historien Dupleix (2), qui partage ce sentiment, dit qu'avant cette fondation, on montrait dans cet endroit le tombeau de Gaïfas; c'est évidemment le nom de notre Waifre Celui-ci, du reste, ne laissa d'Adèle, son épouse, fille unique et héritière de Loup, duc de Gascogne, son cousin germain, qu'un fils nommé Loup, comme son grand-père à qui nous le verrons succéder un jour.

Ainsi périt dans la force de l'âge le dernier souverain de l'Aquitaine. Le rôle que nous lui avons assigné dans cette guerre n'est pas toujours brillant; mais nos lecteurs n'auront pas oublié que nous ne connaissons que les faits qui ont été transmis par les annalistes Francs, tous dévoués à leur roi. La lutte qu'il soutint le peint mieux que nos récits. Et certes, le prince qu'on

---

(1) Chronique de St. Denis. — (2) Histoire de France.

ne peut dompter qu'en le faisant assassiner lâchement, et dont les états coûtèrent à envahir près de neuf ans d'efforts non interrompus, tandis que la Saxe, la Septimanie et les autres pays étaient conquis dans une seule campagne, ce prince, quoiqu'en disent des historiens évidemment mensongers, ne saurait être sans mérite ni même sans gloire.

Hunald, le vieil Hunald vivait encore. Du fond de sa retraite, il avait suivi la lutte qui venait d'être si fatale et à l'Aquitaine et à sa famille. Son cœur de prince, de Mérovingien et de père, avait souvent gémi des succès de Pepin et des atrocités qui les avaient suivies presque partout; et plus d'une fois sans doute, il ne fallut rien moins que les liens religieux pour l'enchaîner dans son cloître et l'empêcher de voler à la défense des Aquitains, ou du moins de porter dans les conseils de son fils le secours de ses lumières et de son expérience. Mais à la nouvelle du supplice de Remistan et du lâche assassinat de Waifre, la religion et ses chaînes furent insuffisantes, il rejeta le froc, et s'élançant au milieu de ses peuples, il les appela à partager sa vengeance. Sa voix ne fut pas méconnue. L'attachement profond que nos ancêtres avaient voué à une famille qui les gouvernait depuis un siècle et demi, la honte d'un asservissement qui révoltait leur amour-propre, et la crainte de voir leurs franchises et leurs priviléges aller se perdre dans l'immensité de l'empire Franc, tous ces motifs lui amenèrent des soldats. En peu de jours, le drapeau qu'il avait élevé se trouva entouré de nombreuses milices (1). On le força à re-

(1) *Annales veteres*, Duchesne. *Vita Car. Magni*. Eginhart. Annales de Metz.

monter sur son trône ducal et à inviter son épouse à revenir s'y asseoir à ses côtés.

Pepin n'était plus alors; il avait suivi dans la tombe sa victime de si près, qu'à peine il avait eu le temps de réunir à la couronne la nouvelle conquête. Le soin de pourvoir à son administration, il le laissa à son successeur, et certes, jamais organisation à créer ne pouvait mieux tomber qu'entre les mains de Charlemagne, car ce surnom glorieux que ses contemporains donnèrent à son fils, lui a été conservé par la postérité, et l'histoire ne le désigne guère autrement. Ce prince, le plus grand peut-être de notre monarchie, et peut-être même de ceux qui ont ceint le diadême, ne perdit pas un instant. Il partagea la province en plusieurs gouvernements qu'il distribua à des hommes dont la fidélité lui pût répondre de la soumission des peuples ou l'aider à les contenir. Les enfants de Hatton, malgré l'étroite parenté qui les unissait à la famille abattue, furent largement dotés. Dans ce partage, Loup, l'aîné, reçut le duché de Gascogne (1). Il comprenait ce qu'on appela depuis les comtés de Bigorre, de Comminges, de Fezensac, de Lectoure, de Bazas et le comté particulier des Gascons. Celui-ci renfermait, d'après M. de Marca (2), les comtés de Béarn, Oleron, Acqs, Aire et Labour ou Bayonne. Le duché de Gascogne avait ainsi à peu près les mêmes limites que l'ancienne Novempopulanie. Les deux frères de Loup, Artargarius et Ictérius, ceux-là même que Waifre avait jadis livrés en otages, obtinrent, l'un le gouvernement de l'Auvergne, et l'autre le comté des Marches de Gascogne ou des

---

(1) Charte d'Alaon. — (2) Livr. 1, ch. 27.

pays situés sur les deux versants des Pyrénées. Tous ces emplois furent donnés à titre de bénéfice, comme l'expriment les monuments du temps, *jure beneficiario*, c'est-à-dire comme fiefs mouvants de la couronne. La ligne qui sépare la branche cadette de l'aînée est nettement tranchée, l'indépendance a disparu.

Ces dispositions et quelques autres non moins sages qu'il serait trop long de mentionner ici, arrêtèrent l'élan général. Charlemagne comprenant combien il était de son intérêt de l'étouffer entièrement avant qu'il n'eût pris de plus grands développements, accourut en toute hâte à la tête d'une armée considérable. A son approche (1), la plupart des bandes qui se pressaient autour de Hunald se dispersèrent, tant était grande la terreur qu'inspirait déjà le nom des Francs. Resté presque seul, l'infortuné vieillard n'eut d'autre ressource que d'aller se jeter entre les bras du nouveau duc de Gascogne, son neveu. Le mariage de leurs enfants avait, il est vrai, cimenté la réconciliation des deux branches ducales; néanmoins, ce ne dut pas être sans quelque réserve que Loup accueillit le meurtrier de son père fuyant devant la colère de son bienfaiteur. Mais lors même qu'il se fût senti plus d'entraînement, quel appui le faible gouverneur d'une province pouvait-il prêter contre le plus puissant monarque de son siècle? Celui-ci, étonné de ne pas rencontrer d'ennemi, était arrivé sur les bords de la Dordogne, non loin de l'embouchure de la Garonne. Prenant position dans ce lieu, il députa quelques-uns de ses officiers vers son vassal pour lui rappeler son

---

(1) Eginhart, Adhémar.

serment et le sommer (1), en sa qualité d'homme-lige, de lui livrer son hôte, le menaçant, en cas de refus, de porter le fer et la flamme dans son duché et de le priver de son gouvernement.

Le duc de Gascogne fut contraint de céder à ses menaces; et pour allier le droit du sang et de l'hospitalité à ce que commandaient les intérêts et le bien de ses peuples, il suivit lui-même les députés et accompagna Hunald et sa femme (2) auprès de Charlemagne; il en obtint sans peine non seulement leur vie, mais même la promesse de leur élargissement dès que leur liberté pourrait se concilier avec la tranquillité de l'Aquitaine. Une pacification aussi facile n'endormit pas la prudence du fils de Pépin. Il se défia de l'inconstance des Aquitains, ou plutôt de leur attachement à leurs anciens maîtres. Pour les tenir en respect et empêcher de nouveaux soulèvements, il laissa dans le pays de fortes garnisons et fit construire le château de Fronsac, *Franciacum* (3). Alors, en 769, fut terminée la lutte. Le midi avait de nouveau succombé sous le nord. Une fois encore les Gallo-Romains avaient été asservis par la race Teutonique.

(1) Adhémar, *Francorum Regum Annales*. Eginhart. — (2) Les mêmes. — (3) Adhémar, *Francorum Regum Annales*.

CHAPITRE IV.

Hunald se réfugie à Rome. — Il se retire auprès du roi des Lombards. — Sa mort tragique à Pavie. — Loup II, son p...-fils, lui succède. — Bataille de Roncevaux. — Loup II périt. — Adalric, duc de Gascogne. — Louis-le-Débonnaire, roi d'Aquitaine. — Burgundio et Lieutard, comtes de Fezensac. — Mort d'Adalric. — Seimin son fils lui succède. — Sa révolte. — Sa défaite. — Postérité d'Eudes bannie d'Aquitaine.

Un peuple ne se soumet jamais tout-à-coup à la loi du vainqueur. Il lui faut du temps pour se façonner au joug; et lors même que les fers sont rivés, des mouvements viennent toujours protester contre la violence. Le cadavre s'agite encore quelques instants après que la vie s'est retirée; mais lorsque la force s'est imposée, après une lutte longue et opiniâtre, et qu'on n'a cédé qu'à l'épuisement, la haine s'amasse au fond des cœurs prête à éclater à la plus légère occasion. Le héros Franc n'en avait pas fini avec l'Aquitaine.

L'athlète qui avait repoussé avec le plus de force l'asservissement, le vieux duc Hunald gardait tous ses ressentiments. Après deux ans de captivité (1), il s'échappa des mains de Charlemagne; et franchissant les Alpes, sous le costume de pèlerin, il alla demander la paix au séjour le plus propre peut-être à nous faire oublier nos malheurs et à nous faire sentir toute

---

(1) Chronique de Sigebert. *Annales veteres*, Duchesne.

la vanité des choses humaines; mais ni Rome, ni l'habit religieux qu'elle lui rendit ne purent calmer les tempêtes de cette âme orageuse. Sous le froc du moine, comme jadis sous le casque du guerrier, et naguère sous le diadème du souverain, sa haine vivait toujours également ardente, ou plutôt aigrie par les revers, par le temps et par la solitude. Six mois entiers il la dévora en silence. Ne pouvant plus en modérer l'ardeur, il dit adieu à la ville des Césars, rejeta et maintenant à jamais ce froc qui deux fois l'avait laissé en proie à toutes ses passions mondaines et reprenant la noble épée des preux qui séait mieux à ses mains que le chapelet du moine ou le bourdon du pélerin, il se retira près de Didier (1), roi des Lombards (*), dont la cour servait d'asile à la veuve de Carloman, frère de Charlemagne, à ses deux fils et à quelques seigneurs qui s'étaient attachés à la destinée des jeunes princes. Le roi Lombard ne pouvait oublier l'outrage que lui avait fait le monarque Franc en lui renvoyant dédaigneusement sa fille Ermingarde, après l'avoir solennellement épousée et avoir longtemps partagé sa couche. Il ne lui pardonnait pas non plus la protection constante dont la France avait couvert le pontife romain avec lequel les Lombards avaient de fréquents démêlés. Animé de ces dispositions, il prêta facilement l'oreille aux suggestions des mécontents, et sans trop calculer les chances d'une lutte inégale, il déclara la guerre au Saint-Siége et par-là à son protecteur.

(1) Chronique de Sigebert. *Annales veteres*, Duchesne.
(*) *Longue Bard*, longue pique.

Hunald avait contribué plus que personne à cette collision. Il allait enfin se retrouver, les armes à la main, en face du fils du meurtrier de Waifre, de l'oppresseur de son peuple, de l'injuste détenteur de sa couronne, et peut-être que la fortune se lasserait de le poursuivre, et qu'un retour heureux le vengerait de ses longues injustices. Toujours est-il du moins qu'il aurait troublé un instant la prospérité de celui qui répandait tant d'amertume sur sa vie. Ces douces illusions d'un cœur ulcéré furent bientôt dissipées. Il était écrit que la victoire fuirait sans cesse les drapeaux sous lesquels combattait le fratricide Hunald. Charlemagne n'eut qu'à se montrer pour battre et disperser ses ennemis. Échappé à grand peine du combat, Didier courut se réfugier avec Hunald et une partie de son armée défaite, dans Pavie (1), sa capitale, où les Francs ne tardèrent pas à venir les investir. Le siège se poussa avec vigueur, et comme les Lombards ne s'y étaient point préparés, aux maux qu'il entraîne toujours s'ajoutèrent en peu de temps toutes les horreurs de la famine.

La haine avait rendu au vieil Hunald toute l'ardeur de ses jeunes années. Disputant d'audace avec les plus intrépides, on le voyait le premier sur les remparts, sur la brèche, partout où se montrait le péril; et quand la plupart au conseil inclinaient pour une capitulation même sans gloire, lui, de sa sauvage énergie, il soutenait le courage défaillant de Didier. Cette énergie causa sa perte. Les assiégés, las des maux qu'ils souffraient, et irrités contre le duc d'Aquitaine qu'ils accusaient

---

(1) Eginhart, Adhémar.

avec raison d'en prolonger la durée, s'ameutèrent contre lui, et avant qu'on pût protéger ses jours, ils le firent périr sous une grêle de pierres (1). On eût dit que son bras seul arrêtait les Francs; car, deux jours après cette sanglante exécution, les soldats de Charlemagne étaient maîtres de la place, et le faible Didier, fait prisonnier avec toute sa cour, s'acheminait vers la France, emportant le deuil d'une nation qui disparut sous les ruines de son trône.

Ainsi périt, en 774, dans une insurrection populaire, un prince digne d'une meilleure destinée. Victime de cette fatalité qui poursuivit tous les enfants du grand Eudes, il termina sa vie sous un ciel étranger comme sa sœur Lampagie; et comme Hatton et Remistan ses frères il la termina par une mort tragique et violente. Les quelques auteurs contemporains qui sont parvenus jusqu'à nous, tous vendus à la famille Carlovingienne, nous le peignent des plus affreuses couleurs. Dans leurs récits, il n'est presque jamais que le *traître*, le *perfide*, l'*impie*, l'*apostat* (2). Il faut oublier leurs paroles et peser mûrement les aveux qui parfois leur échappent pour rendre aux faits leur vérité historique. Sans doute que sa vie offre plus d'une tache réelle; mais au moins son incontestable patriotisme qu'il poussa quelquefois jusqu'au fanatisme le plus exalté et cette noble constance qui ne l'abandonna jamais, pas même au sein des plus cruels revers, auraient dû, ce semble, désarmer un peu leur partialité et adoucir l'acrimonie de leur langage. Pour être juste à notre tour, nous ferons

---

(1) Dom Vaissette, tom. 1, page 428. M. de Mauléon, tom. 2. — (2) Charte d'Aragon.

observer toutefois que dans un temps où le serment n'était pas, comme de nos jours, chose légère et facile, on dut juger sévèrement un prince qui parut trop souvent se jouer des promesses les plus solennelles, sous le prétexte commode qu'imposées par la force, elles n'obligeaient point; et puis, comment des moines, et on sait qu'eux seuls à peu près écrivaient alors l'histoire, comment des moines eussent-ils pardonné à l'homme qui, après avoir deux fois revêtu leur habit, était mort les armes à la main, dans les rangs des ennemis du Saint-Siége, exemple monstrueux qu'on ne retrouverait peut-être pas dans tout le moyen âge. L'école moderne lui a rendu plus de justice, et quoique la part qu'elle lui a faite soit assez large, elle l'eût été vraisemblablement davantage si les armes du duc d'Aquitaine n'eussent été constamment malheureuses. Il faut une philosophie bien haute pour apprécier dignement ce qui a toujours eu la fortune contraire.

Hunald ne laissait d'autre descendant que le jeune Loup (Lope) (*), son petit-fils, élevé sous les yeux et par les soins de son aïeul maternel Loup Ier, duc de Gascogne. Celui-ci, bien différent des membres de la branche aînée, se montrait toujours vassal plus soumis et plus fidèle (1). Aussi, jouit-il en paix de son gouvernement jusqu'à sa mort dont on ignore l'époque

---

(*) S'il faut en croire des généalogies assez bien prouvées, c'est là l'origine des nombreux rameaux des Luppé de France et des Lopès d'Espagne. On sait toutes les plaisanteries que la jalousie inspira aux grandes familles nobiliaires des provinces du nord ou du centre contre nos Loups de Gascogne, comme elles les appelaient. Peu de maisons peuvent montrer autant d'ancienneté que les noms historiques de nos quatre départements.

(1) Eginhart. *Annales Regum francorum.*

précise, quoiqu'on sache qu'il survécut à l'ancien duc d'Aquitaine, son oncle. A peine eut-il fermé les yeux, que Loup II prit possession de son duché sans se mettre en peine d'en demander l'investiture à son suzerain (1). Cette conduite eut pu indisposer le roi des Francs; mais soit compassion pour l'unique rejeton d'une famille jadis si puissante, soit reconnaissance pour la constante fidélité de son aïeul maternel, Charlemagne oublia ce que cet empressement avait d'irrégulier, et confirma le jeune Loup dans sa dignité nouvelle. Il se contenta d'exiger le serment d'obéissance avec les droits qui en découlaient. Loup, qui sentait couler dans ses veines le sang d'Hunald et de Waifre, l'eût volontiers refusé; mais trop faible, il dut se soumettre à ce que commandaient les circonstances, se réservant de se venger un jour de l'humiliation qu'on lui imposait. L'occasion s'en présenta bientôt plus éclatante et plus belle qu'il n'eût osé l'espérer.

Charlemagne avait porté ses armes dans la péninsule Ibérique (2), et s'il faut en croire son secrétaire Eginhard, il y avait cueilli de nombreux lauriers. Maître de Pampelune dont il avait rasé les fortifications, et de Saragosse où il avait rétabli le musulman Inal Arabi (le fils de l'Arabe), expulsé par le calife Abd-el-Rahman; il allait pousser plus loin ses conquêtes, lorsqu'il se vit rappelé subitement par une nouvelle révolte des Saxons. Il reprit aussitôt le chemin de la France et traversa les gorges des Pyrénées, dans la direction qu'avaient jadis suivie les hordes Sarrasines. Loup II,

---

(1) Charte d'Alaon. — (2) Annales d'Aniane et de St-Denis. Adhémar.

qui n'avait pu arrêter sa marche, attendait son retour à la tête de ses Gascons. Ici nous emprunterons le récit de l'auteur de la nouvelle histoire de France, qui a traduit presque littéralement le texte d'Eginhard (1).

« Dans sa marche, l'armée défilait sur une ligne étroite et prolongée, comme l'exigeait la nature d'un terrain resserré entre deux murs de rochers. Les Gascons se posèrent au sommet de la montagne qui, par l'étendue et l'épaisseur de ses bois, favorisait leurs embûches. De là se précipitant sur la queue des bagages et sur l'arrière-garde destinée à les protéger, ils rejetèrent celle-ci dans le fonds de la vallée, tuèrent après un combat opiniâtre tous les hommes jusqu'aux derniers, pillèrent les bagages, et protégés par les ombres de la nuit qui déjà s'épaississaient, ils se dispersèrent avec une extrême célérité. Les Gascons furent servis dans cet engagement par la légèreté de leurs armes et l'avantage de la position; les Francs, au contraire, eurent contr'eux le poids de leurs armures et la difficulté du terrain. Eginhard, maître d'hôtel du roi, *regiæ mensæ præpositus*, (c'était l'ancien maire pour le titre, mais non plus pour les fonctions ni les pouvoirs); Anselme, comte du palais, *commandant des anstructions*; Roland *(Hruot-Land)*, comte de la Marche *(Mark-graaf, Margrave)* ou marquis de Bretagne, et plusieurs autres officiers périrent dans cette affaire. Les représailles, après cet échec, n'étaient pas même possibles. Les auteurs de cette surprise s'étaient sitôt éparpillés qu'on ne put recueillir aucun renseignement sur les lieux où l'on devait aller les chercher » (2).

(1) Vie de Charlemagne. — (2) Henri Martin, tome 1.

Le souvenir de ce cruel revers, ajoute une chronique contemporaine (1), obscurcit grandement dans le cœur du roi la joie de ses succès en Espagne.

Telle fut cette bataille de Roncevalles ou de Roncevaux, ainsi nommée de la gorge où elle se donna. L'historien Franc nous la représente comme une surprise, une escarmouche, ou tout au plus une affaire d'arrière-garde, et néanmoins jamais action n'eut plus de retentissement dans la postérité. Elle a inondé de poésie tout le moyen-âge et défrayé pendant plusieurs siècles l'imagination des chroniqueurs, des romanciers, des jongleurs, des trouvères. Roland, le neveu chéri de Charlemagne, n'est cité qu'une fois dans le récit d'Eginhard, et cependant il est resté longtemps un des noms les plus populaires de l'Europe. On le retrouve partout, dans les poèmes, dans les chansons, dans les fabliaux, sur le marbre des églises, dans les bas-reliefs, au nord, au midi, au fond de l'Espagne, à l'extrémité de la Hongrie, jusque dans les chants nationaux de la Colchide. Deux ou trois villes se disputent son tombeau, les lieux où il tomba conservent les traces de sa force et de son courage. La brèche immense qui ouvre les Pyrénées sous les murs de Marboré, et d'où un œil perçant pourrait voir à son choix Toulouse ou Saragosse, n'est autre chose, comme on sait, qu'un coup de son épée, de sa redoutable Durandal (*).

---

(1) Adhémar, *Annales regum francorum.*

(*) Son cor fut longtemps gardé à Blaye, ce cor appelant à son secours l'insouciant Charlemagne et le traître Gannelon, de Mayence : il souffla si furieusement que les veines de son col se brisèrent pour parler comme le poète : et
      De son cervel rompu en fut li temple.

Enfin, pour en finir avec les monuments qui nous restent de cette mémorable journée, près de la riche abbaye de Roncevalles, que le moyen-âge ne pouvait manquer de doter largement, s'élevait une modeste chapelle qu'un de nos compatriotes (1), célèbre antiquaire, visitait en 1707, lors de la fameuse guerre de la succession d'Espagne. En soulevant quelque croûte de mur, il découvrit sur les parois extérieures une vieille peinture presqu'à demi ruinée, représentant la bataille de Charlemagne. On y lisait encore les noms de Théodoric des Ardennes, Réol du Mans, Guy de Bourgogne, Olivier, Roland. Au dehors de la chapelle s'élevaient une trentaine de monuments en pierre brute, dans le genre des cromlechs, ou tombeaux Gaulois. Ce lieu avait gardé le nom de cimetière des Français, et l'on n'y enterrait que des gens nés au nord des Pyrénées.

Aussi se fit-il entendre à la distance d'une journée de marche. C'est donc là un grand nom, un nom immortel comme celui de Roncevaux qui, lui aussi, eut des poètes dans toutes les langues, et fut aussi souvent prononcé au-delà des Pyrénées que du côté des montagnes. Pendant longtemps, les Espagnols regardèrent ce combat comme une de leurs premières gloires, et Bernard de Carpio, le vainqueur supposé de Roland, est un de leurs héros les plus connus des peuples. Ils rappellent ce souvenir avec orgueil dans leurs chants nationaux :

Mala la vistes franceses
La caça de Roncevalles,
Don Carlos perdiò la honora
Murieron los doze pares.

Chez nous, la chanson de Roland passa des Francs aux modernes Français, et se perpétua dans les armées bien qu'altérée et traduite d'âge en âge. Trois siècles après la journée de Roncevaux, les strophes guerrières de cette chanson animaient au combat les Francs-Normands, qui renversèrent le royaume des Anglo-Saxons dans les plaines de Hastings.

(1) M. de Caylus.

Nous avons adopté le récit des annalistes Francs. Les écrivains Espagnols en contestent la vérité. Suivant la plupart d'entr'eux (1), loin d'avoir cueilli des lauriers par-delà les murs de Saragosse, Charlemagne n'arriva qu'au pied des Pyrénées, dont il trouva les hauteurs occupées par une armée nombreuse, composée de tous les peuples qui alors se disputaient la Péninsule. Les querelles nationales, les dissensions religieuses elles-mêmes s'étaient tues devant l'invasion étrangère; ou plutôt, chrétiens et musulmans, tous les Ibères avaient réuni leurs forces contre le colosse qui, non content de peser sur le nord, avait soumis l'Italie et menaçait d'asservir le reste de l'Europe. Accoutumé à briser tout obstacle, le monarque Franc essaya de forcer le passage, sans s'inquiéter des avantages de la position. Durant un jour, toutes les troupes qu'il détacha contre l'ennemi furent culbutées. Les rangs entiers disparaissaient sous les traits ennemis, ou étaient emportés au fond des précipices par les quartiers de roche qu'on faisait pleuvoir sur eux. Alors périrent et Roland et ses preux compagnons. La nuit mit fin à ce combat inégal. Furieux de tant de pertes, Charlemagne recommença la lutte avec l'aurore naissante. Pour sauver son honneur, il sacrifia ce qui lui restait de braves. Mais vains et impuissants efforts; repoussé sans cesse, il fut contraint de se replier vers la France, traînant avec lui les tristes et malheureux débris de l'armée la plus florissante qu'il eût mise sur pied. D'autres écrivains Espagnols (2), grandement prisés au-delà des

---

(1) Roderic de Tolède. Marca, page 153. — (2) Mariana, liv. 7, ch. 11.

monts, admettent deux expéditions. La première fut couronnée de succès; c'est à peu près le récit des victoires rapportées par Eginhard et les annalistes français; mais la seconde, disent-ils, vengea noblement l'Espagne. Charlemagne défait, échappa presque seul et survécut peu à ces désastres. De ces deux versions, nous ne saurions dire quelle est la plus plausible, ou plutôt cette divergence suffit pour nous les faire suspecter l'une et l'autre. Nous aurions voulu consulter les anciens chroniqueurs Espagnols (1). Les rares auteurs de cette époque que nous avons pu nous procurer et que possède notre séminaire diocésain, si riche d'ailleurs en monuments historiques, ces rares auteurs, ou ne consacrent que quelques lignes à ce combat, ou sont écrits dans une langue que nous ignorons. Toujours est-il qu'il nous paraît démontré que la bataille des Pyrénées eût plus d'importance que ne lui en donnent les premiers historiens français. L'école moderne l'admet assez généralement; elle a même recherché ce qui a pu lui valoir ce long retentissement (2).

Charlemagne eût vainement cherché à venger l'échec que ses armes venaient de recevoir à Roncevaux. Les Gascons s'étaient dispersés aussitôt après leur hardi coup de main et avaient disparu sous l'épaisseur de leurs forêts séculaires, ou parmi les anfractuosités de leurs roches inaccessibles. Ne trouvant pas d'ennemi à combattre, le roi des Francs fit tomber tout le poids de sa colère sur Loup II qu'il soupçonnait non sans raison d'avoir conduit toute l'entreprise. Par ses ordres,

---

(1) Voir l'Histoire de la domination des Arabes en Espagne, par M. de Marlès, tom. 1, page 232 et suivantes.

(2) Note 4. Voir à la fin du volume.

des soldats nombreux se répandirent dans les montagnes, et après quelques recherches infructueuses, ils se saisirent du duc d'Aquitaine et le traînèrent aux pieds de leur maître. Là, devant un plaid improvisé par la haine, on dressa un simulacre de procédure, et bientôt l'arrière petit-fils du puissant Eudes, le chef de la maison Mérovingienne, fut condamné à périr d'une mort ignominieuse. Il fut *étranglé* et *pendu* (1) comme le dernier des malfaiteurs.

Cette exécution sanglante parut assouvir la vengeance de Charlemagne. Loup II laissait pour fils Adalric et peut-être aussi Loup-Sanche, jeunes enfants qui n'avaient pu tremper dans la tentative de leur père. Soit remords de s'être laissé emporter à tant de violences, soit compassion, soit respect pour le noble sang qui coulait dans leurs veines, ou plutôt soit que, politique habile, il comprît que le temps n'était pas encore venu d'évincer entièrement ses souverains légitimes et d'imposer à ses populations fières et indépendantes des maîtres étrangers, il abandonna à Adalric la Gascogne occidentale, c'est-à-dire, comme pensent Dom Vaissette (2) et Marca (3), au moins la basse Navarre, le Bigorre, le Béarn et tout le pays jusqu'à l'Adour. Ce n'était là qu'une faible partie des états de son père, décorés encore il est vrai du titre de duché de Gascogne, mais délaissés comme fiefs mouvants de la couronne. Le reste de l'Aquitaine fut réuni à la monarchie Franque, ou donné à Loup-Sanche dont plusieurs his-

---

(1) Charte d'Alaon. — (2) Histoire du Languedoc, liv. 8, page 431. — (3) Histoire du Béarn, liv. 1, ch. 27.

toriens contestent la filiation. Nous serions nous-même assez portés à la rejeter (*).

Cependant les troubles si souvent réitérés de l'Aquitaine faisaient comprendre au fils de Pepin que ces morcellements ne suffiraient pas, et qu'il faudrait recourir à d'autres moyens s'il voulait asseoir sa domination sur des bases solides. A ce soin, Charlemagne ne pouvait faillir. Il commença par enlever le commandement des différents comtés qui partageaient l'Aquitaine aux gouverneurs nés dans le pays ou nommés par les princes qu'il venait d'abattre, et leur substitua des leudes Francs (1), dont la fidélité lui garantit l'obéissance des peuples confiés à leurs soins. De tous ces gouverneurs, un seul, celui de Toulouse, porta le nom de duc (2), titre qu'il dut sans doute à l'importance de la ville qu'il administrait et qui allait bientôt redevenir capitale d'un royaume. Après ces nominations, il chercha à gagner le clergé, plus puissant dans ces contrées que dans les provinces du nord. Il combla les évêques d'égards et de présents; et comme les monastères étaient riches en terres et en vassaux, il tâcha d'y faire élire des supérieurs d'origine Franque, ou plutôt, car le texte des chroniqueurs est singulièrement embarrassé, il leur donna des chefs militaires tonsurés ou non, ayant reçu le jour dans ses états. On voit paraître là les abbés commendataires si fréquents depuis. Enfin, il confisqua les terres des hommes puissants

---

(*) Comme cette branche ne donna pas des souverains à notre pays, nous abandonnons à qui de droit ce point d'histoire.

(1) Dom Vaissette, Histoire du Languedoc. — (2) Astronome Limousin, Vie de Louis-le-Débonnaire, ch. 1.

(*berts*) qui avaient pris part au complot de Loup, et les distribua à ses fidèles en qualité de *feh-od* (*).

Ces mesures furent surtout arrêtées, non comme l'écrivirent la plupart des historiens, au château de Casseneuil, situé au confluent de la Garonne et du Lot, mais à Casseuil, château situé à une lieue de La Réole, à l'embouchure du Drot dans la Garonne. Charlemagne s'y était reposé quelque temps avant de marcher contre les musulmans, et y avait laissé la reine Hildegarde (1). A son retour, cette princesse l'avait rendu père de deux jumeaux auxquels il fit donner les noms Mérovingiens de Lothaire, *Lother*, et Louis, *Hlodowig*. Ce dernier reparaîtra souvent dans notre histoire. Le premier mourut deux ans après sa naissance, et fut enterré dans la chapelle du château qui l'avait vu naître. Près de deux siècles plus tard, le moine Aimoin découvrit son tombeau sous les ruines de cet antique palais détruit par les Normands vers l'an 906.

Mais le joug du nord avait trop pesé sur le midi, les expéditions dévastatrices de Charles-Martel et de Pepin avaient amassé trop de haine contre la nation Franque. Aussi, malgré ces précautions, Charlemagne

---

(*) D'où nous avons fait le mot français fief, en latin, *feyda*, *fayda* et plus souvent *feudum* ou *feodum*.

Avec l'anagramme de ces mots, on a expliqué le serment du vasselage :

F	E	V	D	V	M
Fidelis	*ero*	*vassalus*	*Domino*	*vero*	*meo.*
F	E	O	D	V	M
Fidelis	*ero*	*omnimodo*	*domino*	*vero*	*meo.*

ou bien *Fidelem esse ostendam domino vero me.*

(1) *Adelmi Benedictini francorum regum Annales*, an 877. Astronome Limousin. Vie de Louis.

comprit que la soumission des Aquitains ne serait durable qu'autant qu'il érigerait leur pays en royaume particulier, dépendant, il est vrai, de l'empire, mais ayant sa nationalité propre. C'était caresser la vanité des populations, endormir leur susceptibilité naturelle et mettre, au moins en apparence, leurs intérêts à couvert. A ce trône nouveau il destina un prince pour ainsi dire indigène, le jeune Louis que la reine Hildegarde venait de mettre au monde au château de Casseuil. Pressé qu'il était de concilier à son enfant le respect de ses sujets, il l'amène avec lui à Rome (1) et le fait sacrer, quoiqu'à peine âgé de trois ans, par le pape Adrien Ier. Ainsi consacré par l'onction sainte, il le renvoie dans ses états, porté dans un berceau; mais pour donner à sa marche une apparence virile et guerrière, sur les bords de la Loire on le dépouille de ses langes (2), on l'affuble d'habits et d'armes proportionnés à son âge, et on l'asseoit sur un cheval où des bras étrangers le retiennent. L'enfant-roi s'avance ainsi jusqu'à Toulouse, nous disent les chroniqueurs d'alors, au milieu des cris de joie et des bénédictions des peuples. Temps de naïveté où la majesté royale placée sous l'égide de la religion, trouvait dans les cours, même jusque sous les langes qui la couvraient, joyeux empressement et respects non équivoques, ou peut-être aussi vain et fallacieux langage d'annalistes vendus ou affamés. Car dans aucun siècle, à la puissance et à la prospérité n'ont manqué ni la bassesse ni la flatterie.

Cet état de choses soutenu d'ailleurs par un habile conseil de tutelle, plut assez aux Aquitains, peuple

---

(1) *Adelmi Annales*, an 879. —(2) Astronome Limousin, ch. 2.

facile avec lequel le prince avait paru vouloir s'identifier en adoptant ses mœurs et son costume; car, en 785, il parut à la cour du roi son père accompagné d'une troupe de jeunes seigneurs de nos contrées, tous vêtus et équipés comme lui avec le manteau court et rond, *la casaque à manches bouffantes*, les braies amples, l'éperon aux bottines et le javelot à la main (1).

L'âme fière et indépendante des Gascons se pliait moins à la sujétion. Entr'eux et la maison de Pepin, il y avait trop de sang pour qu'ils acceptassent son empire ou même qu'ils subissent longtemps son joug. Quelques années de calme s'écoulèrent toutefois, durant lesquelles ils attendaient un chef ou une occasion favorable. Le jeune Adalric croissait cependant, et à mesure qu'il avançait en âge, il sentait battre plus fortement dans sa poitrine les nobles sentiments qui avaient animé ses ancêtres contre les oppresseurs de sa famille. Bientôt, ni l'évidente infériorité de ses forces, ni les malheurs qu'avait entraînés une lutte trop inégale, rien n'enchaîna son audace. Il refusa le tribut qui pesait à son cœur comme il avait pesé aux cœurs de tous les descendants de Caribert, et peu content de ce refus, il commit des hostilités sur les terres de celui qui s'était constitué son suzerain.

A cette nouvelle, Louis ou plutôt son gouvernement charge Chorson, comme le général le plus voisin, de ramener le rebelle au devoir et de punir sa félonie (2). Le duc de Toulouse leva à la hâte la plus grande partie de ses milices et traversa la Garonne. Loin de fuir, Adal-

---

(1) **Astronome Limousin**, ch. 2. — (2) **Astronome Limousin**, ch. 2. Chroniques de St-Denis.

ric s'avança courageusement à sa rencontre et accepta le combat. Nous en ignorons les circonstances, car les annalistes Francs, les seuls qui nous aient transmis ces faits, se bornent toujours à indiquer le triomphe de leurs ennemis. Nous savons seulement que complètement battu, Chorson tomba au pouvoir des Gascons. Sa vie eût pu payer la vie de Remistan, de Waifre, de Loup II; mais l'âme haute d'Adalric dédaigna une vengeance lâche et facile. Il offrit au général vaincu sa liberté à des conditions dures sans doute, et qu'eût repoussé avec indignation un homme d'honneur ou un sujet loyal, mais qu'accepta le duc de Toulouse. Il s'engagea par serment à ne jamais porter les armes contre les Gascons, même à la voix de son souverain. Au prix de cette bassesse, les chaînes de Chorson furent brisées (1), et il lui fut permis d'aller cacher son front humilié dans les murs de Toulouse dont il reprit le gouvernement.

Louis et son conseil se fussent flétris aux yeux des Aquitains, s'ils eussent sanctionné l'outrage fait à leurs armes et plus encore à un de leurs généraux. Ils convoquèrent aussitôt un plaid solennel dans un lieu que les historiens appellent la mort des Goths, *Mors Gothorum* (2), parce qu'il avait été sans doute le théâtre de quelque désastre essuyé jadis par ce peuple, mais dont nous ignorons aujourd'hui la véritable position. Adalric fut sommé d'y venir rendre compte de sa conduite. Le duc de Gascogne n'avait garde de se livrer sans défense à ses ennemis. Il déclara fièrement

---

(1) Dom Vaissette, Histoire du Languedoc, liv. 9. — (2) Astronome Limousin, ch. 2.

qu'il ne s'y rendrait point si on ne lui donnait des otages pour garants de sa sûreté, comme il offrait d'en donner de son côté pour gage de sa parole. Le sujet qui propose des conditions est bien près d'être l'égal de son maître. Il est presque son supérieur dès qu'elles sont acceptées. Ici, par une de ces condescendances que rien ne nous explique sous le règne du puissant Charlemagne, le faible Louis et les siens souscrivent à ce que Adalric demande. Sûr alors, si non tout-à-fait de l'impunité, du moins de faire entendre librement sa voix, le fils de Loup se présente à l'assemblée avec cette confiance qu'inspire une conduite généreuse. Devant lui toutes les accusations se taisent; on semble même redouter son courage et ses projets ultérieurs. On le comble de caresses et de présens, et après avoir rendu et retiré les otages, on le renvoie triomphant d'une assemblée convoquée pour son châtiment et peut-être même pour sa ruine.

Charlemagne s'était réservé l'administration de toutes les parties de son vaste empire. Tant de faiblesse affligea vivement son cœur paternel. Il se hâta de mander près de lui le fils qui sacrifiait ainsi l'honneur et les droits de la couronne, et cita (1) devant un nouveau plaid convoqué à Vorms, le duc de Gascogne et le duc de Toulouse. Appeler le descendant d'Eudes, de Hunald, de Waifre, de Loup, devant un tribunal où ne siégeaient que des seigneurs Francs, c'était prononcer son arrêt. Adalric ne pouvait manquer de le comprendre, mais il craignit peut-être qu'un refus obstiné n'attirât toutes les forces de la monarchie sur

---

(1) Astronome Limousin, ch. 3.

ses faibles états; peut-être espéra-t-il trouver un défenseur dans le jeune prince qui l'avait déjà absous; ou peut-être enfin qu'ennemi loyal lui-même, il compta sur la loyauté de ses ennemis. Toujours est-il qu'il obéit à la sommation. Ce qu'il fit valoir pour sa défense, nulle chronique ne le relate. L'astronome Limousin, auteur de la vie de Louis-le-Débonnaire, nous dit seulement qu'il ne put se justifier, et que ses juges le condamnèrent à un exil perpétuel. Après ce jugement, Adalric disparaît entièrement de toutes les annales écrites par les Francs de cette époque. Ils citent plus tard quelques faits qui supposent sa présence, mais ils taisent constamment son nom. Pour le retrouver, nous avons besoin de la charte d'Alaon en Espagne.

La condamnation d'Adalric fut suivie de celle de Chorson. Charlemagne le dépouilla de son duché et en revêtit le célèbre Guillaume d'Aquitaine, plus connu sous le nom de St-Guillaume de Gellone ou du désert. Cependant les Gascons, qui avaient vu avec anxiété leur duc s'acheminer vers la Germanie, apprirent avec douleur sa condamnation et son bannissement. Dans leur irritation, ils coururent aux armes et repoussèrent toute autre autorité. Le nouveau gouverneur de Toulouse s'avança en toute hâte pour empêcher ce soulèvement. Il y parvint, nous dit un écrivain du temps (1), autant par la ruse que par la force. Il eût parlé plus juste, s'il eût dit : en rendant à ces populations le fils de leurs souverains que redemandaient leur amour et leur fidélité. Du moins certains monuments nous montrent, peu de temps après, Adalric maître paisible de ses anciens états.

(1) L'astronome Limousin, ch. 3.

L'Aquitaine et la Gascogne goûtaient enfin les douceurs d'une paix profonde sous le sceptre de Louis, ou plutôt tout se taisait sous la main puissante de Charlemagne; mais la haine et l'antipathie contre la nation Franque vivaient au fond de tous les cœurs: l'évènement le plus simple et le plus inoffensif pouvait les faire éclater. Le Fezensac, c'est la première fois, si je ne me trompe, que l'histoire prononce son nom, le Fezensac avait eu son comte ou gouverneur particulier, lorsque les états de Loup II furent morcelés. Burgundio (1), le premier qui porta ce titre, venait de mourir en 804. A son nom dépouillé de l'enveloppe latine (Bergoun), et sans doute aussi à la paix qui régna dans son gouvernement, M. de Marca (2) et après lui quelques auteurs le croient Gascon; d'autres le jugent Franc, s'étayant eux aussi de son nom évidemment Teutonique, et plus encore de la conduite de Charlemagne. Fils du sol, ou enfant de son adoption, toujours est-il que Burgundio avait su gagner l'affection des peuples placés sous sa dépendance, et que rien ne troubla sa longue administration. Après sa mort, Louis lui donna pour successeur un de ses leudes, le Franc Lieutard (3). Nous ignorons si les habitants du Fezensac avaient quelque motif particulier de le haïr, ou si dans lui ils ne détestaient que le titre de Franc et d'étranger. Dans tout ce qui concerne notre pays, les annalistes ne font qu'indiquer brièvement les faits, ou plutôt ils les laissent pressentir. C'est à la sagacité de l'historien à les démêler, et à leur rendre leur importance et leur vérité.

(1) Astronome Limousin, ch. 3. Vie de Louis-le-Débonnaire, ch. 5. — (2) Histoire du Béarn. — (3) Astronome Limousin.

A son arrivée, le nouveau comte se vit généralement repoussé, et comme malgré cette réprobation, il n'en persista pas moins à se mettre en possession de la dignité dont il avait été revêtu, l'indignation publique ne connut plus de bornes : on tomba sur lui ; mais il échappa à la fureur des révoltés ou ceux-ci épargnèrent sa vie. A son défaut, ils s'emparèrent des gens attachés à son service, et les firent périr les uns par le fer, les autres par les flammes. L'irritation des masses fut toujours aveugle et cruelle. Dom Vaissette (1), s'appuyant de je ne sais quelle autorité, veut que le comte Lieutard ait partagé le sort de ses serviteurs ; et néanmoins quelques pages plus loin il nous montre un Lieutard, comte de Fezensac, guidant en Espagne les troupes du roi Louis. Le docte bénédictin a-t-il réellement découvert deux Francs portant le même nom et revêtus successivement de la même dignité, ou n'est-ce là qu'une de ces inexactitudes inséparables d'un travail aussi long que celui de l'historien du Languedoc? A d'autres qu'à nous il appartient de le décider.

Cependant le roi d'Aquitaine, indigné de tant d'audace et de cruauté, fit citer à un plaid convoqué à Toulouse tous les coupables ou au moins les principaux d'entre eux. Ceux-ci firent d'abord quelque difficulté d'obéir. Ils sentaient tout ce qu'ils trouveraient de dangers au sein d'une assemblée toujours prévenue et maintenant justement irritée. Mais enfin, de gré ou de force, ils cédèrent aux injonctions du roi, et se rendirent à Toulouse. Leur pressentiment ne les avait

(1) Histoire du Languedoc, tom. 1, page 461.

pas trompés; l'assemblée crut devoir à la paix publique un exemple de sévérité. Elle les condamna tous à mort, et, suivant la loi du talion, le fer et la flamme, instruments de leur cruauté, devinrent les instruments de leurs supplices (1). Cet acte de rigueur ramena le calme dans la province, et Adalric, qui avait vraisemblablement fomenté ces troubles, fut réduit à aller chercher des ennemis du nom Franc chez les musulmans d'Espagne, ses voisins. Lui-même cependant, impatient de repos et surtout d'un odieux vasselage se laissait parfois entraîner à des incursions sur le territoire Franc-Aquitain, incursions que les auteurs nous ont vaguement rappelées, et qui furent presque toujours réprimées sur le champ. Il venait de rentrer en grâce, lorsqu'en 812 le roi Louis, instruit qu'il se préparait un nouveau soulèvement, assemble à Toulouse, sa résidence habituelle, un plaid solennel. Là il découvre à ses leudes le complot qui se tramait (2) et leur fait part du projet qu'il a formé de prévenir les desseins d'un vassal si souvent rebelle, et de porter la guerre dans ses états. Tous applaudissent à cette résolution : l'expédition est presque aussitôt prête que décrétée. Au milieu d'un peuple essentiellement guerrier, peu de temps suffisait pour entrer en campagne. Le roi d'Aquitaine prend en personne le commandement des troupes, et s'avance jusqu'à Dax, un des boulevards de la Gascogne.

Adalric s'y était renfermé avec ses principaux partisans, et sans doute aussi avec l'élite de ses soldats. Louis, toujours digne du titre de Débonnaire, voulut

---

(1) Astronome Limousin. — (2) Le même.

d'abord user de clémence et somma les rebelles de se présenter dans son camp pour y rendre compte de leur conduite. Adalric et les siens, se fiant dans leur courage et dans la force de leurs remparts, refusèrent d'obtempérer, et aimèrent mieux tenter le sort des armes ; mais leur résolution faiblit bientôt à la vue des calamités qu'entraînait leur refus ; car l'armée Franque se contenta de les tenir bloqués, et se répandit au loin dans la campagne, portant partout sur ses pas la destruction et la mort. Les Gascons ne purent soutenir ce spectacle ; ils commençaient d'ailleurs à sentir que les forces étaient trop inégales (1). Ainsi, mieux inspirés, ils allèrent trouver Louis sous sa tente, et obtinrent sans peine un entier pardon. Leur démarche n'était peut-être qu'une ruse de guerre. Alors ils n'auraient cherché qu'à endormir la prudence de leurs ennemis qui, satisfaits de cette soumission, poursuivirent leur route, franchirent les Pyrénées et s'enfoncèrent assez avant dans la Navarre espagnole.

Le but de l'expédition atteint, Louis retournait dans ses états en suivant le fameux col de Roncevaux. La défaite de Charlemagne, présente à tous les esprits, commandait des précautions que ne pouvait pas empêcher la soumission faite récemment à Dax, et l'événement ne tarda pas à montrer que ces précautions n'étaient pas inutiles. Soit que le projet en eût été depuis longtemps prémédité, soit que la vue des milices Franques, cheminant lentement et presque homme à homme, et se prêtant ainsi facilement à un hardi coup de main, eût réveillé l'ardeur guerrière des Gas-

---

(1) L'astronome Limousin.

cons et ravivé toutes leurs haines, Adalric, à la tête de ses deux fils et suivi de ses montagnards, tomba subitement sur l'armée (1); mais comme on se tenait sur ses gardes, l'attaque fut repoussée vigoureusement. Sur un théâtre aussi étroit, avec l'antipathie nationale qui divisait les combattans, et surtout le souvenir de l'ancienne journée des Pyrénées, l'action ne pouvait manquer d'être chaude. Enfin, Adalric, après avoir fait des prodiges de valeur et avoir vu périr à ses côtés le plus jeune de ses fils, tomba glorieusement sous les traits des ennemis, non loin des lieux où, vingt-quatre ans auparavant, son malheureux père Loup II avait subi une mort ignominieuse. L'astronome Limousin (2) semblerait faire entendre qu'il partagea complètement le sort de son père, et que pris comme lui, comme lui il fut condamné à être pendu (3); mais à un auteur quelquefois assez inexact et toujours évidemment partial, nous préférons l'autorité de la Charte d'Alaon.

La chute d'Adalric entraîna la déroute des Gascons. La plupart se dispersèrent avec l'agilité des daims et des chamois, hôtes comme eux de ces montagnes; quelques-uns recoururent à la clémence du vainqueur. Louis, craignant toujours quelque nouvelle trahison, exigea pour otages leurs femmes et leurs enfants, jusqu'à ce qu'il eût repassé les monts, et fut ainsi à l'abri de toute embûche.

Tant de révoltes sans cesse renouvelées lui faisaient sentir tout ce qu'il devait attendre des princes Gascons. Néanmoins, à l'antiquité de leur race, au vrai sang

---

(1) Astronome Limousin. Charte d'Alaon. — (2) Ch. 8. — (3) *Uno eorum qui ad provocandum dum processerat comprehenso atque appenso.*

de Clovis, pouvait-on refuser quelque égard? D'ailleurs, à ces populations fières et indisciplinées, comment imposer un autre maître que le descendant de leurs anciens chefs? Force fut donc encore cette fois, au roi d'Aquitaine, de laisser la Gascogne aux enfants d'Adalric. Seulement, pour avoir moins à craindre, il affaiblit l'héritage en le partageant. Il donna une portion plus étendue sans doute à l'aîné Scimin, Skimin, Sigoin ou Ximénès selon les Espagnols. Le reste fut donné (1) à Loup III, fils de Centule, ce fils puîné d'Adalric, tué à ses côtés. Ce Loup III est plus connu dans l'histoire sous le nom de Lope-Centule ou plutôt Loup-Centule, suivant la coutume généralement admise dans le moyen âge, surtout dans nos contrées, d'ajouter au nom du fils celui de son père. Quelles étaient les limites de la Gascogne ainsi partagée? où se bornaient les états de chacun? quel titre portait Loup-Centule? Nous ne saurions le dire, nous n'avons rien trouvé de précis dans les sources où nous puisons. Nous ignorons aussi si Gersand, Gersard ou Garvard, autre fils de Centule, fut apanagé comme Loup son frère.

La puissance du célèbre Eudes allait ainsi s'affaiblissant à chaque génération. Désormais, il y avait peut-être plus que de la témérité à lutter contre les Francs : aussi Eginhart, la chronique de Moissac et le continuateur d'Aimoin appellent Scimin un homme d'une insolence extrême, de mœurs perdues et même insupportables. Nous traduisons leurs paroles (2); mais dans

---

(1) Charte d'Alaon, Dom Vaissette, M. D. Mauléon. — (2) *Ob nimiam ejus insolentiam ac morum pravitatem.*

leur bouche ce langage marque seulement qu'héritier des sentiments de ses aïeux il portait impatiemment le joug qu'ils avaient tous repoussé. L'occasion lui parut bientôt favorable pour le rejeter à son tour.

Charlemagne venait de descendre dans la tombe, laissant son vaste empire aux faibles mains de son fils. Parmi les soins qu'imposait cet immense héritage, le duc de Gascogne crut pouvoir aspirer à l'indépendance, but constant de tant d'efforts infructueux; mais hélas! l'infortuné marchait à sa perte. Au premier bruit de sa tentative, le nouvel empereur, oubliant cette longanimité débonnaire qui le distingue entre tous nos souverains, fit marcher rapidement vers les Pyrénées quelques troupes qui surprirent Scimin et l'enlevèrent de son duché (1). Les chroniqueurs ne disent ni comment Louis s'y prit pour l'enlever, ni ce qu'il en fit lorsqu'il l'eut en son pouvoir. Il est très-probable qu'il fallut recourir à la ruse pour s'emparer de sa personne, et certain qu'il périt entre les mains de ceux qui l'avaient pris. Cette remarque appartient à M. Fauriel (2) dont nous adoptons d'autant mieux le sentiment, que le fils d'Adalric disparut alors pour toujours de l'histoire. Cet enlèvement, loin de porter le découragement et l'épouvante dans le duché de Gascogne, ne servit qu'à irriter les esprits. Toujours plus attachés au sang de leurs anciens maîtres, à mesure qu'on faisait plus d'efforts pour l'épuiser, ils élurent (3) aussitôt pour leur chef, à la place de Scimin, son fils Garsias, ou selon le vocable de l'époque, Garsimir, Garsias, fils de Skimin ou Skimirs.

---

(1) Eginhart, l'astronome Limousin. — (2) Histoire de la Gaule méridionale. — (3) Chronique de Moissac.

Après cette élection faite non-seulement sans consulter le monarque Franc, mais en haine de sa puissance, ils tâchèrent de propager leurs sentiments chez leurs voisins. Bientôt la Gascogne entière courut aux armes, et pour la réduire il ne fallut pas moins que toutes les forces du royaume d'Aquitaine aidé du reste de l'empire. Nous ignorons les événements de cette guerre qui dura près de trois ans. Les écrivains qui nous l'ont transmise (1), tous Francs, ne semblent jamais parler des Gascons qu'à regret, et toujours pour leur prodiguer l'insulte ou l'outrage, ou pour rappeler leurs désastres. A travers leurs paroles vagues et incohérentes, nous croyons avoir saisi que l'armée Franque se divisa en deux corps. Le premier, sous les ordres de Pepin, fils de l'empereur Louis-le-Débonnaire et nouvellement établi roi d'Aquitaine, attaqua Garsimir qui se défendit longtemps avec courage et périt enfin dans un combat. La plupart des historiens le racontent ainsi sur l'autorité de la chronique de Moissac qui est formelle : *vitam cum principatu amisit*. Quelques-uns néanmoins contestent cette assertion, et nous verrons que leur sentiment est probable, s'il n'est pas certain. Le second corps, commandé par Béranger, duc de Toulouse, et Warin, comte d'Auvergne, et composé spécialement des milices de ces deux gouvernements, vint chercher Loup-Centule, ce petit-fils d'Adalric, à qui Louis-le-Débonnaire avait donné une part dans l'héritage de son aïeul.

Nous ne voyons pas que Loup-Centule ait trempé dans la tentative de son oncle Scimin, mais le mouve-

---

(1) Eginhart, l'astronome Limousin, Chronique de Moissac.

ment qui suivit l'enlèvement de ce duc l'entraîna. N'écoutant alors que son courage, il joignit ses armes aux armes de son cousin ; il était secondé par son frère Gersand, qu'Eginhart et la chronique de Moissac accusent de démence (1), sans doute à cause de la valeur bouillante et téméraire qu'il déploya. Les deux frères offrirent une vive résistance à l'armée ennemie; ici encore le nombre l'emporta. Après plusieurs actions partielles, on livra un combat général. Gersand y resta parmi les morts avec l'élite des héros Gascons. Centule, épuisé de forces et couvert de sang, parvint cependant à s'évader; mais atteint dans sa fuite, il fut conduit devant l'empereur qui le fit paraître à un plaid solennel. Le petit-fils d'Adalric essaya de s'y défendre, mais sur les accusations nombreuses et trop précises de Warin et de Béranger, il fut condamné à un exil temporaire (2). Il laissait deux fils en bas âge, Donat et Centule, Donat-Loup et Centule-Loup ou Centuloup, *Donatum Lupi* et *Centulum Lupi*. Le vainqueur leur fit grâce, on ne sait pas pourquoi, peut-être en faveur de la défense qu'avait tentée leur père; et quoique décidé à éloigner leur famille, il abandonna au premier la Bigorre, et le Béarn au second, mais comme simple fief.

Toute résistance devenait désormais impossible. La Gascogne était épuisée de soldats, les chefs de sa maison princière avaient péri dans les combats ou erraient sur la terre d'exil. Louis jugea l'occasion favorable ; il enleva (3) à *jamais* le duché à la postérité de Clovis,

---

(1) *Singularis amentiæ hominem.* — (2) Eginhart. — (3) *Illam è manibus nepotum Eudonis in perpetuum eruit.*

et le donna à des gouverneurs temporaires et révocables. Ainsi se termina, en 819, une lutte qui nous montre un spectacle unique, si je ne me trompe, dans les fastes de l'histoire; six générations succombant successivement dans la même entreprise, et toutes repoussant le joug étranger avec une énergie qu'aucune considération ne peut affaiblir. Mais que les mots à *jamais*, pour *toujours*, sont vides et mensongers dans la bouche des hommes! Encore moins d'un siècle, et nous verrons la descendance d'Eudes rentrer dans la Gascogne, et ressaisir l'autorité suprême pour la garder longtemps, tandis qu'à quelque temps de là la famille de ses oppresseurs s'éteindra entre la couardise de son dernier rejeton et l'ambition d'une maison rivale.

LIVRE IV.

CHAPITRE Ier.

St-Léothade et ses successeurs. — St-Savin, Pessan, Sère, Faget, Simorre, le comte Asnaire. — Les féroces Normands. — Totilon, Taurin II, Sigwin, Guillaume, Sanche-Sancion, Arnaud, Airard Ier, archevêque d'Auch.

Au moment où ce drame long et sanglant commençait à se dérouler à travers la Gascogne, St-Léothade montait sur le siége d'Auch. Il appartenait, suivant les uns, à la famille de Charles-Martel (1), et suivant les autres il était proche parent du duc Eudes (2); ou plutôt ce que les découvertes modernes concilient si bien, il tenait à la fois par les liens du sang à ces deux maisons rivales. De bonne heure il renonça au monde et se voua à la vie monastique. Il n'était pas rare alors de voir de hauts et puissants seigneurs, quelquefois dans le printemps de leur âge, abjurer le siècle et se confiner dans le cloître. Quelques années plus tard, trois rois d'Angleterre, Rachis, roi des Lombards et le duc de Gascogne, abdiquaient presqu'à la fois les grandeurs de la terre. St-Léothade avait trouvé parmi les siens plus d'un exemple semblable. St-Hubert, cousin germain d'Eudes et sans doute aussi parent de notre saint, vivait encore à Maëstrich. Le jeune et pieux cénobite ne s'oc-

---

(1) Cartulaire d'Auch. — (2) Chronique d'Auch.

cupait que de sa propre sanctification, lorsque le ciel l'appela à travailler à la sanctification des autres. Il parut digne de commander même à une communauté naissante. St-Ansbert, le fondateur de Moissac, venait de mourir; les vœux de tous les religieux lui donnèrent aussitôt Léothade (1) pour successeur, et malgré sa profonde humilité et sa longue résistance, on contraignit le nouvel élu d'accepter l'honorable fardeau qui lui était imposé. L'histoire nous a conservé l'acte d'une vente ou plutôt d'une donation faite à son monastère sous son administration. Son importance la recommande assez pour que nous la mentionnions ici (2). Nizézius, un seigneur opulent du pays, vendit de concert avec Hermengarde, sa femme, à Léothade et à sa communauté, dix-huit villages situés, quelques-uns, dans le Toulousain, quelques-autres dans l'Agenais, et deux seulement dans le diocèse d'Eauze. Il aliéna ces villages avec leurs églises, avec les serfs et les affranchis destinés à la culture des terres, enfin avec toutes leurs dépendances pour le prix de sept cents sols d'or et quatre habits évalués cent sols. Ce prix était évidemment trop modique; aussi la vente cachait-elle une donation; car dans la même charte, Nizézius et son épouse disposent de la somme en faveur de l'abbaye. Ils ne réservent que la disposition de cinq villages pour leurs héritiers, savoir: trois dans le Toulousain, Pompiac dans l'Agenais et le dernier dans l'Eusan. Cet acte est de la septième année du règne de Thierry. Dom Vaissette, qui nous en a transmis la substance (3), ajoute que la plupart de ces villages sont maintenant inconnus.

(1) Manuscrit de M. d'Aignan. — (2) Mabillon, *ad annum* 682. — (3) Histoire du Languedoc, tom. 1, p. 363.

Une munificence aussi généreuse suppose une haute piété dans les religieux qui en furent l'objet; car il n'est que la régularité qui attire les grandes largesses, comme aussi, par un malheureux retour des choses humaines, ce sont presque toujours les grandes largesses qui, avec le temps, détruisent la régularité. Moissac ne craignait pas cet écueil sous la discipline du saint Abbé placé à sa tête; mais ce chef ne pouvait que lui manquer bientôt. Tant de sagesse et de vertu devaient briller ailleurs que dans un cloître. Le siége d'Auch était vacant, le clergé et le peuple s'empressèrent d'y appeler Léothade. Celui qui avait longtemps reculé devant le titre de supérieur d'une faible communauté de pieux cénobites, dut reculer davantage devant le titre de pasteur suprême d'un peuple nombreux; mais le ciel sait faire plier les saints à sa volonté. Léothade se soumit et vint s'asseoir sur la chaire des Taurin et des Orens (1), qu'il allait faire revivre. Son épiscopat fut remarquable, puisqu'à travers tant de siècles il est parvenu avec honneur jusqu'à nous. Néanmoins, nous n'en connaissons aucun trait particulier. Sa vie, si elle fut jamais écrite, fut perdue de bonne heure. Une prose en rimes, insérée dans le premier missel d'Auch, nous apprend seulement qu'il gouverna notre église pendant vingt-sept ans (2). L'ancien martyrologe de la métropole et celui de Lectoure disent encore qu'il mourut saintement en Bourgogne (3), où l'avait conduit l'utilité de la religion, ajoute vaguement un autre martyrologe.

Le cartulaire de Cluny (4) parle d'une chapelle bâtie

---

(1) *Gallia Christiana*. — (2) Chroniques d'Auch. — (3) Idem.— (4) Baluze.

à Dondelle, diocèse d'Autun, où reposait le corps du bienheureux Léothade, *ubi beatus Leothadius in corpore requiescit.* Était-ce notre évêque ? Les frères Ste-Marthe n'osent pas l'affirmer (1). Dom Brugelles plus hardi, n'y met, lui, aucun doute. Quoiqu'il en soit, les ossements de St-Léothade furent depuis transportés dans notre métropole et placés dans la crypte, sous l'autel d'une chapelle qui lui fut dédiée. On montrait avant 1793, dans les trésors de l'église, une de ses mains avec la moitié de son bras sans corruption. Cette précieuse relique était renfermée dans un reliquaire d'argent, donné vers l'an 1630, par M. Deluc, prieur d'Eauze et vicaire-général de Mgr. de Trappes. On célèbre la fête de St-Léothade le 23 octobre ; mais on croit que ce jour est moins le jour de sa mort que celui de sa translation.

St-Paterne qui succéda à St-Léothade dans l'abbaye de Moissac, lui aurait aussi succédé sur le siége d'Auch s'il fallait en croire Claude-Robert (2) et le Père Lecointe (3), suivis en cela par Dom Brugelles ; mais il y a évidemment erreur dans ce sentiment. Ils confondent le Paterne dont il s'agit, si toutefois c'est le même que l'Abbé de Moissac, avec Paterne II, le dernier métropolitain d'Eauze, dont le nom soit venu jusqu'à nous. Il est certain d'ailleurs que les reliques de St-Paterne, longtemps conservées à Auch, appartiennent au premier disciple de St-Sernin ; car ces reliques furent trouvées avec celles de ses trois successeurs, St-Servand, St-Optat et St-Pompidien. Enfin, pour soutenir leur opi-

---

(1) *Gallia Christiana.* — (2) Idem. — (3) *Annales Ecclesiastici Francorum.*

nion, Lecointe et Dom Brugelles sont contraints de donner sans preuves deux noms au même prélat, et de l'appeler Paterne et Patrice; tandis que Claude-Robert, tout aussi gratuitement, en fait deux hommes distincts. Nous aimons mieux penser avec Oihenard (1) que Paterne ne s'assit nullement sur le siége d'Auch, et qu'à St-Léothade succéda immédiatement Patrice. En adoptant la chronologie de notre savant compatriote, ce serait sous lui qu'aurait eu lieu la terrible invasion des Sarrasins. Toutes les cités ayant disparu, les évêques furent contraints d'abandonner leurs siéges. Les cathédrales de la Gascogne furent bien longtemps dans l'oubli, dit le cartulaire de Lescar, parce qu'aucun pontife n'y entra (*). Ils allèrent s'établir dans les hameaux, dans les monastères ou dans d'autres églises qui, par leur petitesse, leur obscurité ou leur éloignement, avaient échappé à la destruction. Auch partageait le sort commun. Patrice, s'il survécut à la désolation de son peuple, ou son successeur, se fixa à l'orient du Gers, près de l'église St-Martin, qui avait été aussitôt rétablie, et autour de laquelle s'agglomérèrent quelques maisons (2). La cité ne fut rebâtie que plus de deux siècles plus tard.

Le cartulaire de St-Sever (3) dit qu'après 734, on tira du cloître le moine Elisée pour le placer sur le siége d'Auch. C'est le donner pour successeur à Patrice, quoique le catalogue de notre métropole le rejette bien

(1) *Notitia Vasconiæ.*
(*) *Et sedes Gasconiæ fuerunt in oblivione multis temporibus, quia nullus episcopus in eas introivit.*
(2) Cartulaire d'Auch. Dom Brugelles. — (3) Manuscrit de M. d'Aignan.

plus loin. L'auteur du cartulaire nous le peint comme un sévère et rigide observateur des constitutions ecclésiastiques : il ajoute que l'assemblée provinciale de la Novempopulanie l'envoya dans les diocèses de Dax et d'Aire pour y remédier aux grands désordres causés par l'influence des gens de guerre et le débordement scandaleux du clergé et des peuples. Elisée, loin de mollir, sentit son courage s'enflammer à la vue de la grandeur et de l'étendue des maux. Sa fermeté imposa aux coupables. La morale reprit son empire et la discipline fut rétablie.

Ses successeurs se présentent dans l'ordre suivant : Tontoine II, Asner ou Asnarius Ier, Erinald, et enfin Loup ou Lupon que l'ancien martyrologe d'Auch désigne aussi comme évêque de Sarbone ou Sardone; vraisemblablement parce qu'avant de monter sur le trône pontifical, il avait été déjà coadjuteur du précédent. Le nécrologe de St-Mont le fait mourir le 25 février, sans indiquer l'année. Nous ne connaissons que les noms des suivants : Aster ou Astère, Asner II, Revel ou Ravelliam, Egolin ou Galindon qui, d'après le cartulaire de St-Sever, était originaire de Pampelune en Espagne, avait embrassé l'état monastique avant sa promotion, et vivait encore en 811 (1). Mais alors nous ne pourrions pas placer Mainfroi qui, du reste, ne se trouve que dans l'ancien martyrologe d'Auch. Peut-être est-il le même que cet évêque Jean qui fut assassiné en Gascogne vers l'an 812 (2). Ce qui porterait à le croire, c'est que nous ne trouvons sur les siéges

---

(1) Cl. Robert. Duchesne. *Gallia Christiana.* Chroniques d'Auch. Cartulaire d'Auch. — (2) *Collectio Concil.*, par le P. Th., tom. 3.

voisins aucun prélat de ce nom. Nous n'oserions décider si le vice ou la férocité avait porté sur Jean une main sacrilège, ou si on n'avait poursuivi dans lui que l'ami trop ardent de la domination Franque toujours si détestée parmi les Gascons. Nous pencherions toutefois vers ce dernier sentiment. Les évêques de la province s'assemblèrent en Concile pour demander à Charlemagne la punition de ce crime. Pieux et ami de la justice comme il était, l'empereur fit droit à leur requête, nous en sommes convaincu, mais nous n'avons à cet égard rien de précis. Ardoin, qui succéda à l'infortuné Jean, n'a laissé que son nom dans le catalogue de nos prélats. Izambart, le suivant, est plus connu. A son nom se rattache le souvenir de nouveaux malheurs pour nos provinces. Elles n'avaient pu se relever du passage des Sarrasins et des dernières invasions des Francs. Le règne long et paternel de Charlemagne ne suffit pas à guérir tant de maux; à peine cicatrisa-t-il les plaies. Aussi, quand son fils monta sur le trône, de tant de monastères qui couvraient jadis la Gascogne, cinq seulement étaient debout; et encore à la célèbre assemblée d'Aix-la-Chapelle, en 817, qui classa les maisons religieuses suivant leur importance (1), ces cinq monastères furent rangés parmi ceux qui ne devaient à l'État ni services militaires, ni tribut, mais seulement des prières. C'étaient Sère, Simorre, Pessan, Faget et St-Savin. Celui-ci ocupait (2), dit-on, les ruines du palais Emilien, point fortifié que les Romains avaient élevé au milieu des Pyrénées pour s'en assurer la possession et rendre libres leurs communications avec l'Espagne. Une au-

---

(1) Labbe, *Collect. Conc.*, tom. 7.—(2) Marca, Histoire du Béarn.

cienne tradition attribue la fondation de St-Savin à Charlemagne lui-même. Le saint auquel il le dédia nâquit à Barcelonne, d'Hentilius (1), comte de Poitou. Sa mère eut soin de son enfance, et l'éleva en Espagne; mais son père qu'il alla joindre à Poitiers, voulut veiller lui-même à son éducation. Le jeune Savin se montra, dès ses plus tendres années, extrêmement charitable (2), et quoique né au sein de l'opulence, *il se contentait d'un cheval et d'une nourriture ordinaire*, distribuant aux pauvres ce qu'il dérobait à l'éclat de sa naissance. Il avait un frère jumeau qui, à sa secrète insinuation, embrassa la vie monastique vers laquelle il se sentait lui-même depuis longtemps vivement entraîné. Leur mère désolée de cette résolution, et ignorant la part que Savin y avait prise, l'envoya vers le jeune moine pour le ramener sous le toit paternel. La vue du cloître et du calme qu'on y goûtait, la présence et sans doute encore les instances d'un frère chéri, fixèrent ses irrésolutions. Il resta près de celui qu'il devait ravir à la solitude, et disant lui aussi adieu au monde et à ses proches, il se consacra au Seigneur dans le monastère de St-Martin, où vivait son frère. Il y passa trois ans dans la pratique des vertus de son état. Aspirant alors à une vie plus parfaite, il forma le dessein de se retirer dans un lieu désert et éloigné de tous les siens. Dans cette vue, il se dirigea vers les Pyrénées et rencontra sur ses pas l'abbé Forminius qui habitait avec quelques religieux près de la cité de Bigorre. Forminius le conduisit dans les quartiers les plus reculés de la

(1) Marca, Histoire du Béarn. — (2) Marca, Histoire du Béarn. Manuscrit de la bibliothèque du Séminaire d'Auch.

vallée de Lavedan où ils trouvèrent un lieu comme le cherchait Savin. C'était un rocher escarpé d'où découlait une si petite source qu'elle tarissait en été. Forminius lui laissa pour compagnon un de ses diacres; ce diacre étant bientôt tombé malade, fut remplacé par un second nommé Silvain. Savin et lui bâtirent en ce lieu une petite cellule de sept pieds de long sur cinq de large. Chromatius, à qui appartenait ce terrain, n'aimait pas de pareils hôtes et ne les supporta qu'avec peine ; de là une persécution incessante dont ils souffrirent toutefois moins que de l'éloignement de la fontaine qu'ils ne pouvaient aborder que par un sentier rude et difficile. Savin passa treize ans dans cette affreuse solitude. Sentant approcher sa fin, il désira recevoir la bénédiction de Forminius. Le vieil Abbé vivait encore, mais il prétexta quelques affaires pour ne pas se rendre aux désirs qui lui étaient exprimés. Dieu voulait sans doute achever d'éprouver son serviteur, en lui refusant la consolation qu'il sollicitait. Le pieux solitaire mourut peu après également célèbre pour ses miracles, et durant sa vie et après sa mort.

Les autres quatre monastères étaient situés dans ce qu'on appela depuis le comté d'Astarac ; nous ignorons l'époque précise de leur fondation. Pessan se cachait au fond d'une étroite et profonde vallée, presqu'aux portes d'Auch. Son voisinage et sa détresse le recommandaient à la charité de nos prélats (1). Izambart avait acheté la terre de Cazaux d'un certain Aureolat qui lui-même la tenait d'une dame nommée Tempériaire. A sa mort, il voulut la léguer au monastère de Pessan

---

(1) Chroniques d'Auch.

qui n'en était pas éloigné. Mais par des motifs que nous ignorons et qui tenaient sans doute à la féodalité, il ne fit pas lui-même cette donation. Il la laissa à Asnaire-Sanche, comte de Gascogne. Le comte crut remplir les intentions de l'évêque d'Auch, en donnant la terre aux prêtres Aldaire et Dolgrin (1). Nous avons la charte de cette donation et la précédente écrites en latin à demi barbare. La première est datée du mois d'octobre, sous le règne d'un roi Charles, qui ne saurait être que Charlemagne. Le prêtre Aldaire survécut peu à cette libéralité du comte de Gascogne. Resté seul maître du legs, Dolgrin le rendit à sa véritable destination dans le mois de janvier de la sixième année du règne du même prince. Octaire ou Oteire, qui reçut Cazaux des mains de Dolgrin, est le premier Abbé de Pessan dont le nom soit parvenu jusqu'à nous. Son administration fut longue et surtout cruellement agitée; car il fut condamné à voir son monastère au moment où naissaient des jours meilleurs, détruit de nouveau par les féroces enfants du nord, et ses religieux égorgés ou dispersés au loin. Il survécut lui-même à cette seconde destruction, comme l'attestent quelques chartes (2); mais le monastère resta longtemps enseveli sous ses nouvelles ruines. Nous ne lui connaissons pas d'autre Abbé pendant plus d'un siècle. On croit que les comtes d'Astarac le réparèrent alors, et que pour prix de leur zèle ou sous prétextes d'une protection que les malheurs du temps rendaient nécessaire, ils s'emparèrent de presque tous les biens qui lui appartenaient.

(1) Extraits du Cartulaire de Pessan. Chroniques d'Auch et manuscrit de M. d'Aignan. — (2) Chroniques d'Auch.

Les abbayes (1) de Faget (*) et de Sère (**) partagèrent le sort de Pessan. Détruites comme elle par les Maures, et comme elle restaurées après la victoire de Charles-Martel, comme elle encore elles furent pillées et livrées aux flammes par les Normands ; mais moins heureuses que Pessan, ni Faget, ni Sère ne se relevèrent jamais complètement. La conventualité ne reparut dans la première que durant quelques années, et il est vraisemblable qu'elle ne se montra jamais plus dans la seconde. Le titre de supérieur de ces deux communautés fut plus tard donné en commandite et devint bientôt une dignité du chapitre métropolitain : il était presque toujours porté par un vicaire-général. Toutes ces maisons le cédaient en ancienneté à Simorre (***). Celle-ci, s'il fallait en croire les chroniques diocésaines (2), aurait dû son origine aux clercs que St-Cérat avait réunis autour de lui. Dans ce sentiment, Simorre eût devancé non-seulement tous les monastères de la province, mais même l'exercice public et général de la religion dans nos contrées, si St-Cérat fut

---

(1) Chroniques d'Auch. *Gallia Christiana*.

(*) Faget, *altum fagetum*; forêt profonde plantée de hêtres. On sait qu'alors notre pays était couvert de bois que défrichèrent les moines.

(**) Sère, *Cella fracta, Cella fragilis, Cella fraxilis*. On sait que les moines vécurent d'abord séparés, et qu'ils ne se réunissaient que pour la prière toujours faite dans un oratoire commun. Cet usage fit donner au monastère le nom de *Cella*. Celle-ci fut appelée *fracta*, brisée, ou plutôt *fraxa, fraxilis* ou *fragilis*, des baies de hêtre, *fraxa*, en latin du moyen âge.

(***) Simorre, *clim* ou *cim*, illustre, *ora*, ou *Gaura*, hauteur.

(2) Dom Brugelles.

le prédécesseur ou le compagnon de St-Sernin ; mais nous ne devons pas oublier que dom Brugelles nâquit à Simorre et qu'il appartint à cette communauté, qu'il occupa longtemps les premières dignités qu'il méritait du reste par ses vertus et son érudition. Le docte et pieux Bénédictin aura peut-être, même à son insu, cédé un peu trop à l'amour de la patrie et à l'esprit de corps ; sentiment bien honorable sans doute, mais aussi bien insidieux chez tous, et encore plus chez l'historien. La légende de St-Cérat parle, il est vrai, de moines qui ensevelirent le saint pontife. Mais outre que cette légende n'est rien moins qu'avérée dans toute son étendue, on aura appelé moines ceux qui le devinrent dans la suite. Les exemples de ces transpositions ne sont pas rares dans les anciennes légendes. Un fait incontestable, c'est la destruction du monastère par les Maures. Nous venons de le voir placé par le décret de 847 à côté de Pessan, de Faget et de Sère. Le premier de ses Abbés, dont l'histoire nous a conservé le souvenir, date de l'année suivante 818. Il se nommait Othon (1). Un prêtre Sanche vint se mettre sous son obédience et lui donna la terre de Seignan qui lui appartenait. Après Othon, pour Simorre comme pour toutes les autres abbayes de la Gascogne, nous trouvons près d'un siècle de silence et d'obscurité. La hâche des Normands avait tout abattu. La religion cherchera la première à relever quelques ruines.

Après avoir expulsé les descendants de Caribert, Louis donna le duché de Gascogne à Totilon(2), un de

---

(1) Chroniques d'Auch. — (2) Marca, Nicolas Bertrandi, Art de vérifier les dates.

ses proches, et en sa faveur il l'agrandit du château de Fezensac et de la cité de Bordeaux, qui en devint la capitale. Les chroniqueurs, toujours si avares de détails pour tout ce qui concerne notre pays, ne citent aucun fait de sa longue administration. Les débuts toutefois ne purent manquer d'en être orageux. Malgré leur affaiblissement, les Gascons ne durent point reconnaître sans résistance l'autorité d'un Franc. Nous avons observé ailleurs qu'ils se divisaient en trois grands corps : les Gascons de la plaine, c'est-à-dire tous ceux qui habitaient l'ancienne Novempopulanie, et plus spécialement ceux qui occupaient le pays compris entre les Pyrénées et les rives de l'Adour ; les Gascons montagnards et les Gascons d'Espagne, c'est-à-dire ceux qui étaient placés sur l'autre versant des Pyrénées. Ces trois corps avaient presque toujours eu à leur tête les mêmes chefs, mais du moins ils n'avaient jamais méconnu leur commune origine. Les premiers se soumirent enfin, soit de gré, soit de force. Les Gascons montagnards, et plus encore leurs frères d'Espagne, se montrèrent plus difficiles. L'éloignement et l'aspérité des lieux favorisaient leur indépendance. Ils s'aidèrent d'ailleurs du voisinage des musulmans et recherchèrent leur alliance, ou plutôt, à cette occasion, ils en resserrèrent les liens.

Pour les soumettre, Louis leva une nombreuse armée et la confia à plusieurs comtes dont deux seuls, Ebles et Asnar, nous sont connus (1). Les Francs traversèrent les Pyrénées sans obstacle; mais à leur retour dans cette même vallée de Roncevaux, si propre aux embuscades, les Gascons tombèrent sur eux et renou-

(1) Eginhart, Astronome Limousin.

velèrent la journée de Charlemagne. Tous périrent sous leurs coups ou furent faits prisonniers. Parmi ces derniers se trouvèrent Ebles et Asnar. Le premier fut envoyé à Cordoue. Les Gascons en firent hommage à leur allié, le sultan Abd-el-Rhaman. Asnar, au contraire, fut épargné à cause, nous disent Eginhart et l'astronome Limousin, de sa parenté avec les chefs Gascons. Il était en effet de race Mérovingienne. Plusieurs écrivains de nos jours ont prétendu (1) que les Gascons ne s'étaient pas contentés de briser ses fers, mais que bientôt après ils l'avaient placé à leur tête, et en avaient fait un comte de Jacca. Mais est-il le moins du monde vraisemblable qu'avec les sentiments connus de ces peuples, ils aient élu pour leur chef un des généraux de leurs constans ennemis, celui-là même qui était venu dans le dessein de les soumettre à un joug qu'ils avaient toujours abhorré, et cela, tandis que leur branche ducale, objet de tant d'amour et de sacrifices, comptait encore des rejetons nombreux? Pour admettre un fait aussi extraordinaire, ne faudrait-il pas des preuves très précises? et ici il n'y a que le nom d'Asnar porté à quelques années de là par un comte de Jacca.

Nous ne voyons pas que les Francs aient songé à venger cet échec. Ils ne voulurent plus sans doute se commettre avec une nation dont la soumission précaire se faisait si chèrement acheter; ou peut-être aussi que les troubles qui croissaient tous les jours sous un gouvernement faible et incertain, ne permirent pas de

---

(1) Oihenart, et avec lui presque tous les historiens du dernier siècle.

tenter une seconde expédition. La première avait passé sur la Gascogne comme un de ces orages qui inspirent plus d'effroi qu'ils n'apportent de désastres. Le temps en aurait bientôt effacé les traces sans la guerre impie que les enfants de l'empereur Louis firent à leur père, et celle qu'après sa mort ils se firent entr'eux pour se disputer son héritage ; et comme s'il n'était pas assez de la guerre civile, à ce fléau s'ajoutèrent presqu'aussitôt les ravages des terribles Normands. Affamés de pillage plus encore qu'altérés de sang, ils venaient rendre avec usure à l'empire les dévastations que les soldats de Pepin et de Charlemagne avaient jadis portées dans le nord. Une éclipse de soleil plus effrayante, nous disent les chroniqueurs (1), que toutes celles qui avaient jusqu'ici épouvanté la terre, n'avait que trop annoncé leur approche. Ils parurent devant Bordeaux vers le mois de septembre 841 ou 843. Après quelques jours de siège, ils s'ennuyèrent au pied de ses remparts, se répandirent dans la plaine, y firent un large butin et regagnèrent leurs barques plates et légères. Déjà ils entraient dans la mer, lorsqu'un vent violent les refoula dans la Garonne. Ce vent perdit la Gascogne. L'historien de l'abbaye de Condom et surtout le cartulaire de Bigorre, nous ont transmis tout ce qu'elle eut à souffrir.

Surprise la première, la cité de Bazas, nous disentils, ne fut bientôt qu'un monceau de ruines. De Bazas, les Barbares se portèrent sur Condom, dont la riche abbaye sollicitait leur cupidité et éveillait leur fanatisme. Sectateurs du féroce Odin, de l'affreux Teutatès, du sanguinaire Erminsul, ils avaient voué une haine

---

(1) Cartulaire de Bigorre.

implacable comme leurs divinités à une religion qui ne leur était connue que par les rigueurs qu'avait déployées Charlemagne, lorsqu'à travers les neiges et les glaces il était allé jusqu'au fond de leurs forêts brûler leurs simulacres, souiller leurs sanctuaires, renverser ou détruire tous les objets chers à leur foi ou à leur nationalité. La vue de la croix qui protégeait le moutier rallume leur fureur. En peu d'instants les murs sont emportés ou s'ouvrent à leurs hâches. Les religieux traqués, poursuivis à travers les vastes salles sont poussés vers le sanctuaire et égorgés sur les autels; et quand les bras sont fatigués de victimes, les flammes consomment ces scènes d'horreur. Sos essaye ensuite une faible résistance; mais vaincue sans peine et pillée, elle voit ses enfants tomber sous le fer ennemi ou traînés en esclavage. Effrayée du sort des cités voisines, Lectoure crut mieux servir ses intérêts en ouvrant ses portes aux Barbares; mais cette soumission volontaire, loin de fléchir leur courroux, ne servit qu'à l'activer. Libre de tout obstacle, leur épée se baigna mieux dans le sang d'une population sans défense et leurs bras détruisirent plus facilement ce qu'avait dédaigné leur rapacité. A cette époque, observe le cartulaire dans son latin incorrect, les remparts de Lectoure n'étaient point aussi forts et les habitans aussi courageux qu'ils le sont sous l'excellent prince qui la gouverne (*). On sait que la bravoure militaire est de vieille date chez les Lectourois.

(*) *Non enim ea tempestate talis murorum fortia atque incolarum audacia erat sicut nunc cum bonum habeant dominum ac principem.*

De leur cité les Normands se replient un peu et se dirigent vers les Pyrénées, semant sur leurs pas le pillage, la destruction et la mort. Dax se présentait alors. Ce n'était plus sans doute comme l'insinuent certains auteurs, la brillante cité des Romains, fière de ses thermes, de son cirque, de ses palais, de ses basiliques. Le temps et les incursions successives des Gascons, des Francs et des musulmans avaient depuis longtemps abattu en grande partie ces monuments de l'art, enfantés par la civilisation romaine. Mais les derniers ducs de Gascogne dont elle bornait les états vers le nord, en avaient réparé les murs et en avaient fait un des boulevards de leur principauté. Adalric osa même y braver quelque temps le ressentiment de l'empereur Louis et de ses leudes. Encouragés par ce souvenir, soutenus par Totilon et se confiant en leur nombre et en leur bravoure, les habitants de Dax sortirent au devant de l'ennemi que précédait tant de terreur, et lui présentèrent fièrement le combat. Le succès ne répondit pas à l'audace. Battus, défaits, mis en pièces, le plus grand nombre restèrent sur le champ de bataille, bien peu se sauvèrent par la fuite. Les vainqueurs se précipitent aussitôt dans la ville, veuve de ses défenseurs; et poussés par cette rage de destruction qui anime tous les peuples étrangers à la civilisation, ils ne se contentent pas de renverser les édifices et les bains publics, ils cherchent à détruire jusqu'aux sources des eaux minérales. Une partie des remparts fut seule conservée(*). Cette victoire livrait le pays aux Bar-

---

(*) Ce sont les plus belles fortifications romaines que nous ayons vues dans toute la Gascogne. *L'Opus quadratum* des maîtres du monde s'y montre dans toute sa solidité.

bares; ils se répandent comme un torrent dévastateur jusqu'aux pieds des Pyrénées, et renversent en courant Labour (Bayonne), Oleron et Lescar.

Cependant, du fond des cavernes où ils s'étaient réfugiés et du sommet de leurs montagnes, les Gascons apercevaient tous les jours ces désastres. Ils ne purent tenir à ce spectacle déchirant, et ne consultant que leur douleur, ils prirent les armes et allèrent chercher leurs féroces ennemis. Totilon, échappé au dernier combat, guidait leurs pas; il songeait à venger sa défaite, mais le ciel était irrité. Cette fois encore la victoire fut infidèle aux chrétiens; un grand nombre périrent sur le champ de bataille. Un nombre plus grand fut massacré dans la déroute, presque tout le reste fut fait prisonnier. Que pouvait maintenant la déplorable Gascogne? Tarbes s'élevait encore; mais abandonnée par son évêque que le cartulaire appelle toutefois un prélat éminent, ce qui supposerait que toute défense avait été jugée impossible, mais abandonnée par son évêque, elle fut emportée d'assaut; et cette fois les Normands, dédaignant le pillage, livrèrent aux flammes ce qui échappait à leur fer. La destruction était complète; villes, bourgs, châteaux fortifiés, monastères, tout avait disparu. On ne rencontrait sous ses pas que ruines, cendres fumantes, débris informes. On eût dit une terre de désolation bouleversée d'hier par un de ces cataclysmes heureusement si rares dans l'histoire de la nature, et le pieux auteur du cartulaire ne sait, lui, mieux comparer notre pays qu'à la triste Jérusalem, à la malheureuse Judée, durant la guerre d'extermination de l'impie Antiochus.

Chargés d'un immense butin et traînant après eux une infinité de captifs, les Barbares songèrent enfin à revenir sur leurs pas et à regagner leurs vaisseaux. Déjà ils étaient assez près de la mer, lorsque Totilon, outré de dépit ou plutôt furieux de les voir s'échapper, fait un dernier appel à ces populations si horriblement pressurées, réunit les débris de son armée et y joint toutes les milices de son gouvernement. Vous le voyez, lui fait dire à ses troupes assemblées le chroniqueur qui nous a servi de guide, vous le voyez, nos parents, nos amis, tout ce que la province comptait de plus illustre est tombé sous leurs coups. Nos filles et nos épouses, ils les conduisent en captivité dans des contrées lointaines. Subirons-nous lâchement tant de maux? et qu'est la vie à côté de ces indignités? Pour moi, si je ne puis venger le sang de mes proches, je saurai du moins trouver une mort glorieuse. Ce discours et la valeur éprouvée de Totilon relève le courage abattu; tous s'animent à combattre et jurent d'imiter leur chef. Pleins d'ardeur, ils volent à l'ennemi. Le combat fut long et acharné; mais enfin, grâce à la miséricorde divine et à l'*intercession de St-Lisier et des autres saints dont les sanctuaires avaient été profanés*, les Barbares furent obligés de plier. Les Gascons les poursuivirent sans relâche durant trois jours. D'une si grande multitude, il n'y eut qu'un petit nombre qui atteignirent les rives de la Garonne et qui échappèrent à la mort en se jetant dans le fleuve et en regagnant à la nage leurs vaisseaux. Une charte trouvée assez récemment à Mont-de-Marsan ajoute d'autres traits à ceux que nous ont transmis les anciens cartulaires; mais cette charte nous paraît assez peu authentique. Nous la traduisons dans une note (1).

Les Normands repoussés, Totilon travailla à réparer les maux qu'ils avaient faits à la Gascogne. Il fut aidé dans ce soin par Taurin II (2), successeur d'Izambart. Auch appelait naturellement leur sollicitude, quoiqu'elle paraisse avoir été épargnée cette fois, ou du moins avoir moins souffert que ses sœurs. Des deux cités dont se composait cette ville, la plus élevée avait totalement disparu avec la chapelle dédiée à la Vierge. L'autel seul, béni jadis par St-Sernin, avait été conservé ainsi que les saintes reliques apportées d'Eauze par St-Taurin, le martyr du bois de Berdale. De la seconde il ne restait que quelques maisons rares et éparses avec l'église de St-Martin, ou plutôt sur le sol nu et rase s'étaient élevées depuis le passage des ennemis quelques masures avec une nouvelle église de St-Martin, que desservait un clergé assez nombreux aggloméré autour de son évêque. Taurin II fit rebâtir les murs de la chapelle de la Vierge (3), y replaça l'autel primitif et y fixa le siége pontifical. Il consacra le nouvel édifice à la Nativité de l'auguste mère de Dieu, et en confia le service à une partie de ses clercs qui, dirait-on, embrassèrent dès-lors la vie canoniale prescrite par le Concile de Mayence. Ils étaient gouvernés par un abbé comme le prouvent certaines chartes. L'abbé avait sous lui un prévôt dont la dignité s'est perpétuée jusqu'à nos jours. Les autres places distinctives du chapitre furent créées plus tard. S'il faut en croire un ancien

---

(1) Note 5, Voir à la fin du volume. Voir aussi le cartulaire de Limoges. — (2) Cartulaire d'Auch, *Gallia Christiana*. — (3) Dom Brugelles.

document, la dédicace se fit avec une pompe qu'à travers les malheurs publics le culte avait cessé depuis longtemps de déployer. On y compta (1) un grand nombre de prélats, parmi lesquels on désigne Sigin, de Toulouse, Concordius, d'Agen, Donat, de Bazas, Lubronius, de Dax, Spaléus, de Lescar, Geraud, d'Oleron, Sédatius, de Labour (Bayonne), Séralpius, d'Orre (Tarbes), Maxime, de Comminges, et Beat, d'Aire.

Après cette consécration, le siége d'Auch se trouva déplacé pour la troisième fois. Taurin Ier l'avait fixé à l'église de St-Jean (l'ancien St-Orens); Perpétue, sous Clovis, l'avait transféré à l'église de St-Martin; Taurin II trouvant sans doute que le site se prêtait mieux à une défense que tout rendait si nécessaire dans ces temps calamiteux, abandonna la plaine et le transporta sur la hauteur. Mais, content de l'avoir confié à des clercs, il continua d'habiter dans la demeure épiscopale de St-Martin, où on croit qu'il établit des moines, et où habitèrent après lui ses successeurs pendant près de deux siècles (2). Ils ne paraissaient à l'église de Ste-Marie que très rarement, peut-être même seulement au Jeudi-Saint pour y consacrer les saintes huiles. Depuis un temps immémorial et vraisemblablement depuis l'établissement de la religion, l'évêque avait perçu tout le revenu d'Auch. Sur les fonds communs il nourrissait et entretenait son clergé; plusieurs Conciles l'avaient réglé ainsi. A partir de Taurin II, les revenus se partagèrent; l'évêque garda tout ce qu'il avait à l'orient du Gers, le reste fut attribué à l'église de Ste-Marie et à

---

(1) Chroniques d'Auch, Pièces justificatives. — (2) Chroniques d'Auch.

ses chanoines. Nous devons toutes ces particularités à un vieux manuscrit de l'ancien chapitre de St-Orens (1).

Quelques autres cités avaient ressenti l'effet du zèle de Taurin et de Totilon; mais pour relever tant de ruines il eût fallu des jours nombreux, et Totilon ne survécut pas longtemps à sa victoire; nous ignorons l'époque précise de sa mort. Nous savons seulement qu'elle était arrivée l'an 845, car la charte d'Alaon qui fut octroyée cette année, relate que le duché de Gascogne était possédé par Seguin ou Sigwin (2) dit Mostelanicus. Que signifie ce surnom ? pourquoi fut-il donné ? Les anciens auteurs ne le disent pas; ils se contentent de nous apprendre qu'au duché de Gascogne Seguin réunissait le comté de Saintes. Cette dernière dignité lui coûta la liberté et la vie. Les Normands s'étaient jetés sur les côtes de la Saintonge en 846, et après avoir pillé la campagne, ils avaient attaqué la capitale de la province. Au bruit de leur approche, Seguin était accouru à la tête de ses milices, et malgré sa promptitude, quand il parut, Saintes était prise et saccagée (3). N'ayant pu la sauver elle-même, le duc de Gascogne voulut du moins sauver ses dépouilles; il se mit à la poursuite des vainqueurs et les atteignit entre Bordeaux et la ville qu'ils venaient de ruiner. Ce combat, comme presque tous les combats précédents, fut tout à l'avantage des infidèles. Ils firent une horrible boucherie des chrétiens, dont quelques-uns cependant échappèrent par la fuite. Tous les autres demeurèrent prisonniers, et de ce nombre fut Seguin. Les Barbares

(1) Cité par D. Brugelles et M. d'Aignan. — (2) Art de vérifier les dates.— (3) Loup de Ferrières. Chronique d'Adhémar.

épargnèrent d'abord sa vie pour lui arracher une forte rançon ; et comme cette rançon se faisait attendre, ils le massacrèrent après quelques jours de captivité.

Seguin fut remplacé par le duc Guillaume que l'on a souvent confondu sans raison avec le fils du trop célèbre Bernard, marquis de Gothie. Les Normands ressemblaient aux bêtes féroces qui, repoussées, rôdent sans cesse autour de la proie jusqu'à ce qu'elles l'aient saisie. Bordeaux avait échappé à leur rapacité sous Totilon : il leur fallait ses richesses. Ils se présentèrent subitement à ses portes, en 848, et l'assaillirent de toutes parts (1). Guillaume n'avait eu que le temps de se jeter dans la place ; mais brave et actif, il repoussa avec avantage leurs assauts multipliés, et vraisemblablement il eût fait échouer leur tentative sans la trahison des juifs qui livrèrent de nuit leur quartier aux ennemis. Nous aimons à rappeler qu'ils furent payés comme le sont d'ordinaire les traîtres. Les Barbares, maîtres de la ville, égorgèrent tout ce qui tomba sous leurs mains, pillèrent tous les quartiers sans distinction, et laissèrent aux flammes le soin d'achever l'œuvre de la destruction. Guillaume périt ainsi avec ceux qu'il était venu défendre.

Pendant que les Normands démolissaient l'empire de Charlemagne, ses faibles et lâches descendants s'en disputaient les débris, au lieu de réunir leurs efforts contre l'ennemi commun. Sanche Sancion profita de leurs dissensions pour s'emparer de la Gascogne. Il était frère d'Asnar, comte de Jacca ; et après sa mort qu'on nous dit avoir été déplorable (2), il s'était saisi de son

---

(1) Chronique de Fontenelle. Ancienne chronique des Normands. — (2) Annales de St-Bertin.

comté et y avait ajouté Pampelune et quelques cités voisines. Mais cet Asnar était-il le même que celui que nous avons vu épargné par les Gascons, à cause de sa parenté avec leur maison princière ? Était-il aussi le fils de Loup Sanche qu'on donne assez (1) communément pour frère à Adalric ? Et ce Loup Sanche surtout était-il réellement le fils de Loup ou Lope II, ancien duc de Gascogne ? nous sommes loin de rien affirmer à cet égard. Les raisons que font valoir les partisans de cette opinion nous paraissent très-peu concluantes. Peu de points historiques attendent des éclaircissements, comme la descendance Mérovingienne de Sanche Mitarra, que nous allons voir renouer la chaîne des ducs héréditaires de Gascogne. Cette descendance, il est vrai, est maintenant admise par tous les historiens; mais où et comment la rattacher à la famille évincée ? Là est la difficulté; nous la discuterons bientôt.

Pepin II, roi d'Aquitaine, ratifia sans doute l'envahissement du duché de Gascogne; car, l'an 848, l'année même où eut lieu cet envahissement, il ordonna à Sanche Sancion de venir le joindre en toute hâte, à la tête de toutes ses milices (2). Charles-le-Chauve, le concurrent, l'ennemi implacable de Pepin ne pouvait pas voir d'un œil tranquille une vaste province passer entre les mains du partisan de son rival. Il arma contre le duc de Gascogne et porta la guerre dans ses possessions. Mais le temps n'était plus où tout pliait sous la puissance royale. Sanche sut rendre inutiles les efforts de son ennemi et resta maître du duché. Il fut moins heureux contre les musulmans. Muza, un de leurs

---

(1) Dom Vaissette, Marca. — (2) Annales de St-Bertin.

généraux, avait fait quelques incursions sur son ancien comté. Le duc de Gascogne part aussitôt avec les premières troupes qu'il peut rassembler pour punir cette audace et protéger ses peuples. Mais trahi par la fortune, il est complètement battu et tombe au pouvoir des infidèles. Sa captivité fut courte; car, en 851, Pepin repoussé de ses sujets, et abandonné de ses généraux, s'étant retiré vers les Pyrénées, Sanche Sancion (1) s'empara de sa personne par trahison et le livra à son compétiteur. Quelques auteurs prétendent même que Pepin comptant sur des sentiments hautement avoués, était venu chercher un asile auprès de son vassal; mais que celui-ci, au mépris de tous les droits, l'avait livré à Charles-le-Chauve, et avait acheté ainsi son entière réconciliation. Cet acte déloyal est le dernier trait de sa vie qui se poursuivit jusqu'en 864.

A sa mort, le duché de Gascogne, du consentement sans doute de Charles-le-Chauve, passa à son neveu, Arnaud, fils d'Emon ou Aimon, comte de Périgord, et de Sanchia, sa sœur. Le nouveau duc eut presque toujours les armes à la main contre les éternels Normands, qui, repoussés sur un point, se montraient aussitôt sur un autre. La fortune lui fut d'abord infidèle (2). Dans la première rencontre il fut totalement défait, mais il répara bientôt cet échec et remporta plusieurs victoires. Ces succès affaiblissaient ses forces; l'élite de ses guerriers restait successivement sur le champ de bataille; d'où il advenait qu'à chaque nouveau combat il avait moins de résistance à opposer, et

---

(1) Annales de Metz et de St-Bertin. — (2) Duchesne, cartulaire de Solignan. Marca. Manuscrit de M. d'Aignan.

qu'à chaque nouvelle incursion il pouvait couvrir moins de pays. Vainqueurs et vaincus, les ennemis étendaient ainsi toujours leurs ravages. Dans une de leurs courses, ils avaient brûlé le monastère de Solaignac (aujourd'hui Souillac dans le Limousin), que le duc Arnaud affectionnait singulièrement, soit à cause de St-Eloi, son fondateur, soit à cause de la vie régulière des religieux qui l'habitaient. Les sentiments qu'il avait voués à cette maison étaient si prononcés, qu'il avait résolu d'y aller prendre l'habit monastique ; ce qu'il eût exécuté s'il n'eût point été surpris par la mort. Avant son décès, il pressa plusieurs fois les moines d'aller chercher en Gascogne de nouvelles reliques de saints martyrs, leur assurant que leur course ne serait point perdue. L'abbé et sa communauté cédèrent enfin à ses instances, et envoyèrent Aldaire (1), un de leurs frères, à la suite de Godefroi, neveu d'Arnaud, qui partait alors pour ces contrées. Aldaire séjourna quelque temps auprès du duc, et prit soin de dérober le but de son voyage aux Gascons dont il redoutait l'humeur altière et plus encore l'opposition. Il parcourut ensuite plusieurs sanctuaires révérés sans pouvoir exécuter son dessein; et déjà il songeait à regagner son monastère, lorsque les gens de sa suite traversant le Fezensac, parvinrent au lieu où s'élevait naguère, en l'honneur de Ste-Fauste, une église somptueuse que les mêmes mains qui avaient brûlé Solaignac venaient de livrer aux flammes. Ce lieu, après avoir été le théâtre du combat et du triomphe de la jeune martyre, lui avait été donné pour tombeau, et elle y avait longtemps reçu le tribut de

---

(1) Annales de St-Bertin. Chronique de St-Maxime.

la vénération publique. Instruit de cette découverte, Aldaire accourut dans la nuit; et au premier rayon du jour, avant que les habitants pussent se douter de ce qui se tramait, il tombe à genoux, prie quelques instants et brise, en implorant le nom de la sainte, la pierre tumulaire; il retire aussitôt les ossements sacrés de la couche où ils reposaient, les enveloppe dans des étoffes précieuses, et ravi de son pieux larcin, il les transporte à Solaignac.

Le duc Arnaud vécut, partagé entre des pratiques de dévotion qui l'inclinaient vers le cloître et les courses des Barbares qui le retenaient dans le monde, et rendaient son courage et son expérience nécessaires à son peuple. Rien ne saurait préciser l'époque de sa mort; on sait qu'elle arriva avant 872 (1). Oihénard pense que c'est peut-être ce duc qui donna son nom aux sols Arnaudins, *solidi Arnaldenses*, dont parlent quelques anciens monuments de notre pays.

Au milieu de ces déchirements, les désordres étaient grands dans la France entière. Rien ne pousse à la licence comme les malheurs publics et surtout la guerre. Par une de ces anomalies si fréquentes dans l'histoire de l'humanité, on dirait qu'on éprouve le plus le fatal besoin de goûter tous les plaisirs, alors que tous les plaisirs s'enfuient, et d'assouvir à tout prix de funestes passions quand la mort peut à chaque instant nous atteindre et nous précipiter aux pieds du Dieu vengeur. Les lois d'ailleurs et les règles se taisent à côté de la faim et du sang. Une lettre du pape Jean VIII (2)

---

(1) *Acta sancti Benedicti*, IV sæculi. — (2) Labbe, *Collect. Con.* tom. 8.

aux évêques de Gascogne, nous peint l'étendue des blessures faites à la religion. Le pontife se plaint d'abord d'avoir appris par des récits, hélas, trop fidèles, les prévarications que se permettent dans ces contrées d'indignes chrétiens, et gémit de ce que la voix des pasteurs y est méconnue et tous les efforts de leur zèle impuissants. Il sait qu'on y contracte des mariages au mépris de toutes les lois du sang et de tous les degrés de parenté; que d'autres abandonnent leur femme pour en épouser une seconde; que quelques-uns plus audacieux en prennent deux à la fois, ou à l'épouse légitime ajoutent une concubine. Il n'est pas besoin d'ajouter que Jean VIII condamne ces unions, et enjoint aux coupables de se séparer. Il défend ensuite d'enlever et de retenir les biens de l'église. Enfin, il ordonne que les prêtres et les clercs soient sous la dépendance de leur évêque, et frappe d'excommunication le laïque qui les soustraira à leur supérieur naturel. Cette lettre, du 13 juin 879, est adressée à Ayrard, archevêque d'Auch, successeur de Taurin II, à Involat, de Comminges, à Wainard, de Couserans, et à Sarstone, de Bigorre. Ici finit le long silence des cartulaires sur les évêques de la province. Nous connaissons même un des prédécesseurs de Wainard. Francolin, de Couserans, assista au Concile de Narbonne, assemblé, selon l'opinion la plus probable, en 791, et où l'on condamna les erreurs de Félix d'Urgel. La lettre du pape donne aux prélats d'Auch le titre d'archevêque, titre nouveau, connu en France depuis le Concile de Mâcon, en 581, mais qui n'avait guère été en usage que sous Charlemagne. Il remplaça celui de métropolitain quand l'organisation romaine, d'où celui-ci était né, eut entièrement disparu. Quelques-uns pensent même que ce dernier n'entraînait aucune préséance, tandis que l'archevêque fut toujours au-dessus des évêques. Nos prélats avaient déjà, sans doute comme les plus voisins, réuni sous leur houlette le diocèse de la métropole d'Eauze; ce qui donnait à leur juridiction une étendue que n'avait pas celle de leurs comprovinciaux. Auch, d'ailleurs, se recommandait par ses anciens souvenirs; enfin, sa position était assez centrale. Ainsi, bien des causes militaient en sa faveur et lui assuraient la suprématie.

CHAPITRE II.

Premiers comtes de Bigorre. — Premiers vicomtes de Béarn. — Sanche Mitarra. — Sa descendance des rois de Navarre. — Rois de Navarre depuis Garsias Ximénès jusqu'à Mitarra. — Garsias Sanche dit le Courbé, duc de Gascogne. — Condom. — Comtes de Fezensac et d'Astarac. — Comtes d'Armagnac. — Fondation de St-Orens. — St-Sever. — Vicomtes de Béarn. — Gombaud. — Guillaume, duc de Gascogne.

La même époque presque qui vit nos prélats conquérir le rang d'archevêque, vit nos anciens maîtres rappelés dans l'héritage de leurs aïeux. L'autorité royale allait s'affaiblissant tous les jours; à peine si les indignes petits-fils de l'héroïque Charlemagne pouvaient protéger sur leur propre front la couronne déjà si amoindrie que leur avait léguée leur père. Quel appui devaient attendre de tels princes des populations placées loin d'eux aux extrémités de l'empire? D'un autre côté, le sentiment de la nationalité ne s'était jamais éteint parmi les Gascons. Ils supportaient impatiemment des chefs issus de cette nation Franque dont la domination avait été précédée et suivie de tant de malheurs; et les seigneurs Francs eux-mêmes n'ambitionnaient guère une autorité qui les mettait aux prises avec les terribles Normands, et ne leur donnait pour soldats que des esprits indociles et prévenus (1). Néanmoins, les dangers se renouvellaient tous les jours; il fallait un chef pour les conjurer.

(1) Cartulaire d'Auch et de Lescar.

Les Gascons prirent conseil des circonstances. Ils avaient auprès d'eux les descendants de la branche puînée de leur ancienne famille ducale. Donat-Loup et Centuloup, les deux fils innocents d'un père coupable, n'avaient pas été enveloppés dans la condamnation de leur père. Louis usant de modération, donna au premier le comté de Bigorre et au second la vicomté de Béarn (1). Les enfants de Garsias-Ximénès pouvaient élever des prétentions sur ces contrées; ils en firent l'abandon en faveur de leurs cousins, qui réunirent ainsi tous les titres qui assurent la propriété. Le comte de Bigorre et le vicomte de Béarn n'imitèrent pas la conduite turbulente de leurs aïeux. Avertis par leur faiblesse, ils écoutèrent les conseils de la prudence, et possédèrent en paix ces portions exigues de l'héritage d'Eudes et de Caribert. Donat-Loup épousa (2) Faquilène, fille de Mancion qui paraît appartenir à la souche des vicomtes de Lavédan. Il en eut deux fils, Dato-Donat (3) et Loup-Donat, ou plutôt Dato et Loup, car ces doubles noms répétés à la façon des Grecs, indiquent à la fois le fils et le père. L'aîné ratifia quelque donation faite par sa mère au prieuré de St-Orens, en Lavédan. Il mourut sans postérité et laissa le Bigorre à Loup (4), son frère. Loup était remplacé par Dato-Lupi (5) ou Dato II, son fils, quand le duc Arnaud descendit dans la tombe. Un grand nombre d'historiens donnent encore pour fils à Donat-Loup, Inigo-

---

(1) Charte d'Alaon. Art de Vérifier les dates. Marca, liv. 4, ch. 3. — (2) Titres de Lavédan. Manuscrit qui, je crois, a dû appartenir à M. Larcher. M. de Mauléon. — (3) Titres de Lavédan. Manuscrit de M. Larcher. Marca. — (4) Manuscrit. Essai historique sur le Bigorre. — (5) Manuscrit.

Garsias dit Arista, roi de Navarre; mais outre qu'il n'y a aucun rapport entre le nom du prétendu fils et celui qu'on suppose son père (et certes, cet argument a du poids à cause de l'usage des noms patronimiques), nous verrons bientôt qu'Inigo devait le jour à Garsias-Ximénès.

Centuloup ou Centulfe I, vicomte de Béarn, termina sa carrière vers l'an 844. Il laissa sous la tutelle d'Auria, sa femme, un enfant (1) en bas âge. Celui-ci n'eut lui-même qu'un fils dont le nom n'est point parvenu jusqu'à nous avec une entière certitude. Les Gascons ne choisirent ni lui, ni son cousin pour le placer à leur tête. Ils allèrent demander à l'Espagne Sanche Mitarra que tous les historiens, d'une voix unanime, font descendre du grand Eudes; mais comment et à quel titre? Ici les avis sont excessivement partagés. Marca et après lui Larcher, Faget de Baure et un grand nombre d'autres le donnent pour le petit-fils de Loup-Centule. Parmi eux, les uns veulent que Loup ait entraîné dans son exil, Garsias, un de ses fils, vraisemblablement l'aîné, qui devint peu après comte de Castille, et donna le jour à Mitarra. Les autres prétendent que Loup se réfugia seul auprès d'Alphonse-le-Chaste; que celui-ci l'établit comte de Castille, et lui fit épouser après la mort de sa première femme une princesse de son sang. Garsias, selon eux, fut le fruit de cette seconde union. Marca et tous ceux qui l'ont pris pour guide, s'étayent d'une généalogie insérée dans le cartulaire d'Auch qu'ont copiée les cartulaires

---

(1) Marca. Art de vérifier les dates. Faget de Baure. M. de Mauléon.

de Lescar et d'Alençon. En voici les paroles: « anciennement, lorsque la Gascogne était privée de consuls et que les Francs refusaient le consulat par la crainte de la perfidie des Gascons qui avaient coutume d'égorger les consuls venus de France, la plupart des nobles de Gascogne se rendirent en Espagne auprès du consul de Castille, pour lui demander un de ses fils pour seigneur. Le consul, quoiqu'il fût instruit de leur perfidie, et qu'ainsi il craignît pour lui et pour ses enfants, consentit cependant à ce qu'un d'eux les suivît s'il le voulait. Enfin, Sanche Mitarra vint avec ces nobles en Gascogne, et il y fut fait consul (1). »

On voit qu'il n'est ici nullement question de Loup-Centule. Aucun historien ancien ne dit qu'il se réfugia en Castille et moins encore qu'il fut comte; tous les seigneurs revêtus de cette dignité dans ce pays sont exactement connus, et Loup-Centule n'est désigné nulle part (2). On peut donc affirmer qu'il n'y posséda point d'autorité. Dans son exil, il se retira vraisemblablement en Navarre, et s'il avait eu des enfants sur la terre étrangère, on les reconnaîtrait à leurs noms patronimiques. Le cartulaire d'ailleurs renferme plus d'une erreur évidente. D'abord les Gascons n'égorgèrent jamais leurs chefs. Plusieurs de ceux-ci, il est vrai, périrent de mort violente, mais ils tombèrent toujours noblement en combattant les ennemis de leur famille ou les ennemis de l'État. Un seul, Waifre, succomba victime d'un assassinat largement soudoyé; mais la nation, loin d'avoir trempé dans ce crime, protesta hautement et entoura d'un nouvel amour les fils de ce malheureux duc.

---

(1) Note 6. Voir à la fin du volume. — (2) M. de Mauléon.

Quant au titre de consul de Castille donné au père de Mitarra, nous devons remarquer avant tout que le mot consul a diverses acceptions. Suivant les temps et les auteurs il exprime la qualité de seigneur, de comte, de duc et même celle de roi. Nous devons observer ensuite que la dénomination de Castille, qui ne convient qu'à une province de l'Espagne, a servi quelquefois à désigner la péninsule entière. Ainsi s'explique peut-être le langage de l'auteur du cartulaire, qui écrivait dans le XIII° siècle, époque où le courage renommé des Castillans et le grand nom de Blanche, mère de saint Louis, pouvaient donner lieu à ces expressions trop vagues. Si cette explication ne satisfait point, accusons l'ignorance d'un écrivain placé à trois siècles de distance des événements qu'il raconte. Toujours est-il que le savant Oihénard (1), sans le secours de l'instrument d'Alaon et d'autres chartes dont ce monument a donné la clef, avait discuté ce qu'il y avait de vrai et de faux dans les cartulaires d'Auch et de Lescar. Il avait vu que Sanche Mitarra était issu non d'un comte de Castille, mais du sang des rois de Navarre. Il le prouve par l'analogie des noms patronimiques et par l'usage du même sceau ou monogramme employé par les rois de Navarre et les ducs de Gascogne. Guidés par lui et surtout par l'auteur des Mérovingiens, notre noble concitoyen, nous allons essayer de donner à Mitarra sa vraie descendance et son rang véritable (2).

Garsimir ou Garsias-Ximénès n'avait point succombé dans la dernière action où nous l'avons vu combattre,

---

(1) *Notitia Vasconiæ*, page 420 et suiv. — (2) M. de Mauléon.

comme le veulent Marca et dom Vaissette. Le premier ignorait et le second a trop pressé la charte d'Alaon, qui dans ses expressions vagues et incomplètes, constate qu'il périt, avant 845, victime d'une rébellion nouvelle, mais qui n'assigne ni date ni circonstance; tandis que des témoignages et des documents authentiques prouvent son existence depuis ce combat jusque vers 842 (1). Retiré avec ses enfants dans les gorges des Pyrénées, comme héritier de la reine Giselle, fille du duc Amand et femme de Caribert, il poursuivait de sa haine tout ce qui était attaché aux princes de la seconde race; et pour mieux leur nuire, il s'était ligué ou du moins il avait noué des intelligences avec les Maures de Cordoue et de Saragosse, ce qui ne l'empêchait pas de descendre quelquefois de ces montagnes et de protéger contre les infidèles les chrétiens de la Navarre et de l'Aragon. C'est lui qui dirigea l'embuscade si fatale à la dernière expédition tentée par Louis, et qui se termina par la captivité d'Ebles et d'Asnar. Cet échec, subi par les armes Franques, força les populations placées sur le versant méridional des Pyrénées à chercher ailleurs appui et protection.

L'Espagne était presque tout entière envahie par les musulmans. Alphonse-le-Chaste, le seul roi que comptât alors la péninsule, était assez occupé à leur disputer les Asturies. Garsias restait seul. Sa valeur éprouvée dans les combats, sa longue expérience, le voisinage de ses possessions, les liens du sang qui l'unissaient à Donat-Loup, de Bigorre, à Centule-Loup, de Béarn, et à Sandregisile, comte des Marches de

---

(1) Mérovingiens, par M. de Mauléon, p. 287.

Gascogne, dont il pourrait être soutenu, tout le recommandait au choix public. Un rassemblement considérable s'était formé autour d'un hermitage près de la grotte de Mont-Oruel. Navarrains, Aragonais, gens de Guipuscoa et Sobrarve, presque tous échappés à l'épée des Maures, s'y étaient réunis pour y vénérer les reliques de trois saints enterrés dans ce lieu où fut construit depuis le monastère de St-Jean de la Penna (1). D'une voix unanime, ils élurent Garsias pour leur chef, et lui donnèrent le titre de roi.

La charte d'Alaon prouve d'une manière incontestable sa descendance de Caribert. Sa royauté s'établit, ainsi que l'a prouvé Traggia (*) par les anciennes généalogies de Méya, de Léon et de Montserrat, et par la chronique d'Albelda. Trois de ces diplômes existant au monastère de St-Jean de la Penna, cités et rapportés dans Brix Martinès, corroborent ces généalogies et démontrent qu'il fut roi de Pampelune et de Navarre, et le bienfaiteur de ce monastère où il fut inhumé. D'après ces monuments, il eut un frère Inigo-Ximénès, qui ne paraît pas avoir laissé de postérité.

On ignore l'époque précise de sa mort; mais en calculant les années correspondantes des gouverneurs Arabes, des comtes d'Aragon et de quelques évêques connus, il paraît avoir terminé sa carrière dans l'année 842. Le texte précis de la charte d'Alaon ne permet pas de renvoyer son élection, comme l'ont fait plusieurs,

---

(1) M. de Mauléon. Garibay, Blanca, Roderic de Tolède, cités dans Marca, liv. 2, ch. 8. Pour tous ces détails, voir les Mérovingiens, page 287.

(*) Nouveau dictionnaire historique d'Espagne.

jusqu'en 857, puisqu'alors il n'était déjà plus. Il avait laissé de deux femmes, quatre fils, Inigo-Garsia, Fortunio-Garsia, Sanche-Garsia et Ximénès-Garsia, et une fille, Dona Xiména-Garsia, qui épousa Alphonse-le-Chaste. Dom Ramire, fils de ce dernier, déclare dans une charte que Sanche-Garsia, alors roi de Pampelune ou de Navarre, est son oncle; et dans une autre charte citée par Sandoval, Zampire et Dom Rodrigo, il est dit que Dona Xiména-Garsia était d'une famille royale des Français, mais établie en Navarre. Enfin, en 845, la charte d'Alaon constate que les fils de Garsias-Ximénès étaient inaugurés en Espagne, et qu'ils avaient cédé à leurs cousins de Gascogne leurs droits sur le Bigorre et le Béarn, et que cette cession avait été confirmée par Louis-le-Débonnaire et Charles-le-Chauve. On a disputé sur le sens qu'il faut attacher à cette inauguration. Pour tous, elle signifie un rang particulier, et pour le plus grand nombre le rang suprême.

Inigo, surnommé Arista, succéda à son père (1). Roderic de Tolède, le fait venir du comté de Bigorre, et ajoute aussitôt qu'il habitait le sommet des Pyrénées; il dit ensuite que, accoutumé aux combats, il descendit dans la plaine, y signala sa valeur et obtint ainsi la couronne. Ce langage obscur d'abord et presque contradictoire, peut se concilier sans peine avec notre opinion. Originaire de la Gascogne, et par là du Bigorre possédé alors par un de ses proches, Inigo avait habité les montagnes où Garsias l'avait laissé, et d'où il venait quelquefois avant de monter sur le trône, combattre en Navarre sous le drapeau paternel. Les auteurs Espa-

---

(1) **M. de Mauléon**, les **Mérovingiens**.

gnols les plus estimés, Surita, Garibay, Blanca, avancent eux-mêmes que leurs annales varient sur les événements et les personnages de cette époque, et que leur obscurité prête aux interprétations. Du reste, le nom de Garsias qui accompagne celui d'Inigo, ne laisse aucun doute sur sa filiation. C'est à sa cour que les Gascons vinrent demander un duc. S'ils avaient voulu placer à leur tête un descendant de Loup-Centule, comme le disent Marca, l'Art de vérifier les dates et la plupart de nos historiens, pourquoi seraient-ils allés en chercher en Castille un imaginaire ou du moins problématique, tandis qu'ils en avaient de connus et de réels dans les maisons de Bigorre et de Béarn? Mais, suivant nous, en appelant un membre de cette famille, ils auraient préféré la branche cadette à l'aînée, et blessé ainsi sinon le droit, du moins les usages reçus. Par là s'explique facilement le voyage des députés Gascons.

Le roi Inigo n'accepta point leur offre. Un trône nouvellement assis et un royaume à conquérir presque tout entier sur les ennemis de la foi réclamaient tous ses soins et ne lui permettaient pas de lointaines excursions. Le prince Fortunio, son puîné, ne se prêta pas davantage à leurs vœux. Sa haute piété l'éloignait des honneurs et le portait vers le cloître. Sanche, le troisième fils de Garsias-Ximénès (1), suivit les députés et alla reprendre possession d'un héritage dont sa famille était dépouillée depuis plus de cinquante ans. Il portait le surnom de Mitarra, qui suivant les uns signifiait *Montagnard*, et selon les autres *Terrible*. Sa naissance

---

(1) Cartulaire d'Auch et de Lescar.

justifie le premier titre; son courage et ses exploits contre les Maures lui avaient valu le second. Cet événement est placé par tous les historiens vers l'an 872; cependant rien n'en indique la date certaine. Nous ne voyons pas que les princes Carlovingiens s'en soient préoccupés. Charles-le-Chauve poursuivait la couronne impériale, objet de sa longue ambition, quoique la mort dût la lui ravir sitôt. Louis-le-Bègue, son fils, déjà en possession du royaume d'Aquitaine, ignorait peut-être ce qui se passait vers les Pyrénées. Le duc Boson, qui le gouvernait alors, devait facilement fermer les yeux sur un envahissement, puisqu'il allait lui-même envahir la Provence et la démembrer de la monarchie Franque. D'ailleurs, les divisions qui régnaient entre les membres de la famille impériale, et les guerres des Normands ne permettaient guère ni au père ni au fils de punir un soulèvement éloigné, et vraisemblablement, s'ils l'avaient entrepris, Mitarra, aidé de la Navarre, se fût défendu avec succès.

Inigo Garsia survécut huit ans (1) au départ de son frère, et mourut en 880, après 38 ans de règne. Il laissait quatre fils, dont l'aîné, Garsias-Iniguès, lui succéda. Celui-ci eut à soutenir une guerre vive et malheureuse contre les chefs Maures, Mahel et Mahomet-Iben-Lupo. Il perdit contr'eux la bataille d'Aybard ou de Liédéna, et périt dans l'action sans avoir eu d'enfants. Ses trois frères disparurent et furent vraisemblablement tués avec lui. Il fut remplacé sur le trône par Fortunio-Garsias, son oncle, second fils de Garsias-Ximénès, comme il le dit lui-même dans

---

(1) M. de Mauléon, les Mérovingiens.

une charte qu'il donna en faveur du monastère de Leyre. Mais bientôt dégoûté du monde, le nouveau souverain laissa la couronne à Sanche-Garsias, dit Mitarra, son troisième frère, et alla cacher la majesté royale sous le froc de moine, le 19 mars 901 (1).

Nous ne suivrons pas Mitarra en Espagne, où il mourut après quelques années de règne, dans un âge très-avancé. Les écrivains Navarrois, qui n'ont pas connu et n'ont pu connaître le titre qu'il possédait en deçà des Pyrénées, parlent des conquêtes qu'il fit sur les Gascons et de l'hommage que ceux-ci lui prêtèrent. En le voyant descendre dans la tombe, qu'il nous soit permis de remarquer que sa vie forme le point le plus obscur et le plus difficile de notre histoire. Plusieurs systèmes ont été émis à son égard. Après de longues recherches, nous avons adopté le sentiment de M. de Mauléon ou plutôt d'Oihénard, que nous avons tâché de corroborer, quoique nous soyons loin d'avoir répondu à toutes les difficultés. Pour les résoudre, il faudrait des documents plus sûrs et plus explicites que ceux que nous possédons. L'Espagne nous les donnera peut-être un jour, car c'est de là surtout qu'ils nous peuvent venir. Du reste, avec Mitarra ne finissent pas les hésitations de l'histoire; on n'est pas moins partagé sur ses enfants que sur son père. La plupart des historiens, sur la foi du cartulaire d'Auch, ne lui donnent qu'un fils qu'ils appellent Sanche-Mitarra comme son père, au mépris de toutes les règles établies alors pour les noms, et de celui-ci ils font naître Garsias, dit le Courbé. Mais ici encore il y a erreur; Garsias-le-Courbé

---

(1) M. de Mauléon, les Mérovingiens.

se dit lui-même, ainsi que nous le verrons, fils de roi (1), et celui qu'on a pris pour son père était son frère aîné.

Mitarra eut deux fils. L'aîné, Garsias-Sanche Ier, eut pour sa part la Navarre qu'il gouverna, d'abord sous la tutelle de son oncle, Ximénès-Garsie, le dernier fils de Garsias-Ximénès, alors affaissé sous le poids des ans et qui ne tarda pas à descendre dans la tombe. A sa mort, Tota, mère du jeune prince, prit les rênes du gouvernement et administra jusqu'à sa majorité. Garsias-Sanche fut la souche des rois d'Aragon, de Castille, de Navarre et Sobrarve. Par lui les descendants de Clovis, expulsés du trône de France, allèrent s'asseoir sur la plupart des trônes de la péninsule, au moment presque où les Carlovingiens qui les avaient chassés, s'éteignaient sans retour. C'est là un de ces jeux de la fortune ou plutôt une de ces dispositions de la providence, dont le spectacle est de temps en temps donné à la terre. Garsias-Sanche (2) dit le Courbé, le second, eut le duché de Gascogne. Son père le lui abandonna peut-être en montant sur le trône de Navarre; il le possédait du moins en 904, car il acheta alors de Valafrid, abbé de Sorèze (3), la grange ou prieuré de Saramon pour le prix de mille sols. Les terres dont se composait le prieuré avaient presque toutes appartenu à un seigneur nommé Arécate ou Arécoate, qui gouvernait ce pays au commencement du règne de Louis-le-Débonnaire. Plus tard, Arécate en donna une partie

---

(1) Charte de Berdoues. Voir plus bas M. de Mauléon. — (2) Art de vérifier les dates. Marca. Grands officiers de la couronne. — (3) *Gallia Christiana*. Dom Vaissette, tome 2, pag. 41. Dom Brugelles.

au monastère de Sorèze et vendit à son maître le reste avec les serviteurs qui l'exploitaient, porte l'acte de vente, *cum servis et ancillis*. En 817, dans ce Concile d'Aix que nous avons déjà rappelé, Louis entraîné par sa piété ou sollicité par Vivian au Ussian, abbé de Sorèze, agrandit ce qu'il avait acquis d'Arécate, et en gratifia cette abbaye. La donation, suivant l'acte qui nous a été conservé ainsi que le précédent, comprenait les biens avec les églises, les serfs des deux sexes et les maisons. L'abbé y établit aussitôt un prieuré qui prit le nom de Cella Médulphi ou Odulphi, vraisemblablement de son premier prieur. Mabillon (1) fait dériver ce nom de Médulphe, son ancien possesseur, dont le docte bénédictin fait un fils de Garsie et un comte d'Astarac. Mais rien ne prouve une pareille assertion; tout, au contraire, tend à la combattre.

Le monastère était à peine achevé, lorsque les Normands se répandirent dans la Gascogne. Après leur passage les terres restèrent longtemps sans culture et sans maître. Quand eurent lui des jours meilleurs, l'abbé de Sorèze envoya de nouveaux religieux à Saramon (2). C'étaient des maîtres qui se présentaient pour faire respecter des droits et peut-être combattre des usurpations. Aussi, les habitants s'ameutèrent, et dans leur fureur ils massacrèrent quelques-uns de ces religieux et forcèrent les autres à s'éloigner en toute hâte. Ces violences effrayèrent la communauté de Sorèze. Elle aima mieux vendre le prieuré à Garsias que d'entamer une lutte. Mais elle eut soin de stipuler que

---

(1) *Ad ann.* 904, n° 26. — (2) Dom Brugelles, preuves, pag. 44. *Gallia Christiana*, tom. 1.

cette vente n'était que viagère, et qu'à la mort du comte, Saramon retournerait à ses anciens maîtres. L'acte était habile; on chargeait un seigneur puissant de combattre, et on se réservait les fruits de la victoire. Malheureusement pour les moines, ces fruits se firent attendre. Les enfants de Garsie retinrent pour eux ce qu'avait payé leur père.

Leur mère, Amuna ou Honnorette, car les chartes des monastères lui donnent ce double nom, se distingua par sa haute piété. Le couvent de Condom lui dut son rétablissement (1). Lorsque le cloître et l'église avaient été dévorés par les flammes, l'urne où étaient renfermées peut-être les espèces sacrées ou du moins quelques saintes reliques, l'urne seule avait échappé à l'incendie avec les murs environnants. Les courses incessantes des Barbares, l'effroi qu'ils répandaient au loin et la misère profonde qui pesa sur nos malheureuses contrées, ne permirent de relever ni l'abbaye, ni son église. Le sanctuaire demeura longtemps désert, et les ronces et les épines s'élevèrent là où se pressaient jadis de nombreux fidèles. Cependant le souvenir revint aux cœurs. On s'achemina vers les ruines, on couvrit de chaume ce qui restait de murs à demi détruits. La piété indigente ne pouvait faire davantage, et des miracles nombreux attestèrent que le ciel se contentait de ces faibles efforts.

Ces miracles arrivèrent aux oreilles d'Honnorette. Elle vint à Condom et éprouva par elle-même combien le Dieu des chrétiens aimait à y répandre ses faveurs. Pour faire éclater sa reconnaissance, elle rebâtit à

---

(1) Cartulaire de Condom. Manuscrit de M. l'abbé Lagutère.

grands frais la basilique, l'entoura de maisons et d'un hôpital. Ces travaux terminés, elle réunit tous les évêques et les personnages les plus éminents de la province, et dédia solennellement la nouvelle église au prince des apôtres. Le même jour elle attacha à son service une communauté de clercs qu'elle dota généreusement. Heureuse la fondatrice, si sa piété se fût arrêtée là; mais non, dit l'annaliste qui nous a conservé ce récit; le penchant trop naturel aux femmes l'entraîna trop loin. Elle voulut savoir ce que contenait l'urne si miraculeusement conservée et depuis l'objet de la vénération publique. Dans ces temps de simplicité, tout était prodige. L'épouse de Garsie crut voir une punition du ciel là où nous ne verrions qu'un accident sans portée. Consternée, hors d'elle-même, elle tombe sans connaissance entre les bras de ses suivantes. Elle se trouvait dans un état de grossesse déjà avancée; les douleurs de l'enfantement la saisirent et l'enlevèrent en trois jours. Il fallut arracher de ses flancs le fruit qu'elle portait. C'était un enfant mâle que son père nomma Arnaud, et que ses contemporains surnommèrent *Nonnat* ou *non né*, à cause de l'opération qui lui avait conservé la vie.

Garsie ne paraît pas avoir survécu très longtemps au tragique événement qui lui ravit son épouse. A sa mort, il partagea ses vastes états à ses trois fils (1): Sanche, l'aîné, eut la grande Gascogne (2), qui comprenait les vicomtés de Lomagne, de Gavarret, de Tursan et de Bruillois, ou plutôt tout le pays depuis Bordeaux

---

(1) Grands officiers de la couronne. Art de vérifier les dates. Marca. Oihénard. — (2) Les mêmes.

jusqu'aux portes de Bayonne, et depuis Aire jusqu'au delà de Lectoure. Bordeaux était la capitale de cette vaste contrée. Guillaume, le second, eut le Fezensac (1), réuni alors à l'Armagnac (*). Arnaud, le dernier, eut l'Astarac (2), qui renfermait le Pardiac et le Magnoac : nous avons l'acte d'investiture de ce dernier. Il confirme ce que nous avons dit sur la royauté de Mitarra. « Moi Garsias-Sanche, consul, fils du roi Sanche, je donne à toi, Arnaud, mon fils, à tes héritiers et à tes successeurs, le pays d'Astarac avec tout le comté et tous les droits que je crois y avoir. Fait heureusement au château de Fezensac, au nom de Dieu. Ainsi soit-il (3). »

Sanche II, les chroniques l'appellent Sanche-Garsias, et on sait pourquoi, Sanche II, duc de la grande Gascogne, eut à son tour trois enfants (4), Sanche et Guillaume que les cartulaires d'Auch et de Lescar traitent d'enfants naturels, et Gombaud, qu'ils passent sous silence. Mais la tache dont ils flétrissent la naissance des deux aînés ne les empêcha pas de porter successivement la couronne ducale; ce qui nous ferait conjecturer qu'ils n'étaient pas les fils de l'adultère ou du libertinage, mais les fruits d'une de ces unions contractées contre les lois de l'église, dont se plaignait naguère le souverain pontife Jean VIII. Quoiqu'il en soit, l'aîné, Sanche-Sancie ou plutôt Sanche III (5) succéda

---

(1) Grands Officiers de la couronne. Art de vérifier les dates. Marca. Oihénard.

(*) Nous donnerons à la fin du second volume le nom des paroisses dont se composait chacun des comtés de la province.

(2) Grands Officiers de la couronne. Art de vérifier les dates. Marca. Oihénard. — (3) Dom Brugelles. — (4) Marca. Le P. Anselme. L'art de vérifier les dates. — (5) Les mêmes.

à son père dans le duché. Nous ignorons la part des deux derniers dans l'héritage paternel; mais celle de Guillaume s'augmenta bientôt, Sanche étant mort sans postérité (1). On dirait que, soit avant, soit après cette mort, la Gascogne resta à peu près tout entière dans les mêmes mains. Cet élément de grandeur et de prospérité manqua au Fezensac et à l'Astarac. Nous allons les voir souvent morcelés.

Le Fezensac avait déjà eu ses comtes sous les rois de la seconde race. Ce nom ne désignait alors que des gouvernements amovibles; mais nous ne saurions assigner quelle était alors l'étendue de ce gouvernement. Quand il échut à Guillaume, fils de Garsie, il comprenait la plus grande partie de ce qui forme aujourd'hui le département du Gers. Du moins, outre l'Armagnac, on dirait qu'il renfermait l'Eusan; car, en 927, Guillaume (2) donna à l'église métropolitaine de Ste-Marie et aux prêtres qui la desservaient, l'église de St-Jean-d'Espax et les biens qui y étaient attachés, pris, dit Guillaume dans la charte, sur les alleux qui lui appartenaient en propre aux environs d'Eauze; et aux souscriptions nous trouvons Oriolus d'Eauze, et N. de Manciet. L'église de Ste-Marie et Centule, son abbé, reçurent vers la même époque (3), d'un prêtre nommé Raymond, l'église de St-Frajou dans le Comminges. L'archevêque d'Auch n'est point nommé dans ces actes où se trouvent mentionnés les trois fils de Garsie, parce que sans doute Odile ou Odilon, successeur d'Ayrard, était déjà descendu dans la tombe, et que

---

(1) Marca. Le P. Anselme. L'art de vérifier les dates. — (2) Dom Brugelles. Manuscrit de M. l'abbé d'Aignan. — (3) Les mêmes.

Bernard Ier (1) qui le remplaça n'avait pas encore été institué. La donation de l'église d'Espax est la première que nous sachions avoir été faite à notre métropole. Ces libéralités se renouvelleront fréquemment. Le moyen âge presque tout entier ne vit que par la religion. Nous ne saurons de la plupart des seigneurs que leurs largesses aux cloîtres et aux églises. Ces hommes de fer n'ont laissé de trace que dans le sanctuaire. L'acte pieux de Guillaume rappelle un de ces abus de la force, si fréquents au milieu des perturbations publiques et contre lequel les Conciles s'élevèrent longtemps sans succès. Né d'une tempête, une tempête plus violente encore devait l'extirper parmi nous, mais alors elle fermait nos temples et jetait le sacerdoce sur la terre d'exil.

Charles, le terrible Martel, voulut récompenser le service militaire de ses leudes et enchaîner leurs bras à sa fortune. Comme son trésor était épuisé, sans s'inquiéter des droits de la justice ou même des lois de la bienséance il leur distribua non seulement les deniers et les biens ecclésiastiques, mais encore les abbayes, les évêchés et les églises. Ces aliénations, les leudes les transmirent à leurs héritiers, et ceux-ci en disposèrent à leur gré, *les vendant et quelquefois les partageant*, ou abandonnant seulement quelque maigre revenu à quelque clerc affamé, à la charge d'y faire le service divin. Là ne devait pas s'arrêter le mal. Le partage des églises amena la multiplicité des clercs. Chaque co-partageant voulut placer son homme. De là concurrence et bientôt rivalité, et tout cela se passait dans le lieu saint. Le second Concile de Châlons (2), sur la fin du

---

(1) *Gallia Christiana.* Dom Brugelles. Manuscrit de M. d'Aignan.
— (2) Le P. Labbe, *Collectio Concil.*, tom. 7.

règne de Charlemagne, l'an 843, porta le décret suivant dont nous citons le texte. « Il nous est parvenu que les églises se divisent, et qu'au moyen de ce partage il s'élève une si grande rivalité que du même autel il se fait quelquefois quatre parts et que chaque part a son prêtre distinct, ce qui ne saurait être sans discorde. » Le Concile prohibe cet abus et charge l'évêque d'interdire l'autel jusqu'à ce que les héritiers aient choisi d'un commun accord un prêtre qui exerce librement son ministère. Ailleurs il défend aux laïques de confier une église à un prêtre sans le consentement de l'évêque, ou de dépouiller un titulaire si ce n'est pour une faute grave canoniquement prouvée devant le supérieur ecclésiastique. Ces sages ordonnances avaient atténué le mal. Les Normands vinrent rendre la position de l'église plus triste que jamais. Tout ayant disparu, un grand nombre de seigneurs, en relevant les édifices saints, s'en adjugèrent la propriété avec tous les droits qui en dépendaient. La religion ne pouvait accepter ces faits. De là cette réaction sourde et incessante, qui quelquefois amènera des luttes ouvertes, jusqu'à ce que tout se soit réduit au droit de patronage. Ce droit et l'inféodation de certains revenus ecclésiastiques avaient eu une autre source. Au milieu des guerres qui désolaient l'Europe, l'église qui ne combattait pas, ou du moins qui combattait peu, avait besoin de protection. Elle se plaçait sous le bouclier des seigneurs voisins, et pour prix de l'appui qu'elle recevait, elle abandonnait quelques revenus ou accordait quelques droits, sauf à racheter ou à se faire rendre dans des temps plus calmes ce qu'elle avait aliéné dans des jours désastreux.

A part la donation d'Espax, nous ne connaissons rien de la vie de Guillaume; il portait pour armes, suivant Dom Brugelles, d'argent au lion de gueules. Ce furent depuis les armes du comté de Fezensac; mais nous croyons que l'usage s'en établit plus tard. A sa mort, arrivée en 820, il partagea ses états à ses deux fils, Othon et Bernard (1). L'aîné eut l'orient qui retint le nom de Fezensac; il s'étendait de Vic à Mauvezin, et de Montesquiou à Valence. Vic, qui était le château des anciens comtes, quoique maintenant sur la frontière, continua d'être la place de guerre, la résidence principale de cette branche. Auch eût été plus central, mais Auch était la ville des archevêques. D'ailleurs, elle resta peut-être indivise entre les deux frères : certains documents sembleraient du moins nous l'indiquer. Le Fezensac se composait de cent terres ou fiefs (*).

A Bernard, le puîné, fut adjugé l'occident sous le nom d'Armagnac (2). Il comprenait à peu près les cantons actuels de Riscle, d'Aignan, de Nogaro et de Cazaubon. Reste le pays d'Eusan dont Manciet et Castelnau-d'Eusan forment les limites. Nous ignorons dans quel lot il fut placé primitivement, quoiqu'on le range communément dans l'Armagnac. A voir la conduite d'Othon, nous pencherions vers l'opinion contraire. Lorsque les deux branches se furent confondues, on distingua le bas et noir Armagnac du haut et blanc Armagnac. Cette distinction était peu fondée;

---

(1) L'art de vérifier les dates. Dom Brugelles. Le P. Anselme, tom. 2. Marca.

(*) Voir leur nom à la fin du second volume.

(2) L'art de vérifier les dates. Dom Brugelles. Le P. Anselm. tom. 2. Marca.

ce dernier pays n'était autre que le Fezensac; on les eût mieux distingués par les rivières et par leurs affluents. Nous chercherions vainement dans l'Armagnac primitif une ville de quelque importance; aussi on a hésité à en reconnaître la première capitale. Pour nous, à moins qu'un sentiment bien naturel ne nous abuse, nous pensons que ce fut Aignan. Plusieurs chartes nous parlent du château comtal que la maison d'Armagnac y possédait. La noire et massive tour qui s'élève isolée à côté des murs presque abattus, appartient évidemment au xe ou xie siècle. Enfin Nogaro n'existait point encore; Eauze appartenait à l'Eusan, auquel elle avait donné son nom. Cazaubon et Riscle n'eurent jamais de prétentions à ce titre; et d'ailleurs placées aux extrémités, elles n'auraient point été choisies. Ainsi tout rend notre sentiment plausible. Les comtes d'Armagnac prirent sitôt la place de la branche aînée que leur domination spéciale et distincte a laissé peu de traces. Leur puissance d'ailleurs s'accrut toujours vers l'est ou le nord-est, et alors, Vic, Lectoure, Barran, Montréal devinrent des cités plus centrales ou se prêtèrent mieux à leurs vues. Mais s'ils le cédaient à leurs aînés par le nombre et l'importance des villes, ils les égalaient presque par l'étendue des terres dont ils furent apanagés et le nombre des fiefs qui relevaient de leur autorité (*).

Guillaume eut encore un fils nommé Frédelon (1), car une ancienne charte le place à côté d'Othon et de Bernard et lui donne comme à eux le titre de comte. Les savants auteurs de l'*Art de vérifier les dates*, en

---

(*) La liste en sera donnée à la fin du 2e volume.
(1) Le P. Anselme. L'art de vérifier les dates. Marca.

font le premier souverain du comté de Gaure, petit pays composé des paroisses du St-Puy, de Lassauvetat, de Fleurance, de Pauillac, de Pouypetit, de Réjaumont et de St-Lary, et dont Fleurance, bâti sous Philippe-le-Bel, à la fin du xiiie siècle, fut le chef-lieu. Touché de l'exiguité de cette part à côté de celle des autres frères, le Père Mongaillard voudrait y rattacher le Pardiac dont nous parlerons bientôt, mais la descendance de Frédelon nous est inconnue. Sa filiation elle-même repose sur un document assez obscur. Aussi, nous n'examinerons point les raisons dont le docte jésuite étaye son sentiment.

L'aîné des fils de Guillaume, Othon, surnommé Falta, l'*insensé* (1), ou le Louche selon Oihénart (2) qu'a suivi le Père Anselme (3), déshonora ses premières années par ses excès nombreux. Mais sentant, dit-il lui-même, combien était lourd le fardeau de ses crimes, il donna à Ste-Marie et à ses chanoines (c'est la première fois que nous les trouvons mentionnés), l'église de St-Martin-de-Berdale, aujourd'hui Aubiet. L'acte est signé des comtes Bernard et Frédelon, d'un évêque Sigujinus dont on n'assigne pas le siége, de l'abbé et du prévôt de Ste-Marie, et de l'archevêque Bernard. Celui-ci avait succédé à Odilon à la fin de 943 (4). Deux ans après, il écrivit au pape Agapet à l'occasion d'un évêque qu'il avait établi en Espagne. La victoire que les Maures avaient remportée sur les chrétiens à la triste journée du Val de Jonquières, avait ouvert aux

---

(1) **Dom Brugelles. Le manuscrit de M. d'Aignan. L'art de vérifier les dates.** — (2) **Page 490.** — (3) **Grands Officiers de la couronne, tom. 2, page 613. Dom Brugelles.** — (4) *Gallia Christiana*, tom. 1 **Manuscrit de M. d'Aignan.**

infidèles la Navarre et la Gascogne. Ils y avaient semé tous les maux qu'entraînent de longues haines nationales accrues par les haines religieuses. Après leur éloignement, les siéges épiscopaux et les monastères restèrent longtemps vides. La misère ne pouvait relever les ruines, ni la faim desservir des sanctuaires déserts. Bernard usant des prérogatives de son siége et marchant sur les traces de quelqu'un de ses prédécesseurs, vola au secours de la religion dans la Navarre plus maltraitée encore que la Gascogne, et y exerça l'acte de juridiction dont il rend compte au souverain pontife. Othon mourut vers l'an 950, et laissa son comté à son fils Bernard Ier, surnommé Manciat-Tinéa, *couvert de teigne* (1). Décidément, la branche aînée n'avait pas de surnoms bien brillants.

L'oncle de Manciat-Tinéa, nommé Bernard (2) comme lui et surnommé le Louche, avait, ainsi que nous l'avons vu, reçu pour apanage le comté d'Armagnac. Cet apanage l'éloignait d'Auch dont quelques anciens documents (3) lui donnent néanmoins le titre de comte. Ce pourrait être là une de ces erreurs de copiste malhabile ou d'ignare chroniqueur, fréquentes dans les siècles reculés. On aura donné aux seigneurs d'Armagnac ce qu'ils ne possédèrent que longtemps après. Nous pencherions toutefois à croire que Bernard, quoique apanagé ailleurs, conserva sur la cité métropolitaine quelques droits seigneuriaux. Dans ce sentiment, Auch, le siége de l'archevêque, sa résidence habituelle et sans doute aussi son domaine particulier,

---

(1) Grands Officiers de la couronne. Art de vérifier les dates. Dom Brugelles. Manuscrit de M. d'Aignan. — (2) Les mêmes.— (3) Dom Brugelles. Manuscrit de M. d'Aignan. Oihénart, page 490.

car, vers cette époque (*), presque partout les prélats de droit ou de fait s'arrogèrent le domaine de leur cité, Auch eût moins flatté l'ambition seigneuriale et fût restée indivise entre les trois frères. Ainsi s'expliqueraient quelques traits de la vie du comte d'Armagnac. Une étroite amitié l'unissait à l'archevêque d'Auch, et quand celui-ci avait hésité à accepter le fardeau pastoral après la mort de son prédécesseur, c'étaient les instances et l'autorité du comte qui avaient triomphé de ses irrésolutions. Les deux nobles amis ne tardèrent pas à associer leur bienfaisance.

Au souvenir de ses péchés, Bernard d'Armagnac avait résolu d'aller visiter la Terre-Sainte, sorte de dévotion très répandue alors; mais il avait été retenu par ses chevaliers qui l'aimaient d'un amour filial, dit la charte, à cause de la grande paix qu'il faisait régner parmi eux. Une fondation pieuse remplaça un pieux pèlerinage. St-Orens, l'ancienne église de St-Jean, la cathédrale de St-Taurin et de ses premiers successeurs, n'était plus qu'une chapelle assez mal desservie par d'indignes clercs, quoique son cimetière fût toujours l'unique cimetière de la ville. Cette chapelle avait été même inféodée au seigneur de Montaut. Le comte la racheta des mains de son possesseur, et sur son emplacement il bâtit (1) la superbe basilique à trois nefs,

---

(*) Après les Barbares et surtout les Normands, tout avait disparu; l'église se rebâtit la première, mais chétive et pauvre. Autour d'elle s'agglomérèrent quelques maisons que l'évêque protégea. Sous cette tutelle l'église s'agrandit et les maisons se multiplièrent. Le chef de l'église, le seul protecteur connu, devait, en l'absence de toute autorité, devenir bientôt le seul maître.

(1) Dom Brugelles. Manuscrit de M. d'Aignan. *Gallia Christiana*, tom. 1.

qui a été entièrement détruite par suite de la révolution de 1793, et dont les amis des arts regrettent parmi nous d'autant plus vivement la perte que nous n'avons pas à Auch de monument d'architecture de ce caractère (*). A côté de la basilique il éleva, avec les débris des anciens murs de la cité, un vaste cloître où il plaça des religieux Bénédictins qu'il dota généreusement. La charte que nous avons sous les yeux (1) cite Duran, Gellenave, le Pergain, Augerac. Dom Brugelles, nous ne savons trop sur quel fondement, y ajoute une portion de la seigneurie et du domaine d'Auch.

L'archevêque, pour ne pas se laisser vaincre en générosité par le comte, partagea (2) en deux la paroisse d'Auch, que le prélat et son clergé avaient jusque là administrée seuls, et en attribua une portion à la nouvelle église constituée en paroisse propre et distincte. Soit que les limites n'en eussent pas été clairement déterminées, soit que les successeurs de l'archevêque et leur chapitre trouvant la libéralité excessive, cherchassent à l'atténuer, ou qu'au contraire les moines peu contents des faveurs reçues, voulussent les étendre, il s'éleva bientôt entre les deux paroisses une funeste rivalité qui, grossissant avec les années, perdit enfin toute mesure et affligea longtemps la religion de ces scènes scandaleuses. La piété des fidèles ne tarda pas à dédommager les chanoines de Ste-Marie des pertes que leur avait causées la générosité de leur premier pasteur. Ils reçurent vers cette époque (956), de Donat-

---

(*) Architecture romano-bysantine.
(1) Voir dom Brugelles. — (2) Le même. Manuscrit de M. d'Aignan.

Loup et de son épouse Bénédicte (1), la terre de Fusanes que leurs héritiers ne pouvaient retirer qu'en payant trente livres d'or en lingot, somme bien forte qui nous révèle l'importance du don. L'archevêque Bernard survécut peu à la fondation de St-Orens; le comte d'Armagnac le suivit de près dans la tombe, et ne laissa de son épouse Emerine qu'un fils nommé Géraud qui lui succéda (2). Sa valeur et ses exploits le firent surnommer Trencaléon ou Tranche-Lion; mais les chroniqueurs des temps ne savent enregistrer que les libéralités faites aux églises, et le fils de Bernard-le-Louche ne paraît pas s'être signalé à cet égard. Aussi se contentent-ils de nous apprendre son glorieux surnom, sans décrire les hauts faits qui le lui méritèrent. Son cousin Bernard-le-Teigneux, fut plus libéral. A l'exemple de Bernard-le-Louche, il voulut fonder un monastère. L'antique Eauze, la métropole de la Novempopulanie, si souvent détruite, n'était plus depuis longtemps qu'un monceau de ruines. Dans un de ses faubourgs, autour de l'église bâtie par St-Sernin, s'étaient agglomérées quelques habitations. C'est là que le comte de Fezensac plaça, en 960, son monastère (3) qu'il dédia à St-Gervais et St-Protais. De cette fondation nous avons auguré que l'Eusan était incorporé non à l'Armagnac, mais au Fezensac. Le fondateur vécut longtemps après, car il est encore fait mention de lui vers l'an 980. Quelques auteurs lui ont donné pour fils un Géraud, vicomte de Magnoac, qui ne saurait lui appartenir. Mais outre son successeur Aymeric,

(1) Dom Brugelles. Manuscrit de M. d'Aignan. —(2) Oihénart. Art de vérifier les dates. Grands Officiers de la couronne.—(3) Dom Brugelles. Manuscrit de M. d'Aignan.

il eut une fille Noble de Fezensac, qui fut d'abord mariée à Arnaud de Préneron (1), son parent. Ce seigneur périt jeune, victime d'un de ces combats en champ clos dont la mode commençait à s'établir. Après sa mort, sa veuve épousa Arnaud Guillem, de qui nous ne connaissons d'autre titre que le surnom de Tremble-Dieux, *Tremblo-Dious*.

Tranche-Lion laissa quatre enfants: Bernard, qui lui succéda dans le comté d'Armagnac (2), Guillaume (3), à qui il donna la seigneurie de Fourcès, possédée après Guillaume par Bernard, son fils, dont on ignore la postérité, et deux filles, Adélaïde, mariée d'abord à Gaston, vicomte de Béarn, et après la mort de celui-ci au vicomte Roger, et Elmissende, ou suivant d'autres, Bilbige, qui contracta une alliance plus noble et épousa Dom Ramire Ier, roi d'Aragon. L'Armagnac grandissait ainsi rapidement; le sang de ses maîtres commençait à se mêler au sang des rois.

Les descendants d'Arnaud Nonnat, le troisième fils de Garsie-le-Courbé, étaient destinés à jeter moins d'éclat dans le monde, mais aussi à s'y perpétuer plus longtemps. Moins bien partagé que ses frères, leur père avait dû se contenter de l'Astarac, pays déjà titré de comté sous Louis-le-Débonnaire, et comprenant alors l'Astarac propre, le Pardiac et peut-être aussi le Magnoac. On ignore et les actes de sa vie et l'époque précise de sa mort que l'on place vers 930 ou 936. Il laissait plusieurs enfants. Faquilene (4), sa fille, fut d'abord mariée à Raymond Dat, comte de Bigorre, et

---

(1) L'Art de vérifier les dates. Le P. Anselme. Dom Brugelles. Oihénart. M. d'Aignan. — (2) Les mêmes. — (3) Manuscrit de M. d'Aignan. — (4) Oihénart. Les Grands Officiers de la couronne.

ensuite à Garsie-Arnaud, comte d'Aure, dont la famille vit encore incontestablement dans les Gramonts d'Asté, vrais d'Aure ayant changé leur nom en épousant une héritière. Guillaume, son fils aîné, mourut avant son père. On ne connaît que le nom de Raymond, le dernier. Garsie-Arnaud (1) le second, fut son successeur; il vivait sous le règne des rois de France, Louis et Lothaire, et donna, en 937, la terre de Francon au monastère de Simorre où il fut enterré peu après, l'an 975. Comme son père Arnaud, il fut condamné à survivre à l'aîné de ses fils, nommé Bernard, qu'il avait associé à sa dignité. Cette mort lui laissait pour héritier Arnaud II (2), et vraisemblablement aussi un troisième fils, Raymond Garsie *(Raymond, fils de Garsie)*, qui fit une donation à l'archevêque d'Auch, en 998, et que nous ne connaissons que sur ce titre. Le Magnoac était déjà séparé de l'Astarac, car une charte de cette époque lui donne pour seigneur un comte d'Aure.

(1) Oihénart. Les Grands Officiers de la couronne. Dom Brugelles. Manuscrit de M. d'Aignan. — (2) Les mêmes.

CHAPITRE III.

Défaite des Normands. — Fondation du monastère de St-Sever. — Archevêques d'Auch. — Gaston Ier*, vicomte de Béarn. — Rétablissement de Lescar. — St-Léon de Bayonne. — Dernière incursion des Maures. — Gombaud, duc et évêque. — Fondation du monastère de La Réole sur Garonne. — Mort du duc Guillaume. — Comtes de Bigorre. — Cauterets. — Fondation de la Reoule. — Vicomtes de Béarn. — Meurtre de St-Abbon. — Mort du duc Bernard. — Rétablissement du couvent de Condom. — Vicomtes de Lomagne.*

Pendant que les divers rameaux des deux branches puînées se propageaient ainsi sur le sol Gascon, la souche antique d'où ces branches avaient été détachées, forte et vigoureuse, luttait presqu'à la fois contre deux orages qui vinrent assaillir nos contrées et y laissèrent des traces profondes. Les incursions des Normands s'étaient singulièrement affaiblies depuis quelque temps. La plupart de ces audacieux aventuriers avaient accepté des établissements en Angleterre où ils avaient d'abord fondé un royaume, dans la Neustrie à laquelle ils avaient donné leur nom, sur les côtes de la Bretagne et dans plusieurs autres de nos provinces. Partout ils fécondaient de leurs sueurs les terres qu'ils avaient jadis couvertes de sang et de ruines. Quelques-uns toutefois, impatients de repos et amis d'une vie errante et périlleuse, sillonnaient encore les mers. Une de ces hordes s'abattit dans la Gascogne et s'avança dans l'intérieur du pays, semant, selon sa coutume, la désolation sur ses pas. Au premier bruit de cette descente, Guillaume, le chef de sa maison, que nous avons vu succéder à Sanche son frère, réunit ses troupes; mais près de marcher à l'ennemi il craignit l'issue du combat, et fit vœu sur le tombeau de St-Sever (1), s'il revenait victorieux, d'élever un superbe et splendide monastère à la place de la petite église qui couvrait les ossements sacrés du glorieux martyr. Plus rassuré alors, il atteignit les Normands dans les plaines de Talères au pays de Tursan, et en fit un si grand carnage que plus d'un siècle après, s'il fallait en croire le cartulaire de Condom, on y trouvait plus d'ossements blanchis que d'herbes verdoyantes. Cette victoire délivra pour toujours nos contrées de ces hordes dévastatrices; elles n'osèrent plus se montrer sur des plages si vaillamment défendues. La journée avait été trop brillante pour n'être pas signalée par des prodiges. Le duc avoua plus tard et certifia que le glorieux martyr St-Sever dont il avait imploré le secours, parut dans cette bataille, porté sur un cheval blanc, revêtu d'une armure éclatante, abattant et tuant ces désespérés corsaires (2). Un de ceux-ci s'était fait remarquer pendant toute l'action par son audace et son bonheur. La lance à la main, il s'était jeté au milieu de la mêlée, et frappant devant lui il immolait tout ce qui s'offrait à sa rage et bravait tous les traits dont nul ne put l'atteindre; mais enfin épuisé de forces, il tomba entre les mains des Gascons qui, en le dépouillant, trouvèrent que de son cou tombait sur sa poitrine un large crucifix, bouclier précieux, qui, mieux que sa cuirasse, avait sans doute repoussé les traits et la mort.

(1) Charte de la fondation de St-Sever. Marca, liv. 3, ch. 7 et 8. — (2) Cartulaire de Condom. Manuscrit de M. Lagutère.

La piété de ces temps naïfs était moins compatissante que candide. On ne balança pas à massacrer le mécréant, malgré la sauve-garde sous laquelle il s'était placé. Le duc Guillaume donna plus tard ce crucifix à l'abbaye de Condom, où il fut longtemps vénéré sous le nom de crucifix d'Airard. Ainsi s'appelait l'infidèle dont il avait protégé les jours.

Le vœu fut religieusement rempli (1). Avant de commencer les travaux, Guillaume voulut acheter le terrain sur lequel s'élevait la petite église; mais les chevaliers à qui elle appartenait refusaient de la vendre, sous prétexte que c'était un lieu franc et libre de tout cens. Le duc soutenait, au contraire, que le terrain était compris dans l'alleu de son château. Néanmoins, par un de ces traits moins rares alors que nous ne le croyons et bien digne du titre de *bon* que lui donnèrent ses contemporains, il respecta, malgré le dépit que lui causait ce refus, les droits invoqués, et se soumit à l'épreuve de l'eau froide. L'heure arrivée, il craignit, nous dit-il lui-même dans la charte où nous avons puisé tous ces détails, la honte d'une condamnation. Il resta dans son château et envoya sa femme et son fils assister au jugement avec les évêques, les anciens, les seigneurs de toute la Gascogne et des comtés voisins. Mais au moment où l'évêque allait plonger l'enfant dans l'eau, par un temps pur et serein, il s'éleva une tempête si violente, que les assistants épouvantés allèrent se réfugier dans une chapelle voisine. Ce prodige fortifia les doutes. Les personnes sages de la suite du duc cherchèrent une relation écrite des gestes et du martyre de St-Sever. On y lut

(1) Charte de St-Sever, déjà citée.

comment un monastère avait été bâti jadis en ce lieu, et comment il avait été détruit par des hommes ennemis, venus de la terre Franque (vraisemblablement dans la lutte contre Waifre et Hunald). Sur cette preuve, le duc acheta le lieu et ses dépendances pour le prix de trois cents sols d'argent (à 12 deniers le sol), de quarante-cinq vaches et de plusieurs autres objets. Le monastère terminé, il appela à la dédicace les archevêques d'Auch et de Bordeaux, et tous les évêques de sa domination. Il y réunit aussi tous les seigneurs de son comté, savoir: de la Gascogne, du Bigorre, du Bordelais, de l'Agenais, du Fezensac et de la Lomagne; et en leur présence, du consentement de son épouse Urraque, née du sang royal, et sous le bon plaisir de ses fils Bernard et Sanche, il donna à la nouvelle abbaye, placée sous la règle de St-Benoît, de larges franchises et des terres nombreuses. Parmi les autres dons figurent son château de Palestrion avec toutes ses dépendances et tous ses chevaliers, et l'abbaye de St-Geny, près de Lectoure, où il avait, dit-il, ordonné de construire un monastère qui serait gouverné par l'abbé de St-Sever. L'acte fut confirmé par les archevêques d'Auch et de Bordeaux, et par les évêques d'Agen, de *Gascogne*, de Bazas, de Bigorre ou Tarbes et de Lectoure, et consenti par tous les comtes et seigneurs de la Gascogne, qui souscrivirent à la suite de leur souverain; car Guillaume y prétend tenir son duché par droit héréditaire et ne relever que de Dieu, *Terras quas mihi Deus jure hæreditario tradere dignatus est.*

L'archevêque d'Auch qui souscrivit cette charte se nommait Adon ou plutôt Odon. Quelques auteurs (1)

---

(1) Voir dom Brugelles.

se fondant sur ce qu'il portait, disent-ils, pour armes, *semé de France*, le prétendent fils de Robert, roi de France, et ainsi petit-fils de Hugues-Capet et frère de Henri Ier. Il avait remplacé sur le siége métropolitain, Seguin, dont l'épiscopat paraît avoir été aussi court que celui de son prédécesseur Hidulphe ou Indulphe (1), le successeur immédiat de Bernard Ier. L'évêque de Lectoure se nommait Bernard, c'est tout ce que nous en savons; nous retrouverons ailleurs les autres prélats. Parmi les seigneurs qui apposèrent le sceau à l'acte de fondation, on ne connaît parfaitement que le vicomte de Béarn, Gaston Ier. Il était petit-fils (2) de ce vicomte dont le nom est ignoré et avait succédé à son père Centule Ier, ou plutôt Centoing ou Centoil, comme on parlait alors. Surita (3) écrit que ce dernier s'attacha à Sanche-Abarca, son parent, et qu'il l'accompagna dans ses expéditions. Il attribue même au vicomte une grande partie des succès qui signalèrent les armes du roi de Navarre. « Dans cette guerre, dit-il, on remarqua surtout la valeur et la prudence d'un chevalier, nommé Centule. Il était si adroit et si entendu aux entreprises de cette guerre, si habile et si vaillant, et avec cela si fort aimé des chefs et des principaux Maures qui résidaient aux frontières, que seul avec sa valeur il soutint longtemps le plus grand poids de la guerre. Les plus grandes et les plus mémorables prises, c'est lui qui les fit. C'est lui encore qui remit entre les mains du roi Dom Sanche, le chef des infidèles qui combattaient contre lui. Pour ses grands et signalés services, il fut

---

(1) *Gallia Christiana*. Dom Brugelles. Manuscrit de M. d'Aignan. — (2) Oihénart. Marca. Art de vérifier les dates. — (3) Annales, liv. 1, ch. 9.

augmenté en état autant que le permettait la pauvreté du royaume (1) ». La récompense dont on paya ses services fut sans doute la vallée de Tena avec quelques rentes en Espagne. Si le nom du roi est véritable, il faut placer Centule de 905 à 926. Mais on ne sait jusqu'en quelle année il prolongea sa vie. Gaston son fils s'attacha à la branche ducale de la maison de Navarre. Il combattit à côté de Guillaume à la journée de Talères et prit part à la victoire que le fondateur de St-Sever y remporta sur les Normands; mais s'il associa ses armes à celles du duc, il osa quelquefois lui résister. Ici nous traduirons textuellement une charte qui vient à l'appui du sentiment que nous avons adopté, au sujet de Sanche-Mitarra (2). « Lorsque Guillaume Sanche, duc de Gascogne, donna le lieu de Luc, diocèse d'Oleron, à Dieu et à St-Vincent, Gaston-Centule, vicomte de Béarn, ne voulait pas abandonner la partie qui lui appartenait. Il y acquiesça cependant à la prière de l'abbé Garsie qui lui expliqua sa parenté avec le duc Guillaume et lui raconta que l'aïeul du duc (Garsie-le-Courbé) était venu d'Espagne, où son père Mitarra s'était retiré du temps de l'empereur Louis, et que le susdit roi donna l'investiture à l'aïeul du vicomte, qui était de la même race ».

C'était le temps des fondations. On s'avançait vers cette année 1000, objet de tant de terreur et où devait finir le monde. On s'empressait de prodiguer aux églises, aux cloîtres, aux pauvres, aux œuvres de bienfaisance des biens que la colère céleste allait consumer.

---

(1) Marca, page 264.—(2) On en trouve le texte dans M. de Mauléon, les Mérovingiens, pag. 373 et dans Marca, pag. 201 et 202.

Assez souvent ces libéralités servaient d'expiation aux crimes. Le duc Guillaume voulant se défaire d'un vicomte de Gascogne, le fit assassiner par un chevalier de sa cour (1). Dans les sociétés mal assises, la justice est quelquefois contrainte de revêtir les formes de la haine, de la vengeance ou de la tyrannie. Le chevalier n'avait agi qu'à regret ; il n'avait cédé qu'au sentiment d'une fidélité mal comprise et à la crainte du duc qui dans sa colère ne cessait de lui répéter : si tu ne l'égorges, je t'égorge toi-même. Voilà pourquoi d'un seul coup il abattit la tête du vicomte son seigneur.

Après ce meurtre, il n'osa rester ni à la cour du duc, ni dans le pays. Les lois d'alors condamnaient le meurtrier à une amende graduée selon le rang de la victime, ou au bannissement ; mais s'il rompait son ban, il était à la merci des parents offensés. Les livrées de la religion suspendaient seules les vengeances et arrêtaient les poursuites. Le duc et son épouse Urraque conseillèrent au coupable de se soustraire à toute punition en prenant l'habit de moine (2) dans l'église de St-Fauste. Lupo-Fort, ainsi se nommait le chevalier, ne goûta point cet avis ; mais poursuivi par les remords, il alla trouver Arsias-Raca, son évêque, pour lui demander pénitence. Le prélat, compatissant à ses larmes, lui dit (3) : tu devais recevoir la mort pour ton seigneur, plutôt que de tremper tes mains dans son sang, et cette fidélité eût fait de toi un martyr de Dieu. Loin de là, tu as commis un forfait énorme, inouï parmi nous ; je ne sais que t'imposer. Mais cours au pape de Rome ;

---

(1) Marca, liv. 3, ch. 6. — (2) Cartulaire de Lescar. — (3) *Baronius*, cité par Marca.

s'il t'accorde pénitence, je t'en félicite et j'y souscris; mais s'il te repousse, pénitence ne te sera donnée ni par moi ni par personne. Le coupable s'empressa de suivre ce conseil, et s'acheminant vers Rome avec des témoins, il emporta avec lui des lettres de son évêque. Comme l'apostol (le pape) célébrait, le lendemain de Pâques, les saints mystères à St-Pierre, au moment où il venait de s'asseoir après l'évangile, le meurtrier se jeta à ses pieds à la vue de l'église entière, et pleurant amèrement et soupirant, il s'écriait : je veux pénitence, Seigneur, Seigneur, je veux pénitence. L'apostol dit à ceux qui l'assistaient à droite et à gauche (à son diacre et à son sous-diacre), demandez pour quelle faute. L'étranger interrogé ne répondit que ces mots : j'ai offensé mon créateur. Ce qu'entendant l'apostol, pourquoi ne t'adressais-tu pas à ton évêque, et lui : l'évêque m'a envoyé vers vous. Alors les témoins s'approchent du souverain pontife, lui exposent la faute et lui remettent les lettres d'Arsias-Raca. Après en avoir pris connaissance, l'apostol dit à l'évêque qui faisait l'office de diacre : cherchez dans les livres saints par quelle pénitence ce mort peut revenir à la vie. L'évêque répondit : le Seigneur a dit dans l'évangile : celui qui abandonne sa maison, son frère, sa sœur.....

Le reste manque dans les actes du Concile de Limoges (1), auxquels nous avons emprunté ce récit, mais la pensée se découvre. Elle est d'ailleurs complétée par le cartulaire de Lescar. Renvoyé de Rome à son évêque avec injonction de renoncer au monde, Lupo-Fort, de l'avis de l'évêque, du comte et de son épouse, se

---

(1) Le P. Labbe, *Collect. Con.*, tom. 9.

retira dans l'ancienne cité de Lescar où il ne trouva qu'une épaisse forêt et une petite église dédiée à St-Jean-Baptiste, et élevée sur les ruines de la cathédrale consacrée à la Vierge. Il y bâtit un couvent où il prit l'habit, et dont il fut aussitôt établi supérieur. Pour aider à son pieux dessein et sans doute aussi pour expier un crime qui leur appartenait plus qu'à leur faible et trop fidèle vassal, Guillaume et Urraque firent à la nouvelle communauté et à leur église de grandes largesses que leur fils Sanche augmenta depuis.

Arsias-Raca paraît avoir occupé ce siége ainsi rendu à sa première dignité. Il s'intitulait, du reste, évêque de toute la Gascogne (1). Il gouvernait en effet toute la partie occidentale de la province, car il possédait à la fois les évêchés de Dax, de Lescar, d'Oleron, d'Aire et de Bayonne. Nous n'avons point encore parlé de ce dernier siége. Il était moins ancien que les autres; on ne le fait généralement remonter qu'à St-Léon dont on place l'existence vers la fin du ixe siècle. Toutefois, Marca, Compaigne et l'auteur du manuscrit que nous avons sous les yeux et où nous puiserons souvent, le reportent plus loin, et nous nous laisserions facilement aller à leur avis. Outre les raisons qu'ils font valoir et qui nous paraissent assez plausibles, nous observerons que l'église étant constituée à cette époque, un siége nouveau ne pouvait se former sans changer les démarcations établies, et par conséquent sans exciter des réclamations. Il eût fallu d'ailleurs, pour cette érection, ou l'autorité d'un Concile provincial, ou une bulle du sou-

(1) *Gallia Christiana*. Marca. Cartulaire de Condom. Manuscrit de M. Lagutère.

verain pontife; et cependant ni bulle, ni Concile, ni réclamations n'ont jamais été connus.

Quoiqu'il en soit, la vie de St-Léon s'est égarée comme s'égara presque tout ce qui se rapproche des invasions Normandes; mais son nom et le souvenir de ses vertus ont toujours vécu dans la province qu'il arrosa de ses sueurs et de son sang. A défaut de documents authentiques, nous avons interrogé les diverses légendes qui lui ont été consacrées, et nous en avons extrait ce qui nous a paru le plus plausible (1).

Léon naquit à Carentan dans le Cotentin, de parents aussi riches des trésors de la grâce que des biens de la fortune. Un ange avait prédit sa sainteté, et ses premières années parurent confirmer la prédiction. Admis de bonne heure parmi le clergé de Rouen, il parcourut avec honneur les divers degrés de la cléricature, et fut enfin porté sur le siége métropolitain; mais son zèle l'appelait aux travaux de l'apostolat. Il quitta ses ouailles, traversa presque toutes les Gaules et s'avança jusqu'aux pieds des Pyrénées, d'où les efforts des évêques de la province n'avaient pu encore extirper entièrement le paganisme. Philippe et Gervais ses deux frères accompagnaient ses pas. Il se retira avec eux sur une colline voisine de la ville de Bayonne et s'y bâtit une petite retraite. L'étrangeté de sa conduite et la curiosité y attirèrent des visiteurs qui, gagnés par sa piété, embrassèrent la foi et voulurent faire partager leur bonheur à leurs concitoyens. Ils introduisirent Léon dans la cité dont les portes lui avaient d'abord été fermées. Sur ce

---

(1) Les Bollandistes. Marca. Manuscrit de Bayonne. Bréviaires de la province.

théâtre le zèle de l'apôtre se dilata, et il prêcha avec tant de force et de succès qu'il convertit plus de sept cents infidèles. Les prêtres de Mars également irrités de ses prédications et alarmés de ses triomphes ameutèrent contre lui la multitude; elle accourut furieuse et le traîna dans le temple. L'homme de Dieu, calme au milieu du soulèvement général, tombe à genoux, lève ses mains vers le ciel, et après une prière courte et fervente, d'un souffle il réduit l'idole en poussière. Ce miracle étonne d'abord la multitude et confond les prêtres, et plus tard il amène leur conversion. Léon consacre quelque temps à affermir dans ses pieux sentiments le troupeau qu'il a enfanté à l'Évangile; mais bientôt affamé de nouvelles conquêtes, il se répand dans les montagnes de la Navarre et y étend le règne du Christ. Il retournait vers ses premiers néophytes, lorsque sur les bords de la Nive quelques pirates, qui ne lui pardonnaient pas la destruction de leur culte, se jettent sur lui, le frappent rudement, égorgent sous ses yeux son frère Gervais et enfin le massacrent lui-même. On raconte que son sang, en touchant le sol, en fit jaillir une source abondante, et que son tronc saisissant sa tête abattue, la porta à plus d'un mille jusqu'au lieu où il fut enseveli, et où l'on bâtit depuis une chapelle en son honneur. Ses reliques y reçurent l'hommage de la vénération publique jusqu'en 1557. La crainte des ennemis qui désolaient alors le Labour les fit transférer dans la cathédrale (*), et la chapelle elle-même fut

---

(*) On les y gardait avant 1793 dans un magnifique reliquaire d'argent qui coûta 3,000 livres. Un chanoine, M. de Laclaux, en légua 1,000; le reste fut fourni par la ville et par le chapitre. Suivant un ancien usage qui date au moins du xi{^e} siècle et qui s'était conservé

abattue quand le maréchal de Vauban éleva les remparts de la citadelle.

Nous ne savons rien des successeurs de St-Léon jusqu'à Arsias-Raca qui siégeait en 982. C'est la première date certaine que nous puissions assigner pour les évêques de Bayonne. Arsias mourut, d'après l'histoire de l'abbaye de Condom, victime de la même curiosité qui avait déjà coûté la vie à la duchesse Honnorette. Quoique renommé pour sa piété et la sainteté de sa vie, il ne fut pas jugé digne de sonder le mystère de l'urne miraculeuse dont nous avons déjà parlé. Pendant que le duc de Gascogne se livrait aux soins d'une administration dont les auteurs du temps ne nous ont conservé que le côté religieux, un ennemi bien autrement redoutable que les Normands, les Maures d'Espagne s'étaient jetés sur ses états.

Ce n'était plus cette Gascogne jadis si florissante et si populeuse; tant d'invasions successives et tous les fléaux qu'amènent les invasions avaient tellement moissonné ses habitants, qu'à défaut d'autres défenseurs les moines furent contraints de déposer le froc et de voler aux combats. Tout, du reste, contribuait alors et contribua longtemps encore à peupler les cloîtres. D'abord les serfs étaient émancipés en revêtant l'habit religieux. C'est le christianisme qui a détruit insensi-

---

presque jusqu'à nous, le jour de Pentecôte le syndic de Bayonne partant de la mairie allait seul à la chapelle, et après la destruction de la chapelle à la maison la plus voisine et en retournait un cierge allumé à la main. A son retour, le corps de ville, précédé du gouverneur et suivi des principaux citoyens, faisait le même pèlerinage, et revenait comme le syndic avec des cierges allumés qu'on allait placer dans le chœur de la cathédrale. Pieux symbole de la lumière évangélique apportée dans ces contrées par St-Léon.

blement l'esclavage et transformé la société. Puis parmi ces luttes incessantes, ces combats presque journaliers dans lesquels se consumaient d'inquiets et turbulents seigneurs égaux de rang et rivaux de puissance, et dont tout le poids retombait sur leurs infortunés vassaux, le sanctuaire seul était ordinairement respecté. Comment enfin ne fût-on pas accouru en foule s'asseoir à l'ombre de cette croix, seul contrepoids à tant de misères, unique lien civilisateur de cette époque inexpliquée encore et peut-être incomprise. A ses pieds, l'on trouvait liberté, protection et repos. A ces causes particulières au moyen âge et à celles qui sont de tous les siècles, ajoutez la terreur que l'approche du dernier jour du monde faisait planer sur des populations grossières et fortement croyantes, et vous vous expliquerez d'où nâquirent ces nombreuses fondations d'abbayes dont nous entretenons sans cesse nos lecteurs, où se formèrent ces innombrables communautés qui menacèrent de dépeupler le sol Gascon. Maintenant elles rendaient à la patrie les bras que la patrie réclamait (1). Mais si les plus beaux sentiments qui puissent faire battre un cœur humain, si la défense de sa religion et de ses foyers soutenaient ces soldats d'une espèce nouvelle, leurs mains étaient malhabiles à manier la lance et l'épée. Aussi la guerre fut opiniâtre et les succès variés. Enfin dans un dernier combat où le sang des chrétiens coula cependant en abondance, la victoire se décida pour eux, et cette victoire délivra à jamais la Gascogne. Les sectateurs de Mahomet repassèrent les monts qu'ils ne franchirent plus désormais.

(1) Rodulphus Glaber, liv. 2, ch. 9. Marca, liv. 3, ch. 10.

Tant de guerres et de travaux avaient épuisé de bonne heure les forces du duc Guillaume. Averti par des infirmités précoces que sa fin n'était pas éloignée, il s'empressa d'associer (1) au gouvernement son frère Gombaud, à qui il donna pour soutenir l'éclat de sa dignité le territoire d'Agen et de Bazas. Là ne s'arrêta pas la fortune de Gombaud. Peu content de voir flotter sur ses épaules le manteau ducal, il voulut orner son front de la mitre pontificale. Il se fit sacrer évêque (2) et s'établit vraisemblablement de sa propre autorité pasteur ecclésiastique des cités dont il était déjà le gouverneur civil. Une conduite si contraire aux canons ne paraît pas avoir étonné ses contemporains. Loin de là ils semblent y applaudir. Il en fut ainsi par la faveur de Dieu, *favente Deo*, dit l'histoire de l'abbaye de Condom, dont le fils de Gombaud fut, il est vrai, un des principaux bienfaiteurs. Mais la nuit était alors épaisse. On était à la fin de ce xe siècle le plus ténébreux de notre monarchie. Et puis quand les cités étaient détruites, les monastères abattus, les cathédrales renversées, les biens ecclésiastiques envahis ou détenus, quand la désolation était assise à tous les foyers, c'était peut-être un avantage pour la religion de voir les mêmes mains tenir le sceptre et la houlette. Les malheureux avaient un droit de plus à la protection de leur souverain.

Gombaud, avant son sacre, s'était marié avec une personne de très haute distinction, et en avait eu, entr'autres enfants, un fils nommé Hugues. Celui-ci, nous

---

(1) Cartulaire de Condom. Marca, liv. 3, ch. 5. — (2) *Gallia Christiana*. Marca.

dit le chroniqueur, avoit reçu ainsi que son père, une brillante éducation, et ainsi que lui, il était versé dans les lettres (1). Cette dernière remarque n'échappera pas à nos lecteurs; on ne signale que les exceptions. Témoin des heureuses dispositions de son fils, Gombaud se dépouilla en sa faveur de l'abbaye de Condom qui lui appartenait, et y ajouta la Lomagne, dépendante alors de l'évêché d'Agen, nous apprend l'autorité à laquelle nous empruntons ces détails (2). C'est sans doute une erreur, car la Lomagne appartint toujours à l'évêché de Lectoure et n'eut jamais d'autre capitale que cette ville. Mais comprise dans le duché de Gascogne, il n'est pas étonnant qu'elle fût dans les mains de Gombaud.

Chaque siècle a sa vanité. Évêque en même temps que seigneur, le frère de Guillaume ne pouvait manquer de se livrer à ces actes de piété un peu fastueuse, par lesquels la puissance aimait alors à se signaler. Aussi, à peine associé à l'administration, le voyons-nous s'unir à son frère pour rebâtir le monastère de Squirs, fondé dans le territoire d'Aliardes, *pagus Aliardensis*, sur les bords de la Garonne, par un duc Bertrand, Berthe son épouse, Guillaume, Gausbert, Arnaud et Bernard, leurs fils. Ce monastère était tombé sous la hâche des Normands. Les deux restaurateurs le rendirent à l'abbaye de Fleury sur Loire, de l'ordre des Bénédictins, auquel il avait été donné à l'époque de sa fondation. Mais ils changèrent son nom gascon de Squirs en celui de la Règle dont nous avons fait La Réole (3). Ils vou-

---

(1) Spicilège de D. d'Achéri, tom. 13. — (2) Cartulaire de Condom. — (3) Charte de la fondation de La Réole.

laient proclamer combien la nouvelle abbaye se montrerait fidèle à l'observation stricte et rigoureuse des constitutions monastiques. Non contents de l'avoir dotée magnifiquement, du consentement des vicomtes et autres barons, ils permirent à l'abbé de bâtir un bourg à côté du monastère et d'y donner des lois et des coutumes. Tel fut le berceau de la ville actuelle de La Réole. Cette charte est signée de Gombaud, évêque et duc de toute la province, qui fit cette donation *au Dieu rédempteur avec toute la ferveur d'un cœur dévot*, de Guillaume, duc de Gascogne, son frère, qui la confirma, et de Garsias, leur neveu. Elle porte la date de l'an 977. Cette date est, suivant M. de Marca (1), la première que l'on puisse assigner incontestablement depuis que Sanche-Mitarra était rentré en possession des domaines de ses aïeux.

Le duc Guillaume ne survécut pas longtemps à cette fondation ; il mourut le 22 décembre vers l'an 983. Il laissa de sa femme Urraque deux fils en bas âge (2), Bernard et Sanche, et trois filles, dont l'une, suivant Marca, fut mère de ce Garsias que nous venons de mentionner, dont l'autre, Brisque, épousa Guillaume le grand, comte de Poitiers, et dont la troisième est entièrement inconnue. Bernard lui succéda sous la tutelle de Guillaun , fils de l'évêque Gombaud et frère de Garsias, comte d'Agen, le même vraisemblablement que le comte de même nom dont Marca fait le petit-fils de Guillaume. Le tuteur prenait le titre de comte,

---

(1) Page 209. — (2) L'Art de vérifier les dates. Grands Officiers de la couronne. Marca. Oihénart.

marquis et duc des Gascons (1). Il dut mourir vers l'an 1000 ou 1001.

Durant la période que nous venons de parcourir, les comtes de Bigorre prirent peu de part aux événements qui agitèrent la province. Aussi, nous ne savons que le nom du dernier seigneur que nous avons vu succéder à Loup-Donat dont quelques-uns le disent fils et d'autres neveu. On hésite encore davantage sur l'origine de Raymond Ier qui vient après Dato II (2). Rien ne prouve sa filiation, quoiqu'on lui donne généralement son prédécesseur pour père. Il entreprit, de concert avec Anermans et Aners, vicomte de Lavedan, de rebâtir le monastère de St-Savin, détruit peu après sa fondation par les Barbares qui, sur l'autre rive du Gave, épargnèrent l'abbaye de St-Orens. Celle-ci vivait fidèle à sa règle, tandis que le relâchement s'était introduit dans la maison voisine : de là, dit un cartulaire, la différence de leur sort. Les nobles bienfaiteurs y appelèrent de nouveaux religieux et les placèrent sous la discipline de l'abbé Enecon, moine d'une haute piété, qui ne vécut pas longtemps et fut remplacé par l'abbé Bernard. L'acte mérite d'être conservé (3). Le comte donne en premier lieu la vallée de Cauterets, à la charge d'y bâtir et entretenir des maisons pour des bains ; et cette donation est si complète que désormais ni lui ni ses successeurs n'auront aucun pouvoir dans la vallée, pas même le droit de dépaissance pour les bestiaux, si ce n'est du consentement de l'abbé. Il accorde ensuite au supérieur du monastère le droit d'exiger l'épaule

---

(1) Marca, liv. 3, ch. 9. Oihénart, liv. 3, ch. 6. — (2) Oihénart. L'Art de vérifier les dates. Marca. Manuscrit de M. Larcher. — (3) Marca, liv. 13, ch. 2.

de tout cerf et de tout sanglier, pris à la chasse par les habitants du pascal de St-Savin. Enfin, il cède aux religieux tout le beurre qu'il levait par droit de censive dans ces montagnes et les amendes qui lui appartenaient pour les plaids et les coups portés dans les disputes. Toutes ces concessions, Raymond les fit confirmer par ses hommes et par les seigneurs de son comté. La charte, qui est de l'an 945, consacre en faveur de l'abbaye un droit dont nous trouvons quelques exemples ailleurs. On l'appelait le pascal ou le droit de solennité de Pâques, la plus grande des fêtes chrétiennes. Nous citons ; on comprendra mieux en quoi consistait ce droit. On y verra d'ailleurs les mœurs d'alors.

« Huit paroisses voisines de St-Savin (1), Lau, Castet, Balagnas, Arcisans, Adast, Us, Nestalan et Solon sont, d'après un antique usage, obligées de venir demander au monastère le baptême et la sépulture. Les tout petits enfants et les pauvres qui ne pourraient se faire porter à St-Savin, peuvent seuls être enterrés dans leurs paroisses. A Noël, les chapelains avec tous leurs paroissiens, tant clercs que laïques, doivent aller assister aux matines du couvent et y rester pour y entendre les messes et y communier. Les chapelains seuls se retireront au point du jour pour dire leur messe à leur paroisse, y donner la communion aux bergers et aux gens de service, *familias minores domorum.* A la Chandeleur et le dimanche des Rameaux, les chapelains, après avoir célébré matines dans leur paroisse, n'y diront point la messe, mais iront avec tous leurs paroissiens,

---

(1) *Ex tabulis sancti Savini.* Marca, p. 805.

prendre part à la procession et aux autres offices de St-Savin. Le Vendredi-Saint, ils y retourneront tous adorer la croix. Le jour de Pâques et de Pentecôte, après avoir dit matines et la messe à leur paroisse, et donné la communion aux pauvres et aux pasteurs, ils s'achemineront avec les chefs des maisons et leurs épouses, vers le monastère pour y entendre la grand'messe. Il en était à peu près de même pour la St-Jean, pour l'Assomption de la Ste-Vierge et pour la Toussaint. Tous les habitants des huit paroisses devaient se rendre encore au couvent le jour des Morts, pour y entendre la messe et y visiter le cimetière. »

Deux ans après, Raymond tomba dangereusement malade, et à son lit de mort il donna encore à St-Savin deux casals avec leurs dépendances dans le lieu de Biser. Tout est incertitude dans cette famille. Après Raymond, Marca (1) place Louis qu'il dit être son fils, et les auteurs de l'Art de vérifier les dates y mettent (2) Garsie-Arnaud Ier. Ils s'appuyent d'un acte par lequel Guillaume, fils du comte d'Astarac, soumet l'abbaye de Pessan à l'abbaye de Simorre, en échange de dix vases d'argent du poids de quatre vingt-dix livres. Cet acte, que l'on croit de l'an 990, est, il est vrai, souscrit par Garsie-Arnaud, comte de Bigorre; mais il présente plus d'une trace d'erreurs, s'il n'est pas entièrement supposé. L'existence de Louis, quel que soit l'ordre qu'on lui assigne dans la série des comtes, est plus assurée. A peine eut-il pris en main l'administration du Bigorre, qu'il confirma les priviléges

---

(1) Page 806. — (2) Tom. 2, 268. Le premier sentiment s'appuye d'Oihénart et est suivi par M. Larcher et M. Macaya.

de St-Savin du consentement de Fortaner, vicomte de Lavedan. Amélius, proche parent du vicomte, était alors assis sur le siége de Tarbes. Louis voulait épouser Amerna, sa parente au troisième degré (1). L'évêque, sollicité de favoriser cette alliance, s'y prêta malgré les canons, et pour prix de sa lâche complaisance il reçut du comte la terre de Beussens. Mais bientôt, honteux de sa faiblesse, il donna la terre aux moines de St-Orens de Lavedan ; il en réserva seulement la jouissance pour le vicomte Fortaner, Musola sa femme et Garsie-Fort leur fils, à condition qu'ils paieraient à l'abbaye dix sols de rente tous les ans aux fêtes de Pâques. Après leur mort, les héritiers transigèrent sans doute avec les moines. Du moins la baronnie de Beussens resta dans la famille qui en jouissait encore sous nos derniers rois.

Ottodat, vicomte de Montaner, fonda (2) dans sa vicomté, l'an 980, un nouveau monastère en l'honneur de St-Orens, dont le nom et les vertus vivaient toujours au milieu des nations pyrénéennes ; et pour le distinguer, on l'appela St-Orens-de-la-Reule, et plus communément la Reule ou Reoule (*regula*, règle). Il fut à sa naissance placé sous la règle de St-Benoît. L'acte de fondation a disparu, mais la confirmation des priviléges de cette abbaye, faite à Morlas le 3 mars 1355, par Gaston de Foix, alors comte de Bigorre, nous apprend qu'Ottodat l'affranchit en présence du comte Louis et de Bernard, évêque de Tarbes, successeur d'Amélius, qui promirent de prendre

---

(1) Tiré du livre vert de Bénac et cité par M. Larcher. — (2) Manuscrit de M. Larcher. Chartes du Séminaire d'Auch.

la communauté sous leur protection. Le vicomte de Montaner statua encore que ses successeurs n'iraient point y demander un gîte ou y prendre leur repas sans en avoir été expressément priés par l'abbé.

Louis n'eut point d'enfants de sa femme Amerna, et fut remplacé par Arnaud son frère, que l'Art de vérifier les dates passe sous silence et dont on ne sait que le nom si toutefois il exista. Après lui vint Garsie-Arnaud Ier ou IIe, fils de cet Arnaud, d'après le manuscrit que nous suivons (1), et Marca son guide. L'évêque Bernard était mort peu après le comte Louis, et avait eu pour successeur Richard, que nous retrouverons, ainsi que Garsie-Arnaud, à la célèbre fondation de St-Pé de Générès.

La maison de Béarn est plus connue. A Gaston Ier avait succédé Centule II (2), qui avait signé avec son père l'acte de fondation de St-Sever, ce qui fait croire à Marca qu'il avait aussi pris part à la victoire des chrétiens sur les Normands. Après la mort de son père, il concourut à la fondation du monastère de la Reoule en Béarn. La gloire principale de cette fondation est due à deux clercs du pays, qui après s'être formés aux vertus de leur état sous une institution monastique, se retirèrent au village de St-Médard du désert, situé à la frontière de leur patrie. Là, travaillant de leurs mains selon l'usage des premiers moines, ils s'efforçaient de servir Dieu et de se rendre utiles au prochain; mais leur vie pieuse et désintéressée ne

---

(1) Nous le croyons de M. Larcher. Macaya, s'appuyant d'Oihénart, place après Louis, Garsie-Arnaud : Voir la longue remarque. Mmss. Hist. sur le Bigorre, tom. 1, pag. 142 et suiv. —(2) Oihénart. Marca. l'Art de vérifier les dates.

put trouver grâce auprès du seigneur de St-Médard. Il s'empara des terres qu'ils avaient rendues à la culture à la sueur de leur front, et s'appropria le fruit de leurs travaux. Cette violence chassa les deux solitaires et les conduisit dans une épaisse forêt qui parut leur offrir un asile plus assuré. Ils y trouvèrent une petite église bâtie en bois, dédiée à St-Pierre et possédée par un prêtre nommé Garsias. Celui-ci les accueillit avec toute la générosité que pouvait déployer le pauvre chapelain d'une pauvre chapelle; ils vécurent ensemble, et la sainteté de ses hôtes fit tant d'impression sur lui, qu'il prit leur habit. Il fut bientôt imité par quelques personnes du voisinage, gagnées comme lui par le spectacle des vertus qu'elles avaient sous les yeux. Ainsi se forma (1) en peu de temps une communauté de moines qui dut placer à sa tête un abbé.

Ce premier abbé, nommé Centule, se concilia la bienveillance du vicomte de Béarn sur la terre duquel vivait la communauté, et de Garsias-Loup, vicomte de Louvigni, le seigneur le plus voisin. Il en obtint des ressources qui lui permirent de défricher une étendue de terrain assez considérable et de jeter les fondements de l'église et du monastère dont les travaux ne furent achevés que sous Rabin son successeur. Les peuples s'accoutumèrent à l'appeler la Reoule (*Regula*), à cause de la discipline régulière qui y était pratiquée. Centule ne se contenta pas d'avoir aidé la communauté naissante de ses deniers. Il lui abandonna la propriété et la justice du village de la Reoule. Le vicomte de

(1) *Ex tabulis fundationis monasterii Regulæ in Biarnio.* Marca, liv. 4, ch. 4.

Louvigni en donna les dîmes et y ajouta la seigneurie d'Usan. D'autres seigneurs imitèrent ces libéralités, et en peu d'années la Reoule occupa un rang distingué parmi les monastères du Béarn.

Centule fit encore des dons nombreux à St-Vincent de Luc, mais nulle église n'eut plus à se louer de sa piété que la cathédrale de Lescar (1) à laquelle il assura le village d'Abère. Sanche-Loup, à qui ce village appartenait, en avait laissé la disposition à sa femme Asinette pour en ordonner à sa volonté. Asinette s'était, suivant la coutume de ce siècle, retirée à Lescar pour y passer sa vie dans les pratiques de la dévotion, et à sa mort elle avait donné à l'église ce que lui avait légué son mari. Le chapitre s'en saisit, mais un gentilhomme, Ex-Garsias de Navailles, attaqua les dispositions de la bienfaitrice devant le comte qui lui donna gain de cause. Quelques années après, Ex-Garsias étant allé en Espagne combattre les infidèles, y tomba malade, et près d'expirer il renonça à son droit et envoya à Centule son ordre ou testament *(ordinem)*, afin que son bon plaisir fût de remettre le chapitre en possession du village. Centule s'empressa de remplir les vœux du mourant, mais il y eut une nouvelle opposition formée par le seigneur de Mieussens. Le vicomte, pour acheter son désistement, lui assigna sur ses propres domaines cent mesures de froment et autant de vin, et rendit à l'église de Lescar le village contesté, franc et libre enfin de toute prétention étrangère.

Centule eut un frère dont le sort est ignoré. Si nous en croyons Marca, ce serait ce vicomte de Gascogne,

---

(1) Marca, pag. 268.

égorgé par Lope-Fort, à la voix du duc Sanche et de sa femme. Quoiqu'il en soit de cette conjecture que rien n'établit et moins encore n'infirme, Centule-Gaston de Béarn mourut vers l'an 1004. On l'appelle communément Centule-le-Vieux, soit comme l'a pensé Marca, qu'il soit parvenu à une extrême vieillesse, soit plutôt qu'on ait cherché par là à le distinguer de son petit-fils. Il laissa de son mariage, outre son successeur Raymond, Centule qui fit un legs à l'abbaye de St-Pé où il choisit sa sépulture, et une fille Guillermine, mariée l'an 1000, à Sanche, infant de Castille. Outre ces trois enfants légitimes, Centule eut un fils naturel nommé Aner-Loup, qu'il fit vicomte d'Oleron, titre qu'Aner-Loup transmit à son fils (1).

Gaston, second (2) de nom, était avancé en âge lorsqu'il succéda à son père Centule-le-Vieux. Il accorda (3) l'investiture du village d'Usan à Garsie-Loup, second abbé de Lescar et fils de Lope-Fort, et reçut pour prix de sa libéralité une cuirasse et deux bons chevaux. Sous son père, Loup de Castello, avec sa femme, son fils et sa fille donnèrent à l'abbaye de Luc, le village d'Abère qui dépendait de leur ancien patrimoine et douze maisons situées à Jurançon, sous la réserve d'être entretenus pendant leur vie dans le couvent. Le père et le fils y prirent l'habit, la fille et la mère y fixèrent leur résidence. Nos mœurs actuelles s'accommoderaient peu d'une dévotion assez générale alors et assez hautement recommandée. Format de Castello, un de leurs parents, imitant leur exemple, se retira avec son fils

---

(1) Marca. Art de vérifier les dates. — (2) Les mêmes. — (3) Cartulaire de Lescar.

dans le monastère de St-Vincent de Seubebone (*de silva bona*) dont ils embrassèrent la règle. Au jour de leur profession, les deux nouveaux religieux donnèrent à leurs frères la moitié de l'église dont ils portaient le nom, et reçurent de l'abbé treize *breaux* et deux bœufs (1). Après leur mort, Auxilia et Arnaud son mari, seigneurs du lieu, défendirent l'entrée de l'église aux gens du monastère et le dépouillèrent ainsi de la part qui lui avait été léguée. Les seigneurs en agissaient souvent de la sorte pour annuler la donation des églises faite en faveur du clergé. Une somme d'argent levait presque toujours ces oppositions. Vingt sols morlas apaisèrent Auxilia et Arnaud. Gaston mourut vers 1012, laissant un fils, Centule III, qui marchant sur les traces de ses aïeux, joignit ses armes aux armes des chrétiens d'Espagne et combattit sous les bannières de Sanche-le-Grand, roi de Navarre.

Le père vivait encore, quand le duc de Gascogne fut appelé à venger un attentat bien rare et surtout bien odieux dans un siècle de foi et de piété (2). L'abbé Richard, lorsqu'il prit sous sa dépendance le nouveau monastère de la Réole sur Garonne, y plaça des moines de sa maison de Fleury, auxquels il incorpora les membres de l'ancienne abbaye de Squirs. Mœurs, coutumes, préjugés, haines séculaires, tout séparait les Francs et les Gascons. Les enchaîner ensemble, c'était former une communauté avec des éléments presque insociables. Aussi, ni les prescriptions d'une règle commune, ni la religion elle-même ne purent triompher d'une antipathie nationale. Des rixes ne tardèrent pas à s'é-

---

(1) Marca, liv. 4, ch. 5.—(2) Aimoin. Vie de St-Abbon. Sigebert.

lever parmi ces hommes d'abnégation, de recueillement et de prière. Les Gascons molestaient les Francs, nous dit Aimoin, Franc lui-même. Le bruit en parvint aux oreilles d'Abbon, qui avait succédé à Richard dans l'abbaye de Fleury. Grand zélateur de la discipline monastique, il accourt en toute hâte; et prenant avis des comtes Bernard et Sanche, il établit les règlements qu'ils jugent les plus propres à assurer la concorde; mais à peine Abbon s'est-il éloigné que les dissensions renaissent. Plus harcelés que jamais, les malheureux Francs étaient près d'abandonner une terre inhospitalière; mais, par le conseil des deux comtes, ils députèrent vers leur abbé pour le conjurer de retourner sur les lieux et d'ordonner une séparation devenue désormais indispensable.

A leur prière, Abbon revint sur ses pas, et dès qu'il fut sur les terres du duc Bernard, il dit en souriant à l'historien Aimoin qui l'accompagnait, et aux autres personnes de sa suite: ici, je suis plus puissant que le roi de France (1), car personne n'y reconnaît sa suzeraineté (*). Il arriva à la Réole, la veille de St-Martin en 1004. « Les moines réfractaires, écrit le Père Longueval dont nous emprunterons ici les paroles, les moines réfractaires qui ne s'attendaient pas à le revoir sitôt, se portèrent à de nouvelles violences pour éviter la punition des premières. Le jour de St-Martin, les garçons domestiques ou vassaux du monastère prirent querelle avec les Francs qui étaient de la suite d'Ab-

(1) Vie de St-Abbon, ch. 20.
(*) *Potentior nunc sum domino nostro rege francorum intra hos fines ubi nullus ejus veretur dominium.*

bon. On en vint aux mains, et le saint abbé eut bien de la peine à séparer les combattans. Le lendemain, fête de St-Brice, il fit une réprimande à un moine de La Réole, nommé Anézan, de ce qu'il avait mangé hors du monastère sans sa permission. Anézan qu'on accusait d'être à la tête des révoltés, fit semblant de recevoir avec humilité les avis de son supérieur; mais dans l'instant, on entendit des cris séditieux. C'étaient les Gascons qui étaient encore aux mains avec les Francs. La querelle recommença par les injures : un domestique d'Abbon ayant déchargé un coup de bâton sur un Gascon qui parlait mal du saint abbé, on courut aux armes. Abbon entendit le bruit et sortit pour l'apaiser; mais un Gascon s'avançant au devant de lui, lui donna un coup de lance dans le côté. Le saint abbé dit seulement : « celui-ci y va tout de bon, » et il se fit conduire à la maison où les domestiques étaient logés. Le moine Aimoin, qui le suivait, et qui écrivit sa vie, ayant vu du sang sur le seuil de la porte, lui demanda ce que c'était. Il répondit tranquillement : « c'est mon sang »; et ayant levé le bras pour montrer sa blessure, il en sortit une grande quantité de sang dont la manche de sa robe fut toute remplie. A ce spectacle, Aimoin ne pouvant s'empêcher de témoigner sa douleur, Abbon lui dit : « eh ! que feriez-vous donc si vous étiez blessé vous-même ? Allez plutôt faire cesser le combat et donner ordre à nos gens de rentrer ». Aimoin obéit, et tous les domestiques du saint abbé s'étant rendus auprès de leur maître pour le soigner, il expira le lendemain entre leurs bras, en disant : « seigneur, ayez pitié de moi et du monastère que j'ai gouverné ». Il mourut l'an 1004, le 13 novembre, qui cette année était un lundi. Son sang n'assouvit pas la rage des meurtriers qui l'avaient versé; ils forcèrent le logis où il venait d'expirer, et massacrèrent un de ses domestiques qui arrosait de ses larmes la tête de son maître qu'il tenait entre ses mains; après quoi ces furieux prirent la fuite. »

Le saint abbé fut enterré le mercredi suivant avec les habits dans lesquels il avait été tué, et sans qu'on eût lavé le corps, car on ne touchait pas, nous dit Aimoin, aux cadavres de ceux qui avaient péri de mort violente; usage absurde qui règne encore dans nos campagnes. On l'inhuma dans l'église de La Réole, devant l'autel de St-Benoît, et on l'honora dès-lors comme martyr. Son biographe rapporte même plusieurs miracles faits à son tombeau dès le premier jour.

Indigné de cet attentat, Bernard (1) le punit sévèrement; et sans égard pour l'habit saint qui protégeait les coupables, il en pendit quelques-uns, en livra quelques autres aux flammes, et mit les Francs dans la possession exclusive de la maison. Cinq ans après ces scènes tragiques, nous voyons le duc de Gascogne confirmer (2) les donations faites par Guillaume, son parent et Urraque, sa mère, au monastère de St-Sever, et y ajouter de nouvelles libéralités. Cependant une maladie de langueur consumait lentement son corps. Il descendit dans la tombe le 24 décembre de l'année suivante, *victime*, nous dit gravement la chronique d'Adhémar, *des maléfices et des sortilèges de quelque vieille femme*, ou plutôt du ressentiment des Gascons

---

(1) Adhémar, *in chronico*. — (2) Cartulaire de St-Sever. Marca, page 233.

qui se vengèrent par le poison de sa partialité pour les Francs.

Bernard ne laissant point d'enfants, le duché passa à Sanche (1), son frère, qui souscrivit en cette qualité à la charte de Condom. L'évêque Gombaud était mort, peu après avoir donné ce monastère et tout ce qui en dépendait, à son fils Hugues (2). Celui-ci, trop jeune pour remplir les emplois de son père, s'était contenté de ses biens, et avait laissé placer sur le siége de Bazas et d'Agen, deux prêtres respectables qui jouirent paisiblement toute leur vie de leur dignité. Les autres églises du comté, Aire, Dax, Bayonne, Oleron et Lescar furent usurpées par le premier qui put s'en emparer, nous dit vaguement un chroniqueur ; c'est-à-dire vraisemblablement que leurs biens furent envahis par les seigneurs. A la mort des évêques de Bazas et d'Agen, Hugues suivit l'exemple de son père, se fit sacrer évêque et prit en main l'administration des deux diocèses (3). Pieux comme il était, il sentit bientôt les doutes et les scrupules s'amasser au fond de sa conscience Pour les dissiper, il fit le voyage de Rome et découvrit au pape Benoît VIII qui occupait alors la chaire de St-Pierre les plaies de son âme. Le pontife l'accueillit en père, essuya ses larmes, lui ordonna de se contenter d'un siége et lui imposa pour pénitence de bâtir un monastère dans une de ses terres et de le doter avec une générosité proportionnée à son rang. Hugues se soumit avec joie à cette injonction, et étant retourné en Gascogne, après avoir reçu la bénédiction pontifi-

(1) Adhémar, *in chronico.* L'Art de vérifier les dates. Marca, Oihénard. Le P. Anselme. — (2) Cartulaire de Condom, Marca. — (3) Cartulaire de Condom. *Gallia Christiana.* Marca, liv. 3, ch. 12.

cale, il donna un pasteur à l'église de Bazas et garda (1) pour lui le siége d'Agen, d'où Condom dépendit longtemps encore. Le couvent et la basilique fondés dans cette dernière ville par la comtesse Honnorette, venaient d'être la proie des flammes. L'urne seule cette fois encore avait échappé à l'incendie. Hugues les fit rebâtir plus magnifiques que jamais, et à la place des clercs il y mit des religieux de St-Benoît, sous la discipline d'un abbé, nommé Pierre, et leur abandonna non seulement le domaine de Condom, mais encore tout ce qu'il possédait dans l'Agenais et le Bazadois. C'est là l'origine de la puissance des abbés et plus tard des évêques de Condom, de qui la vicomté de Bruillois et le château de Nérac relevèrent jusqu'au temps du roi Antoine de Bourbon, père d'Henri IV.

La dédicace amenait toujours une fête solennelle. Hugues y réunit (2) le duc Sanche, les prélats, les abbés et les principaux seigneurs de la province; il lut à l'assemblée le privilége qu'il avait rapporté de Rome et qui s'est toujours conservé dans le monastère. Le souverain pontife y défendait sous peine d'excommunication à toute personne, évêque ou comte, de toucher en rien aux biens de l'abbaye, et ordonnait d'en laisser la libre et entière administration à l'abbé, qui devait être pris dans le sein de la communauté et élu par les moines. Ces dispositions furent agréées de l'assemblée entière qui promit de les respecter. Mais pour les rendre plus sacrées, Hugues en demanda l'expresse confirmation. Le comte Sanche jura le premier, et chacun le

---

(1) Cartulaire de Condom. *Gallia Christiana*. Marca, liv. 3, ch. 12. — (2) Les mêmes.

fit après lui. On dressa un acte que nous possédons. Il est de l'an 1011, sous le règne du roi Robert, Benoît VIII étant assis sur la chaire de St-Pierre, et Sanche, illustre personnage, occupant le duché dans la province de Gascogne.

A la tête des seigneurs qui se pressaient autour de Hugues, nous trouvons un vicomte Arnaud et sa femme (1), ainsi que le vicomte Arnaud, leur fils et Adelaïs, leur belle-fille. Où était placée leur seigneurie? La charte ne le dit pas, mais nous pensons que c'était la Lomagne, l'ancien territoire des Lactorates, ayant la ville de Lectoure pour chef-lieu. S'il fallait en croire les auteurs de l'art de vérifier les dates (2), ce pays eût eu précédemment deux comtes, Arnaud Hatton, sous Louis-le-Débonnaire, et Eudes, du temps de Sanche-le-Courbé. Suivant les mêmes auteurs, les maîtres de la Lomagne descendirent plus tard, on ne sait trop pourquoi, au rang de vicomtes; mais sous ce titre ils conservèrent le droit de battre monnaie. Leurs pièces s'appelaient des Arnaudins *(solidi Arnaldenses)*, d'un nom assez commun dans cette maison. Ce qui nous fait présumer que les deux vicomtes désignés dans l'acte précédent sont les seigneurs de la Lomagne, c'est que vers l'an 999 ce pays était possédé par un vicomte Arnaud ou Raymond Arnaud (3), ayant un fils nommé comme lui qui fut son successeur. Une charte (4) passée sous celui-ci désigne le père comme héritier et parent de Hugues, jadis maître du Condomois, *hæres et con-*

---

(1) Voyez l'article de fondation dans Marca, pag. 236.—(2) Tom. 2. Edition in-folio, la seule que nous ayons consultée, pag. 280. — (3) Art de vérifier les dates. Oihénart, pag. 180. — (4) Archives de Nérac.

sanguineus Hugonis de Condomiense domini. Le mot latin marque une parenté quelconque même par les femmes. Mais en voyant ses descendants prendre rang parmi les grandes familles seigneuriales de la Gascogne, traiter d'égal à égal avec les comtes d'Armagnac, d'Astarac et de Béarn, s'allier avec eux, porter pour armes, comme les d'Armagnacs, *d'argent au lion de gueules,* nous ne saurions douter qu'Arnaud et les siens n'appartinssent à la souche Mérovingienne ; vraisemblablement par Hatton, frère de Hunald, dont la postérité occupa quelque temps la comté d'Agen. La haine qui poursuivit les descendants d'Eudes, sous les premiers Carlovingiens, et les ténèbres qui suivirent, nous expliquent assez pourquoi les anneaux de la chaîne qui lie les diverses branches ne sont point connus. Quoiqu'il en soit, le pape Jean XIX écrivit en 1030 à Guillaume Taillefer, comte de Toulouse, pour l'engager à porter Arnaud-Odon (1), vicomte de Gascogne, son vassal pour la vicomté de Gimois ou Gimadois, à restituer à l'abbaye de Moissac, les églises de Riols et de Flamarens. Le titre de vicomte des Gascons par lequel le souverain pontife le désigne, ne permet pas de se méprendre ; d'autant plus que Oihénart lui donne pour prédécesseur et pour père, un Odoat ou Odon, vivant en 960. On ignore le nom de sa femme et l'époque de sa mort, mais il est certain qu'il fut remplacé par son fils nommé Arnaud (2) comme lui. L'existence et les titres de celui-ci sont incontestables ; nous le verrons se mêler à la grande lutte qui arma toute la Gascogne.

---

(1) Histoire du Languedoc, tom. 2, page 185. — (2) Oihénart. Art de vérifier les dates. Dom Vaissette.

Le gouvernement du duc Sanche fut troublé par une nouvelle apparition de manichéens. Nous trouvons ces mêmes hérétiques, à quelques variantes près, presque à tous les siècles. C'est l'éternelle lutte de la chair contre l'esprit, des appétits grossiers de la brute contre les nobles facultés de l'intelligence. Maintenant ils se moquaient (1) des livres saints et niaient la création, la punition, après cette vie, des voluptés sensuelles, et la nécessité des bonnes œuvres. Mais par une de ces anomalies inexplicables et cependant si fréquentes chez les hétérodoxes, ils s'abstenaient de toute espèce de viandes et feignaient d'embrasser la chasteté, sauf à se rédimer dans l'ombre, s'abandonnant alors à des crimes et à des abominations qu'on ne saurait raconter sans crime, écrit Adhémar (2), dans sa chronique. Ils adoraient le démon qui se présentait à eux, d'abord sous la forme d'un noir Ethiopien, et ensuite sous les traits d'un ange de lumière, et leur portait tous les jours beaucoup d'argent. Ailleurs, Adhémar nous parle d'un paysan de Toulouse, qui tenait sur lui une poudre faite avec les ossements d'enfants morts, et qui avait la vertu de rendre manichéens ceux qui la goûtaient. Voilà bien les sorciers de nos campagnes, tels que les font encore les croyances populaires. Qu'il faut de siècles pour dissiper les erreurs même les plus absurdes! Le feu fit justice de ceux qu'il eût fallu sans doute plaindre et éclairer. Toutefois, nous devons le reconnaître, avec de pareilles doctrines toute société est impossible; de là sans doute la sévérité de nos pères.

---

(1) Marca, page 239. — (2) Voir le texte d'Adhémar, même page.

CHAPITRE IV.

Fondation du monastère de St-Pé de Générès. — Mort de Sanche, duc de Gascogne. — Ses successeurs. — Raymond Paba. — Guillaume, comte d'Astarac. — Simorre. — Saramon. — Comté de Pardiac.

Sanche était d'une complexion faible et valétudinaire. Une maladie le conduisit rapidement aux portes du tombeau. Revenu à la santé, il attribua sa guérison à la protection divine, et dans sa reconnaissance il fonda le monastère de St-Pé-de-Générès, qui sert aujourd'hui de petit séminaire au diocèse de Tarbes. Ce lieu, situé au pied des Pyrénées dans une vallée étroite, mais riante, séparait le Bigorre du Béarn et se nommait originairement St-Hilaire-de-Lassun (1). Le vicomte de Béarn à qui il appartenait, l'échangea contre les terres de Mazeroles et de Garlin. Raymond-Guillaume de Bénac et Arnaud-Raymond de Bas, deux familles anciennes et puissantes de la contrée, y possédaient aussi des terres allodiales que Sanche se fit céder. Il récompensa le premier en affranchissant la seigneurie de Bénac de toutes les redevances qu'elle faisait au comte de Gascogne, et en lui donnant sa propre cuirasse avec quatre chevaux de son écurie à son choix. Le second eut la belle terre de Séméac en Bigorre avec l'affranchissement complet de sa seigneurie de Bas. Enfin, à l'un et à l'autre fut octroyé le privilége bien précieux à cette époque de ne pouvoir

(1) *Gallia Christiana*, tom. 1. Marca, surtout pag. 247. La charte de fondation y est tout entière.

être contraints ni par Sanche, ni par ses successeurs, de marcher à la guerre contre leur gré. Lassun étant libre alors, Sanche le donna à la nouvelle abbaye, ainsi que son château de St-Castin avec les villages de l'Ar, de Figueras et de Bernadet, situés près de Morlas, qui dépendaient du château. Là ne s'arrêta pas sa libéralité. Il voulut pourvoir en prince à l'ameublement de l'église, et lui donna vingt-cinq vases d'argent et quatorze de verre ou de cristal, deux chandeliers d'ivoire et deux d'argent, une petite croix d'or et deux plus grandes d'argent, quelques habits sacerdotaux, une pêcherie dans un lieu désigné et une maison dans Salies avec la poêle à faire du sel. Il ajouta la table dont il se servait et dont le dessus était noblement argenté *(mensam propriam honestè super argentatam)*, ses armes de guerre artistement émaillées d'or, son bouclier et sa lance. En témoignage de tous ces dons, il déposa sur l'autel sa ceinture d'argent qui fut ensuite placée dans l'armoire de St-Pierre.

L'assemblée réunie à cette occasion fut nombreuse et brillante. On y comptait Garsie-Arnaud, comte de Bigorre, Bernard, comte d'Armagnac, Aymeric, comte de Fezensac, Bernard, comte de Pardiac, Centule, vicomte de Béarn, Fort, vicomte de Lavedan et ses enfants Garsias et Guillaume, Guillaume Dat, vicomte de Labarthe, Guillaume Odon, vicomte de Montaner, Raymond-Guillaume de Bénac, Arnaud-Raymond de Bas, Guillaume Garsias Courte-Epée, Arnaud surnommé l'Ours, Guillaume Loup, vicomte de Marsan, Arnaud, vicomte d'Ax, Arnaud d'Aure, Raymond de Lamothe dans le Bazadois et une foule d'autres seigneurs. La famile ducale allait s'éteindre. Avant de disparaître à jamais, elle voulut se montrer aux yeux de ses peuples dans tout l'éclat de sa gloire et de sa puissance. Cette solennité fut la dernière. Sanche mourut peu après, le 4 octobre de l'an 1032. (1). Il fut enterré dans l'église de St-Julien de Lescar, qu'il venait de doter des villages de Bénéjac, de Bordères, de Meillon, de Pouey, de Simacourbe et de quelques autres lieux. Un bas-relief adossé à la muraille, près de sa tombe, le montra longtemps, le casque en tête et monté sur son palefroi. En 1569 les calvinistes abattirent le bas-relief, le mur qui le soutenait et l'église elle-même. Dans ces jours déplorables, les souvenirs historiques n'étaient pas mieux épargnés que les monuments de la religion.

Le duc de Gascogne est appelé dans les documents contemporains, tantôt Sanche, tantôt Sanche-Guillaume, *Sancius Wuillelmi*, et tantôt même Sanchion. En lui finit la descendance aînée de Garsie-Sanche-le-Courbé, qui avait donné à nos contrées cinq maîtres ou plutôt cinq souverains, car ils affectèrent tous une complète indépendance. Quelques écrivains Espagnols (2) prétendent, il est vrai, que Sanche-le-Grand, roi de Navarre et d'Aragon, conquit la Gascogne sur son dernier duc et le rendit son vassal; Sanche-le-Grand prend en effet quelque part le titre de roi de la Gascogne. Peut-être était-ce comme chef de toutes les maisons qui se partageaient les pays placés entre les Pyrénées et la Garonne; ou tout au moins il entend par là la Biscaye, patrie primitive des Gascons. Toujours est-il que nul monument authentique (3) ne prouve qu'il ait fait des con-

(1) Marca, page 247. Oihénart. L'Art de vérifier les dates. — (2) Blanca, Martinès, Sandoval, Surita. — (3) L'Art de vérifier les dates, tom. 2, p. 256. Marca, liv. 3, ch. 14.

quêtes en deçà de nos montagnes et qu'il y ait régné. Le duc, dont les Espagnols le disent vainqueur, ne laissait que deux filles, et encore même conteste-t-on assez généralement leur naissance. Garsie, ou plutôt Sansie, l'aînée, fut mariée à Béranger-Raymond I*er*, comte de Barcelonne, et Alausie, la seconde, fut femme d'Alduin II, comte d'Angoulême.

Le duché paraissait devoir passer au comte de Fezensac, chef de la branche cadette. Nous ne voyons pas toutefois qu'il ait fait aucune tentative pour se mettre en possession de ce riche héritage. Ce comte était Aymeric ou Émeric I*er*, fils de Bernard-le-Teigneux (1). Il avait vécu longtemps, et peut-être vivait-il encore sous le poids d'une excommunication qu'il s'était attirée pour avoir gratifié des biens de l'église, Raymond de Lamothe, que nous avons trouvé à l'assemblée de St-Pé-Générès, et qu'un meurtre avait forcé d'abandonner le Bazadois. Le nom de ce meurtrier avait de l'éclat. Son haut savoir, nous dit un vieux chroniqueur (2), l'avait fait surnommer Paba, parce qu'il savait lire ou plutôt épeler le mot (p... a... pa... b... a... ba... paba.) Certes, l'ignorance était grande alors, mais nous ne pensons pas qu'elle fût ni aussi générale, ni surtout aussi profonde que le ferait entendre cette chronique ou même qu'on l'imagine communément. Le feu sacré des lettres ne devait pas périr. Ses étincelles faibles et rares, il est vrai, étaient gardées précieusement, non seulement par l'église et par ces légions de moines qu'elle avait enrôlées sous ses bannières, mais encore par plus d'un sei-

---

(1) L'art de vérifier les dates. Grands Officiers de la couronne. Dom Brugelles. Manuscrit de M. d'Aignan. — (2) Cartulaire d'Auch. Bajole, Hist. de l'Aquitaine sacrée, liv. 2, ch. 17. Dom Brugelles.

gneur et même assez souvent par quelques-uns de leurs serfs, de leurs leudes ou de leurs affidés. Les preuves ne manquent pas à notre assertion. Nous ne voyons donc ici qu'un trait sans portée, lancé par quelque bon moine contre la noblesse qui rendait trop souvent avec usure au cloître ses sarcasmes et son dédain. Quoiqu'il en soit, Raymond se retira d'abord auprès de Guillaume-Bernard, seigneur de Marambat, qui avait épousé sa sœur. Mais celui-ci se sentit impuissant à défendre son beau-frère contre les parents de la victime, désignée sous le nom vague de comte de Gascogne. Il recommanda le coupable à Aymeric de Fezensac, qui le prit sous sa protection et lui donna les biens et les revenus dont l'église d'Auch avait joui dans la ville de Vic-Fezensac, et qu'elle prétendait tenir de la munificence du roi Clovis. Garsie Ier, qui avait remplacé Odon sur le siége d'Auch, protesta contre cette donation. Il s'adressa successivement à Aymeric, au seigneur de Marambat et à Paba, lui-même; et voyant partout sa voix méconnue et ses protestations rejetées, il se servit de sa seule arme qu'il eût entre ses mains et les frappa tous trois d'excommunication. Avec nos mœurs actuelles et le cours régulier de notre justice, nous nous étonnons de voir les foudres spirituelles défendre des prétentions terrestres. Mais le moyen âge ne peut se juger qu'avec les idées du moyen âge. Nous ne craignons pas de le dire, et toute personne de bonne foi l'avouera avec nous; à côté de la force brute, matérielle, qui s'imposait sans cesse et tentait de tout asservir, il y avait un bien réel, très grand, à montrer une force morale, spirituelle, finissant presque toujours par triompher. C'était graver dans les cœurs la prédominance du droit sur la violence, de l'intelligence sur la matière. Et puis, comment atteindre autrement ces indomptables barons, tous bardés de fer. Que les prélats ne se soient quelquefois et même trop souvent servis du glaive sacré au profit de leurs intérêts, de leurs préjugés ou de leurs passions, ce n'est pas nous qui le nierons; mais quelle chose placée entre les mains des hommes n'eut pas ses abus.

Les trois seigneurs bravèrent longtemps les anathèmes de l'archevêque comme ils avaient bravé ses menaces. A la fin, Paba, le plus coupable, s'en émut le premier. La voix du sang qu'il avait répandu criait d'ailleurs au fond de sa conscience. Mais au lieu de fléchir sous la main qui l'avait frappé et de demander grâce et merci au pied des autels de sa patrie, il aima mieux faire le voyage de Jérusalem. Les pèlerinages étaient alors le grand mode d'expiation. Néanmoins, ces courses lointaines exigeaient des dépenses que ne couvraient pas toujours les revenus assez précaires de la féodalité. Paba se trouvant sans argent et n'ayant point de fils à qui il pût transmettre ses terres, songea à les aliéner du consentement sans doute de son suzerain. Celui-ci, las aussi de sa lutte avec son premier pasteur, jugea l'occasion favorable. Il engagea le prélat à fournir au pèlerin les sommes dont il avait besoin, sûr qu'à ce prix il rentrerait en possession de ce qu'il réclamait. Garsie, fort de son droit ou craignant d'être taxé de simonie, ou peut-être aussi aigri par une trop longue résistance, rejeta cette proposition. A son défaut, Garsie, seigneur de Mazères (1) compta l'argent

(1) Cartulaire d'Auch. Dom Brugelles. Manuscrit de M. d'Aignan.

et se mit en possession de Vic. L'archevêque, toujours plus irrité, lança une seconde excommunication contre le comte de Fezensac, contre Garsie et contre Paba, qui n'en partit pas moins pour l'Orient où il mourut. Cette affaire ne se termina que 48 ans après. Pierre(1), petit-fils de Garsias de Mazères, qui prenait le surnom de Vic, de la terre acquise par son grand-père, rendit à Ste-Marie tout ce qui lui appartenait, et y ajouta les églises de Lugajan, de Castillon, de Rozès et du Bouté, réservant toutefois pour ses enfants les serfs et les terres qu'il tenait de ses aïeux, ou qu'il avait acquis lui-même; toutefois, si ses enfants décédaient sans postérité, terres et serfs devaient retourner à la métropole. Tout était extrême à cette époque, les réparations ou les générosités, comme les injustices. Les dons étaient faits, à condition qu'Arnaud, un des fils de Pierre, serait reçu chanoine d'Auch, et que le chapitre métropolitain établirait à Vic des clercs auxquels le donateur abandonnait le droit de mouture dans tous ses moulins, avec le chauffage et le pâturage dans toutes ses prairies.

 Peu content d'avoir comblé de largesses le chapitre d'Auch, Pierre voulut en faire partie et y prit l'habit. Mais, dégoûté bientôt de cette vie uniforme et sédentaire, il déposa l'aumusse et s'arma de nouveau de la lance et de l'épée. Le souvenir de ses vœux le suivit au milieu des combats. Honteux de son inconstance et des suites qu'elle avait amenée, il rentra dans le cloître et y termina peu après ses jours dans les sentiments de la plus fervente piété. Sa fuite avait entraîné Arnaud, ce jeune enfant qu'il avait voué aux autels

---

(1) Cartulaire d'Auch. Dom Brugelles. Manuscrit de M. d'Aignan.

et que ses goûts portaient ailleurs. A l'exemple de son père, il abandonna le chapitre où des vœux ne l'attachaient point encore. Il embrassa la carrière des armes, se distingua par son courage et se maria. Ce mariage fut d'abord heureux. Deux enfants en étaient le fruit, lorsque le plus jeune, à peine échappé au berceau, périt sous la dent d'un pourceau (1). L'infortuné père vit dans ce tragique événement une punition du ciel. Il renonça sur-le-champ au monde et vint reprendre sa place parmi les chanoines de Ste-Marie auxquels il donna le fils qui lui restait et qui mourut dans le cloître. Toute sa famille s'était éteinte avant lui. Ainsi, Mazères vint s'ajouter aux possessions de nos archevêques, et en devint plus tard la maison de plaisance. On serait toutefois tenté de croire que ce domaine passa momentanément entre les mains des Templiers dont l'ordre naquit vers le commencement du XII° siècle. Leurs armes encore gravées sur la pierre et l'architecture de certaines constructions l'indiqueraient assez. Une ancienne tradition veut d'ailleurs qu'ils aient planté les vignobles si justement renommés qui couronnent les coteaux voisins. On sait que les frères du Temple étaient experts en cette matière. Mais du moins, avant leur destruction, Mazères était déjà revenu à ses anciens maîtres.

L'archevêque Garsias, qui avait vainement réclamé la restitution de Vic auprès du comte Aymeric, ne fut guère plus heureux avec Guillaume (2), comte d'Astarac. Celui-ci était fils d'Arnaud II, et avait été associé

---

(1) Cartulaire d'Auch. Dans le manuscrit de M. d'Aignan. — (2) L'Art de vérifier les dates. Grands Officiers de la couronne. Dom Brugelles. Manuscrit de M. d'Aignan.

à l'administration du comté avant la mort de son père, qui termina sa carrière dans un âge fort avancé. Cette précaution commandée par la politique plus encore que par la tendresse, prévenait les rivalités de famille et accoutumait les peuples au respect. Les six premiers rois de la troisième race se gardèrent de la négliger.

Le nouveau comte épousa une de ses parentes; l'église repoussait alors souverainement ces alliances. Garsie ne pouvant rester paisible spectateur d'une pareille infraction, pria, conjura, menaça. Sourd à toutes les tentatives de son archevêque, Guillaume s'obstina à garder la compagne qui partageait sa couche. Cette obstination triompha du zèle de Garsias. Contre la coutume généralement suivie, le prélat accorda enfin la dispense, mais non sans avoir imposé une pénitence (1), dont la sévérité peint l'époque. Il enjoignit aux coupables de s'abstenir de viande tous les lundi, les mercredi et les vendredi, à moins que quelque grande solennité ne tombât ces jours-là. Les vendredi, ils devaient s'abstenir encore de vin, s'ils n'aimaient mieux donner trois deniers d'aumône ou nourrir trois pauvres. Ils devaient en nourrir cent autres toute l'année, sans y comprendre douze nouveaux pauvres qu'ils devaient traiter le Jeudi-Saint, après leur avoir lavé les pieds et les avoir gratifiés d'un denier. Là ne se bornait pas la pénitence. Ils devaient jeûner tous les ans une quarantaine de plus que les autres fidèles ou distribuer cinq sols en aumônes. Le prélat exigeait en outre la restitution de Ste-Aurence, qui est qualifiée dans l'acte de ville importante et qui

---

(1) Cartulaire d'Auch. Dom Brugelles. Manuscrit de M. d'Aignan.

avait été usurpée sur les archevêques d'Auch par les comtes d'Astarac, auxquels elle retourna plus tard. A ce prix, Garsias dispensait l'Astarac de toute redevance pour les trois premiers synodes, s'engageait au nom de ses successeurs à ne rien exiger des abbés de Simorre pour la bénédiction de leurs églises et l'ordination de leurs clercs, et accordait à cette abbaye l'usage des épreuves judiciaires.

Outre Guillaume, Arnaud II (1) avait eu de Talaize, sa femme, Bernard, Garsie, Raymond, Geraud, Odon et Dacon; on croit que Garsie fut comte de Bigorre. Le Père Mongaillard regarde la chose comme évidente, si on admet certains manuscrits tombés entre ses mains. Ce pays pouvait lui être advenu du chef de sa femme; mais à sa mort il passa dans une autre famille, car Garsie ne laissa point de lignée. La destinée de Raymond et de Geraud est inconnue. Odon avait eu de la munificence de Sanche, dernier duc de Gascogne, son parent, la terre de Saramon, engagée jadis temporairement à la famille de Mitarra par les religieux de Sorèze. Son penchant l'entraînait vers la vie cénobitique. Sa haute piété lui rendait d'ailleurs suspect le don du duc de Gascogne. Aussi, pour apaiser les alarmes de sa conscience, il rendit Saramon à sa destination primitive (2), y rétablit la conventualité et en assura l'indépendance contre les prétentions de sa famille. Cédant enfin à son attrait pour la solitude, il renonça au monde, vers l'an 978, et alla demander l'habit de St-Benoît à l'abbaye de Simorre, où Dacon, le plus jeune de ses

---

(1) L'Art de vérifier les dates. Grands Officiers de la couronne. Dom Brugelles. Manuscrit de M. d'Aignan. — (2) Dom Brugelles. Manuscrit de M. d'Aignan.

frères, ne tarda pas à le suivre. Simorre était alors l'abbaye la plus riche (1) de la contrée. En peu de temps elle avait reçu de Guillaume Auriol, comte de la vallée d'Aure, les terres de Grazan et de Gaujan qu'il tenait de Faquilene, sa mère, fille d'Arnaud Ier, comte d'Aure, et le monastère de Sarraucolin qu'il avait fondé ou restauré après le passage des Barbares. Simorre reçut encore quelques terres sur les bords de la Neste, de Guillaume Donat, Tournan et ses dépendances, de deux frères qui se firent admettre dans la communauté, la superbe métairie de Lamolère, de deux autres frères qui imitèrent les premiers, et enfin d'Arnaud d'Astarac, la terre de Poulouvrin.

Les vertus d'Odon, sa naissance, les libéralités de sa famille ne lui permirent pas de goûter les douceurs de cette obscurité qu'il paraît avoir cherchée. L'abbé Forton Ier, qui avait reçu ses vœux, le voulut pour son successeur et lui résigna l'abbaye vers l'an 983. Peu de temps après l'éloignement des Normands, on avait commencé à rebâtir l'église abbatiale, un des plus beaux monuments d'architecture de notre diocèse. Odon en fit terminer les travaux et la fit consacrer par l'archevêque d'Auch, Garsie Ier. Une inscription à demi effacée, indique pour date le 23 novembre, sans fixer l'année.

Cependant l'abbé de Sorèze et ses moines n'avaient pu voir sans regret une de leurs dépendances leur échapper. Ils se plaignirent au duc de Gascogne lui-même (2). Sanche accueillit leurs plaintes, et après un

---

(1) Dom Brugelles, pag. 190 et suiv. — (2) Histoire du Languedoc, tom. 2, liv. 4. Dom Brugelles, preuves, pag. 45.

sérieux examen, condamnant sa première libéralité, il fit statuer de l'aveu sans doute d'Odon, alors moine de Simorre, que Saramon serait rendu à Sorèze, avec laquelle il ne formerait plus qu'une communauté, et que cette communauté serait gouvernée par un abbé unique, résidant à la maison-mère; mais que si l'on imposait aux moines de Saramon un abbé particulier, ils seraient libres ou indépendants. Au mépris de cet engagement solennel, Raymond, l'abbé de Sorèze, ne tarda pas à placer à la tête du couvent de Saramon un abbé nommé Guillaume, qui, aussi ingrat qu'était peu délicat son ancien supérieur, refusa de reconnaître la suprématie de son ancien abbé, et plaça sa maison sous la dépendance de l'abbaye de St-Sernin, de Toulouse. La première chaîne était rompue. Asnaire, successeur de Guillaume, secoua à son tour le joug de St-Sernin, et se déclara indépendant. Son administration fut heureuse. Des maisons s'agglomérèrent autour de son monastère. Ainsi se forma la ville de Saramon, devenue aujourd'hui chef-lieu de canton.

Bernard (1), le second fils d'Arnaud II et le seul de ses fils dont nous n'ayons point encore parlé, plus heureux que ses puînés qui paraissent avoir été exclus de l'héritage paternel, eut pour apanage le comté de Pardiac, démembré de l'Astarac. Il comprenait trente-quatre terres, parmi lesquelles nous comptons Aux, Betplan, St-Justin, St-Christau et Villecomtal. Sa ville principale fut longtemps Monlezun, où l'on voit encore les restes de son antique château. Marciac et Beaumar-

(1) Dom Martenne, Voyage littéraire, pag. 41. L'Art de vérifier les dates, tom. 2, pag. 286. Grands Officiers de la couronne, tom. 2, pag. 626.

chés, quoique renfermés dans le comté, n'en firent jamais partie. L'Astarac ainsi amoindri comprenait encore cent trente-six terres, partagées en quatre châtellenies, celles de Moncassin, la plus considérable, de Villefranche, de Durban et de Castelnau-Barbarens. Simorre en fut la ville principale jusqu'en 1297. Elle fut alors démembrée du comté. Mirande, fondée à peine depuis 17 ans, en devint aussitôt la capitale. On y comptait encore quelques villes ou bourgs assez importants, Saramon, Masseube, Castelnau-Barbarens, Pavie (*).

(*) Nous donnerons à la fin du second volume la liste des paroisses dont se composaient ces comtés.

NOTES.

NOTE 1re, page 104.

Les premiers peuples qui se présentent ici sont les Elusates. Ils occupèrent toujours un rang distingué parmi leurs comprovinciaux, si du moins, comme le porte la version la plus plausible, il faut lire le texte d'Ammien-Marcellin : A la tête des Novempopulaniens se montrent les Ausciens et les Elusates, et non pas les Bazadois; *Novempopulanos Ausci commendant et Elusates*, et non pas *Vasates*.

César les place entre les Tarusates et les Garites (entre le Tursan et le pays de Gaure, St-Sever et Fleurance), et Pline entre les Sotiates et les Ausci (entre Sos ou Aire et Auch). L'indication est claire et précise; les Elusates se trouvent en effet entre les villes désignées : leur cité se nomma d'abord Illiberris : *Illi, ville, Berris, nouvelle*, d'où l'on fit ensuite *Elusaberris*, et enfin *civitas Elusa*, comme l'appelle l'itinéraire de Bordeaux à Jérusalem, qui la met entre Bazas et Auch. Les Latins la nommèrent plus souvent *civitas Elusatium* ou *Elosatium*.

Après Eluse vient la cité des Aquois, *civitas Aquensium*, *Aquiensium*, ou même *Aquinsium*. Son premier nom fut *Aquæ*, eaux, de ses eaux thermales. Auguste y ajouta son nom. On l'appela alors *Aquæ Augustæ*, et plus souvent *Aquæ Tarbellicæ*, des Tarbelliens dont elle était la capitale. Ces Tarbelliens, il ne faut pas les confondre avec les habitants actuels de Tarbes, qui se nommaient *Bigerriones*,

Bigourdans. Les premiers paraissent avoir occupé tout le littoral de l'Océan, depuis les Pyrénées jusqu'à la pointe du Médoc; *Tarbella Pyrene*, les Pyrénées Tarbelliennes, a dit Tibulle. Et Ausone nomme Océan Tarbellien, *Oceanus Tarbellicus*, la mer de Gascogne. Pline désigne ce peuple sous le nom de *quater signani*, Tarbelliens aux quatre drapeaux, sans doute parce qu'ils étaient gardés par quatre cohortes Romaines. Il les place entre les Bigerri et les *Cocosates Sexignani*, les Bigourdans et les Bazadois. Strabon prétend que leur pays était riche des mines d'un or excellent. Leur ville, Acqs ou Dax actuel, eut jadis une grande importance, comme l'attestent des monuments à demi détruits, des thermes, des aqueducs et surtout ses remparts, la construction romaine la mieux conservée de toute la province. Mais ce qui l'atteste peut-être encore davantage, c'est le rang qu'elle occupe dans toutes les Notices de l'Empire, parmi les cités de la province et la possession immémoriale où était son évêque de siéger dans les assemblées provinciales immédiatement après le métropolitain, et d'y présider en son absence. A l'extrémité de leur territoire, les Tarbelliens possédaient une autre ville, nommée Lapurdum, d'où vient le pays de Labour ou Labourdan. On croit que c'est Bayonne. Elle était la résidence du tribun de la cohorte Novempopulanienne, comme nous l'apprend la Notice de l'Empire quand elle dit : *in provincia Novempopulana tribunus provinciæ Novempopulanæ Lapurdo*. Nous retrouverons Dax sous les enfants de Clovis; mais nous ne saurions oublier ici que les Romains préféraient ses eaux thermales aux autres eaux thermales des Pyrénées.

Après les Tarbelliens, nous rencontrons les Lactorates; leur cité se nomma d'abord *Lactura*, ou comme on lit dans plusieurs inscriptions *Lactora* et quelquefois *Lectora* et *Lictora*. Les Romains la nommaient souvent *civitas Lactoratium, Lacturatium, Lacturantium* et *Latoratium*, ce qui a induit quelques auteurs à faire dériver son nom de *Lac*, lait. Ils s'étayaient de la fécondité de son territoire où l'on élevait de nombreux troupeaux et où par conséquent le lait était abondant ; mais ce sentiment n'a pour lui que la similitude fortuite de quelques lettres. Le nom de Lectoure vient évidemment du nom Escualdunac, *Gora*, hauteur, latinisé par les vainqueurs de l'Aquitaine. Un ancien itinéraire d'Agen à St-Bertrand, place Lectoure entre la première ville et Auch, à quinze mille de l'une et de l'autre. Les tables de Peutinger la disent assez rapprochée d'Agen et de Mézin. Lectoure, plus heureuse encore que la plupart des autres villes de la province a conservé longtemps et conserve encore un grand nombre d'inscriptions Romaines, dont quelques-unes seulement ont été connues des savants. Un de nos amis, que nous louerions davantage, s'il n'avait été souvent notre collaborateur, les a recueillies avec ce soin empressé, ou plutôt ce respect religieux qu'a tout fils bien né pour ce qui tient à son berceau. Puisse le beau travail qu'il prépare ne pas trop se faire attendre. A nul mieux qu'à lui il ne sied de faire parler les marbres antiques, les anciens monuments et les vieux parchemins.

La cité des Convennes nous est connue. Nous avons vu sa fondation par Pompée. Elle changea son premier nom avec celui de *Commica* ou plutôt *Cominica*, d'où nous avons fait Comminges. Les Romains l'appelaient aussi cité des Convennes ou simplement Convennes. Seule avec Auch, dans la Novempopulanie, elle jouit du droit latin, c'est-à-dire qu'il lui fut permis de se gouverner d'après ses propres lois et d'avoir des magistrats particuliers. Sous Adrien elle formait une colonie Romaine, et sous nos premiers rois elle devint un des boulevarts de la monarchie Franque ; mais alors sa gloire disparut presqu'aussitôt sans retour.

La cité de Couserans, *civitas Consorannorum, Consarannorum, Consurannorum, Consulanorum*, est moins connue que les précédentes. Elle s'appela d'abord *Consulana*, d'où nous avons fait Couserans. Nous la désignons plus souvent sous le nom de St-Lizier, d'un de ses évêques. Le pays seul a conservé le nom de Couserans. Ses peuples ne sont mentionnés que dans Pline; et quoique placés au delà de la Garonne, ils firent toujours partie des Aquitains. Après la mort de Clovis, elle est citée parmi les villes principales qui échurent à Childebert. Dut-elle cette distinction à son importance ou à sa position, sur la frontière du royaume? Rien ne l'indique, mais nous inclinerions volontiers vers le dernier sentiment.

La cité des Boates, *civitas Boatium, Boasium, Boaccensium, Bohatium*, a exercé les savants. Quelques-uns et entr'autres Le Valois, y veulent voir Bayonne, mais le plus grand nombre la place dans le Médoc, à Buch, la Teste de Buch, ou simplement la Teste. Presque tous les anciens manuscrits portent la cité des Boates, *civitas Boatium quod est Boiis in Burdigalensi*, c'est-à-dire Boies dans le Bordelais. L'itinéraire d'Antonin la met à 1047 pas de Dax, et 1016 de Bordeaux, ce qui ne saurait convenir à Bayonne, mais ce qui s'accorde assez avec la Teste. St-Paulin écrivant à Ausone, son ami, la rapproche aussi de Bordeaux. *Qua regione habites liceat reticere nitentem Burdigalam et piceos malis describere Boios.*

Les Boiens ne demeurèrent pas longtemps incorporés à la Novempopulanie. Leur cité ayant été détruite par les invasions de la mer, ou plutôt par les incursions des Barbares, ils en furent distraits et réunis à la seconde Aquitaine. Leur siége fut transféré à Bayonne, mais on ne saurait assigner l'époque de cette translation ni des changements qui l'amenèrent. On n'est guère plus assuré de la position qu'occupait la cité des Béarnais, *civitas Benarnentium, Beranentium, Berenentium, Berarnentium*. Son premier nom paraît avoir été *Benarnus, Bonainus* ou *Benainu*. On l'appela encore *Benarnum*, comme l'atteste la Notice de l'Empire, et *Beneharnum* comme le prouve l'itinéraire d'Antonin. Détruite par les Normands, vers l'an 845, elle perdit jusqu'à son nom qui toutefois demeura au pays, comme nous venons de le voir pour la cité de Couserans. Sa ruine fut si complète que les savants ont été embarrassés pour la retrouver. Mais Oihénard et Marca (et l'on ne saurait errer après eux), Oihénard et Marca ont placé *Benarnum* dans Lescar. Du reste, les Béarnais ne sont mentionnés ni dans César, ni dans Strabon, ni dans Pomponius-Méla, ni dans Pline, ni dans Ptolomée. Quelques savants ont prétendu qu'ils faisaient partie des Bigerrions, qui suivant eux occupaient tout le versant des Pyrénées, depuis la source de la Garonne jusqu'aux confins des Tarbelliens, c'est-à-dire jusqu'aux portes de Bayonne. D'autres ont cru les voir dans les Cocosates ou dans les Preciani de César ; mais le docte Marca dont l'autorité est ici grave, croit les avoir trouvés dans les Venarni de Pline. Il y aurait d'après lui une faute de copiste, et il faudrait lire *Venarni*. Changeant alors le *v* en *b*, ce que les Gascons savent faire comme chacun sait, nous aurons *Benarni* ou *Bearni*. On ne refusera pas à cette version le mérite d'être ingénieuse, si on ne la reconnaît pas comme plausible.

Nous connaissons mieux la cité des Aturiens, *civitas Aturensium, Atorensium, Auronensium.* En revanche, le peuple à qui elle appartenait ne fut pas connu sous ce nom par les premiers Romains. Marca, que nous prenons le plus souvent pour guide, la donna aux Sotiates, et ce sentiment compte des partisans nombreux quoique nous le croyions erroné ; d'autres l'ont attribué aux Tarbelliens. Ce qui est certain, c'est qu'Auguste lui donna le nom de *Vicus-Julii*, ou *Vico-Julius*, bourg de Jules, en l'honneur de Jules-César, son père adoptif. Ses premiers pasteurs s'intitulèrent indistinctement : évêque de *Vico-Julii* ou évêque des Aturiens, *episcopus Vico-Julii, Vico-Juliensis,* ou *episcopus Aturensis* et *Aturensium*. D'*Aturensis* (*populus* sous-entendu), peuple habitant le pays baigné par l'Adour, nous avons fait Aire nom inconnu de la latinité. Sidoine-Apollinaire l'appelle *Aturris*, et dans la préface du code Goth, elle est nommée *Aduris*.

Toute incertitude disparaît pour Bazas, *civitas Vasatica, Vesatica, Basatica*. César appelle son peuple *Vocates*,

Pline *Basabotaces* et Strabon *Vasatii*. Ils occupaient un des premiers rangs parmi les Aquitains, s'il faut lire le fameux texte : *Novempopulos Auscii commendant et Vasates*, comme porte la leçon ordinaire. La cité des Bazadois porta d'abord le nom de *Cossio*, et jouit du droit de municipe comme l'atteste le vers suivant d'Ausone :

Cossio Vasatum municipale genus.

Nous avons nommé Ausone. St-Paulin, de Nole, lui écrivait en parlant de Bazas : consul, tu méprises les murs altiers de Rome, ta véritable résidence, et tu ne dédaignes pas la sablonneuse Bazas. Sidoine-Apollinaire, l'un des plus beaux esprits du temps et depuis évêque de Clermont, écrivait encore à son ami Trigessius : eh! quoi, Bazas assise non sur la terre cultivée, mais sur le sable; eh! quoi, un terrain nu et stérile, des nuées de poussière qui s'élèvent sans cesse au souffle des vents, ont-ils donc tant de charmes à tes yeux ? et sollicité par tant d'instances, séparé par un espace si court, depuis si longtemps attendu, tu ne pourras être attiré à Bordeaux ni par l'obéissance due à l'autorité, ni par l'amitié, ni même par les huîtres engraissées dans les viviers.

Le premier emplacement de Tarbes a été contesté. Quelques savants le placent à quelque distance du lieu que la ville occupe aujourd'hui, et nous nous rangerions volontiers à leur sentiment. Nous avons vu que les Aquitains plaçaient leurs villes sur les hauteurs. Tarbes seule eût été assise dans la plaine. L'exception nous rend suspecte l'assiette qu'on lui assigne communément. Ses peuples sont connus dans César sous le nom de *Bigerrones* ou *Bigerriones*; Pline les nomme *Begerri* et Ausone *Bigerri*. La cité elle-même se nomma d'abord *Turba, Tarsa, Turbanbica, Tarba, Tarvica* et même *Tursambica Tralugorra ;* car peu de noms ont été plus défigurés dans les divers exemplaires des notices ; mais enfin Tarbes a prévalu depuis le moyen âge. Bigorre était plus particulièrement le nom d'un château qui la défendait : *Tarba ubi castrum Bigorra*, *Bigorrum*. Néanmoins, deux de ses premiers pasteurs, Aper dans le Concile d'Agde et St-Julien dans le 4e Concile d'Orléans, s'intitulent l'un évêque de la ville de Bigorre, *episcopus civitatis Bigorritanæ*, et l'autre évêque de la cité de Bigorre, *episcopus civitatis Bigerricæ*. Grégoire de Tours ne la nomme jamais autrement.

La cité placée après Tarbes dans la notice a laissé peu de place dans l'histoire. Elle fut sans doute le chef-lieu d'un peuple particulier, du moins le titre de cité le suppose ; mais de dire quel était ce peuple, nul ne l'a entrepris, et nous n'oserions l'essayer. La ville s'appela vraisemblablement d'abord *Iluro*, d'où l'on fit successivement *Eluro*, et enfin *Olero*. D'anciens manuscrits l'appellent encore *civitas Elinia*, *Helorana*, *Elma* et plus souvent *civitas Illoronensium, Loronensium, Laurunensium et Oloronensium*.

Après toutes les autres villes vient Auch, *civitas Ausciorum*. Son premier nom fut *Climberris*. Strabon l'appelle *Elviumberrum*, et l'itinéraire d'Antonin, *Climberium;* ce qui l'a fait confondre par plusieurs avec *Elimberris* ou plutôt *Elusaberris*, Eluse. L'itinéraire de Jérusalem lève tout doute, et à la place de *Clim* ou *Elviumberrium*, il met *Auscius*. Climberris signifie ville claire ou illustre. Aussi, dans plusieurs chartes du moyen âge, Auch est-il dénommé *villa clara*, et encore de nos jours, un de ses puits, celui de l'ancienne halle, s'appelle-t-il le puits de Bet-Claïré.

Le rang qui lui est assigné nous étonnerait, si nous n'y voyions un effet de la politique. On déprime souvent ceux que l'on craint. Loin d'avoir mérité d'être placée à la suite de toutes les cités de la Novempopulanie, Auch, dans l'origine, et peut-être à l'arrivée des Romains, avait le pas sur elles. Nos conjectures, nous les appuyons sur deux faits. Après l'organisation romaine, la cité principale de la contrée la nomme Elusaberris, *ville nouvelle* ; mais toute cité nouvelle suppose une cité plus ancienne ; et précisément à quelques lieues de là, nous en trouvons une autre décorée du nom de Climberris, *cité illustre*. Mais quand et comment avait-elle eu cette illustration ? Nul monument ne le dit, et cependant chez les peuples primitifs, les noms ne sont ni pris au hasard, ni vains, ils reposent tous sur quelque réalité. Puis le premier géographe qui nous a parlé de l'état des Gaules, Pomponius Méla, qu'on croit avoir vécu au commencement de l'ère chrétienne, écrit ces paroles remarquables, et certes, né en Espagne, il devait connaître surtout les pays voisins des Pyrénées : trois grandes divisions séparent les peuples de cette vaste contrée, les Belges, les Celtes et les Aquitains. Les plus illustres des Aquitains sont les *Auscii*; chez les Celtes, ce titre est dû aux Eduens et aux Trévires chez les Belges ; et les villes les plus opulentes sont Trèves chez les Trévires, Autun chez les Eduens ; mais chez les Ausciens, c'est Eluse. Ainsi donc la ville principale de chaque grande division se trouve chez le peuple le plus illustre ; mais pour les Ausciens il en eût été autrement. Pourquoi cette différence? On la concevrait, si les Ausciens se fussent étendus jusqu'à Elusaberris, ou si dans leur sein ils n'eussent pas eu de cité propre. Mais non; *Elusaberris* appartient aux Elusates et les *Auscii* ont leur *Climberris*. Enfin, Auch, *Auscius, Auscii*, c'est le nom propre et national des Aquitains; *Eusk, Ousk, Ausk*, Escualdunac. Pourquoi eût-il retenu ce nom, si ce n'est par son importance? De toutes ces inductions n'est-il pas naturel de conclure que le chef-lieu de notre département fut jadis la cité la plus considérable de toute la province, mais que des malheurs dont l'histoire n'a pas conservé le souvenir lui ayant fait perdre son importance et son rang, Eluse s'éleva sur ses ruines et se plaça à la tête des autres cités. Les Romains qui subjuguèrent la province consacrèrent ce qui était déjà ou peut-être ce que venait de faire leur politique. Créant partout une suprématie hiérarchique, ils donnèrent à Eluse le titre de métropole que quelques siècles auparavant Auch avait porté ou du moins qu'elle aurait mérité.

Quoiqu'il en soit de ces conjectures dont nous abandonnons l'appréciation à nos lecteurs, l'antique Climberris s'élevait vers la crête de l'enceinte où Auch est assis maintenant. Nous avons vu que les peuples des Gaules, comme toutes les nations rudes et incultes, recherchaient les hauteurs. Elle occupait à peu près la même place qu'elle occupa dans le moyen âge. La Barbarie avait ramené les mêmes goûts ou plutôt les mêmes besoins. Sous le sceptre des Césars, alors qu'elle changea son nom antique et glorieux contre celui du vainqueur de la liberté romaine, et qu'elle s'appela l'Auguste des Ausciens, *Augusta Auscorum*, elle descendit dans la plaine sur l'une et l'autre rive du Gers, et s'étendit de l'église actuelle de St-Pierre peut-être jusqu'à Pavie. Là elle s'embellit de tout le luxe et de toute la magnificence de la civilisation, et seule de toute l'Aquitaine avec la cité des Convennes, elle jouit du droit latin. S'il fallait en croire quelque savant estimable, elle aurait même été la première métropole civile de la province. Je ne sais quelle addition faite très anciennement à quelque exemplaire de l'itinéraire d'Antonin, le porte expressément. Mais qui ne sent que c'est là une bien faible preuve. Toujours du moins est-il que sous Constantin ou ses enfants, Auch avait perdu sa prééminence, car l'Église basa sa hiérarchie sur la hiérarchie civile, et Eluse a été incontestablement la première métropole ecclésiastique. En attirant les habitans dans la plaine, les Romains laissèrent sur la crête des fortifications et des travaux de défense que nécessitaient leurs propres intérêts et le titre de colonie dont ils gratifièrent la ville Augustale. Il n'est pas d'ailleurs vraisemblable que les Ausciens, fiers comme l'étaient tous les enfants de l'Aquitaine, aient tous consenti à suivre leurs superbes dominateurs. Ainsi, Auch, et il en fut de même sans doute de toutes ses sœurs, ainsi Auch se partagea en deux cités distinctes : l'antique Climberris bien amoindrie, il est vrai, sur la crête et les flancs de la colline, et l'Auguste des Ausciens sur la rive du Gers.

NOTE 2, page 129.

On a contesté à Ruffin son origine Aquitaine. Quelques auteurs parmi lesquels nous sommes étonné de trouver le judicieux Marca, le font naître sur les côtes d'Asie, s'appuyant sur l'autorité de Sulpice-Sévère qui l'appelle Bosphoritain, *Rufinus Bosphoritanus cum ad summum militiæ pervenisset.* Mais, outre que l'on chercherait vainement dans la géographie ancienne une autre Eluse que la métropole de la Novempopulanie, le texte invoqué aura reçu une altération ; et quelque copiste inhabile, au lieu d'*Elusitanus*, Elusitain, aura lu Bosphoritain, *Bosphoritanus*; ou plutôt Sulpice aura appelé Bosphoritain le ministre de Théodose, à cause des possessions immenses qu'il possédait sur les rives du Bosphore, possessions dans l'étendue desquelles il fit bâtir la superbe basilique dont nous avons parlé. Ce qui rend ce sentiment plus plausible, c'est que nous voyons plus tard St-Paulin et Sulpice-Sévère lui-même, nés l'un et l'autre dans l'Aquitaine et non loin d'Eluse, échanger quelques lettres et quelques petits objets de piété avec la docte et pieuse Silvie, sœur de Ruffin, retirée alors au fond de l'Asie près du tombeau du Christ. Ces relations bienveillantes entre des personnages vivant sous des climats si éloignés, où auraient-elles pris leur source sinon dans une origine commune? Zozime, et surtout Claudien, sont trop précis à cet égard pour ne pas éloigner tout doute sur la patrie de Ruffin. Aussi, toutes les biographies qu'il nous a été donné de consulter lui donnent Eluse pour berceau.

Après avoir constaté son origine, qu'il nous soit permis d'examiner les reproches qu'adressent à sa mémoire presque tous les historiens modernes. Pour balancer leur autorité, qui serons-nous? Nous le sentons autant que nos lecteurs. Mais nous n'avons pu nous empêcher de protester contre des imputations qui nous ont semblé flétrir injustement un de nos concitoyens. Lorsqu'assez jeune encore nous lûmes pour la première fois l'histoire du Bas-Empire, notre candide simplicité se refusait à ne voir qu'un vil et ambitieux intrigant dans le ministre qu'un prince aussi vertueux que le grand Théodose honora constamment de toute sa confiance ; et depuis cette première lecture, l'étude et la réflexion n'ont fait que confirmer notre sentiment. Nous croyons qu'une partie des accusations qui pèsent sur lui, nous devons les rejeter sur l'époque où il vécut.

C'était une époque de transition, et par conséquent de passions violentes. La lutte entre l'idolâtrie expirante et le christianisme triomphant, commencée sous Constantin, se poursuivit plus active et plus ardente, et Ruffin s'était posé le zélé défenseur du culte nouveau. Hommes de transition aussi, nous pouvons le dire mieux peut-être que nos pères, malheur à l'homme public jeté au milieu des dissensions civiles et plus encore des dissensions religieuses. Son nom n'échappera presque jamais aux haines qu'éveille l'esprit de parti toujours injuste ou du moins prévenu. Aussi, si nous remontons aux sources, nous voyons notre infortuné concitoyen peint des plus affreuses couleurs par les historiens Zozime et Eunape, et par le poète Claudien, tous les trois ardents sectateurs du paganisme. Le dernier surtout vendu à Stylicon, le rival et l'ennemi déclaré du ministre du jeune et faible Arcadius, a épuisé dans deux chants que le temps nous a conservés et qui furent composés après la catastrophe de l'hippodrome, le dernier surtout a épuisé contre le ministre abattu toutes les formes de l'insulte et de l'invective. Les amis des muses ont retenu le fameux début où à force de haine, s'élevant jusqu'au sublime, le poète s'écrie :

Abstulit hunc tandem Ruffini pœna tumultum
Absolvit que Deos.

Le châtiment de Ruffin a enfin apaisé ces pensées tumultueuses qui me portaient à nier la providence, et a justifié les Dieux.

St-Ambroise, au contraire, Sulpice-Sévère, St-Paulin, Théodoret, nous en donnent une idée bien différente. Symmaque lui-même, quoique alors la gloire ou plutôt la colonne de l'idolâtrie, le loue plus d'une fois dans ses lettres. Il fit plus, il lui accorda son amitié. Parmi les chrétiens, Paul Orose est, nous le pensons du moins, le seul historien qui accuse son administration; et nous devons même dire qu'à la mollesse de son langage, on penserait que l'historien Espagnol racontait moins ce qu'il croyait que ce que publiait une vaine renommée. Mais, précisons les faits. La carrière militaire, disaient ses ennemis, était presque la seule voie connue pour parvenir aux grandes dignités, et Ruffin, sans avoir jamais commandé des armées, s'éleva jusqu'au faîte des honneurs; l'intrigue et la flatterie l'auront poussé. Dans un vaste empire surtout, la sagesse et l'habileté dans l'administration n'ont-elles pas leur mérite, comme le courage et le talent militaire?

Promote, après l'avoir mortellement offensé, périt sous les coups des Bastarnes, et les Bastarnes, la lâche vengeance de Ruffin les avait armés. Cette imputation que les historiens les plus hostiles au nouveau favori ne rapportent que sur la foi d'un bruit public, qui n'en sait la fausseté? S'il eût dû acheter un bras assassin, se fût-il adressé à un peuple ennemi? Eût-il pu prévoir que Promote donnerait dans une embuscade?

Il conseilla le massacre de Thessalonique. Ruffin, sans doute, ne tint pas à son prince le langage que l'attachement dont Théodose l'honorait et les principes religieux qu'il étalait lui-même semblaient devoir mettre sur les lèvres; mais pourquoi l'accuser plus que les autres courtisans? Nous avons déjà remarqué que le grand évêque de Milan revint bientôt de ses préventions, preuve manifeste qu'il les jugea mal fondées. Plus tard, deux seigneurs dont les talents et le crédit effarouchaient sa puissance ombrageuse furent condamnés à mort, et exécutés quoiqu'ils eussent été grâciés par leur souverain. Mais d'abord, ces seigneurs étaient coupables comme l'atteste l'histoire, d'accord en cela avec leur sentence, et si leur grâce arriva trop tard, faut-il rejeter cette fatalité sur le confident de Théodose? Probe et vertueux, comme tous les historiens nous peignent ce prince, il eût puni la noirceur dès qu'il l'eût connue, et elle n'était pas de nature à demeurer longtemps cachée : loin de là sa confiance en Ruffin ne fit que s'accroître jusqu'à sa mort.

Après que son bienfaiteur fut descendu dans la tombe, soit pour se rendre plus nécessaire, soit pour se venger de son nouveau maître qui avait repoussé la main de sa fille et accepté celle d'Eudoxie, fille ou du moins pupille de son ancien ennemi, notre concitoyen appela dans l'empire les nations Barbares, et il les sauva plus tard d'une entière défaite dont les menaçait Stylicon. De toutes les accusations, c'est ici la plus grave. Examinons-la avec soin. D'abord, Ruffin ne survécut que quelques mois à Théodose: au commencement d'une administration déjà bien difficile, qu'eût-il pu espérer des difficultés plus grandes encore qu'il suscitait ? Puis, si Eunape, Zozime et surtout Claudien prétendent que ce fut à sa voix que les Barbares se jetèrent sur l'empire, Socrate et Sozomène, bien plus dignes de foi, ont écrit qu'il fut seulement soupçonné de les avoir attirés ; tandis que St-Jérôme et St-Augustin qui parlent si souvent de ces irruptions, en assignent plusieurs causes et n'accusent jamais Ruffin. Il n'est pas plus vraisemblable que celui-ci les ait arrachés au fer de Stylicon. Il rappela, il est vrai, près d'Arcadius, les troupes qui servaient sous ce général; mais puisque toutes les forces de l'empire avaient passé en Italie avec Théodose, lorsque celui-ci allait combattre Eugène, l'Orient n'avait-il pas besoin d'une armée pour se défendre des invasions dont il était menacé? Et Zozime, qu'on ne saurait taxer de partialité en faveur de notre infortuné concitoyen, dit expressément que Stylicon eût pu, s'il eût voulu, détruire les Goths dans la Thessalie, mais qu'il aima mieux se promener en armes dans la Morée, ou plutôt qu'il n'eut d'autre dessein que de marcher sur

Constantinople pour chasser de la cour le rival que jalousait son ambition; mais qu'arrêté dans ses projets et forcé de revenir sur ses pas, il rentra en Italie sans avoir tiré l'épée ou seulement sans avoir vu l'ennemi.

Du moins il fut ambitieux... Sans doute, il le fut, et qui ne l'est pas autour de princes faibles et incapables dans un état vacillant comme le fut sans cesse le Bas-Empire, où l'audace, l'intrigue et les circonstances bien plus souvent que les talents et le mérite donnaient la pourpre non seulement aux citoyens nés dans les derniers rangs de la société, mais encore jusqu'aux Barbares attirés par l'appât de l'or.

Quoiqu'il en soit de la longue discussion où nous sommes entré, et que selon notre usage nous abandonnons volontiers au jugement de nos lecteurs, nous observerons que tous ceux qui tramèrent la perte de Ruffin, périrent misérablement. Le fer trancha les jours de Gaïnas, d'Eutrope et de Stylicon, et Eudoxie elle-même, la belle Eudoxie ne demeura pas longtemps assise sur le trône d'où elle avait éloigné la fille du confident de Théodose. Au sein de la cour, parmi les occupations d'une vaste administration, l'enfant de la docte Eluse, comme l'appelle un chroniqueur, paraît avoir cultivé les lettres avec succès. Quelques auteurs lui attribuent la fable de Pasiphaé, composée de vers d'autant de mesures qu'il s'en trouve dans les diverses poésies d'Horace.

NOTE 3, page 235.

La longueur de cette note nous force à la renvoyer à la fin du 2e volume.

NOTE 4ᵉ, page 301.

Un homme dont la carrière politique peut être diversement jugée, mais qu'il faut toujours citer comme une des premières autorités historiques de notre époque, M. Guizot croit que la postérité a voulu par cet éclat récompenser Charlemagne de la pensée qui l'avait conduit en Espagne; pensée, dit-il, toute de civilisation, ou pour parler le langage du jour, pensée toute de progrès et d'amélioration sociale. Mais, qu'on nous permette de le faire observer, si dans Charlemagne il y eut une pensée de progrès et de civilisation, ce fut celle qui le poussa vers le nord. En subjuguant la Saxe et les pays adjacents, nul ne saurait en disconvenir, il enlevait de vastes contrées à la Barbarie et aux vices grossiers qu'elle traîne à sa suite; et toutefois aucun des combats qui amenèrent une soumission chèrement achetée n'a du renom dans l'histoire. Puis, nous le demandons avec confiance, que pouvait apporter la civilisation d'Aix-la-Chapelle à la civilisation de Cordoue et de Grenade? Les Musulmans d'alors n'étaient-ils pas plus avancés que nos pères? Ces Francs encore presqu'aussi rudes et aussi incultes que lorsqu'ils s'élancèrent de leurs forêts, la redoutable francisque à la main, pouvaient-ils se comparer non seulement aux Visigoths qui empruntèrent les mœurs et l'élégance romaine en envahissant les provinces de l'empire, mais même aux Maures alors presque à l'apogée de leur grandeur et de leur puissance? Ainsi l'écrivain le plus heureux peut-être et le plus fécond en aperçus historiques nous paraît avoir mal rencontré ici.

M. Cuvillier-Fleury a tenté une explication différente. Suivant lui, l'expédition d'Espagne fut une guerre religieuse, une vraie croisade qui devança de quelques siècles les célèbres expéditions d'outre-mer. A ce but sacré, il attribue la popularité dont elle a joui. On sait combien sont profonds et vivaces les souvenirs qui s'appuient sur le sentiment religieux. A l'appui de son sentiment, M. Cuvillier cite quelques passages de certains chroniqueurs. Ceux-ci nous disent, il est vrai, que Charlemagne fut guidé par la piété, *pietatis intuitu*, et touché des prières et des malheurs des chrétiens, *motus rex precibus et querellis christianorum* : mais qui ne voit que ce langage porte le cachet de l'époque et rien de plus. Du fond de leurs pieuses retraites, les bons moines, qui à peu près seuls enregistraient les faits, ne voyaient que Dieu et la religion. Nulle action à leurs yeux qui n'eût rapport à ce mobile, nous l'avons remarqué ailleurs. Le politique et trop cruel Pepin était guidé de Dieu, suivant un annaliste, lorsqu'il venait semer la désolation et la mort dans notre malheureuse Aquitaine. Veut-on une vraie croisade? qu'on la cherche non au delà des Pyrénées, mais au delà du Rhin. La lutte si longue, si opiniâtre, si sanglante qui arma le fils de Pepin contre l'indomptable Witikind et les hordes féroces de la Germanie supérieure, ne fut presque qu'une guerre pieuse. Bien mieux que quelques passages vagues et isolés de je ne sais quel auteur, les capitulaires du temps nous montrent Charlemagne moins peut-être comme un conquérant que comme un apôtre, mais un apôtre un peu à la façon des rois. Le fer de sa lance poussait à l'église ceux que la parole du ministre évangélique n'avait pu convaincre. On l'a dit, et certes ce n'est pas nous qui le tairons, ces conquêtes profitaient autant à l'humanité qu'à la religion, et poussés plus loin, elles eussent peut-être épargné à l'Europe tout ce que l'apparition des terribles Normands y versa pendant plus d'un demi-siècle. Cependant, toutes religieuses, tout humanitaires qu'étaient ces expéditions, ce n'est pas à elles, bien s'en faut, que Charlemagne a dû l'auréole de gloire qui entoure son nom.

Après ces autorités imposantes, voudrait-on nous permettre de hasarder une explication bien moins savante sans doute, mais peut-être plus vraie, parce qu'elle est plus simple? Plusieurs de nos lecteurs l'auront vraisemblablement devinée comme nous; car elle tient au sol. Les Aquitains avaient fait essuyer un rude échec à Charlemagne; et quoiqu'ils eussent dû leur victoire autant à la surprise et à l'avantage des lieux qu'à leur courage personnel, ce succès dut grandement flatter l'amour-propre national. On n'est pas très difficile sur les moyens quand on a à lutter contre un ennemi incomparablement plus fort. Ce succès les vengeait d'ailleurs des maux dont les soldats de Charles-Martel et de Pepin avaient accablé leur patrie. Double motif pour que la journée des Pyrénées se conservât dans les souvenirs méridionaux et qu'elle grandît même en passant de bouche en bouche à travers les générations. Quand dans l'Europe moderne la poésie s'éveilla de son long sommeil, on sait que c'est non loin de nos montagnes qu'elle fit entendre ses premiers chants. Il était naturel que les Troubadours, *lous Troubaïrés*, confiassent à leurs muses naissantes ce qui occupait les esprits autour d'eux. L'expédition d'Espagne s'offrait naturellement, et comme les maîtres de la *gaie science* ne se piquaient pas d'une critique bien rigoureuse, en y trouvant Charlemagne ils en firent leur héros. Le roi des Francs eut près de lui ses douze pairs à l'instar des douze pairs qui entouraient sous leurs yeux le trône de France. Le fils de Pepin marchait contre les Musulmans. Pourquoi s'enquérir des motifs? La guerre ne pouvait être que religieuse. Pour amener une défaite, il fallait plus que le courage des ennemis. Charlemagne et ses preux ne pouvaient céder à personne la palme de la valeur. Des héros chrétiens n'auraient pas été vaincus par les infidèles sans la trahison, et le traître sera un homme du Nord, de ce Nord toujours odieux au Midi. Vous le nommerez, si vous voulez, Gannelon de Mayence. La mine, une fois trouvée, est assez riche pour être exploitée souvent. On aimera à puiser au souvenir vraiment national. Ainsi s'explique un retentissement unique peut-être dans les fastes de l'histoire. Sur le théâtre même de l'action, les idées se sont conservées plus précises et surtout plus profondes. On connait un chant Basque dont les pâtres de nos jours font encore retentir leurs montagnes. Quand il ne confirmerait pas notre sentiment, nous le citerions ici. Peu de poésies nous paraissent plus énergiques et surtout plus originales.

        Un cri s'est élevé
Du milieu des montagnes des Escualdunacs;
Et l'Etcheco Yauna, devant sa porte,
A ouvert l'oreille, et il a dit : « Qui va là? que me veut-on? »
Et le chien qui dormait aux pieds de son maître,
S'est levé, et il a rempli les environs d'Eltabiçar de ses aboiements.
Au col d'Ybaneta, un bruit retentit;
Il approche en frôlant à droite, à gauche, les rochers.
C'est le murmure sourd d'une armée qui vient.
Les nôtres y ont répondu du sommet des montagnes;
Et ils ont soufflé dans leurs cornes de bœufs,
Et l'Etcheco Yauna aiguise ses flèches.
Ils viennent! ils viennent! quelle haie de lances!
Comme les bannières versicolorées flottent au milieu!
Quatre éclairs jaillissent des armes!
Combien sont-ils? Enfant compte-les bien!
Un, deux, trois, quatre, cinq, six, sept, dix-huit, dix-neuf, vingt.
Vingt et des milliers d'autres encore!
On perdrait son temps à les compter.
Unissons nos bras nerveux, déracinons ces rochers,
Lançons-les du haut des montagnes
       Jusque sur leurs têtes;
      Ecrasons-les, tuons-les!
Et qu'avaient-ils à faire dans nos montagnes, ces hommes du nord?
Pourquoi sont-ils venus troubler notre paix?
Quand Dieu fait des montagnes, c'est pour que les hommes ne les
   franchissent pas.
Mais les rochers en roulant tombent; ils écrasent les troupes;
Le sang ruisselle, les chairs palpitent;
Oh! combien de broyés! quelle mer de sang!
Fuyez, fuyez, ceux à qui il reste de la force et un cheval.
Fuis, Roi Carloman, avec tes plumes noires et ta cape rouge.
Ton neveu, ton plus brave, ton chéri, Roland, est étendu mort là-bas.

Son courage ne lui a servi de rien.
Et maintenant, Escualdunacs, laissons les rochers ;
Descendons vite en lançant nos flèches à ceux qui fuient.
Ils fuient ! ils fuient ! où donc est la haie des lances !
Où sont ces bannières versicolorées flottant au milieu?
Les éclairs ne jaillissent plus de leurs armes souillées de sang.
Vingt, dix-neuf, dix-huit, dix-sept, seize, quinze, quatorze, treize,
Douze, onze, neuf, huit, sept, cinq, quatre, trois, deux, un,
Un, il n'y en a même pas un !
C'est fini. Etcheco Yauna, vous pouvez rentrer avec votre chien,
Embrasser votre femme et vos enfants,
Nettoyer vos flèches, les serrer avec votre corne de bœuf
Et ensuite vous coucher et dormir dessus.
La nuit les aigles viendront manger ces chairs écrasées ;
Et tous ces os blanchiront dans l'éternité.

NOTE 5, page 339.

Item. Et comme l'empereur Charles fut venu de vie à trépassement, les Normands vinrent en Aquitaine et apparurent le premier avril, en l'année de l'Incarnation huit cent quarante, avec un si grand nombre de vaisseaux et d'hommes que dire ne se peut, et ils dévastèrent Bordeaux, et le duc de Vascogne et les proconsuls avec les comtes de Comminges et de Bigorre vinrent au secours, et après trois combats dans les Landes d'en haut, ils les chassèrent et les forcèrent à regagner leurs vaisseaux, mais ils revinrent et se précipitèrent sur les côtes de la Vascogne, et s'emparèrent des bayes à l'extrémité des terres et de Mimisan parce qu'on ne reçut pas des secours des auxiliaires d'Aquitaine.

Item. Le trois du mois ils se portèrent sur le château du Lampourdan (Bayonne) ; le cinquième jour ils le prirent d'assaut et firent périr tout, hommes, femmes et enfants. Le huitième jour, la cité antique de Dax fut assiégée et prise d'assaut, le vicomte et l'évêque Pierre s'enfuirent ;

mais les clercs et les vassaux furent tués, les églises et les habitations incendiées, le divin corps de notre Seigneur profané. Tout fut pillé, et les femmes maltraitées et foulées aux pieds.

Item. Le douzième jour, les cités de Tartas, Souprosse et les châteaux voisins furent également assiégés et détruits, ainsi que les hommes, les églises et les habitations.

Item. Ils mettaient tout en fuite dans les champs, incendiant, tuant et pillant. Le vingt du mois ils se séparèrent en deux troupes, assaillirent Benarna et Ituram (Oloron), après avoir livré combat aux vicomtes de Dax, Tartas et Béarn, et introduit des auxiliaires dans les monts Ibériens. Le vingt du mois de juin ils se séparèrent de la même manière et assiégèrent le château de Palestrion et la cité d'Aire, où ils se baignèrent dans le sang. Ceux dont les vaisseaux étaient dans la baie de Mimizan, assaillirent dans le courant du mois de mai les cités des Arjuzanx, Sero, Boha-los-Ayres, Bernado, Eyros, où, comme les premiers, ils détruisirent tout, tuèrent et pillèrent de telle sorte que tout fut mis en ruine dans les terres et les landes de ce comté. Ensuite les Vasats soutinrent trois combats, où ils furent défaits et leur cité prise le dix du mois de juin. Puis revenant dans les Landes, ils assiégèrent le château d'Albret, et avec ceux qui étaient à l'extrémité des terres, ils se présentèrent devant la cité de Marsan, assise entre les rives de la Douze et de la Midouze, qui était merveilleusement fortifiée, avait grande quantité d'hommes de guerre et le vicomte Dieudonné de Lobanner. Les deux troupes en firent le siège le premier du mois d'août *huit cent quarante*. Dieudonné fit une sortie contr'eux et incendia leurs vaisseaux; mais cinq mille des siens furent tués, principalement homme très puissant, le fils premier né de Dieudonné, qui avait marché contre les deux troupes d'assiégeants; mais enfin ils prirent la ville, en abattirent les monuments, jetèrent les pierres des habitations dans la Douze et terres voisines, et en signe de destruction ils laboutèrent la place avec des bœufs, et comme il n'y avait plus rien qui tînt en Vascogne, la plus grande partie de ces incendiaires revint vers les terres de la côte.

En la paroisse de St-Pierre du Mont, après le siège, ils furent défaits par le fils premier né du vicomte, près de la forteresse de Crassus; et comme le duc de Vascogne avait réuni pendant le siège de Marsan dans les terres des Landes, grand nombre d'auxiliaires commandés par le comte de Bigorre, il les attaqua au moment où ils rentraient dans leurs vaisseaux avec leur butin et il en tua un grand nombre. Après le départ de ces incendiaires, la Vascogne fut comme de coutume.

NOTE 6, page 352.

Priscis temporibus, cum Guasconia consulibus esset orbata, et Francigenæ timentes perfidiam Guasconum consules de Francià adductos interficere solitorum, consulatum respuerent, maxima pars nobilium virorum Guasconiæ Hispaniam ad consulem Castellæ ingressi sunt, postulantes ut unum de filiis suis daret eis in Dominum. Hic autem quamvis auditâ perfidiâ eorum, sibi et filiis suis timeret, si quis ex ipsis venire vellet concessit. Tandem Sancius Mitarra minimus filiorum ejus cum viris illis Guasconiam venit, ibique consul factus, etc.

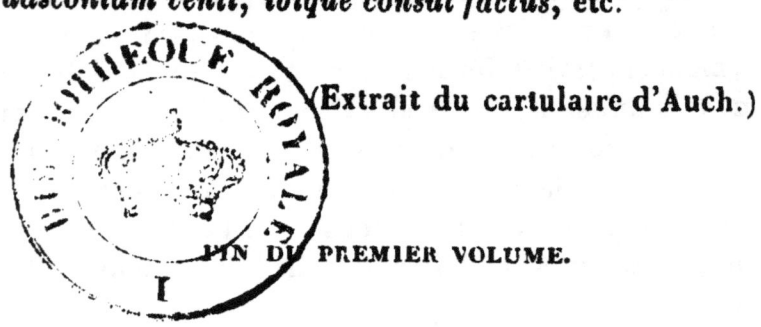

(Extrait du cartulaire d'Auch.)

FIN DU PREMIER VOLUME.

ERRATA.

Page 61 ligne 9. De s'opposer, lisez de *l'*opposer.

88   22. Grands et austères, lisez *graves* et austères.

93   20. Maximien, lisez *Maximin*.

106   18. A bonne heure, lisez *de* bonne heure.

150   4. De selles, lisez *des* selles.

200   24. Appareils, lisez *appareil*.

207   14. Prêté, lisez *prêtés*.

413   21. Épeler le mot, lisez épeler *les mots*.

TABLE
DES MATIÈRES DU PREMIER VOLUME.

Livre Premier.

CHAPITRE Ier.

INTRODUCTION.

                                                    Page.

L'Aquitaine, — ses divers Noms, — ses premiers Habitants, — leur Origine, — leurs mœurs, — leur Religion......... 1

CHAPITRE II.

Premiers Aquitains sous Annibal, à Trasimène, à Cannes, — les Kimris, Sertorius, Pompée, Preconinus et Manilius défaits, — Conquêtes par Crassus, César........................ 33

CHAPITRE III.

Auguste, sa politique, ses premiers successeurs. — Antonius primus, — Trajan et ses successeurs. — État florissant de l'Aquitaine.. 48

CHAPITRE IV.

Établissement de la Religion chrétienne. — St Sernin, St-Paterne, St-Taurin, St-Luper, St-Geny, St-Clar, Ste-Fauste, Ste Gemme, Ste-Dode, Ste-Quitterie.................. 69

Livre II.

CHAPITRE Ier.

Les Germains, les Allemands, les Francs. — Tétricus, Aurélien, les Bagaudes, Dioclétien, Constantin. — Nouvelle division des Gaules. — Novempopulanie, ses cités, son état florissant. —

Premier Concile des Gaules. — Mamertin d'Eauze, fils de Constantin, Julien apostat, St-Cerat de Simorre. — Vigilance. — Mort de Théodose... 92

CHAPITRE II.

Ruffin, Stylicon. — Les Vandales, les Wisigoths. — Ataulf, Wallia, Théodoric Ier, Littorius, Attila, Thorismond...... 124

CHAPITRE III.

St-Orens, Théodoric II. —Euric. — Sa haine contre le Catholicisme. — Alaric II. —Concile d'Agde.—St-Vincent de Dax, St-Justin de Tarbes, Ste-Livrade, St-Gyrin, St-Fauste, St-Lysier, St-Grat, St-Galactoire, St-Julien..................... 155

CHAPITRE IV.

Les Cagots ou Capots — Bataille de Vouillai. — Mort d'Alaric. — Clovis à Auch. Sa générosité envers notre Métropole. — Évêques d'Auch. — Mort de Clovis. — Divers Conciles. — St-Aspaze, d'Eauze. — Clotaire et ses fils. — Gondoval. — Siège de Comminges.—Nicet, de Dax.— Amelius, de Tarbes. 182

Livre III.

CHAPITRE Ier.

Origine des Gascons. — Génialis, Aignan, Amand. — Le roi Caribert. — Métropolitains d'Eauze. — Évêques d'Auch et d'Aire. — St-Philibert. — Childéric, Bertram et Boggis..... 219

CHAPITRE II.

St-Hubert, fils de Bertram.— Eudes, fils de Bog-ghis, possède toute l'Aquitaine.—Pepin d'Héristal.—Charles-Martel.—Les Maures ou Sarrasins d'Espagne. — Zama. — Ambisa. — Munusa.—Abdérame.—Victoire des chrétiens.— Mort d'Eudes. — Hunald, Hatton et Rémistan, ses trois fils............. 242

CHAPITRE III.

Mort de Charles-Martel. — Hunald refuse l'obéissance à Pepin et Carloman, ses fils, mais il est forcé de se soumettre; il se venge sur Hatton, son frère, auquel il fait crever les yeux. Déchiré de remords, il abdique et se jette dans un cloître. — Waifre, son fils. — Sa longue lutte avec Pepin. — Il périt assassiné. — Hunald dépose le froc et reprend les armes.... 266

CHAPITRE IV.

Hunald se réfugie à Rome.—Il se retire auprès du roi des Lombards.— Sa mort tragique à Pavie. — Loup II, son petit-fils, lui succède. — Bataille de Roncevaux. — Loup II périt. — Adalric, duc de Gascogne.—Louis-le-Débonnaire, roi d'Aquitaine.—Burgundio et Lieutard, comtes de Fezensac. — Mort d'Adalric. — Scimin son fils lui succède. — Sa révolte. — Sa défaite. — Postérité d'Eudes bannie d'Aquitaine............ 291

Livre IV.

CHAPITRE Ier.

St-Léothade et ses successeurs. — St-Savin, Pessan, Sère, Faget, Simorre, le comte Asnaire.—Les féroces Normands.—Totilon, Taurin II, Sigwin, Guillaume, Sanche-Sancion, Arnaud, Airard Ier, archevêque d'Auch....................... 320

CHAPITRE II.

Premiers comtes de Bigorre. — Premiers vicomtes de Béarn. — Sanche Mitarra. — Sa descendance des rois de Navarre. — Rois de Navarre depuis Garsias Ximénès jusqu'à Mitarra. — Garsias Sanche dit le Courbé, duc de Gascogne. — Condom. —Comtes de Fezensac et d'Astarac. — Comtes d'Armagnac. Fondation de St-Orens.—St-Sever. — Vicomtes de Béarn.— Gombaud. — Guillaume, duc de Gascogne.............. 349

CHAPITRE III.

Défaite des Normands.— Fondation du monastère de St-Sever. — Archevêques d'Auch. — Gaston Ier, vicomte de Béarn.— Rétablissement de Lescar. — St-Léon, de Bayonne. — Dernière incursion des Maures. — Gombaud, duc et évêque. — Fondation du monastère de La Réole sur Garonne.— Mort du duc Guillaume. —Comtes de Bigorre. — Cauterets. — Fondation de la Reoule. — Vicomtes de Béarn. — Meurtre de St-Abbon. — Mort du duc Bernard. — Rétablissement du couvent de Condom. — Vicomtes de Lomagne.............. 377

CHAPITRE IV.

Fondation du monastère de St-Pé de Générès. — Mort de Sanche, duc de Gascogne. — Ses successeurs. — Raymond Paba. — Guillaume, comte d'Astarac. — Simorre. — Saramon. — Comté de Pardiac.. 410

Note 1re 423
Note 2 432
Note 3 436
Note 4 437
Note 5 442
Note 6 444

FIN DE LA TABLE DES MATIÈRES.

www.ingramcontent.com/pod-product-compliance
Lightning Source LLC
Chambersburg PA
CBHW070212240426
43671CB00007B/630